饲料毒物学附毒物分析

（第二版）

齐德生　主编

科学出版社
北　京

内 容 简 介

全面认识饲料中的有毒有害物质，确保饲料产品安全、动物性食品安全及生态安全，高效利用好现有饲料资源和潜在饲料资源，是饲料科学的重要研究内容。本书主要阐述了饲料中有毒有害物质的来源、种类、水平、危害特点和机制、检验方法，以及饲料的安全利用和饲料卫生质量监督管理等问题。内容精练，全面系统，主要包括饲料毒物学基础，青绿饲料中的有害物质，能量饲料中存在的有害物质，蛋白质饲料中存在的有害物质，矿物质饲料及饲料添加剂的卫生学问题，新开发饲料的卫生学问题，霉菌毒素对饲料的污染，有毒金属元素污染，农药污染，其他化学污染物及非法添加物，饲料安全与卫生质量的监督管理，饲料毒物的毒性试验方法和常见有毒有害物质的检验方法等。

本书可作为高等农业院校动物科学专业、动物营养与饲料加工专业、动物医学专业的教学用书，也可供从事科研、生产及行政管理的人员参考。

图书在版编目（CIP）数据

饲料毒物学附毒物分析 / 齐德生主编. —2 版. —北京：科学出版社，2018.2

ISBN 978-7-03-054275-5

Ⅰ. ①饲… Ⅱ. ①齐… Ⅲ. ①饲料-毒理学-高等学校-教材 Ⅳ. ①S859.8

中国版本图书馆 CIP 数据核字（2017）第 212725 号

责任编辑：丛 楠 韩书云 / 责任校对：郑金红
责任印制：张 伟 / 封面设计：铭轩堂

科 学 出 版 社 出版
北京东黄城根北街 16 号
邮政编码：100717
http://www.sciencep.com
北京凌奇印刷有限责任公司 印刷
科学出版社发行 各地新华书店经销
*
2009 年 6 月第 一 版 开本：787×1092 1/16
2018 年 2 月第 二 版 印张：20 1/4
2022 年11月第三次印刷 字数：498 000

定价：69.00 元

（如有印装质量问题，我社负责调换）

《饲料毒物学附毒物分析》（第二版）编写人员名单

主　　编　齐德生

副 主 编　张丽英　娄玉杰　林　海　周岩民

编　　者　（按姓氏汉语拼音排序）

高凤仙（湖南农业大学）
李大彪（内蒙古农业大学）
林　海（山东农业大学）
娄玉杰（吉林农业大学）
潘洪彬（云南农业大学）
祁成年（塔里木大学）
齐德生（华中农业大学）
孙铝辉（华中农业大学）
王金荣（河南工业大学）
张丽英（中国农业大学）
张妮娅（华中农业大学）
张佩华（湖南农业大学）
周岩民（南京农业大学）

审　　稿　于炎湖（华中农业大学）

《饲料毒物学附毒物分析》（第一版）编写人员名单

主　　编　齐德生

副 主 编　张丽英　娄玉杰　林　海　周岩民

编　　者　（按姓氏拼音排序）

白　桦（内蒙古农业大学）

高凤仙（湖南农业大学）

林　海（山东农业大学）

娄玉杰（吉林农业大学）

齐德生（华中农业大学）

祁成年（塔里木大学）

王金荣（河南工业大学）

晏向华（华中农业大学）

张丽英（中国农业大学）

张妮娅（华中农业大学）

张佩华（湖南农业大学）

周岩民（南京农业大学）

审　　稿　于炎湖（华中农业大学）

第二版前言

饲料中的有毒有害物质不仅危害养殖动物的生产性能和健康，降低饲料利用率，还可在动物体内残留以影响畜产品安全，并可排入环境而危及生态平衡，特别是随着饲料工业、养殖业的迅猛发展，新饲料原料及饲料添加剂不断涌现，以及各种外来化合物可能对饲料的污染，饲料卫生问题受到了国内外广泛关注。1992 年，于炎湖教授编写了第一本全国高等农业院校统编教材《饲料毒物学附毒物分析》(农业出版社)，系统阐述了饲料毒物学及饲料卫生的理论和实践，取得了良好的使用效果。根据 2007 年 12 月科学出版社的普通高等教育规划教材编写计划，编者在上述教材的基础上，参考了国内外有关文献，补充了编者的教学科研工作成果，博采众家之长，编成了《饲料毒物学附毒物分析》(第一版)，本书为其修订版。

与上一版相比，本书调整了结构框架，增补了新开发饲料的卫生学问题，补充了新的研究成果，更新了法规标准，系统论述了饲料中天然存在及由外界环境污染的有毒有害物质的种类、水平、危害特点及检验方法，介绍了含毒饲料去毒处理方法和合理利用途径及饲料卫生质量监督管理等问题。本书可供动物科学专业、动物营养与饲料加工专业及动物医学专业学生使用，也可供养殖行业专业技术人员参考。

全书共 17 章，其中第一至十二章为基础理论，第十三至十七章为饲料毒物分析方法。第一、十五、十七章由齐德生编写；第二章由潘洪彬编写；第三章由娄玉杰编写；第四章由林海编写；第五章由李大彪编写；第六章由高凤仙、潘洪彬、孙铝辉、张佩华、周岩民编写；第七章由张妮娅编写；第八和十章由周岩民编写；第九章由祁成年编写；第十一章由高凤仙编写；第十二章由张佩华编写；第十三和十四章由张丽英编写；第十六章由王金荣编写。华中农业大学于炎湖教授对全书的结构框架提出了指导性建议，编者谨表示衷心感谢。

本书编写过程中得到了科学出版社、各位编者及其所在单位教务处的大力支持，在此一并表示感谢。本书在编写过程中参考引用了大量同行的研究成果，但限于篇幅，未能在正文和参考文献中一一列出，谨此致歉并表示衷心的感谢。

虽然各位编者已经尽力，但因本书内容涉及范围广，编者学术水平和认识有限，书中难免会有不妥之处，欢迎专家学者批评指正，以便再版时加以完善。

编　者

2017 年 6 月

第一版前言

饲料中的有毒有害物质不仅影响动物生产性能和危害动物健康，还可以在动物机体内残留，影响畜产品安全，特别是随着饲料工业和养殖业的迅猛发展，新饲料原料及饲料添加剂不断涌现，以及各种外来化合物可能对饲料的污染，饲料安全问题引起了国内外的广泛关注。1992年于炎湖教授主持编写了国内第一本全国高等农业院校统编教材。饲料毒物学附毒物分析。(农业出版社)，系统地阐述了饲料毒物学及饲料卫生的理论和实践，取得了良好的使用效果。本书编者在上述教材的基础上，参考了国内外相关的最新文献，补充了自己的教学科研工作成果，博采众家所长编写成本书。

本书系统地论述了饲料中天然存在及由外界环境污染的有毒有害物质的种类、水平、危害特点及检验方法，介绍了含毒饲料去毒处理方法、合理利用途径及饲料卫生质量监督管理等问题。全书共十七章，其中第一至十二章为基础理论，第十三至十七章为饲料毒物分析方法。第一章(第三节、第四节)、第八章、第十章由南京农业大学周岩民编写，第二章、第九章由塔里木大学祁成年编写，第三章、第四章由吉林农业大学娄玉杰编写，第五章由山东农业大学林海编写，第六章由内蒙古农业大学白桦编写，第十一章和第十二章分别由湖南农业大学高凤仙、张佩华编写，第十三章、第十四章由中国农业大学张丽英编写，第十六章由河南工业大学王金荣编写，第七章和第十五章分别由华中农业大学晏向华和张妮娅编写，第一章(第一节、第二节)、第十七章由华中农业大学齐德生编写。本书承蒙华中农业大学于炎湖教授审阅，编者在此表示衷心的感谢。

本书编写过程中始终得到科学出版社、各位编者所在单位教务处及华中农业大学动物营养与饲料科学系全体老师的支持，在此一并表示感谢。

因本书涉及范围广，编者学术水平和认识有限，书中难免有不妥之处，欢迎专家学者批评指正，以便再版时加以完善。

编　者

2008年10月

目　录

第一章 饲料毒物学基础

第一节 饲料毒物学概述

一、饲料毒物学概念

饲料毒物学（feed toxicology）是研究饲料中出现的有毒有害物质的来源、性质、水平、危害及其作用机制与预防措施的一门学科。

毒物的概念是相对的，其中主要与剂量大小有关。例如，食盐是日粮正常的组成成分，但如过量给予，也能使动物严重中毒，甚至死亡。因此，毒物与非毒物之间并无绝对界限。传统上，毒物（toxicant）是指较小剂量就能引起动物机体功能性或器质性损害的化学物质。至于饲料毒物，其含义则较为广泛，既包括传统意义上的毒物，也包括饲料中的抗营养因子，统称为有毒有害物质。饲料中存在的某些化学物质被少量摄入时即能够破坏动物体内某些平衡，损伤组织和细胞，动物表现出明显的中毒症状，表现出各种各样的毒效应（毒物对动物机体所产生的损害总称毒效应或毒作用）甚至死亡，这些化学物质即传统意义上的毒物；有些化学物质在日常摄入水平下虽然没有使动物出现明显的中毒症状，但影响饲料的适口性，阻碍动物对营养物质的消化吸收，降低动物的生产性能，这些化学物质称为抗营养因子（anti-nutritional factor），即有害物质。饲料中凡是能够引起动物机体产生不良反应的有毒有害物质，均属饲料毒物学所讨论的范畴。

饲料能够为动物提供维持正常生命活动和生产性能所必需的各种营养物质，是发展养殖业的物质基础。我国养殖业的持续、快速发展，除得益于动物品种改良技术、兽医预防措施及家畜环境科学的进步外，还得益于饲料行业的巨大进步。但是，饲料在生长（饲用植物）、加工、贮存、运输等过程中也可能会出现某些有毒有害物质，它们可对养殖动物带来多种危害和不良影响，轻者降低饲料的营养价值，影响动物的生长和生产性能，重者引起动物急性或慢性中毒，甚至死亡。饲料中的不少有毒物质还可通过食物链，即饲料→畜禽及其产品（肉、蛋、乳）→人体，从而危及消费者的健康。饲料中有毒有害物质所引起的危害具有长期性和群发性的特点，对畜牧业的发展可造成严重不良影响，因此，开展饲料毒物学研究具有重要的现实意义。

我国 2011 年工业饲料总产量已达 1.81 亿 t、总产值达 6348 亿元，成为全球最大的饲料生产国，并呈逐年上升的趋势。饲料原料的充足供应是饲料工业快速发展的基础，但我国饲料资源相对匮乏，已成为我国饲料工业稳定增长的限制因素，而与此同时，我国有一些产量大、营养物质比较丰富的非常规饲料资源由于含有某种有毒有害成分，涉及“毒”的问题即饲料安全与卫生问题而长期未能得到充分利用，以致大批饲料资源被用作肥料、燃料，甚至白白浪费，因此，如何在饲料毒物学理论指导下实现非常规饲料资源的科学利用，是一个十分重要的课题。

饲料毒物学的研究领域涉及饲料安全性和饲料卫生两方面的问题。所谓饲料安全性是指在规定的使用方式和用量条件下，长期饲用，对动物不产生不良反应的保证；饲料卫生是指为确保饲料安全，在饲料生产的各个阶段必须采取的各种措施。饲料是食物链的重要构成部分，饲料安全与食品安全密切相关，同时，在当今全球经济一体化时代，饲料安全性问题已成为国际性问题，饲料毒物学作为一门独立的学科，其重要性日益凸显。

二、饲料毒物学的研究对象

饲料毒物学的研究对象主要是饲料中可能出现的各种有毒有害物质。这些物质可大致归纳为以下 4 类。

1）饲料中天然存在的有毒有害物质。它们大多数是在植物体内的代谢过程中，由糖类、脂肪和氨基酸等基本有机物代谢衍生出来的，属于次生代谢产物。例如，某些青绿饲料中含有的生氰糖苷、草酸盐和一些生物碱，棉籽饼中含有的棉酚，豆类籽实中含有的蛋白酶抑制剂、植物红细胞凝集素等。

2）饲料的正常组成成分或无害成分在某些情况下发生分解或转化而形成的有毒有害物质。例如，当叶菜类饲料调制与贮存不当时，可使其中所含的硝酸盐还原而形成亚硝酸盐；马铃薯贮藏不当而变绿发芽时，可形成大量茄碱。

3）各种性质的饲料污染物（feed contaminant），主要是化学性污染物与生物性污染物。化学性污染物包括各种农用化学品（如农药、化肥等）、工业化学品、有毒金属（如铅、砷、汞、镉、铬等）和其他有毒化学物质（如 *N*-亚硝基化合物、多环芳烃、多氯联苯等）。生物性污染物包括真菌与真菌毒素、细菌及其毒素、饲料害虫等。真菌毒素也可以归属于化学性污染物。

4）不合卫生要求（如有毒物质含量过高）或使用不当的饲料添加剂（feed additive），也可导致人为的污染，对动物和环境造成危害。另外，一些非法添加物是当今影响饲料安全的重大隐患，也是本学科研究的重要对象。

三、饲料毒物学的研究内容及任务

饲料毒物学的研究内容主要包括以下几个方面。

1）饲料毒物毒性的基本概念和饲料毒物与机体相互作用的一般规律。

2）各类饲料中天然存在的有毒有害物质的种类、来源、对机体的危害及其机制，以及有关预防措施。

3）主要的饲料污染物（包括真菌毒素、农药、有毒金属及其他有毒化学物质）的来源、污染饲料的途径、对机体的危害及其机制，以及预防污染与危害的措施。

4）制定饲料卫生标准及进行饲料卫生质量鉴定的步骤和方法。

5）饲料中有毒有害物质的检测技术，以及对新的饲料资源和新的加工、去毒措施的安全性毒理学评价方法。

饲料毒物学的任务是研究和阐明饲料中可能出现的有毒有害物质的种类、来源、含量水平、性质、对动物机体的毒性及其作用机制，并在此基础上研究相应的预防措施，以提高饲料的转化率和卫生质量，确保饲用安全，预防饲料源性疾病及其他危害的发生。

四、饲料毒物学的研究方法

随着分析化学、生物化学和分子生物学等相关学科的飞速发展及其在饲料毒物学研究中的成功应用，饲料毒物学研究自从微观的分子水平、细胞水平研究有毒有害物质的毒作用机制，到从宏观的畜群健康调查研究毒物与群体的作用关系，研究方法和手段不断进步。饲料毒物学的研究方法概括起来主要有化学检验、动物毒性试验及流行病学研究等。

1. 化学检验　利用化学方法对饲料中可能存在的有毒有害物质进行提取，研究其化学结构、物理化学性质及含量水平等。

2. 动物毒性试验　通过饲喂动物有毒有害物质或含有有毒有害物质的可疑饲料，观察动物可能出现的各种形态和功能的异常变化。根据试验时间的长短或主要观察指标的不同，可分为急性、蓄积毒性、亚慢性、慢性、遗传毒性、致突变、致癌、致畸试验等多种方法。饲料毒物学的动物毒性试验方法虽然与一般毒理学试验方法基本相同，但由于饲料中有毒物质的含量常相对较低并可能被动物长期食用，故在毒性试验中应包括较为长期的慢性毒性试验，且一般采取经口摄入的途径。化学物质在动物体内的蓄积涉及动物源性食品安全，因此，受试物的蓄积毒性试验特别是物质蓄积性在饲料毒物学中有特殊的重要价值。此外，也可以进行一些特殊试验，如利用昆虫、水生生物、微生物、细胞培养或组织培养等方法。动物毒性试验易于控制接触条件，可揭示有毒有害物质的作用机制，但一般费用较高。

3. 流行病学研究　是在已采食含有有毒物质饲料的畜群中，利用流行病学调查方法，调查畜群的一般健康状况、发病率、死亡率，以及可能与被检有毒物质有关的其他特殊疾病或体征。此外，还应对畜群的生产性能和生长发育情况进行统计分析，以便全面了解饲料毒物所造成的危害与影响。流行病学研究方法较为经济，可以直接了解实际生产条件下含有有毒有害物质的饲料对畜禽的危害，也可对动物毒性试验的结果加以验证，但流行病学研究方法干扰因素多，测定的毒效应指标不够深入，难以用于机制评价。

五、饲料安全性的现代问题

现代工业、农业和生物科学的进步，为饲料工业的发展注入了新的活力，各种饲料添加物可谓日新月异，这一方面为饲料质量的持续提高提供了有力保障，但另一方面也给饲料安全带来诸多不确定因素，特别是随着新的饲料资源的广泛开发利用，将出现越来越多的新问题，需要加以研究与解决。这些问题概括起来主要有以下几个方面：①转基因饲料的安全性问题；②动物源性饲料的安全性问题；③新型工业污染物、病源微生物及生物毒素等对饲料的污染问题；④新型农药、除草剂及植物生长调节剂等在饲料中的残留问题；⑤违禁化学物质的使用问题；⑥饲料添加剂品质不良或使用不当的问题；⑦新型饲料原料中有毒有害物质的危害问题等。另外，假冒伪劣饲料也对饲料安全构成极大隐患。

畜牧业及饲料工业发达的国家都十分重视饲料卫生问题。很多国家制定了饲料卫生标准，规定了全国统一的饲料卫生检验方法，并且颁布了饲料（或饲料卫生）法规，依法施行饲料卫生监督制度。例如，美国、欧盟等对饲料添加剂（包括兽药）的适用对象、适用阶段、添加水平等都做了明确规定。面对各种饲料安全问题，我国政府十分重视，1999 年国务院发布了《饲料和饲料添加剂管理条例》，并于 2001 年、2011 年先后做了修订；饲料行业主管部门提出了以饲料标准化体系建设、饲料监测体系建设和依法行政管理为核心内容的“饲料安全工程”，并取得了显著成效，饲料总体质量得到稳步提高。

饲料毒物学是在畜牧生产和饲料工业生产实践中产生和发展起来的一门新学科，它所研究的问题实际上是饲料安全和饲料卫生问题。在研究饲料有毒有害因素的来源、性质、作用机制、检测手段和控制措施方面取得了重大进展。特别是饲料毒理学理论与方法，以及各种先进的、精确的化学分析方法的应用，使饲料毒物学取得了飞速的发展。饲料毒物学作为一门独立的学科在我国正逐步建立，并已在我国高等农业院校的动物营养与饲料加工、动物科学等专业作为专业课开设。

当前，在饲料毒物学的学科领域还有很多课题和工作要做，这些工作包括：继续制定和完善各类饲料的卫生标准；确定并统一饲料卫生质量鉴定方法；进一步对各地区某些可利用饲料中的有毒有害物质的毒性、作用机制及其去毒措施开展研究，以推动这些饲料的广泛利用；对新开发的饲料资源做好卫生质量鉴定和做出安全性评价；研究和解决新的饲料添加剂在使用中可能带来的毒性问题及其他有关的卫生问题；推广应用饲料毒物毒性试验方法，并进一步探索短期快速毒性试验方法及有毒有害物质检测方法。此外，随着工农业的发展，工农业生产过程中使用和排放的各种新污染物日益增多，饲料遭受污染的可能性不断增加，对此也应加以研究，并寻求预防饲料污染和去除污染物的方法。总之，今后应当从理论与实践两个方面进一步努力探讨，使饲料毒物学不断发展和深化，更好地服务于畜牧生产和饲料工业生产，以保障和促进畜牧业的发展。

第二节　有关毒物毒性的基本概念

一、毒性、剂量、效应和反应

（一）毒　　性

毒性（toxicity）是指某种化学物质对机体造成损害的能力。毒性高的物质以极小的剂量即可对机体造成一定损害；毒性低的物质则需较大的剂量才产生损害作用。毒性的高低是相对的，关键在于剂量，引起某种有害效应的剂量是衡量毒性的指标。

危险度（risk）也称危险性，是指一种物质在具体的接触条件下，对机体造成损害可能性的定量估计。一般根据化合物对机体造成损害的能力和机体可能接触的程度，用定量的概念进行估计，并以在特定接触条件下终生接触某环境因素引起个体或群体产生有害效应（损伤、疾病或死亡）的预期频率来表示。危险度可分为归因危险度（attributable risk，AR）和相对危险度（relative risk，RR）。归因危险度是指暴露组发病率与对照组发病率的差值，它表示危险特异地归因于暴露因素的程度。相对危险度是指暴露于某种危险因素之下者的发病率或死亡率与未暴露者的发病率和死亡率之比。对接触外源化学物质的危险度进行估计即危险度评价（risk assessment）是毒理学的主要任务之一。

（二）剂　　量

剂量（dose）的概念较为广泛，既可指给予机体或机体接触化学物质的量，又可指化学物质被吸收的量或在体液和靶器官中的量。一般指给予机体或与机体接触的量，并以每单位体重给予受试物的量来表示，即毫克/千克体重（mg/kg BW），可简称为毫克/千克（mg/kg）。

剂量大小意味着机体接触毒物的多少，是决定毒物对机体损害强度大小最主要的因素。

（三）效　应

效应（effect）是指机体接触一定剂量的化学物质后所引起的生物学变化。效应仅涉及个体，可用一定的计量单位表示其强度，如若干单位的酶活力、若干个白细胞等。

（四）反　应

反应（response）是指接触一定剂量的化学物质后，表现某种效应并达到一定强度的个体在群体中所占的比例。反应涉及的是群体，其强度用百分率或比值表示。

（五）剂量-效应关系和剂量-反应关系

剂量-效应关系（dose-effect relationship）表示一种化学物质的剂量大小与其在某一个体所呈现的效应之间的关系。

剂量-反应关系（dose-response relationship）表示一种化学物质的剂量大小与群体中呈现某种效应并达到一定程度的个体在群体中所占比例的关系。例如，半数致死量（LD_{50}）就是表示剂量-反应关系。

剂量-反应（效应）关系可用剂量-反应（效应）曲线来表示，主要有三种类型（图 1-1）。

1. 直线关系　剂量与反应（效应）成正比，表现为直线关系。这种类型实际上较为少见。

2. S 状曲线关系　即两端较平缓、中间陡峭的曲线。此种类型在剂量-反应关系中较为多见，即在剂量较小或较大时，剂量的增减对反应变化的影响不明显；而在中等剂量范围内，剂量的较小变动往往就使反应的幅度有较大的变动。

3. 抛物线关系　是先陡峭后平缓的曲线，类似数学上的对数曲线。如果将剂量以对数值表示，则可呈现一条直线。此种类型通常存在于剂量-效应关系中。

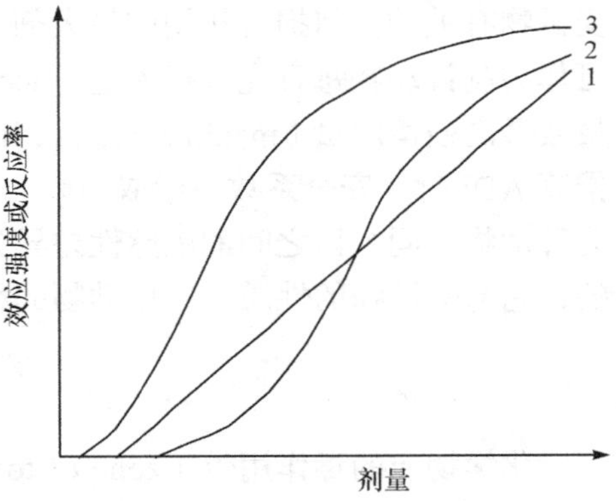

图 1-1　剂量-反应（效应）曲线的类型

1. 直线；2. S 状曲线；3. 抛物线

二、表示毒性的常用指标

化学物质毒性的大小可用多种毒性指标（toxicity index）来表示，并且随着科学的发展，又有新的表示方法，目前常用的有以下几种。

（一）毒性上限指标

引起实验动物急性中毒死亡的剂量，即致死量（lethal dose，LD）。其以实验动物是否出现死亡及发生率为判定依据，是毒理学评价中一类很重要的指标。

1. 绝对致死量（LD_{100}）　指化学物质引起一群动物全部死亡的剂量。

2. 半数致死量（LD_{50}）　指化学物质引起一群动物中 50%死亡的剂量。

3. 最小致死量（minimum lethal dose，MLD）　指化学物质在低剂量组引起个别动物死亡的剂量，低于此剂量的实验组内不再出现动物死亡。

4. 最大耐受量（LD_0）　指化学物质在动物实验中不引起动物死亡的最大剂量。

在实际工作中，一般以 LD_{50} 表示毒性上限。LD_{50} 为统计数，受动物个体敏感程度差异的影响相对较小，剂量-反应关系较敏锐，重现性好，故能比较确切可靠地反映一种化学物质的急性毒性。

（二）毒性下限指标

毒性下限指标包括阈剂量和最大未观察到有害作用剂量。

1. 阈剂量（threshold dose）　是指在一定时间内，一种毒物按一定方式或途径与机体接触，能使某项灵敏的观察指标开始出现异常变化或能引起群体中极少数个体开始出现轻微毒性效应的最小剂量，又称最小有作用剂量（minimal effect dose）。根据与毒物接触时间的长短，可分为：①急性阈剂量（Lim_{ac}），指一次接触化学物质所得的阈剂量；②慢性阈剂量（Lim_{ch}），指长期连续接触化学物质所得的阈剂量。

2. 最大未观察到有害作用剂量（no observed adverse effect-level dose，NOAEL）　指化学物质在一定时间内，按一定方式与机体接触，以现有的技术手段和检测指标未观察到与受试物有关的任何损害作用的最大剂量。它稍低于阈剂量，以其为基础结合一定的安全系数可作为制订动物每日允许摄入量（acceptable daily intake，ADI）和在某些饲料中的最高允许量或最高残留限量（maximal residue limit，MRL）的依据。根据异种动物实验得到的 NOAEL 推算 ADI 时，安全系数一般取 100，即假设不同种动物之间对受试物的敏感性差异为 10 倍，同种动物不同个体之间的敏感性差异为 10 倍，10×10=100。安全系数的大小不是固定不变的，它与受试物的性质、适用动物的种类等因素有关，因此应全面考虑。

（三）毒作用带

化学物质的毒作用带（zone of toxic effect）也是阐明毒物毒性和毒作用特点的指标，可对上述毒性指标作进一步补充。它可分为以下两种。

1. 急性毒作用带（acute effect zone，Z_{ac}）　是 LD_{50} 与急性阈剂量的比值。

$$Z_{ac}=\frac{LD_{50}}{Lim_{ac}}$$

此比值越大，从急性阈剂量到引起死亡的剂量之间的差距就越大，说明该化学物质引起死亡的危险性越小；反之，比值越小，则引起死亡的危险性越大。

2. 慢性毒作用带（chronic effect zone，Z_{ch}）　是急性阈剂量与慢性阈剂量的比值。

$$Z_{ch}=\frac{Lim_{ac}}{Lim_{ch}}$$

此比值越大，从慢性阈剂量至急性阈剂量之间的差距越大，说明该化学物质引起慢性中毒的可能性越大；反之，比值越小，则表明引起慢性中毒的可能性越小，而引起急性中毒的可能性越大。

三、毒物的致突变、致癌和致畸作用

近代毒理学对化学物质毒性的研究，已从一般毒性的研究扩展到对它进行全面的安全性评价，包括致突变性、致癌性及致畸性的研究与检测。致突变、致癌及致畸作用被认为是化学物质毒性作用的一种表现。目前毒理学的发展已由一般毒性实验扩展到“三致”实验，以便对毒物做出更确切的评价。

（一）致突变作用

突变（mutation）是机体的遗传物质（主要是DNA）在一定的条件下发生突然的、根本的变异。突变可由生物的、物理的、化学的因素引起，而以化学因素最为常见。有致突变作用的化学物质称为化学致突变物（chemical mutagen）或化学诱变物。有些化学物质本身不能引起突变，必须在体内经过代谢活化后才具有致突变作用，称为前致突变物（promutagen）。

突变又分为基因突变（gene mutation）和染色体畸变（chromosome aberration）两大类。基因突变是指染色体上一个或几个基因发生变化，是DNA分子水平的变化，因此，在普通光学显微镜下不能直接观察到，它是染色体畸变的基础。染色体畸变是整个染色体的结构或数目发生改变，可在光学显微镜下直接观察。这两种突变类型仅有程度之分，没有本质上的差别。

有些突变对机体可能是无害的，但大多数突变对机体往往是有害的。机体的生殖细胞和体细胞都可发生突变，但各自所引起的后果并不相同。致突变作用如果使生殖细胞发生突变，可以导致两种后果：①突变细胞不能与异性细胞结合，从而出现不孕、早期流产、胎儿早期死亡或畸胎。它发生于子一代，为显性，因此这种突变又称为显性致死突变。②引起遗传性疾病（先天功能性缺陷），即当生殖细胞发生的突变为非致死性的后果时，则可以遗传给后代，引起先天性遗传缺陷，即遗传性疾病。引起的遗传性疾病可能是显性的，即在子一代显现出来，也可能是隐性的，即在子二代以后才表现出来。

致突变作用如果发生在体细胞，则不具有遗传性，而是使细胞发生不正常的分裂和增生，其结果可能表现为癌的形成。此外，还可使体细胞的某些生化功能发生改变，胎儿的体细胞发生突变则会产生畸形。大多数致癌物都是致突变物，而很多致突变物又是致癌物，可见，致突变物与致癌物之间有密切关系。

（二）致癌作用

有些化学物质有引起动物或人类发生癌瘤的作用，称为致癌作用（carcinogenesis）。具有致癌作用的物质称为致癌物（carcinogen）。按是否需要在体内经过代谢活化，致癌物可分为以下两类。

1. 直接致癌物　指本身直接具有致癌作用，在体内不需要经代谢活化即可致癌的物质。这类物质为数不多，如某些烷化剂类化合物（氮芥类和乙撑亚胺类）和亚硝酰胺类物质。

2. 间接致癌物　指本身并不具有直接致癌作用，但在体内经代谢活化后能致癌的物质。大多数化学致癌物均属此类。其代谢前物质、代谢变化过程中的物质及代谢后的活化产物分别称为前致癌物（procarcinogen）、近致癌物（proximate carcinogen）或半致癌物和终致癌物（ultimate carcinogen）。

另外，有些化学物质本身并不具致癌作用，但它与致癌物共存时，可促使潜在癌瘤细胞的生长，或加强致癌物的致癌作用，这类物质称为促癌物（co-carcinogen），这种作用称为促癌作用。

常见的化学致癌物有多环芳烃类、烷化剂类、芳香胺类、*N*-亚硝基化合物、霉菌毒素等。某些植物中也含有致癌性天然产物。例如，某些蕨类植物可引起动物膀胱癌；亚热带植物苏铁的果实中含有苏铁苷，可引起肝、肺及肾癌肿。

（三）致 畸 作 用

有些物质可通过母体影响胚胎的发育，使细胞分化和器官发育不能正常进行，以致出现胎儿器官形态结构的异常，此种作用称为致畸作用或致畸胎作用（teratogenesis），具有这种作用的物质称为致畸物或致畸原（teratogen）。畸形的狭义概念为机体器官形态结构的异常，广义概念还包括代谢异常、生长迟缓、神经障碍等。

在生产中，动物畸形由两种情况引起：一种是单纯的致畸物引起的畸形，即致畸物通过母体作用于胎儿体细胞引起的畸形，与遗传因素无关，不会传给下一代；另一种是由致突变物引起的畸形，这类物质作用于父母生殖细胞的遗传物质，发生于受孕前，遗传物质发生了改变，可能具有遗传性。

目前，已知与饲料有关的致畸物有 2, 4, 5-涕、2, 4-滴及五氯酚钠中含有的杂质四氯二苯二噁英、西维因、黄曲霉毒素 B_1 等。某些植物中含有植物天然致畸原。例如，在北美流行一种由植物引起的称为“犊牛畸形”的先天畸形，是由某些羽扇豆属植物中含有的一种生物碱所引起的。

第三节　毒物在体内的生物转运和转化

饲料中的有毒物质被动物摄入机体后，一般均需经历吸收、分布、代谢和排泄过程。毒物被机体吸收后通过血液循环分布到全身各组织器官，在组织细胞内发生化学结构和性质的变化，形成代谢物，或通过不同途径排出体外。吸收、分布和排泄均是反复通过生物膜的过程，统称为生物转运（biotransport）。代谢过程称为生物转化（biotransformation）。

一、吸　　收

饲料中的毒物通过机体生物膜进入血液的过程称为吸收（absorption）。毒物主要经消化道被吸收入体内，消化道的任何部位均有吸收作用，但小肠是主要作用部位。毒物极少通过口腔黏膜被吸收，在胃肠道内的吸收主要通过简单扩散方式，仅有极少毒物（如铅等）可通过主动转运方式被吸收。

胃液酸度较高（pH1～2），弱有机酸类物质（如苯甲酸）多以未解离的形态存在，较易被吸收；而弱有机碱类物质（如苯胺）在胃内离解度较高，不易吸收。小肠内环境为中性或弱碱性（pH6.2～7.6），弱有机碱类物质主要以非解离形态存在，易于扩散，容易被吸收，而弱有机酸类物质则相反。可见，有机酸类物质主要在胃内被吸收，有机碱类物质主要在小肠内被吸收。但由于小肠具有极大的表面积，因此也可吸收相当数量的有机酸类毒物。小肠黏膜细胞膜上亲水性孔道直径为 0.4nm 左右，可滤过并吸收相对分子质量为 100～200 及其以下的小分子化合物。胃肠道上皮细胞还可通过胞饮或吞噬作用吸收一些颗粒状物质。

消化道对毒物的吸收过程受多种因素影响。消化道中的许多种酶类和微生物可使某些毒物转化成新的物质而改变其毒性；胃肠道内容物的种类和数量、食糜排空时间及蠕动状态都会影响毒物的吸收，胃肠蠕动减弱时，其内容物通过缓慢，吸收增加，蠕动增强时则食糜通过加快，吸收减少。分散度较大的颗粒与胃肠上皮细胞接触密切，有利于被吸收。

二、分　　布

毒物被吸收进入血液和体液后，随血液和淋巴的流动分散到全身各组织器官的过程称为分布（distribution）。毒物在体内的分布与各组织的血流量、亲和力及其他因素有关，同一毒物在机体内各组织器官的分布是不均匀的，不同毒物在机体内的分布情况也不一样。有些毒物由于与某种组织的亲和力强或具有高度脂溶性而在某种组织浓集或蓄积，浓集或蓄积的部位可能是其主要毒性作用部位，即靶器官，也可能不呈现毒性作用而成为贮存库。贮存状态的毒物与其游离状态部分呈动态平衡；贮存的毒物释放入血液成游离状态时，即可呈现毒性作用。

吸收入血液的毒物大部分与血浆蛋白结合，随血液到达所有器官和组织。因此，在毒物分布的开始阶段，血液供应越丰富的器官，分布的毒物越多，其起始浓度越高，如肝脏。随着时间的延长，毒物在器官和组织的分布越来越受到毒物与组织、器官亲和力的影响，从而形成毒物的再分布过程。例如，铅染毒 2h 后，约 50%的铅分布在肝脏；但一个月后体内残留铅的 90%分布在骨骼中，与骨盐晶格结合在一起。毒物的最终分布取决于其与组织、器官的亲和力。

导致毒物在体内分布不一的另一重要因素是体内特定部位存在的阻碍毒物转运的屏障，主要有血脑屏障（blood brain barrier）和胎盘屏障（placental barrier）。血脑屏障可阻止毒物进入中枢神经系统，使许多在血液中浓度相当高的物质不能进入大脑，特别是脂溶性很低的极性化合物不易透过血脑屏障；胎盘屏障由位于母体血液循环系统和胚胎之间的几层细胞构成，细胞层数随动物种类和妊娠阶段而有所不同，如猪有 6 层，大鼠只有 1 层，细胞层数越少，毒物越易通过。

进入血液的毒物大部分与血浆蛋白或体内各组织成分结合，富集于特定部位，这些部位称为毒物的贮存库，主要有血浆蛋白、肝脏和肾脏、脂肪组织和骨骼组织。毒物与血液中的蛋白质结合后不易透过细胞膜进入靶器官产生毒性作用，对毒物的排泄、转化及再分布也有影响，因而血浆蛋白可成为毒物的贮存库。肝脏和肾脏细胞中存在着特殊的结合蛋白，如金属硫蛋白，它能竞争性地结合与血浆蛋白结合的毒物。脂溶性毒物易吸收并贮存在体脂内，如有机氯农药[双对氯苯基三氯乙烷（DDT）、六六六等]和有机汞农药。毒物与骨骼组织中的某些成分有极强的亲和力，这些毒物可积蓄贮存在骨骼中，如铅、氟化物等。毒物在体内的贮存对急性中毒有保护作用，可使体液中的毒物浓度迅速降低，减少产生毒性作用的毒物量，但也可能成为体内毒物的来源，存在慢性中毒的潜在危害。

三、生 物 转 化

毒物在生物体内经过一系列生物化学变化并形成其衍生物的过程称为生物转化或代谢转

化，所形成的衍生物则称为代谢物。一般情况下，毒物经生物转化后极性及水溶性增加而易排出，毒性降低甚至消失，因此，常将生物转化过程称为生物解毒或生物失活。但有些毒物的代谢产物的毒性反而增大，或水溶性降低。例如，对硫磷、乐果等经生物转化后形成的对氧磷和氧乐果的毒性增加；磺胺类化合物与乙酰基结合后水溶性反而降低。毒物的生物转化过程主要是酶促反应过程，需特定的酶类催化才能进行，同一毒物在生物转化中可能有多种途径，或多个转化途径连续进行，生成多种代谢产物。生物转化过程主要在肝脏进行，肺脏、肾脏、胃肠道等其他组织也有一定的生物转化能力，称为肝外代谢。

毒物生物转化过程的反应主要有氧化、还原、水解和结合。氧化、还原、水解是毒物生物转化的第一阶段反应，主要使分子上产生一个极性基团，使其易溶于水，并可进行结合反应。毒物经第二阶段的结合反应后即排出体外。

（一）氧 化 反 应

氧化是毒物在生物转化过程中获得氧的反应，可分为微粒体混合功能氧化酶催化反应和非微粒体混合功能氧化酶催化反应两种类型。

1. 微粒体混合功能氧化酶催化反应　此类氧化反应主要由微粒体中的混合功能氧化酶催化。微粒体混合功能氧化酶是镶嵌在细胞内质网膜上的一组酶，其中包括微粒体细胞色素 P450 单加氧酶、细胞色素 b_5 单加氧酶、NADPH-细胞色素 P450 还原酶、细胞色素 b_5 还原酶和环氧化物水化酶等，其反应特点是需要一个氧分子参与，其中一个氧原子被还原为 H_2O，另一个氧原子则结合至毒物分子上。具有一定脂溶性、结构不同的毒物均可被微粒体混合功能氧化酶催化发生氧化反应，并形成相应的氧化产物。反应类型包括脂肪族羟化、芳香族羟化、环氧化、氧化脱氨、*N*-脱烷基、*N*-羟化、脱硫、脱卤、*S*-氧化和烷基金属脱烷基等。

2. 非微粒体混合功能氧化酶催化反应　这类酶主要催化具有醇、醛、酮功能基团的毒物氧化反应，包括醇脱氢酶、醛脱氢酶、过氧化氢酶和胺氧化酶，专一性不太强。这些酶主要存在于肝细胞线粒体和胞液中，肺脏和肾脏中也有。

（二）还 原 反 应

毒物在动物体内可被还原酶催化还原，催化还原反应的酶类主要存在于肝脏、肾脏和肺脏的微粒体与胞液中，但哺乳动物组织内的还原反应不活跃，而某些肠道细菌的还原反应能力较强。含有羰基、硝基、偶氮基的化合物和二硫化物等易被还原，还原反应包括羰基还原反应、含氮基团还原反应、含硫基团还原反应、含卤素基团还原反应和无机化合物还原反应。例如，四氯化碳可被还原成对肝脏细胞膜脂质结构有破坏作用的三氯甲烷自由基，损伤肝脏，五价砷化合物在体内可被还原为毒性更强的三价砷化合物。

（三）水 解 反 应

酯类、酰胺类等许多毒物极易在体内被水解酶所水解，水解后其毒性大多降低。酯酶、酰胺酶等是广泛存在的水解酶，血浆、肝脏、肾脏、肠黏膜、肌肉和神经组织中含有多种水解酶。水解反应主要有酯类水解反应、酰胺类水解反应、水解脱卤反应和环氧化水解反应。

（四）结合反应

结合反应是进入动物体内的毒物在代谢过程中与某些内源性化合物或基团发生的生物合成反应。特别是有机毒物及其含有羟基、氨基、羰基及环氧基的代谢物最易发生结合反应。结合反应需要有相应的辅酶和转移酶参与，并耗能。毒物在代谢过程中可以直接发生结合反应，也可以先经氧化、还原或水解反应等第一阶段生物转化反应，再进行结合反应。一般情况下，结合反应可使毒物的极性增强，水溶性提高，脂溶性降低，加快排泄，大多数毒物及其代谢产物均需经过结合反应再排出体外。但已发现某些毒物经过结合反应后会形成不稳定的中间体，可与某些蛋白质分子、RNA 和 DNA 分子发生反应，导致细胞损伤或致癌，毒性反而增强；另有一些毒物经结合反应后脂溶性升高，水溶性降低，不易排出体外。根据结合剂的不同，结合反应可分为葡糖醛酸结合、硫酸结合、乙酰结合、甘氨酸结合、谷胱甘肽结合和甲基结合。

四、排　泄

毒物及其代谢产物向体外转运的过程称为排泄。其主要途径有经肾脏随尿液排出和经肝脏随胆汁通过肠道随粪排出。

（一）肾　脏

肾脏是最主要的排泄器官，尤其是水溶性的极性物质易随尿液排出体外。其主要排泄途径有肾小球滤过、肾小管重吸收和肾小管排泌（主动转运）。

1. 肾小球滤过　肾小球具有 7～10nm 的微孔，血液流经肾小球毛细血管时，血浆中的水分和一部分溶于水、相对分子质量小于60 000的小分子物质能透过毛细血管内皮层微孔，通过肾小球滤过进入肾小管。进入肾小管的物质一部分随尿液排出，另一部分被重吸收。尿中的毒物浓度与血液中的毒物浓度密切相关，因此，测定尿中毒物（或其代谢产物）可间接衡量体内毒物的吸收或负荷状况。

2. 肾小管重吸收　肾小管重吸收对毒物的排泄起重要作用。未解离的脂溶性毒物比水溶性毒物更易被重吸收，重吸收主要在近曲小管部分进行，故重吸收的毒物对肾脏的损害也多发生在此。毒物的解离度与尿液 pH 有关，尿液呈酸性时有利于碱性毒物的解离和排出，呈碱性时有利于酸性毒物的解离和排出，据此，调节尿液的 pH 有助于毒物的排出。

3. 肾小管排泌　肾小管上皮细胞可将毒物及其代谢产物以主动转运的方式排泄到肾小管中，随后随尿液排出体外。

（二）经肝脏随胆汁排泄

吸收进入血液的毒物先在肝脏进行生物转化，所形成的一部分代谢产物及未经转化的母体物质可被肝细胞直接排入胆汁，再进入肠道随粪便排出体外。另一部分则进入肠肝循环，使毒物在体内的停留时间延长，增大对肝脏的损害。

（三）其他排泄途径

气体和挥发性毒物可通过简单扩散方式经肺排出。有的毒物可进入乳汁，如有机氯杀虫剂、多氯联苯和某些金属均可随乳汁排出。随乳汁排泄的毒物可由母体传给幼畜，也可通过牛乳等传给人。例如，奶牛摄入含黄曲霉毒素 B_1 的饲料，在牛奶中出现黄曲霉毒素 B_1 的代谢产物黄曲霉毒素 M_1，后者的毒性虽低于前者，但具有致癌作用，目前已知有 40 多种化合物可经乳汁排泄。有的毒物可经唾液腺及汗腺排出，但其量甚微。重金属可富集于毛发和蹄爪，也有一定的排泄作用。未被吸收的毒物直接随粪便排出。

毒物的排泄可视为一种解毒方式，但毒物在排泄过程中会损伤相应的器官和组织。

第四节　影响毒物对机体作用的因素

饲料中的有毒物质被动物摄入机体后，是否会对机体造成危害与毒物本身的特性、动物机体的状况等多种因素有关，如毒物毒性大小、摄入剂量高低、持续时间长短、动物种类和年龄等都会影响毒物作用的结果，因此，毒物引起动物中毒是有条件的。

一、毒物本身的特性

（一）化 学 结 构

化学物质的毒性与其结构有一定关系，同系物往往有相似的毒性。例如，同一类有机化合物中，不饱和化合物的毒性多大于饱和化合物；同类烃化合物中，卤族元素取代氢时，毒性增加，取代数越多，毒性越高；脂肪烃类多具有麻醉作用，其强度随碳原子数的增加而加强，但超过一定的范围，随着碳原子数的增多，其麻醉作用反而减弱。

（二）理 化 性 质

化学物质的理化性质如溶解性、解离度、分子质量、熔点、沸点等，对其毒性作用也有很大影响。

1. 脂水分配系数　体液是脂相和水相的混合物，化学物质在脂（油）和水中的溶解情况，可决定其在脂相和水相中的分配率。一种物质在两种介质中的分配率常有一个恒定的比值，称为该物质的脂（油）水分配系数[lipid（oil）water partition coefficient]。脂水分配系数大者，表明易溶于脂（油）；反之，则易溶于水。毒物的脂水分配系数与其在体内的吸收、分布、代谢和排泄有密切的关系，从而对其毒性有重要的影响。

亲水性化合物的极性较强，水分子本身为极性分子，水合离子又带有电荷，因此不易透过生物膜的脂质层；亲脂性物质则较易透过生物膜而进入组织细胞。因此，在体液中脂水分配系数较大的物质，其毒性高于脂水分配系数小的物质，但亲水性物质易于经肾脏排出体外。

有些化学物质，在脂和水中都不易溶解，则透过生物膜进入组织细胞或被机体吸收的数量极微，其毒性也较低。

2. 解离度　摄入胃肠道的弱酸性和弱碱性有机物，只有在适宜的 pH 条件下使其最大限度地成为非离子型时才易于被吸收。化学物质呈离子型的比例越高，越不易被吸收，且易于由体内排出。

二、动物机体的状况

（一）动物种类及品种

不同种类的动物对毒性的反应不一，其原因是多方面的，其中主要是由于不同种类动物的体内酶系统具有差异，从而对于毒物的代谢能力存在差异。例如，草食动物由于摄入含氰苷植物的机会较多，故硫氰酸酶活性较高，易将氢氰酸及氰化物转化成为硫氰酸盐而排出；而肉食动物此酶活性较低。因此，草食动物对氰化物的耐受力比人和狗高200倍。豚鼠和大鼠对乐果的水解能力较强，故毒性表现较小，而鸡和牛则相反。

同种动物对毒物的解毒能力也存在品种与遗传上的差异。例如，荷兰兔对异丙胺的代谢能力较其他品种高，但对3, 4-苯并（a）芘[B（a）P]的代谢能力较其他品种低。

（二）年　龄

幼年动物对于毒物常较成年动物敏感，其原因是幼年动物对外源性毒物的代谢酶体系尚未完全发育成熟，各种生物膜（特别是血脑屏障）的通透性较高；肝脏和肾脏的排泄功能尚未发育成熟，毒物由体内消除的速度较慢。

老年动物的代谢功能逐渐衰退，对一般化学物质的毒性作用也较为敏感。

但是，由于毒物种类的不同，也有例外。一些需要在机体内经生物转化后才具有毒性的化学物质，对幼年动物的毒性比成年动物低；反之，凡是在机体内经过酶系统代谢失活的化学物质，在幼年动物所表现的毒性就比成年动物大。例如，八甲磷（schradan）需要在体内经羟化后才具有毒性，如用剂量为35mg/kg BW的八甲磷给不同年龄的大鼠灌胃，不引起初生大鼠死亡，表明未发生羟化反应；而成年大鼠100%死亡；老年大鼠因羟化功能减退，仅有20%死亡。

（三）性　别

有些毒物的作用可有性别差异。例如，马拉硫磷和甲基对硫磷对雄性动物的毒性较大，而对硫磷、苯硫磷和乙拌磷则对雌性动物的毒性较大。对一般常用农药，如有机磷、有机氯和氨基甲酸酯类等杀虫剂，总的来说是雌性动物较雄性动物敏感。

毒物作用的性别差异多表现在性成熟以后的成年动物，这可能主要与性激素有关。据研究，雄性激素睾丸素能促进细胞色素P450的活性，因此毒物在雄性动物体内易于代谢或降解。雌性激素孕酮能抑制肝微粒体的氧化过程，从而影响毒物在体内的生物转化。

不同化学物质所表现的雌雄性别差异并不一致，这可能是由于凡是经肝微粒体酶代谢后可以解毒的化学物质，对雄性动物的毒性相对较低；反之，有些化学物质需经肝微粒体酶代谢转化后才呈现毒性，它们对雄性动物的毒性作用则较强。

（四）营　养

正常的营养条件对维持机体的健康、保证正常代谢过程十分重要。营养不足或失调，可影响动物对毒物的耐受性。例如，蛋白质缺乏时，可影响一系列酶的活性及其生物合成，从而影响毒物在体内的代谢转化，这时可使大多数毒物如黄曲霉毒素 B_1、马拉硫磷、对硫磷等的毒性增强。只有少数在体内经代谢转化使毒性增强的毒物如四氯化碳、二甲基亚硝胺等，当蛋白质营养不良时，由于生物转化过程减弱，则表现为毒性较低。

当饲粮中缺乏维生素 C、维生素 A 和维生素 B_2 时，一般可使毒物的毒性增强。这是由于维生素 C 可能参与细胞色素 P450 的功能，缺乏时可影响羟化反应。维生素 A 缺乏可影响内质网的结构，并使混合功能氧化酶的活性受损。维生素 B_2 缺乏时，肝脏偶氮色素还原酶活性下降，可使某些毒物的毒性或致癌作用增强。

磷脂是内质网与生物膜的重要组成成分，如果饲粮中缺乏亚油酸和胆碱时，将影响磷脂的生物合成，可使生物膜的功能和混合功能氧化酶的活性发生改变，从而影响一些毒物在体内的代谢转化与毒性作用。例如，胆碱缺乏时，可使黄曲霉毒素 B_1 的致癌作用加强。

第五节　饲料中毒的共同特征及饲料中毒病的诊断

一、饲料中毒的共同特征

在现代集约化饲养条件下，同一阶段的动物往往饲喂相同的饲料，一旦饲料出现问题，就可能造成大面积发病，与传染性疾病存在相似性。病因不同，处置方式就应不同。如果为传染性疾病，就需要采取紧急隔离措施、紧急预防接种等；如果为中毒性疾病，就需要立即停喂可疑饲料等。若处置不当，可造成严重后果。因此，了解饲料中毒的特征是必要的。畜群中发生饲料中毒时，大多具有如下特点。

（一）疾病发生与采食的饲料有关

饲喂同一种饲料的动物（特别是同槽、同栏或同牧的动物）突然成群发病或相继发病，不采食该种饲料的同种动物不发病。停喂可疑饲料后，发病可自然停息。

（二）有共同的临床特征

不同的毒物中毒可表现出相应的特征性症状，同一群动物临床表现相同或相似。畜群中食欲旺盛的动物由于摄毒量大，往往最先发病，且病情较重。中毒动物的体温多不升高，有时甚至稍低于正常体温。

（三）无 传 染 性

不因接触而传染，采用隔离、抑菌疗法无效。

（四）流行过程没有“尾端”现象

当将可疑饲料更换后，即不再有新病例出现，在流行病学曲线上无“尾端”现象。而传染病由于带菌者不易彻底消灭，可继续造成传染机会而延长流行过程，流行曲线具有明显的“尾端”现象。

二、饲料中毒病的诊断

（一）了解毒物的可能来源

通过询问病史、现场调查、临床检查、尸体剖检，了解有无中毒的可能。

1）了解动物摄食的饲料种类、来源、配方、加工、贮存情况；近期饲料使用变化情况；动物饲喂不同饲料的发病情况；观察饲料有无发霉和腐败变质。

2）了解动物发病前是否在舍外放牧；牧地上有无有毒植物或喷洒过农药；分析动物有无采食此类有毒植物的可能。

3）了解近期使用过何种农药或杀鼠药，使用的方法及范围，有无可能污染饲料或毒饵被动物误食；近期是否使用过驱虫药和其他兽药。

4）了解附近有无工矿企业，距离及方位，其“三废”（废水、废气、废渣）是否有可能污染饲料和饲草。

5）了解饮水情况，饮水是否被毒物污染。

6）了解有无人为投毒的可能。

（二）毒 物 检 验

毒物检验可为确诊和防治饲料中毒提供科学依据。供毒物检验的材料（检材）可以是病畜剩下的饲料、饮水及可能食入的可疑物质；病畜的胃肠内容物、排泄物（尿、粪）、血液和某些脏器（如肝脏、肾脏等）组织。检材中不要加防腐剂，应置冰箱中保存，并尽快送检。检测项目应根据动物的临床表现综合确定，检测方法尽量选择能够确诊的定量方法。

（三）动物实验（中毒复制试验）

能够引起动物中毒的物质多种多样，有些中毒病可能是多种毒物共同作用的结果，因此，有时单纯依靠毒素检测往往不能排除可疑饲料，此时可采用动物实验（中毒复制试验），即将病畜剩下的饲料、饲草及可疑物质，经自然饲喂或强饲灌胃，观察实验动物有无中毒表现。实验动物最好选用与自然中毒病例相同的动物（靶动物），选用靶动物有困难时，也可选用家兔、小鼠、大鼠、豚鼠等。实验动物的数量不宜过少，并要设立相应的对照组。可疑物成分不明确或不能确定是否由可疑物引起的中毒时，动物实验往往是最有效的方法，并容易被争议各方所接受。

第二章　青绿饲料中的有害物质

第一节　硝酸盐和亚硝酸盐

一、饲料中硝酸盐和亚硝酸盐的含量及其影响因素

硝酸盐和亚硝酸盐广泛存在于自然环境（水体、土壤、植物）中。许多牧草和饲料作物都含有硝酸盐（nitrate），如马铃薯茎叶的硝酸盐含量可达4.7%，燕麦干草的含量为2.5%～7%。植物从土壤中吸收的硝酸盐在体内先被还原为亚硝酸盐（nitrite），再由亚硝酸盐还原成氨（$NO_3^- \rightarrow NO_2^- \rightarrow N_2O \rightarrow NH_2OH \rightarrow NH_3$），然后再合成有机含氮化合物。植物体内亚硝酸酶的活性比硝酸还原酶的活性要高得多，因此，亚硝酸盐含量很低，如新鲜叶菜类饲料的亚硝酸盐含量多低于1mg/kg，只有在黄化、干旱等影响下，植株内亚硝酸还原酶活性较低时，亚硝酸盐含量才可能会增加。

植物体内的硝酸盐含量不仅与植物的种类、品种、植株部位及生育阶段有关，还与土壤、肥料、水分、温度、光照等因素有关。

（一）植物种类

不同种类的饲料，硝酸盐含量差异很大，以均值计，由高到低依次为绿叶菜类（2059mg/kg）、白菜类（1548mg/kg）、根茎类（630mg/kg）、鲜豆类（413mg/kg）、瓜类（264mg/kg）、葱蒜类（193mg/kg）、茄果类（112mg/kg）。

（二）植株部位

在植株的不同部位，硝酸盐的分布不同，通常叶菜类的硝酸盐含量为茎>根>叶（叶柄>叶片）>果。

（三）植物的生育阶段

植物在不同生育期，同一组织内硝酸盐的含量常发生变化。一般生长初期、盛期高于成熟期。但施肥过高时，成熟期会升至最高。在以硝态氮提供氮源的情况下，这种情况更为严重。

（四）环境与肥料

植物在短期干旱时硝酸盐含量增加，阴天或光照不足时也可使光合作用减弱，造成氮的富集。另外，大量施用氮肥、土壤中缺钼、过量施用除草剂或病虫害也会造成硝酸盐的积累。

（五）发酵或腐烂

幼嫩青绿饲料堆积过久、雨水淋湿、烈日曝晒、焖煮等极易发酵产热，为微生物提供了

适宜的温度、湿度和时间，致使饲料中的硝酸盐转化为亚硝酸盐。

二、硝酸盐转化为亚硝酸盐的条件

硝酸盐对畜禽毒性低，必须还原成亚硝酸盐后才变为高毒。硝酸盐转化为亚硝酸盐的条件有：①饲料经虫害、踩踏、霜冻、堆放、运输等，在组织破坏的情况下，温度、湿度又适合时，还原性细菌很快将硝酸盐还原为亚硝酸盐。②饲料经小火焖煮或潮湿堆放发酵，硝酸盐很易还原成亚硝酸盐而致牲畜中毒。据报道，25～37℃、48h 产生的亚硝酸盐最高，再搁置 7～10 天，则亚硝酸盐又变成氨逸出而变为无毒。③单胃动物多是食入含亚硝酸盐的饲料而中毒，但也可能在胃酸不足或胃肠道炎症时，因肠道细菌将硝酸盐还原为亚硝酸盐而中毒。④饲料搭配得当，糖类饲料丰富，在瘤胃中不易形成亚硝酸盐；当饥饿状态时，则易形成亚硝酸盐。

青绿饲料在采摘收获后，由于植物组织受损可大量释放出硝酸还原酶，从而使大量硝酸盐还原为亚硝酸盐。自然界很多细菌和真菌也含硝酸还原酶，能引起硝酸盐还原作用，这类细菌、真菌广泛存在于土壤、水等外界环境中，也存在于动物的胃肠道和口腔等器官中。饲料中的硝酸盐转化为亚硝酸盐，可发生在动物摄食前（体外转化），也可以发生在摄入体内之后（体内转化）。

（一）体 外 转 化

饲料中的硝酸盐在动物摄入之前，就已经由于自然界微生物的作用而被还原为亚硝酸盐。

在自然条件下，亚硝酸盐是硝酸盐在硝酸还原细菌的作用下，还原为氨过程的中间产物，故其发生和存在取决于硝酸盐的数量与硝酸还原细菌的活跃程度。硝酸还原细菌最适宜的生长温度为 20～40℃。在生产中，如将幼嫩饲料成堆放置过久、经过雨水淋湿或烈日曝晒极易发酵产热，另外，饲料采用文火焖煮等给硝酸还原细菌提供了适宜的温度、湿度，致使饲料中的硝酸盐大量转化为亚硝酸盐。

（二）体 内 转 化

在正常情况下，反刍动物摄入的硝酸盐在瘤胃微生物作用下还原成亚硝酸盐，进而很快还原为氨被利用。但如果牧草或饲料中含硝酸盐或亚硝酸盐较高，或瘤胃 pH 和微生物群发生变化时，使亚硝酸盐还原为氨的速度受到限制，此时若摄入过多的硝酸盐，常常导致亚硝酸盐积累而发生中毒。

正常情况下，单胃动物摄入的硝酸盐在肠道上部被吸收，很少形成亚硝酸盐。在胃酸不足或胃肠疾病时，肠道细菌可上行而引发中毒，但生产中比较少见，偶见于猪和马。

三、硝酸盐、亚硝酸盐的毒性与危害

硝酸盐为植物中的天然成分，除对马属动物外，本身毒性较低，但可在植物、霉菌、动物的口腔和肠道还原菌作用下转化为亚硝酸盐，进而引起亚硝酸盐中毒。

（一）急性中毒——亚硝酸盐中毒

在正常机体，红细胞内具有一系列酶促和非酶促的高铁血红蛋白还原系统，故正常红细胞内高铁血红蛋白只占血红蛋白总量的1%左右。但当机体大量摄入亚硝酸盐时，亚硝酸根离子（NO_2^-）与血红蛋白相互作用，使大量血红蛋白氧化成高铁血红蛋白（methemoglobin，MHb），红细胞形成高铁血红蛋白的速度超过还原的速度，出现高铁血红蛋白血症（methemoglobinemia），引起机体组织缺氧。造成全身组织特别是脑组织的急性损害，加上NO_2^-的扩张血管作用，伴以外周循环衰竭，使组织缺氧越来越严重，进而出现呼吸困难，神经机能紊乱。当高铁血红蛋白占血红蛋白总量的20%～40%时，动物出现明显的缺氧症状，占60%～70%时，可引起动物死亡。

亚硝酸盐对动物的毒害程度，主要取决于被吸收的亚硝酸盐的数量和动物本身高铁血红蛋白还原酶系统的活性。羊能迅速地将高铁血红蛋白还原为血红蛋白，牛较慢，猪和马更慢。

动物对亚硝酸盐危害的敏感性有很大的种间差异，猪最敏感，依次为马、牛、羊。有实验表明，猪一次内服亚硝酸钾12.2～19.8mg/kg BW即能发病，而21.3mg/kg BW以上剂量则可使猪死亡，其LD_{50}为70～75mg/kg BW。

猪通常在采食后1h左右发病，同群同饲的猪多同时或相继发病，且身体强壮好抢食者病情较重。患猪流涎，可视黏膜发绀，呈蓝紫色或紫褐色，死前或死后放血，血液呈咖啡或酱油色。体温正常或下降，兴奋不安，步态蹒跚，无目的徘徊或做圆圈运动，或呆立不动。呼吸高度困难，心跳加速，不久倒地昏迷，四肢泳动，抽搐窒息而死亡，整个病程不超过1h。病情较轻而耐过者，症状可于数小时之内逐渐缓解。

牛通常在采食后2～3h、最多5h即出现症状，也有的延迟至1周左右才发病。除表现上述亚硝酸盐中毒（nitrite poisoning）的基本症状外，还伴有流涎、呕吐、腹痛、腹泻等硝酸盐刺激消化道引起的症状。此外，患牛鼻镜干燥，呼吸极度困难，鼻翼扇动，有的呈腹式呼吸；心脏衰弱；可视黏膜和无色素处皮肤呈蓝紫色，有的眼结膜苍白；体温下降，四肢冰冷；最后痉挛、抽搐、窒息死亡。

在水产养殖中，亚硝酸盐氮对鲑科、草鱼、罗非鱼及虾类的毒害也有报道，并可造成急性、亚急性和慢性中毒。亚硝酸盐对罗氏沼虾和欧洲鳗鲡的安全浓度分别为1.38mg/L和2.66mg/L。

关于禽类硝酸盐和亚硝酸盐引发的中毒问题国内外研究较少。有研究表明，硝酸钠（4.2g/kg日粮）和亚硝酸钠（1.7g/kg日粮）可以阻碍鸡生长，导致高铁血红蛋白血症及红细胞计数、血清中谷丙转氨酶（GPT）和谷草转氨酶（GOT）、肌酸酐和尿素氮的改变。另有研究发现，在肉鸡日粮中添加0.1%的亚硝酸钾，肉鸡日增重明显减少，饲料转化效率降低。

动物死后剖检，可见可视黏膜、内脏器官及肌肉呈棕褐色或蓝紫色，血液凝固不良，呈咖啡或酱油色，久置空气中也不变鲜红色；肺充血、出血、水肿；心外膜点状出血，腔内充满暗红色血液；肾淤血，胃黏膜充血、出血，黏膜易剥离，胃内容物有硝酸气味。

（二）慢性中毒

母畜长期采食硝酸盐、亚硝酸盐含量较高的饲料，可引起受胎率降低，并因胎儿患高铁血红蛋白血症，导致死胎、流产或胎儿被吸收；硝酸盐含量高时，可使胡萝卜素氧化，妨碍维生素 A 的形成，从而使肝脏中维生素 A 的贮量减少，引起维生素 A 缺乏症；硝酸盐和亚硝酸盐可在体内争夺合成甲状腺素的碘，有致甲状腺肿的作用。亚硝酸盐在一定条件下可与仲胺或酰胺形成 *N*-亚硝基化合物，这类化合物对动物是强致癌物，长期积累可能出现胃部和肝部的肿瘤（胃癌和肝癌）。

硝酸盐及亚硝酸盐的慢性危害除表现为畜禽生产性能下降外，亚硝基化合物的形成将直接影响动物性产品安全，危及人类健康。

四、预防硝酸盐与亚硝酸盐危害的措施

（一）作 物 育 种

选育低富集硝酸盐品种。

（二）合 理 施 肥

在种植青绿饲料时，适量施用钼肥，减少植物体内硝酸盐的积累；临近收获或放牧时，控制氮肥的用量，减少硝酸盐的富集。

（三）注意青绿饲料的调制、饲喂及贮存方法

新鲜饲料切勿乱丢乱踩，严防霜冻。使用时尽量除去虫伤和已腐烂部分。叶菜类青绿饲料应新鲜生喂，或大火快煮，凉后即喂，不要小火焖煮久置和隔夜喂。青绿饲料收获后应存放于干燥、阴凉通风处，不要堆压或长期放置，少量贮存时，应薄层摊开，必须大量贮存时，最好青贮。对干草应做好防潮工作，堆放 10 天以后才能利用。

（四）正 确 饲 喂

反刍动物采食硝酸盐含量高的青绿饲料时，喂给适量含有易消化糖类的饲料，以降低瘤胃的 pH，抑制硝酸盐转化为亚硝酸盐，并促进亚硝酸盐转化为氨，从而防止亚硝酸盐的积累。

（五）严格执行饲料卫生标准

我国对饲料中亚硝酸盐含量做了严格规定（表 11-1），在饲料配制时应严格执行。

对急性中毒动物可按 2～12mg/kg BW 的剂量（小动物）静脉注射或肌肉分点注射 1%亚甲蓝（亚甲蓝 1g，溶于 10mL 乙醇中，再加入生理盐水 90mL），也可用甲苯胺蓝，按 5mg/kg BW 的剂量静脉注射或肌肉、腹腔注射。

第二节　生 氰 糖 苷

生氰糖苷（cyanogenetic glycoside）也称氰苷、氰醇苷，是一类α-羟腈或称氰醇的糖苷，作为具有防御功能的次生代谢产物贮存于液泡中。生氰植物是指能在体内合成生氰化合物，经水解后释放氢氰酸（HCN）的植物。生物体这种产生氢氰酸的现象称为生氰作用

（cyanogenesis）。近来的研究发现，不仅植物具有生氰作用，某些细菌、真菌、昆虫（如千足虫及蛾类）也具有生氰能力。

一、植物中生氰化合物的合成及水解

生氰糖苷是氰醇衍生物的羟基和D-葡萄糖缩合形成的糖苷（图2-1），根据取代基不同主要分为脂肪族生氰糖苷和芳香族生氰糖苷。该类化合物主要由三种脂肪族蛋白质氨基酸（L-valine，L-isoleucine，L-leucine）、两种芳香族氨基酸（L-phenylalanine，L-tyrosine）及一种脂肪族非蛋白质氨基酸［2-（2′-cyclopentenyl）-glycine］衍生而来。

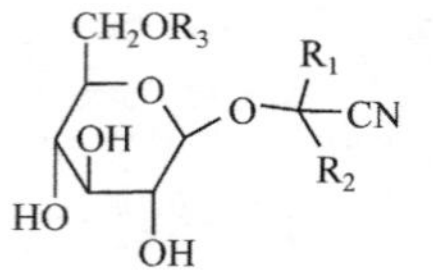

图2-1　生氰糖苷的基本结构式

不同的氨基酸可以产生不同的氰苷。例如，饲料中最常见的亚麻苦苷（linamarin）是由L-缬氨酸形成的，百脉根苷（lotaustralin）是由L-异亮氨酸形成的，蜀黍苷（dhurrin）则是由L-酪氨酸形成的。氰苷的水解通常由酶催化进行。在含氰苷的植物中，都存在β-葡糖苷酶（β-glucosidase）和羟氰裂解酶（oxynitrilase）。在完整的植物体内，氰苷与其水解酶在空间上是隔离的，即二者存在于植物体同一器官的不同细胞中。因此，在生活期的植物体内，氰苷不会受到水解酶的作用，不存在游离的氢氰酸。只有当植物体完整的细胞受到破坏或死亡后，氰苷与其水解酶接触时，水解反应才会迅速进行，这便是食用新鲜植物引起氰氢酸中毒的原因。生氰糖苷首先在β-葡糖苷酶的作用下分解生成氰醇和糖，氰醇很不稳定，自然分解为相应的酮、醛化合物和氰氢酸，羟腈分解酶可加速这一降解反应（图2-2）。

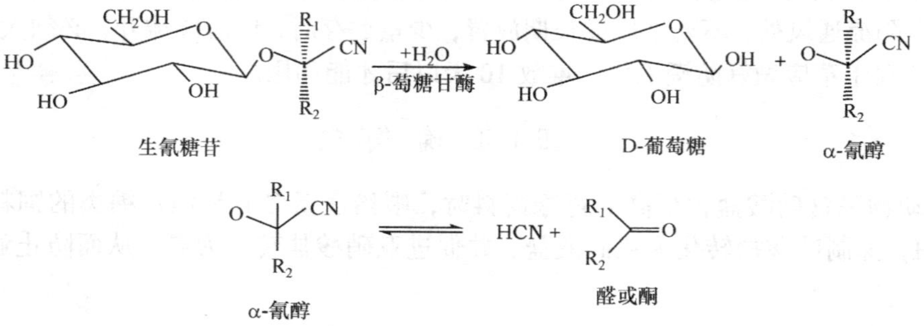

图2-2　生氰糖苷产生氰氢酸的过程

少量的氰化物在动物体内可被代谢解毒。氰化物的主要转化产物是硫氰酸盐，这一反应由硫氰酸酶（rhodanase）催化。这种酶广泛存在于大多数哺乳动物的组织中。氰化物还有几种较少见的代谢途径。例如，它可以和半胱氨酸反应生成噻唑类化合物并随尿排出。氰离子在动物体中的正常代谢如图2-3所示。

生氰糖苷生物合成过程中涉及三大类酶，分别属于CYP79、CYP71家族的两种细胞色素CYP450（也称P450）及葡萄糖转移酶UGT8581。CYP450是一类以还原态与CO结合后在波长450nm处有吸收峰的含血红素的单链蛋白质。在生氰糖苷中作用的第一个酶是细胞色素P450，其生物合成途径是α-氨基酸羟基化形成*N*-羟基氨基酸，然后形成醛肟，进一步形成腈，生氰糖苷生物合成的最后一步是由糖基转移酶催化的半氰醇的糖基化反应。

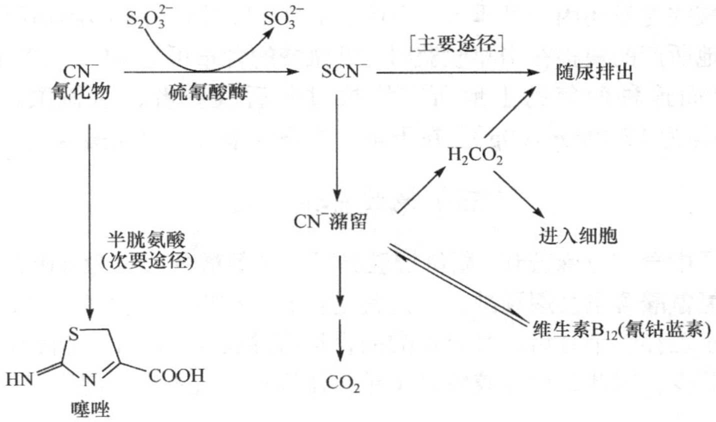

图 2-3　氰离子在动物体中的正常代谢

二、常见的生氰糖苷及其在植物中的分布

生氰糖苷的种类很多，迄今已报道的多达 75 种。常见的生氰糖苷有亚麻苦苷（linamarin，也译为里哪苦苷）、蜀黍苷（dhurrin，或称叶下珠苷）、百脉根苷（lotaustralin）、巢菜苷（vicianin，或称野豌豆苷、毒蚕豆苷）、苦杏仁苷（amygdalin）等。不同植物中合成生氰糖苷的部位有所差异。例如，高粱 CYP79A1 主要表达于幼苗；日本百脉根 CYP79D3 主要表达于叶子，而 CYP79D4 在根组织上表达相对低，表明生氰糖苷的积累发生在顶端组织；在木薯中，生氰糖苷先在地上部合成，随后运送到根部储存，第一片展开的叶子和叶柄具有最高的生氰糖苷生物合成活性。高粱、利马豆、葡萄、苦杏仁、亚麻子中的生氰糖苷类物质研究较多。

常见的富含生氰糖苷的饲料有如下几种。

（一）亚麻子饼（粕）

亚麻（俗称胡麻）的种子及亚麻子饼（粕）中含有的生氰糖苷主要是亚麻苦苷，还有少量百脉根苷。亚麻子中亚麻苦苷的含量因亚麻的品种、种子成熟程度及种子含油量等因素的不同而有差异。完全成熟的种子极少或完全不含亚麻苦苷。油用亚麻品种是利用成熟种子，其种子中亚麻苦苷含量较少。纤维用亚麻品种由于其收获较早（一般在种子成熟前收获），其种子中含亚麻苦苷较多。

高温能使亚麻苦苷和亚麻苦苷酶绝大部分遭到破坏，亚麻子饼（粕）中氢氰酸产生量很低。

（二）木　　薯

木薯中含有的生氰糖苷包括亚麻苦苷和百脉根苷，其中亚麻苦苷占总量的 90%～95%。木薯的根、茎、叶都含有生氰糖苷，其中以块根中含量最多。块根中又以皮层含量最多，而薯肉（块根肉）较少。据广西地区的研究显示，木薯整个块根、块根皮、块根肉的氢氰酸含量分别为 13.1mg/100g、44.3mg/100g、3.5mg/100g。

木薯氢氰酸的含量因品种不同而有较大的差异。木薯品种很多，大体上可分为苦味种及甜味种两大类。苦味种块根表皮呈黄色，氢氰酸含量较高。甜味种块根表皮呈淡红色，含氢氰酸较少，无需去毒即可饲用。

木薯中氢氰酸的含量还因栽种季节、土壤、肥料、气候等因素的影响而有差异。据报道，新栽种木薯的土地所产的块根在当年收获时，氢氰酸的含量可达 44.1～92.3mg/100g（平均为 59.40mg/100g）；而连种两年的土地所产块根过冬后收获者，氢氰酸的含量仅为 6.6～28.3mg/100g（平均为 17.40mg/100g）。在干旱、少雨的季节，氢氰酸含量比较高。

（三）橡胶籽饼（粕）

橡胶树的种子中含有亚麻苦苷。新鲜橡胶种子中氢氰酸的含量为 0.055%～0.077%。种子在贮存期间，其氢氰酸含量会逐渐减少，尤其是在贮存初期，氢氰酸含量迅速减少。据实验报道，晒干的种子贮存 3 个月后，其氢氰酸的含量可除去 96%以上，再经过榨油，饼（粕）中氢氰酸的含量更少，因此，用橡胶籽饼（粕）作饲料一般不会引起中毒。

（四）高粱幼苗及再生苗

高粱的成熟种子不含生氰糖苷，但高粱成熟前的籽粒和茎叶有生氰糖苷——蜀黍苷。高粱植株中以幼嫩部分（幼株、幼分蘖和再生苗）含生氰糖苷最多，每 100g 植株达 250mg，耕牛采食 0.5～1.0kg、羊采食 0.25kg 即可致死。叶中含量比茎中多，上部的叶片较下部的叶片含量多。生长期如遇霜冻、干旱、氮肥多，均可使植株中生氰糖苷含量增多。动物采食间苗时拔下的幼苗或在高粱收割后生长再生苗的地里放牧时，常可招致中毒。

（五）某些牧草与豆类籽实

某些牧草如苏丹草（禾本科）、百脉根、白三叶（豆科）含有少量生氰糖苷，一般不会引起家畜中毒。箭筈豌豆及菜豆属籽实中生氰糖苷的含量因品种不同相差甚大。

（六）其　他

苏丹草、拟高粱、蒋森草含有蜀黍苷，茎叶尤以幼苗和再生苗中富含氢氰酸。苏丹草茎叶中蜀黍苷含量为 170～1390mg/kg，一般无中毒危险，只有超过 750mg/kg 时才可引起中毒。百脉根和白三叶含有百脉根苷和少量亚麻苦苷，百脉根鲜株含量为 0.005%～0.017%，一般不会引起中毒；白三叶茎叶含量达 0.44%以上，猪常因采食而出现呕吐、肌肉松弛无力、痉挛而死。箭筈豌豆含有野豌豆苷（vicianin），氢氰酸含量以青荚期最高，茎叶为 0.48mg/kg，种子为 1.30mg/kg，采食家畜以慢性中毒为主。毛苕子氢氰酸含量为 42mg/kg，以种子含量较高。此外，燕麦（*Avena sativa*）、多年生黑麦草、大黍（*Panicum maximum*）、象草（*Pennisetum purpureum*）、玉米（*Zea mays*）等也含有氰苷。

三、生氰糖苷的毒性

生氰糖苷本身不表现出毒性，其毒性主要是其分解产物氰氢酸和醛类化合物的毒性。

氰酸根（CN^-）与铁离子、铜离子有高度亲和力，氰氢酸被吸收后，随血液循环进入组织细胞，并透过细胞膜进入线粒体，与氧化型细胞色素氧化酶的三价铁（Fe^{3+}）结合，生成非常稳定的高铁细胞色素氧化酶，使其不能转变为具有二价铁（Fe^{2+}）的还原型细胞色素氧化酶，致使细胞色素氧化酶失去传递电子、激活分子氧的功能，使组织细胞不能利用氧，导致细胞的呼吸链中断，形成“细胞内窒息”。由于中枢神经系统对缺氧最为敏感，而且氢氰酸在类脂质中溶解度较大，容易透过血脑屏障，因此中枢神经系统首先受害，尤以呼吸中枢及血管运动中枢为甚，临床上表现为先兴奋后抑制。呼吸麻痹是氢氰酸中毒最严重的表现和致死的主要原因。目前已发现 CN^-可抑制 40 多种酶的活性，以细胞色素氧化酶对 CN^-最敏感。

单胃动物胃液呈强酸性，影响与苷共存酶的活性，所以氰苷的水解过程多在小肠进行，中毒症状出现较晚。反刍动物由于瘤胃微生物的活动，可在瘤胃中将氰苷水解产生氢氰酸，中毒症状出现较早。反刍动物在采食 15～30min 后即可发病，单胃动物多在采食后几小时呈现症状。主要症状为呼吸快速且困难，呼出苦杏仁味气体，随后全身衰弱无力，行走站立不稳或卧地不起，心率失常。中毒严重者最后全身阵发性痉挛，瞳孔散大，因呼吸麻痹而死亡。由于组织细胞不能从血液中摄取氧，氧滞留于血液中，因此静脉血也呈现鲜红色。因此，在 HCN 中毒的初期，动物的可视黏膜及皮肤常呈鲜红色。如果病程延长，呼吸受到抑制和氧的摄取受到限制，血液才变成暗红色，此时才出现可视黏膜发绀。

氢氰酸除能引起急性中毒外，长期少量摄入含氰苷的饲料也能引起慢性中毒，主要表现为甲状腺肿大及生长发育迟缓。其中毒机制是由于 CN^-在动物体内经硫氰酸酶的催化作用转化为硫氰酸盐。硫氰根离子（SCN^-）和碘离子（I^-）有相似的摩尔体积及电荷，在甲状腺腺泡细胞聚碘过程中可与 I^-竞争，从而减少了甲状腺腺泡细胞对碘的浓聚，导致机体甲状腺激素的合成与分泌减少。当血液中甲状腺激素的浓度降低时，通过负反馈作用，使腺垂体分泌大量促甲状腺激素（TSH）。TSH 持续不断地作用于甲状腺，造成甲状腺腺泡细胞呈现增生性变化，形成甲状腺肿。

此外，CN^-影响体内多种酶的功能，可导致饲料利用效率和生产性能下降。同时，含氢氰酸较高的木薯（苦味品种）具有苦味，往往引起猪、禽等动物厌食，甚至呕吐。

四、含生氰糖苷饲料的去毒处理与合理利用

（一）饲料中生氰糖苷的去毒处理

1. 物理去毒法　生氰糖苷可溶于水，经酶或稀酸可水解为氢氰酸。氢氰酸的沸点低（沸点为 25.7～26.5℃），加热易挥发。因此，采用水浸泡、加热、蒸煮等办法即可脱毒。磨碎和发酵对去除氢氰酸也有一定作用。

（1）湿法脱毒技术　湿法脱毒有水煮法脱毒和水浸法脱毒两种，其主要原理是生氰糖苷类化合物溶于水后，在酶或者稀酸的作用下水解成氢氰酸和醛（酮）类化合物。一般先通过水浸法使得生氰糖苷类物质水解，然后再加热处理，使氢氰酸挥发，以达到脱毒的目的。通过比较不同水煮温度、料液比和浸提时间对亚麻子中生氰糖苷脱毒效果的影响，在料液比为 1：10、80℃水煮 120min 条件下，亚麻子中生氰糖苷的去除率为 88.12%。湿法脱毒技术的工艺较为简单，投资成本小，但是需要较长的时间，而且产生了大量的废水，对环境有较大的污染。

（2）干法脱毒技术　干法脱毒技术是指将新鲜含生氰糖苷类作物的细胞组织破坏后，同时置于太阳下晾晒几小时或者在烘箱内一定温度下保持几小时，借以酶的辅助作用，达到脱除生氰糖苷的目的。其主要原理是新鲜含生氰糖苷类作物在日光的照射下，温度升高，酶的活性增强，氢氰酸挥发，并促进生氰糖苷的分解。新鲜木薯置于 75℃条件下烘烤 8h，木薯中生氰糖苷的去除率可达 62%。

（3）微波脱毒技术　微波脱毒技术是利用微波选择性吸收和升温较快的特点，使得含生氰苷类作物中的水分迅速升温，从而激活作物内糖苷酶的活性，使生氰糖苷迅速转化为氰

醇，氰醇不稳定，分解为氢氰酸和醛（酮）类化合物，氢氰酸随着水蒸气一同从作物内部逃逸出来。另外，微波加热是从里往外加热，这样使得含生氰苷类作物的表面不易形成坚硬的外壳，促进氢氰酸的释放。有实验表明，经微波处理过的亚麻子生氰糖苷的去除率达 83.2%。微波脱毒技术升温快，作用时间短，脱毒效率高，但是脱毒过程中温度不易控制，而且容易出现局部升温过快的现象，导致酶解不均匀。

（4）溶剂提取脱毒技术　溶剂提取脱毒技术是利用生氰糖苷溶于极性溶剂的特点，去除含生氰糖苷作物中的生氰糖苷。氨水-正己烷-甲醇溶剂体系对亚麻子粉经过三次提取后，其生氰糖苷脱除率可达到 89%。与湿法和干法相比，溶剂提取法脱毒效率更高，但是有机溶剂不易回收，存在溶剂残留、成本较高、环境污染等缺点，应该选择无毒性、沸点较低的有机溶剂提取生氰糖苷，以利于生氰糖苷的去除和回收。

（5）挤压膨化脱毒技术　挤压膨化脱毒技术是利用挤出机内高温、高压、短时强烈挤压、剪切处理和热处理作用，使生氰糖苷的化学结构受到破坏或者与其他物质发生反应，从而失去毒性，起到脱毒的作用。挤压膨化脱毒技术脱毒效率高且时间短。有研究利用 Brabender DSE-25 双螺杆挤压机对亚麻子粕进行了挤压处理，亚麻子粕中的总氰化物脱除率达 96.59%，生氰糖苷的含量由 257.85mg/kg 降至 8.79mg/kg，达到了可食用国际标准。

2. 酶法去毒　借助添加糖苷酶或者发酵微生物胞外酶或者利用细胞内自身糖苷酶的作用将生氰糖苷降解为氢氰酸和醛类或者酮类。利用木聚糖酶和纤维素酶处理木薯后，生氰糖苷（亚麻仁苦苷）含量可降低到较低的水平，且处理时间短，是较为理想的一种方法。

3. 选用和培育低氰或无氰的作物品种　饲用植物中生氰糖苷的含量因品种不同而差异很大，因此选用与培育低氰或无氰的作物品种是预防生氰糖苷危害的有效措施之一。在新西兰和澳大利亚已培育出低氰的白三叶品种，可以保证饲用安全。

另外，转基因脱毒技术是将作物内的生氰糖苷表达基因进行敲除或者植入高表达产酶基因进行脱毒处理。有研究采用基因表达技术成功构建 *HNL24b* 基因表达载体，使得该基因能在植株中表达，有效减少植株中的氰化物含量。另有研究成功构建可同时体外分泌表达氰化物水合酶和人葡糖苷酶的毕赤酵母工程菌株 GS115-Ch-Glu。此菌株在 46.8℃、起始 pH6.3 条件下，发酵处理亚麻子 48h 后，亚麻子中生氰糖苷降解率高达 99.26%，氰酸根残留量可降至 0.015mg/g。

（二）含生氰糖苷饲料的合理利用

1. 根据植物生育期中生氰糖苷含量的变化规律加以利用　高粱茎叶在幼嫩时不能饲用，可在抽穗时加以利用，并以调制成青贮料或干草后饲用为宜，因为通过青贮及晒干（应于刈割后阴干）可使形成的 HCN 逐渐随水蒸发。应特别注意不能在有高粱再生苗的田地放牧。

2. 根据生氰糖苷在植物中的分布不同采取相应的脱毒措施　木薯中亚麻仁苦苷含量主要分布在块茎的皮层，肉质层分布很少，而亚麻仁苦苷酶在肉质层分布很多，如对其进行剥皮处理，木薯的脱毒效果会更好。对木薯粉在 pH6.5、50℃条件下处理 5h，脱毒效果比在 pH4.1 条件下更好；木薯粉堆积薄的样品，总生氰糖苷的去除率比堆积厚的样品要高。

3. 营养性解毒措施　氢氰酸被机体吸收后，氰离子可在硫氰酸酶的催化下，与体内的硫代硫酸盐结合，形成低毒的硫氰酸盐，随尿排出。但是体内硫代硫酸盐（$S_2O_3^{2-}$）的储存量有限，因此在含有生氰糖苷的饲粮中添加硫代硫酸盐，可提高机体的解毒能力。饲料中添加蛋氨酸，在体内代谢可形成 $S_2O_3^{2-}$，也有促进解毒、提高饲用效果的作用。

硫氰酸根具有与碘竞争而影响甲状腺素合成的不良作用，因此，在使用含有生氰糖苷的饲料原料时，应注意日粮中碘的补充。

第三节　光敏物质和草酸盐

一、光 敏 物 质

光敏物质（photosensitizer）是指善于吸收光线的物质。光敏物质在光线作用下，能转化成为另一种物质——光化学产物，光化学产物再与皮肤内蛋白质相结合，可成为抗原，抗原能使机体产生过敏反应，发生多种皮炎症状。

荞麦（*Fagopyrum esculentum*）、杂三叶（*Trifolium hybridum*）、紫花苜蓿等含有光敏物质，长期单一大量采食可引起感光过敏（photosensitivity）。荞麦含有荞麦素（fagopyrin），以种子外壳和开花期的茎叶含量最多，荞麦苗含原荞麦素（proto-fagopyrin），在阳光下转变为荞麦素，采食家畜经日光照射后易引起“荞麦疹”症，对白皮肤家畜尤为敏感。牛、马、绵羊和猪大量采食紫花苜蓿后，在日光照射下引起“苜蓿疹”病。马大量采食杂三叶后，在阳光下皮肤出现“三叶草疹”，并伴有消化和神经系统症状。此外，黑麦草中的佩洛灵也有光敏作用。

（一）感光过敏的作用机制及分类

动物采食了含光敏物质的饲料后，其中的光敏物质被吸收进入血液，若流经皮肤毛细血管中的光敏物质受到日光（紫外线或可见光）照射，吸收了光子而处于激发状态，该激发态的物质又作用于皮肤毛细血管内皮细胞或皮肤中的某种物质（有人认为是某种氨基酸），生成氧化性物质或过氧化氢，从而损伤组织细胞结构，细胞被损伤则可释放游离组胺（histamine），后者可使毛细血管扩张，通透性增加，皮肤发红，形成红斑性疹块和引起组织局限性水肿，严重的甚至伴有淤血和水疱，同时发生消化系统及中枢神经系统障碍。

由光敏物质所引起的感光过敏通常可分为原发性光敏症和继发性光敏症两类。

1. 原发性光敏症　这是由于动物采食外源性光敏物质而直接引起的一类感光过敏。这类光敏物质一般存在于青绿多汁及生长旺盛期的一些植物中。来源于植物的金丝桃素、荞麦素，以及伞形科和芸香科植物等的光活性物质，可导致家畜与禽类的光敏症；三叶草、苜蓿、牛八苗及芸薹也与光敏症有关；某些煤焦油衍生物如酚噻嗪及磺胺类药物和四环素等也可诱发光敏症。

2. 继发性（肝源性）光敏症　这种感光过敏作用是由叶绿胆紫质（phylloerythrin，或称叶红素）所引起的。叶绿胆紫质是植物中叶绿素进入动物体后的一种正常代谢产物，通常由胆汁排出。但当患肝炎或胆管阻塞时，由于胆汁分泌及排泄发生障碍，叶绿胆紫质蓄积于体内，形成叶绿胆紫素血，从而引起感光过敏。可见，这类植物所引起的感光过敏除了叶绿胆紫质这一因素外，更主要的因素是其含有肝毒物质。当肝毒物质损害肝脏后，使正常由胆汁排出的叶绿胆紫质进入外周循环，从而产生感光过敏。

（二）症　状

动物是否发生感光过敏需具备两个因素：一是在无色或浅色皮肤层内存在足量的光敏物质，二是这种皮肤要经阳光照射。患光敏症的羊在太阳光下会产生惧光现象，表现为辗转不停、不安，挠擦暴露的浅色皮肤区，如面部、耳朵、眼睑和鼻端，迅速出现红斑并很快水肿，如继续暴露于阳光下，可见血浆明显渗出，皮肤结痂坏死；患肝源性光敏症的羊，可见黏膜出现黄疸。

（三）防 治 措 施

光敏症继续发展的羊，应被饲养在庇荫处，只能在晚上供食。早期注射肾上腺皮质激素或苯海拉明（每次 40mg），体表喷洒 1%高锰酸钾有效。为减少渗出，可使用 2%～3%的明矾水冷敷患部皮肤和静脉注射 10%葡萄糖酸钙。如果水疱已被细菌感染，可使用高锰酸钾液冲洗后，涂以氧化锌软膏或消炎软膏，并配合青霉素、链霉素肌肉注射。此外，还应防止蝇类袭扰。

如果发现牧草寄生大量蚜虫，应立即使家畜避开蚜虫寄生的草场，移牧于安全草场或饲喂以安全的草料。

二、草　酸　盐

草酸盐是广泛存在于植物性饲料中的一种抗营养因子，它能显著降低动物对矿物质元素的利用率，并能对很多器官造成损害，引起中毒。因此，在生产实践中应注意防止草酸盐对动物的危害。

（一）草酸盐的来源及理化性质

草酸（oxalic acid）又名乙二酸，以游离态或盐类形式广泛存在于植物中。草酸盐是植物中正常存在的成分，可分为可溶性草酸盐和不可溶性草酸盐，可溶性草酸盐主要有草酸钠、草酸钾和草酸铵，不溶性草酸盐主要有草酸钙、草酸镁和草酸铁。草酸盐形成的主要途径为光呼吸作用下乙醛酸盐氧化、维生素 C 和异柠檬酸盐裂解、草酰乙酸水解，其中乙醛酸盐氧化途径被认为是植物积累草酸盐最直接和有效的途径。在植物组织中，草酸盐大部分以酸性钾盐、少部分以钙盐的形式存在。1976 年，Zindler Frand 对草酸盐在植物界分布情况的调查表明，在 93 属中，除 11 属不含草酸盐外，其余各属绝大多数的种都含有大量草酸盐。常见的富含草酸盐的饲用植物及野生植物有以下数种。

1. 饲用甜菜　新鲜茎叶中含有大量草酸盐，尤以叶部最多。早期繁茂期收获的较晚期收获的含量高。其草酸盐含量可达 0.3%～0.9%。

2. 牧草与野生植物　如羊蹄、酸模、酢浆草、蓝稷、盐生草、马齿苋、狗尾草等。在这些植物中草酸盐含量（鲜重）可达 0.5%～1.5%。

3. 叶菜类饲料　如菠菜、雍菜、苋菜、牛皮菜等。国内有人报道，用生菠菜饲喂来航种鸡，曾引起种鸡缺钙现象（蛋壳变薄，破损率增加，部分种鸡产软壳蛋），并引起种蛋孵化率下降。

4. 稻草 稻草及水稻收获后的再生稻制成的干草中均含有较多量的草酸盐。在印度，曾发生过因牛采食稻草而导致体内钙的平衡失调现象。

5. 芝麻饼（粕） 芝麻外壳含有草酸盐，故芝麻饼（粕）中的外壳必须完全除去。

6. 水浮莲 水浮莲属于天南星科的水生植物，我国南方各省曾将其广泛用作猪的饲料。某些猪场曾因饲喂水浮莲而出现空口咀嚼、神经过敏、抽搐等神经症状。有人认为是水浮莲中含有大量的草酸盐所致。

植物中的草酸以游离酸形式存在，但一般多以可溶性的钾盐、钠盐和不溶性的草酸钙结晶存在于植物细胞中。草酸盐可存在于整个植株中，以叶中含量最高，其次为花、果实与种子，茎中含量最少。植物中的草酸盐含量也随植物的生长阶段和栽培环境的不同而发生变化。有人发现，甜菜叶中的草酸盐含量可随季节的推移而减少；酢浆草的草酸盐含量有昼夜变化现象。

草酸盐除来自于植物外，也可来源于自然界的微生物。已有报道，曲霉属、青霉属、腐霉属、核盘菌属、栗疫壳菌属、倒杯伞菌属、丝核菌属、小核菌属等均可分泌草酸。

（二）草酸盐的有害作用及其机制

通常来讲，急性草酸盐中毒的病因主要与草酸盐的形式，反刍动物对草酸盐的耐受力、适应性、自然抵抗力，动物年龄、性别、生长阶段、营养状态，饲料中其他成分等密切相关。最关键的是如果饲料中的草酸盐含量过高，引起草酸盐中毒的概率就会增加。可溶性草酸盐能够迅速与血清中的钙离子或镁离子结合，进而突然降低这些离子的浓度。草酸盐急性中毒可急剧降低血清中钙离子浓度，影响动物正常的细胞功能，导致动物肌肉震颤、循环虚脱，最终导致死亡。慢性草酸盐中毒，不溶性的草酸钙会严重损伤肾小管。最后，即使动物不是死于低血钙和细胞能量代谢紊乱，也会死于肾衰竭。

草酸盐被动物摄入后，在消化道中能与二价、三价金属离子如钙、锌、镁、铜和铁等形成不溶性的草酸盐沉淀而随粪便排出，从而使这些矿物质元素的利用率降低。例如，在含钙0.45%的小型马日粮中添加1%的草酸，能显著降低钙的利用率。

草酸盐对黏膜具有较强的刺激作用，故大量摄入草酸盐时可刺激胃肠道黏膜，从而引起腹泻，甚至导致胃肠炎。

当反刍动物摄食含草酸盐的植物时，草酸盐会以4种形式被代谢。第一，草酸盐可被反刍动物瘤胃微生物降解，经代谢转化为碳酸盐和重碳酸盐。因此，反刍动物对草酸盐的耐受力较非反刍动物强。第二，当饲料中含高钙时，草酸盐会和钙在瘤胃或者小肠结合形成不溶的草酸钙结晶，通过粪便排出体外。第三，当饲料中钙含量低时，草酸盐会迅速被肠道吸收进入血液，当草酸根离子浓度在血液中浓度很高时，会和血液中的钙离子和镁离子形成不溶的草酸盐结晶，进而影响肾尿液的形成，并导致肾衰竭。第四，不溶的草酸盐会直接通过肠道，不会影响机体代谢。

反刍动物只有在短时间内大量摄入草酸盐时（如饥饿时），由于一部分草酸盐来不及转化而进入皱胃并被动物吸收后才能引起中毒。反刍动物长期摄入少量草酸盐时，瘤胃微生物可逐渐适应，使瘤胃分解草酸盐的能力提高，因此，新引进的动物比当地动物对草酸盐敏感，动物初次到富含草酸盐的草地放牧时对草酸盐的食入不适应，当多次摄入而逐渐适应后，可提高对草酸盐的耐受力。但是反刍动物如果持续摄入稍高水平的草酸盐时，由于瘤胃内容物pH的改变（较正常pH升高）及纤维素的消化障碍（草酸盐可使瘤胃微生物有所减少），也可能引起瘤胃功能紊乱。

草酸被大量吸收入血后，能与血钙结合成草酸钙沉淀，导致低钙血症，从而严重扰乱体内钙的代谢，使神经肌肉的兴奋性升高（表现为肌肉震颤、痉挛等）和心脏机能减退，血液的凝血时间延长。在长期慢性低钙血症影响下，可导致甲状旁腺机能亢进，使骨质脱钙增多，出现纤维性骨营养不良。

草酸与体内的钙、镁结合，形成不溶解的草酸盐晶体，可沉积于脏器内。草酸盐晶体会对脏器造成损害。草酸盐也可在血管中结晶，并渗入血管壁，引起血管坏死，导致出血。草酸盐晶体有时也能在脑组织内形成，从而引起中枢神经系统的机能紊乱。

肾几乎是体内草酸盐排出的唯一途径，摄入的草酸盐90%以上由尿排出。草酸盐结晶通过肾排出时，可导致肾小管阻塞、变性和坏死，引起肾功能障碍。草酸盐结晶对膀胱壁具有刺激作用，尿中草酸盐排出增多还可使尿道结石的发病率升高。

不同种类的动物对饲料中草酸盐的敏感性有所不同。马属动物对草酸盐较为敏感，相当小的剂量即可引起中毒，甚至死亡。牛草酸盐中毒时，食欲减退、精神沉郁、反应迟钝、便秘、口腔干燥、血液凝固时间延长、瘤胃蠕动次数减少、频繁起立与卧倒、肌无力、步态异常、心率加快、肌肉颤抖和抽搐；频频欲排尿，并偶尔排出棕红色尿液；呼吸急促困难，鼻流出带血的泡沫状液体；最后发生瘫痪，卧地不起，甚至昏迷。羊草酸盐中毒时，表现出机体虚弱无力、共济失调、抽搐、昏迷。草酸盐能影响能量代谢和血中葡萄糖含量。

（三）预防草酸盐危害的措施

1. 控制饲喂量　应避免在动物饥饿和口渴时饲喂富含草酸盐的饲料，饲喂富含草酸盐的饲料、饲草时，饲喂量不可过多，要与其他饲料、饲草搭配饲喂。马属动物对草酸盐敏感，更要严格控制饲喂量。反刍动物的饲喂量可逐渐增加，以提高其对草酸盐的耐受力，可溶性草酸盐在饲料中的含量不应该超过2%。与此同时，还应注意防止动物采食富含草酸盐的野生植物，尤其是在动物饥饿的情况下不能在生长富含草酸盐植物的地区放牧。

2. 补加钙剂　饲喂富含草酸盐的饲料、饲草时，补加钙剂（如磷酸氢钙、碳酸钙等），可以减少机体对草酸盐的吸收，并缓解草酸盐危害所引起的症状。通常1mg钙可与2.25mg草酸结合，故每摄入100mg草酸盐，可补加50～75mg钙。此外，也应适当添加锌、镁、铁、铜等元素，尽可能饲喂含钙丰富的草场上的饲草。

3. 饲草中草酸盐的去除　由于植物中的草酸盐多是水溶性的钾盐、钠盐，因此，青绿饲料用水浸泡或用热水浸烫，可除去大部分草酸盐。对含草酸盐的稻草可用水浸泡，也可用淡的碳酸钙或氢氧化钙浸泡处理，也可以采用青贮的方法降低草酸盐含量。

第四节　某些豆科牧草中的有毒物质

一、草　木　犀

草木犀是豆科草木犀属（*Melilotus*）植物，一年生或二年生直立草本，又叫野良香、野苜蓿等。草木犀属有20余种，我国有4种1亚种，我国生产上常用的种类为二年生白花草木犀（*Melilotus albus*），主要在东北、华北、西北等地区栽培，多与玉米、小麦间种或复种。草木犀是重要的饲料作物，茎叶含有丰富的营养物质，粗蛋白质含量高达12.02%～24.13%，并且含有丰富的Ca、P等矿物元素，用间作的玉米秸秆和草木犀饲喂奶牛，可使产奶量提高5%～8%，添加脱毒后的草木犀粉，可使猪日增重提高23.4%，但由于有气味，有些牲畜不喜采食。

（一）草木犀中的有毒成分

草木犀属植物含有香豆素（coumarin或coumarol），含量一般为0.5%～1.5%，以白花草木犀含量最高，为1.05%～1.4%，细齿草木犀（*M. dentatus*）含量最少，为0.01%～0.03%，黄花草木犀（*M. officinalis*）为0.84%～1.22%（表2-1）。

表2-1　三种草木犀种香豆素的含量

品种	株高/cm	香豆素含量（占干物质比例）/%		取样期
		茎	叶	
白花草木犀	85～110	0.570～0.610	1.750～1.820	分枝期
黄花草木犀	80～90	0.600～0.670	1.520	分枝期
细齿草木犀	97～115	0.013	0.035～0.043	分枝期

草木犀植株中的香豆素含量以花中最多，叶和种子次之，茎秆较少。按生育期而言，以孕蕾期最低，青荚期最高，而茎秆含量以成熟期最低，孕蕾期最高。此外，其含量还与返青至开花期的长短有关，这个时期越长，香豆素含量就越多。在少雨干旱地区，香豆素含量较高，在多雨湿润地区或灌溉条件良好时含量较低。

香豆素又称香豆精、氧杂萘邻酮，分子式为$C_9H_6O_2$，相对分子质量为146.5，白色晶体，熔点为69℃，沸点为297～299℃，溶于乙醇、三氯甲烷、乙醚，不溶于水，较易溶于热水。香豆素的母核为苯骈-α-吡喃酮，根据其结构特征可分为五大类，即简单香豆素类、呋喃香豆素类、吡喃香豆素类、异香豆素类和其他香豆素。天然存在的呋喃香豆素有线型（linear）和角型（angular）两种类型（图2-4）。

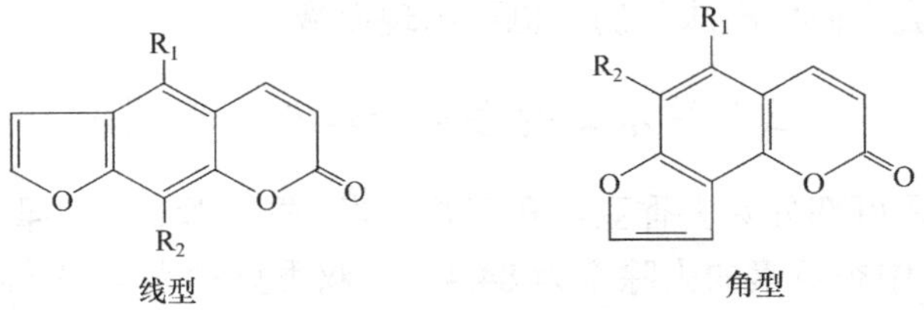

图2-4　呋喃香豆素的结构

香豆素本身无毒，但在草木犀干草或青贮料感染霉菌后，香豆素可转变为具有毒性的双香豆素（dicoumarin或dicoumarol）（图2-5），霉变是香豆素转化为双香豆素的主要原因。有研究认为，在双香豆素的形成过程中，至少有两种真菌——烟曲霉（*Aspergillus fumigatus*）

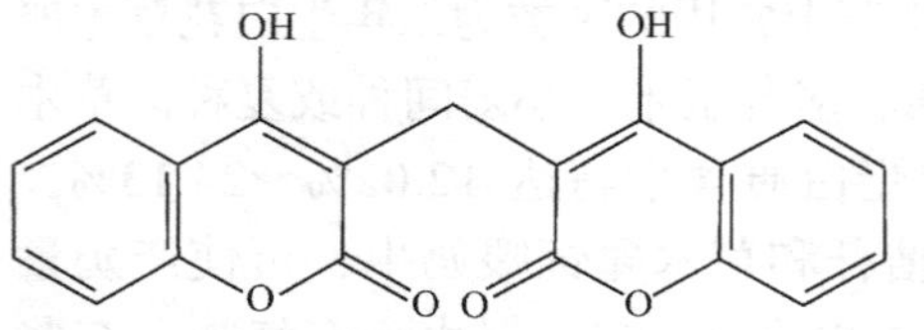

图 2-5　双香豆素

和黑曲霉（*A. niger*）能将 *O*-香豆酸（在草木犀体内由香豆素苷水解所产生，它又可自然内酯化形成香豆素）转化为 4-羟基香豆素，后者在大气中借甲醛的碳产生次甲基桥，可转化为双香豆素。另外，香豆素水溶液长时间在阳光下照射后，也能自行缩合成双香豆素。双香豆素的产生使草木犀被采食时产生不良的气味和苦味，影响其适口性，降低了其作为饲草的利用率和经济价值。

双香豆素或称羟基双香豆素（bishydroxycoumarin），别名有丁香素等。分子式为 $C_{19}H_{12}O_6$，相对分子质量为 336.31，白色或乳黄色微细结晶。微有愉快气味，微苦。溶于碱性水溶液、吡啶和相似的有机碱中，微溶于三氯甲烷和苯，几乎不溶于水、乙醇和乙醚。

（二）双香豆素的毒性

国外从 20 世纪 20 年代起，陆续有草木犀干草或青贮料饲喂家畜引起中毒的报道。中毒动物有牛、猪、羊、马等，尤以犊牛、羔羊中毒严重。1941 年，确认引起这种中毒的有毒成分为双香豆素。

双香豆素的主要毒性在于其具有抗凝血作用。凝血因子Ⅱ、Ⅶ、Ⅸ、Ⅹ在肝脏中合成时，需要维生素 K 的参与，而双香豆素与维生素 K 的化学结构相似，可与维生素 K 发生竞争性的拮抗作用，妨碍维生素 K 的利用，从而使上述凝血因子的合成受阻。双香豆素对已经合成的凝血因子并无抑制作用，它进入机体后，需待血浆中以上凝血因子耗尽后（1～2 天）才会产生效应。

大量饲喂受双香豆素污染的饲料可引起凝血时间延长和器官组织广泛性出血，并可对胎儿产生毒害。由于凝血机制发生障碍，动物表现出血性素质，因体位变化、较强的肌肉活动，即可导致机体广泛出血。大量的血液从血管外溢，并进入组织，又可使内脏器官受压，从而引起种种继发性症状。反刍动物饲草中含有 10mg/kg 的双香豆素就会出现一般临床症状，超过 20mg/kg 就会出现明显的凝血时间延长。腐败的紫花苜蓿也含有双香豆素，牛、马吃了会因丧失凝血作用而出血致死。

双香豆素中毒发生缓慢，通常饲喂草木犀 2～3 周后发病。牛中毒症状为机体衰弱，步态不稳，运动困难，有时发生跛行，体温低，发抖，瞳孔放大。在颈部、背部，有时在后躯皮下形成血肿，鼻孔可流出血样泡沫，奶里也可出现血液。

（三）草木犀的去毒处理与合理利用

用清水浸泡草木犀可部分除去香豆素和双香豆素。据试验，草木犀干草粉按 1∶8 比例经清水浸泡 24h，草木犀中香豆素的去除率为 84.47%，双香豆素为 41.01%。用这种干草粉喂猪，在日粮中加入 15%（体重 20～50kg 阶段）和 35%（体重 50～90kg 阶段）以下，是比较安全的。饲喂草木犀时应逐渐增加喂量，不能突然大量饲喂，不要投喂发霉变质的草木犀。

适时收割，科学调制，即现蕾前进行收割，此时香豆素含量最低，及时加工调制，防止发霉，以免香豆素向双香豆素转化。如果发现家畜草木犀中毒应停喂霉败的草木犀，增加富含维生素 K 的青饲料，同时内服维生素 K 制剂，也可采用输血疗法，输入全血或去纤维蛋白血。

混合青贮可显著降低混合青贮料中香豆素和双香豆素的含量。例如，白花草木犀与玉米秸秆比例为2∶8混合青贮，香豆素和双香豆素含量比风干草样分别降低了80.99%～81.82%和90.52%～91.00%。

二、苜　蓿

苜蓿（*Medicago sativa*）又名紫花苜蓿、紫苜蓿，是豆科苜蓿属多年生植物，一种重要的牧草和绿化兼用作物。中国产苜蓿主要有三种：第一种是紫苜蓿，茎长约60cm，直立，开紫花，荚豆弯曲。第二种是黄苜蓿，茎不直立，匍匐地上，开黄色花，叶状如镰。这两种都产于北方各省。第三种是野苜蓿，俗名草头，又名金花菜，茎卧地，每一细茎上有三小叶，中国长江下游有野生和栽植作为食用的。

（一）苜蓿中的有毒成分

皂苷（saponin）是苜蓿中主要的有毒成分，是由皂苷元（sapogenin）与糖基或糖的衍生物结合而成的。紫苜蓿全株含有0.5%～3.5%的皂苷，以根毒性最大，叶次之，茎最少。按照皂苷被水解后生成的皂苷元的化学结构，可将皂苷分为甾体皂苷（steroidal saponins）和三萜皂苷（triterpenoid saponins）两大类。苜蓿属植物的皂苷类成分主要有以下特征：均为齐墩果烷型或常春藤型五环三萜，3位均为β构型的羟基或苷化，28 位多连接羟基并常苷化，23、24位常羟基化或羧基化，糖部分主要为葡萄糖、葡糖醛酸、阿拉伯糖、鼠李糖、木糖、芹菜糖、半乳糖等。苜蓿皂苷（alfalfa saponin）为五环三萜烯类化合物，目前已从苜蓿皂苷配基中分离出多种同系物，即大豆皂苷配基醇B、C、E和苜蓿酸（medicagenic acid）等。不同品种的苜蓿，不仅皂苷含量有差别，性质也有所不同。有的品种的皂配基主要是苜蓿酸，有的品种则主要是大豆皂苷配基醇。

除皂苷外，苜蓿中还存在其他有毒有害成分。例如，从苜蓿中提取出的拟雌内酯（coumestrol）和苜蓿内酯（medicagol）为香豆素衍生物，具有雌激素样作用。苜蓿中还含有胰蛋白酶抑制剂和抗维生素 E。但这些成分在一般饲喂条件下不会对动物造成大的危害。此外，有些动物大量采食鲜苜蓿后，有时可能发生感光过敏现象。

另外，紫花苜蓿含有高水苏碱（homostachydrine）和水苏碱（stachydrine）。

（二）苜蓿皂苷及其毒性

皂苷多具苦味和辛辣味，使含皂苷的饲用植物适口性降低。皂苷有降低溶液表面张力的作用，当反刍动物大量采食新鲜苜蓿时，可在瘤胃中形成大量的、持久性的泡沫，夹杂在瘤胃内容物中。当泡沫不断增多，阻塞贲门时，使嗳气受阻，形成瘤胃臌气。

用苜蓿干草或草粉单一或大量饲喂时，可影响单胃动物的生长。家禽对饲料中的皂苷比猪等单胃动物更为敏感。鸡饲粮中含20%苜蓿粉（约为0.3%皂苷）时，生长显著下降，并使产蛋率降低。单胃动物摄食皂苷后，与能量代谢有关的酶，特别是对柠檬酸循环起作用的酶受到苜蓿皂苷的干扰，从而抑制能量代谢过程，使动物生长所需的营养物质不能有效地被利用。苜蓿皂苷只使动物（鸡）的生长发生暂时性障碍，不久（约几周后）即恢复到正常水平。一般认为，家禽配合饲料中苜蓿草粉含量不宜超过3%。

皂苷水溶液能使红细胞破裂，故具溶血作用。一般认为，溶血作用与皂苷和红细胞膜中胆固醇的相互作用有关。皂苷可与胆固醇结合形成不溶性的复合物，有助于降低单胃动物血浆中的胆固醇含量。在饲料中加入胆固醇，即可部分地阻止这种对生长的抑制作用。将皂苷水溶液注射入血液，低浓度时即产生溶血作用，但高等动物的正常胃肠道不易分解与吸收皂苷，因此皂苷经口摄入时无溶血毒性发生，皂苷的溶血作用也可被胆固醇所对抗。

苜蓿皂苷对动物生长的抑制作用及溶血性，取决于皂苷中苜蓿酸的含量。无苜蓿酸的苜蓿皂苷，上述生物活性较低。因此，作物育种学家试图通过育种方法，选育无苜蓿酸的品种，以提高苜蓿的饲用价值。

为了防止瘤胃臌气的发生，可将苜蓿等豆科牧草与禾本科牧草混种或混合饲喂；放牧前先喂给一些干草或粗饲料；露水未干前暂停放牧。

三、沙　打　旺

沙打旺（*Astragalus adsurgens*）也称直立黄芪、地丁、麻豆秧等，为豆科黄芪属（*Astragalus*，又称紫云英属）多年生草本植物，在贫瘠和干旱环境的表现优于紫花苜蓿（*Medicago sativa*），具有抗寒、抗旱、抗风沙、耐贫瘠、耐盐碱的特性，在我国北方干旱地区广为种植，其营养成分丰富而齐全，盛花期的沙打旺粗蛋白质占干物质的比例高达 17.28%，粗纤维占干物质的比例为 26.16%，是饲草、绿肥、防风固沙、保持水土、固氮改土等兼用作物。但其茎叶中因含有 3-硝基丙酸而显苦涩味，过高的硝酸盐含量也影响其适口性。

（一）沙打旺中的有毒成分及其含量

沙打旺含有脂肪族硝基化合物。其中硝基化合物的含量，生育期新鲜植物中亚硝基（NO_2^-计）含量为 0.06～0.17mg/g，且其含量有随植物生长日益增加的趋势，但到 10 月后有所下降。植株中叶的硝基化合物含量高于花与茎。沙打旺全株在整个生育期硝基含量为 0.12～0.50mg/g 鲜重或 0.55～1.70mg/g 干物质。

另外，沙打旺含有β-硝基丙酸（β-nitropropionic acid，β-NPA），β-NPA 在沙打旺中的含量：茎为 0.28～37.40mg/kg，叶为 0.43～87.51mg/kg，花为 0.98～11.02mg/kg。沙打旺在整个生育期中β-NPA 含量依初花期、蕾期、花期、营养期递减。

（二）毒性及中毒机制

沙打旺中的脂肪族硝基化合物对多种动物呈现毒性作用，可引起动物急性或慢性中毒。沙打旺植株中以葡萄糖酸酯形式存在的硝基化合物在动物消化道中分解为β-NPA 和 3-硝基丙醇（β-NPOH）。它们经肠道吸收入血液后，可损害中枢神经系统、肝、肾和肺，抑制多种酶的活性，还可引起高铁血红蛋白症。

β-NPA 引起的中毒主要表现为中枢神经系统的损害。Gould（1982）在小鼠毒性试验中发现，经腹腔内注射β-NPA 的中毒小鼠，在神经系统的特定部位产生形态学上的独特损害。其主要表现在豆状核尾部呈双侧和对称的损害，神经元的胞体和胞突明显肿胀或皱缩。

β-NPA 还可使血红蛋白转变为高铁血红蛋白，引起高铁血红蛋白症，造成机体运氧机能受阻。β-NPA 对动物体内的琥珀酸脱氢酶、过氧化氢酶、谷氨酸脱羧酶、单胺氧化酶、乙酰胆碱酯酶、富马酸酶、天冬氨酸酶和异柠檬酸裂合酶等均有不同程度的抑制作用。

牛、羊等反刍动物瘤胃液中的微生物对脂肪族硝基化合物有水解作用。其降解途径是：β-NPA 的葡萄糖酸酯→β-NPA→亚硝酸盐→氨。因此，用沙打旺饲喂反刍动物不出现临床中毒症状，机体组织仅发生某些轻微的可逆病变。

单胃动物如猪、鸡等对这类有毒成分比较敏感，易发生中毒，尤其是幼禽、幼畜。据试验，用沙打旺提取液喂 1 周龄雏鸡，喂量为 6mL/100g BW 时就出现中毒症状，死亡率达 33.3%；喂量为 8mL/100g BW 时，4h 内全部死亡。

动物中毒的症状主要为全身虚弱，共济失调，震颤，呼吸快而困难，虚脱，最后死于心肺衰竭。

（三）沙打旺的合理利用

沙打旺虽然含有有毒的脂肪族硝基化合物，但其含量低，毒性也较低，可作为饲料推广利用。

沙打旺可用于青饲、青贮、放牧、调制干草和草粉，也可打浆喂猪。可在开花前刈割，与青刈玉米或禾本科牧草混合青贮或作半干青贮。调制干草应在株高 60～80cm 或现蕾期刈割。沙打旺以茎叶草粉喂鸡时，日粮比例应在 4%以下。

添加蔗糖或甲酸可明显改善沙打旺青贮发酵品质，且青贮之后硝酸盐和亚硝酸盐含量显著降低。玉米与沙打旺 1∶1 混贮处理时有毒有害成分含量较低，且营养成分及氨基酸含量较高。

四、猪屎豆属植物

豆科猪屎豆属（*Crotalaria*，又称野百合属）植物为一年生或多年生的灌木、半灌木或草本，有 600 余种，我国有 28 种，已有 8 种被种植，其余为野生，分布于西部、东南沿海及西南各省，含蛋白质高，故多被用作饲料。常见的有柽麻（*C. juncea*）、猪屎豆（*C. mucronata*）、野百合（*C. sessiiflora*）、凹叶野百合（*C. retusa*）、假地蓝（*C. ferruginea*）、美丽猪屎豆（*C. spectabilis*）等。经测定，猪屎豆的干物质中含粗蛋白质 21.0%、粗脂肪 2.30%、粗纤维 20.70%、粗灰分 7.00%、水分 10.20%、钙 1.36%、磷 0.48%。

（一）猪屎豆属植物中的有毒成分及其分布

从猪屎豆（野黄豆、美丽猪屎豆、大猪屎豆等）中能分离出 25 种以上的生物碱，均为双稠吡咯烷的衍生物，有毒成分包括野百合碱、吡咯烷、双稠吡咯啶生物碱等，以单猪屎豆碱最具代表性。单猪屎豆碱是一种大环二酯型双稠吡咯啶类生物碱，又称猪屎豆碱、野百合碱、叶猪屎豆碱等，白色棱晶（无水乙醇），味苦，微有异臭，熔点为 197～198℃（分解），溶于无水乙醇和甲醇，易溶于三氯甲烷，略溶于乙醚、丙酮，微溶于苯和水，不溶于石油醚。猪屎豆种子中有毒成分含量为 0.4%～1.69%，茎、叶、荚约为 0.2%。

（二）毒性及中毒机制

此类植物引起中毒的临床特征与机制和聚合草相同。双稠吡咯烷生物碱（pyrrolizidine alkaloid）具特征性的肝脏毒性。例如，单猪屎豆碱等在动物体内经烷基化反应形成一种吡咯代谢产物，直接抑制肝微粒体的形成，导致肝硬化和坏死，有的甚至能致肝癌，同时它们还可对肺造成损害。

此外，具有这一结构母核的其他类型的生物碱还具有其他多种生理活性，有的具有箭毒样作用产生肌肉松弛，有的具有降压作用，有的则具有强烈的局部麻醉作用等。

（三）中毒症状及治疗

猪中毒后表现为精神沉郁，体温达 40.0～41.5℃，喜卧于阴暗潮湿处，呕吐，减食或废食，喜食异物，心跳加快，呼吸每分钟 50 次以上，眼结膜苍白，鼻孔或肛门有时出血，皮肤、耳尖呈蓝紫色且耳尖发冷，尿短而黄，粪便初坚硬，后呈黑色黏稠状，快的数小时死亡，慢的延长到 8～9 天死亡。急性患猪呕吐、腹痛、腹泻、粪便带黏液和血液兴奋不安，常倒地痉挛，口吐白沫，几小时即死亡。亚急性和慢性患猪在食后 2～10 天发病，衰弱嗜眠，站立时四肢软弱，站立不稳，共济失调，全身发冷发抖，天热时也常挤在一起，便秘，数日不排粪，肠蠕动消失，也有的腹泻，粪腥臭或有腐尸味，尿液红色，呼吸浅速，孕猪产死胎或弱仔，产后阴道流血。病猪剖检，腹腔有黄色积液，食管有出血点，胃底充血，有脓样黏液附着，胃黏膜易剥离，肠黏膜出血，盲肠肥大；肝大，质脆，呈紫黑色，有的硬化，胆囊黏膜及脾有出血点；心冠、心内膜出血；肾苍白，膀胱有出血点；皮下脂肪呈黄色，皮肤有红点；喉头及食管有出血点，肺充血和出血。全身淋巴结肿大出血。

中毒治疗，可将硫代硫酸钠 1～3g 配成 20%溶液，加入葡萄糖生理盐水 100～500mL，静脉注射，同时用维生素 B_{12} 1～2mL，肌肉注射。

五、银 合 欢

银合欢（*Leucaena leucocephala*）是豆科含羞草亚科银合欢属植物。该属植物为多年生灌木或乔木，广泛分布于热带、亚热带地区。近年我国南方各省区都有种植。银合欢的叶片干物质中粗蛋白质含量达 22%～29%，含丰富的氨基酸、胡萝卜素、多种微量元素，其种子富含蛋白质，是一种高产、优质的木本豆科饲料。银合欢可刈割青饲，牛、羊、兔均喜食。

（一）银合欢中的有毒成分

银合欢含有一种有毒氨基酸——含羞草氨酸（mimosine），又称含羞草素或含羞草碱，化学名为β-*N*-（3-羟基-4-吡啶酮）-L-氨基丙酸。银合欢的叶、枝和种子均含有含羞草氨酸，以顶部嫩叶含量较高，中部老叶含量很少。不同银合欢品种间毒物含量也有较大差异。例如，嫩枝叶含羞草氨酸含量夏威夷型为 3.79%，萨尔瓦多型为 1.78%，秘鲁型为 2.77%。

（二）含羞草氨酸的毒性

含羞草氨酸是一种非蛋白质氨基酸，由于与酪氨酸在结构上十分相似，因此它能干扰酪氨酸和苯丙氨酸的代谢。含羞草氨酸能与磷酸吡哆醛复合，对氨基酸脱羧酶、胱硫醚酶等产生抑制作用，影响蛋氨酸转化为半胱氨酸，而半胱氨酸是毛发的主要成分。因此，含羞草氨酸能引起动物的脱毛症。另外，反刍动物瘤胃微生物可以将含羞草氨酸降解为 3-羟基-4（1 氢）-吡啶酮（3, 4-DHP），3, 4-DHP 能抑制碘与酪氨酸合成甲状腺素，从而导致甲状腺肿大。

银合欢作为单一饲料饲喂过量或长时间舍饲单一喂用时，可引起家畜中毒，表现为尾部脱毛、流涎、口腔溃烂、甲状腺肿大、精神萎靡、步态失调、厌食消瘦、肝脏损害、繁殖机能降低、生长缓慢等症状，严重者甚至死亡。

（三）银合欢的合理利用与去毒

1. 银合欢的合理利用　①银合欢虽含有含羞草氨酸，对家畜有毒，但如能适当控制用量（牛、羊 30%，猪 15%，禽 5%～10%），即使不经任何脱毒，也可以取得良好的饲养效果。以银合欢代替稻谷粉饲喂生长猪 50 天，猪的增重明显提高；给安哥拉山羊和西班牙山羊饲喂适度水平（45%）的银合欢日粮（含羞草氨酸 0.75%），对山羊的体增重和羊毛纤维的长度无不良影响。②用银合欢与禾本科牧草混合饲喂。③用银合欢与氨化玉米秆和野杂草一起混合青贮，可帮助瘤胃微生物更有效地利用来源于氨化玉米秆的非蛋白氮及其他营养物质，同时还能在一定程度上改善氨化玉米秆的适口性。

2. 银合欢的去毒　①添加铁剂。铁可以与含羞草氨酸形成螯合物而使其失去抗营养作用。对于单胃动物而言，银合欢中的含羞草氨酸含量每千克干物质中为 10～25g 时，每千克日粮可加入 4g 硫酸亚铁。②微生物接种。长期采食银合欢的动物瘤胃中，有一种含羞草氨酸消化细菌，将其接种到其他动物瘤胃中形成脱毒菌素，对银合欢具有完全的脱毒能力。汪儆等（1994）发现广西北海涠洲岛上的黄牛瘤胃液具有降解银合欢中含羞草氨酸和 3, 4-DHP 的能力，将这些瘤胃液或瘤胃液冻干粉以胃管注入或动物之间接触感染的方式接种到不具备这种能力的牛或羊瘤胃中，也可以使之获得降解含羞草氨酸和 3, 4-DHP 的能力。接受接种的黄牛或山羊尿中 3, 4-DHP 的浓度分别于数日内由 0.4%～0.5%迅速下降至 0。牛的瘤胃微生物初次接触银合欢时，并不能进一步分解含羞草氨酸，只有适应一段时间后，方可进一步降解 3 ,4-DHP 为无毒的代谢产物。微生物将含羞草氨酸首先降解为 3, 4-DHP，然后转变为 2, 3-DHP（2, 3-二羟基吡啶酮），并可进一步降解为乙酸、丁酸、二氧化碳和氨等无毒化合物。③加热法。将银合欢干粉煮沸或蒸煮 2h。④水浸泡。浸泡 24h（换水 2～3 次）。

第五节　某些禾本科牧草中的有毒物质

一、虉　草

虉草（*Phalaris arundinacea*）别名草芦、草苇等，为多年生根茎性禾本科草本植物，在我国主要分布于东北、华北、华中、华东等地，在国外广泛分布在欧洲、亚洲及北美洲等地区。虉草的草质鲜嫩，营养价值高，适口性好，马、牛、羊等家畜均喜食。鲜草营养成分含量：粗蛋白质为 4.89%，粗脂肪为 2.06%，粗纤维为 33.19%，无氮浸出物为 42.09%，粗灰分为 5.80%。鲜草粗蛋白质的可消化率为 7.8%，粗脂肪为 5.8%，粗纤维为 6.7%，无氮浸出物为 7.6%。虉草适于刈割制干草，也可青饲或调制青贮料。

（一）虉草中的有毒成分及其分布

虉草中含有在化学结构上与 5-羟色胺（5-HT）相似的色胺生物碱，即色胺（tryptamine）和 *N*, *N*-二甲基色胺（*N*, *N*-dimethyl tamine）等。另外，虉草中还含有芦竹碱、大麦芽碱等。

虉草中的生物碱大部分集中在叶片，上部叶片含量比下部的高，茎秆和花序含量较小，根系含量最少。

虉草中生物碱的含量受生育期及栽培环境等因素的影响。例如，虉草的生物碱含量从营养期到开花期大约下降 40%。虉草再生草的生物碱含量比头茬草高，再生草的生长时间和刈割时间也影响毒物含量。虉草在土壤缺水时，生物碱含量可增加一倍以上。在缺乏锰、铜的土壤中增施相应元素，可降低虉草的生物碱含量。

（二）毒性及中毒机制

5-羟色胺是重要的中枢神经递质，由细胞中线粒体的单胺氧化酶催化降解，色胺生物碱能够抑制该酶的活性，因此具有拟 5-羟色胺的作用，可引起一系列神经症状及心搏过速、心室传导阻滞等心脏异常，并可引起胃肠功能障碍及胃液分泌减少等。

虉草中毒的症状表现为两种不同的综合征：一种是特急性或超急性中毒，表现为动物突然虚脱，在虚脱期间心律不齐性心动过速，继而心室纤维性颤动和心搏停止，短期呼吸困难和发绀，动物可迅速死亡，故有人称此为猝死综合征或心病综合征。另一种是神经型中毒，包括伴有一过性神经症状的急性中毒和缓慢进行性神经扰乱的慢性中毒（虉草蹒跚病）。神经型中毒的病羊主要临床症状表现为全身性肌肉震颤、共济失调和后躯摇摆，呼吸增数，心率过速且无节律。重者发生强直性惊厥，卧地不起，直至死亡。神经型中毒的临床症状可持续 2 个月之久。

虉草中毒尚无有效的治疗方法。但据报道，给绵羊补钴（每周至少口服 28mg），每次补钴间隔不超过一周，或将钴与肥料混合施于草地上，可预防神经型中毒的发生。此外，采用虉草与其他牧草交替放牧或饲喂的方式，也可预防中毒的发生。

（三）虉草的合理利用

虉草的利用最好是在幼嫩期青饲，也可割制干草或青贮。干草可粉碎后进行发酵，再用来喂大牲畜，还可按比例配制混合料喂猪。虉草的生长速度快，产草量高，生命力极强，一般每年可刈割 3～5 茬，在草长高到 40～50cm 时，就可以收割喂饲牲畜。亩产鲜草 1000～2500kg。收割时如草地有积水，割茬应超过水面 5cm，以免割后淹水腐烂死亡。收割后要及时晾晒，避免堆积发霉变质。

制作虉草青贮研究表明，先将虉草齐地 2～3cm 刈割，自然萎蔫 2～3h，用铡刀将虉草切短 2～3cm 混合均匀，并加入不同添加剂再次混匀后密封，室温储藏 60 天。大部分添加剂均能够有效抑制青贮早期有害微生物的活性，减少营养损失，促进乳酸发酵，改善低水分虉草青贮饲料的发酵品质和化学成分。

二、聚　合　草

聚合草（comfrey）是紫草科（Borraginaceae）聚合草属（*Symphytum*）的多年生草本植物，又名紫草、紫草根、肥羊草、爱国草、友谊草、饲用紫菜和俄罗斯紫草等。聚合草原产于俄罗斯，后引入美洲、大洋洲、亚洲等。开花期聚合草鲜草干物质中含粗蛋白质 24.35%，粗脂肪 5.90%，粗纤维 10.52%。聚合草从莲座到结实期粗蛋白质依次减少，粗纤维依次增加。

（一）聚合草中的有毒成分及其分布

聚合草含有多种生物碱，都属于双稠吡咯烷生物碱（pyrrolizidine alkaloid，PA），其中聚合草素（紫草素，symphytine，$C_{20}H_{31}O_6N$）和向阳紫草碱（毛果天芥菜碱，lasiocarpine，$C_{21}H_{33}O_7N$）含量最高，毒性最强。聚合草的总生物碱含量夏季大于秋季，一般含量为干重的0.2%～0.3%，主要集中在根部。聚合草素约占生物碱总量的1/4。

（二）双稠吡咯烷生物碱的毒性及危害

双稠吡咯烷生物碱属于肝毒性生物碱。此类生物碱在动物体内经烷基化反应形成一种代谢产物——吡咯（pyrrole），从而呈现毒性作用。

1. 主要毒性作用　PA直接抑制肝微粒体的形成，导致肝坏死和硬化，甚至能引起肝肿瘤及肝癌；抑制肝细胞的有丝分裂，引起肝细胞明显增大，形成特异的巨大肝细胞。除肝的特异性损害外，还可引起中枢神经麻痹，对肺、肾也有损害。

目前发现，PA只在肝内发生转化。在细胞色素P450的催化下，PA首先被氧化为半衰期仅几秒但毒理活性很强的脱氢PA（dehydro pyrrolizidine alkaloid）。脱氢PA很不稳定，可进一步与谷胱甘肽（GSH）形成毒性较弱的GS-DHP（7-glutathionyl-6,7-dihydro-1-hydroxymethyl-5H-pyrrolizine），或水解为基本无毒的DHP（6,7-dihydro-7-hydroxyl-1-hydroxymethyl-5H-pyrrolizine）。脱氢PA、GS-DHP与DHP通称代谢吡咯。PA的肝和肝外毒性是通过形成脱氢PA而实现的。脱氢PA、GS-DHP和DHP的形成与GSH和含硫氨基酸有相关性，当GSH含量降低时，低毒的GS-DHP形成减少，高毒的脱氢PA形成增加。脱氢PA是很强的烷基化剂，它能连接DNA双链而破坏蛋白质合成和抑制细胞有丝分裂，结果导致细胞核巨大，即所谓肝巨细胞症，对肝造成不可逆的损害。由于脱氢PA半衰期很短，因此肝外毒性的发挥可能有GS-DHP的参与，但机制尚不清楚。

绵羊对PA的抵抗能力高于其他动物，原因可能是：①绵羊体内代谢吡咯形成数量低于其他动物；②活性较高的脱毒酶和微生物的存在，促使PA在体内水解和排泄。

2. 临床症状　中毒动物的特征表现是肝营养不良或肝硬化及顽固性腹泻。慢性中毒可见动物食欲下降、精神沉郁、结膜微黄、异嗜、腹泻、贫血、消瘦、皮肤黑斑；急性发作可见呼吸加快、脉搏增速、腹痛、共济失调、虚弱、昏迷，有时兴奋、转圈、空嚼、流涎，出现视力障碍、瘫痪而死。在一些动物还有感光过敏和皮肤损害症状。

3. 预防　目前尚无特效解毒药，提前饲喂含25 000IU/kg维生素A的饲料对PA中毒动物有保护作用。饲料中加入含硫氨基酸可提高家畜对PA的抵抗力。

4. 卫生安全问题　动物摄入PA后，在动物产品（如奶、蜂蜜和肝）中残留很低。目前虽然还没见关于人食入动物产品而引起PA中毒的报道，但由于PA中毒呈慢性经过，不易引起人们的注意，且其侵害是不可逆的，故对含有PA的植物可能造成的动物性产品安全性问题应给予足够重视。

（三）聚合草的合理利用

1. 调制技术　制成青贮，或与其他牧草一起调制混合青贮；也可以打浆饲喂，晒制干草，制成草粉、草颗粒。

2. 饲喂技术　鸡、鸭、鹅等家禽打浆后拌料饲喂；猪、兔可整草喂，也可打浆或粉碎后拌料饲喂；牛、羊可整草或切短鲜喂，也可青贮后饲喂；鱼可鲜喂。

3. 控制用量　聚合草的生物碱含量虽然较高，但主要集中在根部，茎叶含量较少，少量饲喂不影响家畜健康，相反，还具有止泻的作用。但是当聚合草喂量超过日粮的25%以上时，对家畜有毒害作用。不同家畜对聚合草的毒性反应不同，猪对双稠吡咯烷生物碱最敏感，其次为鸡、牛、马，绵羊和山羊对其抵抗力最大。聚合草的饲喂量应控制在日粮的25%以内，最好同其他牧草搭配种植和交叉饲喂。蛋鸡每天用量可达 250～350g，成年母猪每天每头为5～10kg，肥猪为 4～8kg，架子猪为 3～4kg，幼猪为 0.5～1.2kg；奶牛鲜喂应在花期进行刈割，整草喂或切短拌料喂，可日喂 40～50kg；羊的抓膘饲料，日喂量为 3～6kg；幼兔喂量应控制在 10%以内，切碎或打浆后，拌入糠麸、豆饼等精料饲喂，成年兔的喂量可为 10%～12%。另外，聚合草富含核黄素，可使蛋黄及机体呈橘红色。

第三章　能量饲料中存在的有害物质

能量饲料是指在绝干物质中粗纤维含量低于18%、粗蛋白质含量低于20%的饲料，包括谷实类、糠麸类、块根块茎及油脂等。能量饲料在配合饲料中占的比例高达60%，因此，其原料品质对配合饲料的质量影响很大，充分了解能量饲料中存在的有害物质，对合理利用能量饲料非常重要。

第一节　谷实类饲料

一、高　粱

高粱（*Sorghum bicolor*）籽粒的饲用价值近似玉米，是重要的谷物饲料之一。高粱籽粒中含有单宁（tannin），它和籽实自身的蛋白质结合形成一种坚硬的外膜，可保护籽实免受外界的自然侵袭，具有抗鸟害、抗病虫害、抗气候变化的作用。同时，在收获前，单宁还可干扰籽实中酶的活动，可预防收获前的发芽，从而增加高粱种子的耐贮性。但是，单宁的化学性质活泼，易与蛋白质结合，使其具有抗营养作用，影响高粱籽实的饲用价值。

（一）高粱中单宁的含量

通常将单宁分为水解单宁和缩合单宁。高粱籽粒中的单宁属于缩合单宁（condensed tannin），其在高粱籽粒中的含量因品种不同而变动范围很大，一般为0.02%～3.40%。单宁含量与种子中的色素有明显的关系。一般来说，白粒种比有色粒种的单宁含量低，随着籽粒颜色的加深，单宁也随之增加。通常将单宁含量在1%以上者称为高单宁高粱，它们多为深红色或褐色籽粒品种；单宁含量在0.4%以下者称为低单宁高粱，它们大部分是白色、黄色及红色籽粒品种。据世界高粱搜集中心测定，低单宁类高粱籽粒的单宁含量（300份均值）为0.38%，高单宁类（172份均值）达3.40%。

高粱籽粒各部分的单宁含量，以种皮内含量最高，胚和胚乳内的含量较低。

（二）高粱中单宁对动物的危害

单宁的急性毒性很低，大鼠经口 LD_{50} 为（2260±83）mg/kg，对大鼠最大未观察到有害作用剂量为800mg/kg，但长期采食高单宁高粱可引起多种危害。

单宁具有涩味，可与唾液蛋白、糖蛋白在口腔中相互作用产生苦涩的味觉，吃某些水果（柿子、苹果）或饮茶时的涩口感受即这种反应的体现。单宁还可与动物消化道分泌的消化酶及消化道内微生物分泌的酶结合，使其丧失活性，从而减慢饲料的消化速度，降低肠壁的可透性，延长胃排空时间，降低动物的采食量。所以，当饲粮中高粱的比例大时，首先影响动物的食欲，降低采食量。

饲料中单宁含量较高时，会影响动物对蛋白质、纤维素、淀粉及脂肪的消化，降低饲料的营养价值。单宁在消化道中可与蛋白质结合，生成不溶性化合物，对氨基酸消化率影响极大，甚至超过了对代谢能的影响。单宁分子内的多个邻位酚羟基能以两个以上的配位原子与一个中心离子（如铝、钙、铁、锌、铜、铬等）络合，形成环状络合物，并在不同 pH 下发生沉淀。这不仅有可能破坏内环境平衡，还会使一些微量金属元素流失。单宁可与生物体内的酶结合，影响酶的活性和功能，不利于营养物质的消化吸收。单宁的广谱抑菌性使动物对含单宁饲料的消化能力降低或丧失，限制了食草动物对营养物质的利用。饲粮中单宁的含量为 0.28%～0.94%时，干物质和能量代谢率都随单宁含量的升高而降低。高单宁高粱品种的消化率比低单宁高粱品种低 9%～15%，单宁含量和营养物质消化率之间存在高度负相关。单宁的相对分子质量是影响其与蛋白质结合能力及抑菌活性的决定因素，相对分子质量小于 500 的多酚，几乎不能使蛋白质产生变性沉淀。

单宁具有收敛性。它进入胃肠道后，可与胃肠道黏膜的蛋白质结合，在肠黏膜表面形成不溶性的鞣酸蛋白膜沉淀，使胃肠道的运动机能减弱而发生胃肠弛缓。同时，单宁还可以使肠道的毛细血管收缩而引起肠液分泌减少。这些都会使肠道内容物运送减慢而易发生便秘。更大量的单宁对胃肠道黏膜还有强烈的刺激与腐蚀作用，可引起出血性与溃疡性胃肠炎，发生腹痛、腹泻等。

国内外在用高粱喂生长鸡的试验中，发现有的鸡出现腿部异常，如胫跗关节肿大，向外成弓形，造成跛行或瘫痪，同时，伴随着关节的肿胀，可发生胫骨短粗症。Elkin 等对喂高单宁高粱引起腿部异常的病因进行了研究，发现补充维生素和矿物质均无法防止腿部异常的发生，他们认为可能是单宁引起了骨骼有机基质的改变所致。

动物单宁中毒的主要临床症状为便秘、水肿、体温渐降及尿液 pH 和比重下降，并出现蛋白尿等。这些症状的出现除与单宁具有以上不良作用有关外，还与单宁在肠胃内可经生物降解生成低分子酚类化合物有关。

然而，对反刍动物来说，饲料中有少量的单宁可预防膨胀病，并可通过抑制瘤胃微生物对饲料蛋白质的降解和脱氨作用，增加过瘤胃蛋白和氨基酸量，对蛋白质利用产生积极作用。

（三）防止高粱单宁危害的措施

1. 作物育种 高粱种皮的颜色与单宁含量相关，种皮褐色越深，含单宁越多，而白色种皮则含单宁较少。单宁含量与单株籽粒产量间不存在相关关系，是独立遗传的。降低单宁含量与高产育种不存在矛盾。因此，可通过遗传基因控制单宁含量，育出单宁含量低、总蛋白含量高、赖氨酸含量高的高粱品种。例如，深红色籽粒的基因型为 B_1B_2S，单宁含量高。因此，可以通过作物育种途径，培育出低单宁高粱品种。

2. 合理利用与科学饲养

（1）控制高粱在饲粮中的比例　单宁是影响高粱饲用价值的关键性因素，一般来说，籽粒中的单宁含量超过 0.5%时，会严重影响其饲用价值，低于 0.1%时则几乎没有影响。

低单宁高粱几乎可作为饲粮中的全部谷物饲料，而不对动物的生长、发育产生抑制。国外报道，白高粱和红高粱可以取代鸡饲粮中的玉米、小麦和燕麦，不会影响鸡的产蛋量。

高单宁高粱对动物危害较大，许多试验表明，用高单宁高粱作饲料时，动物表现为采食量低、生长缓慢、饲料消化率低及生长鸡出现腿部异常等。一般来说，单宁含量较高的高粱在饲粮中不宜超过 20%，低单宁高粱在饲粮中所占比例可以加大，但也应适度，以免饲料单一化。

（2）增加饲粮中的蛋白质　单宁与饲料中蛋白质间形成不可消化的单宁-蛋白质复合物是单宁抗营养性作用的直接原因，提高饲料中蛋白质含量，可使部分蛋白质与单宁形成复合物，使残留蛋白质满足动物对营养的需求，并防止单宁对动物消化酶的影响，从而提高饲料利用率。据报道，当蛋鸡饲粮中蛋白质含量为16%时，分别用以玉米或高粱为基础的饲粮喂鸡，鸡的产蛋性能无差异。但这种方法会造成蛋白质资源的浪费。

（3）添加甲基类饲料添加剂　在饲粮中添加蛋氨酸或胆碱，可克服单宁引起的生长受阻。其解毒机制可能是它们在动物体内作为甲基供给体，促进单宁进行甲基化作用，经分解代谢后排出体外。也有人认为，添加蛋氨酸可补充合成蛋白质时所需要的必需氨基酸。

（4）添加能与单宁结合的化学物质　添加吐温80（Tween 80）、聚乙烯基吡咯烷酮（PVP）和聚乙二醇（PEG）等非离子型化合物，可与饲粮中的单宁结合形成不可逆的络合物，从而使单宁失去结合蛋白质的能力。

3. 脱单宁处理

（1）机械脱壳　单宁存在于籽实的种皮，用机械加工脱去外皮，可除去大部分单宁。

（2）浸泡　用冷水浸泡2h或用开水煮沸5min，可脱去约70%的单宁。

（3）热处理　热处理包括蒸汽加热、水煮、红外线加热、微波处理等。用高温（105℃）干燥处理高粱籽粒可除去80%以上的单宁。

（4）碱液处理　用20% NaOH溶液在70℃条件下处理6min，除去籽实外壳后，将脱壳的籽粒浸在60℃温水内，边搅动边溢流30min，可完全除去单宁。以碱性水溶液，尤其是稀氨溶液（0.1mol/L）浸泡高粱籽粒12h，干燥后，可显著提高高粱的营养价值。此外，使用10%CaO、10% K_2CO_3 等碱性溶液处理，也可除去约90%的单宁。

（5）氨化法　可将高粱籽实置于塑料袋中，加入 NH_4OH（含30% NH_3），封存7天，可去除大部分单宁。

（6）其他　如微生物处理法。微生物降解单宁，实质上是微生物分泌的单宁酶作用于单宁分子中的酯键，使之降解成倍酸（或鞣花酸）和葡萄糖，而且微生物可继续分泌其他酶（如多酚氧化酶等），进一步将其降解为芳香族脂肪酸等小分子物质。

二、小　麦

小麦（*Triticum aestivum*）是禾本科麦属一年生或越年生草本植物。小麦籽粒蛋白质含量比玉米约高50%，居谷实类的首位；其有效能值高；无氮浸出物也多，在其干物质中可达75%以上；小麦中磷含量也比玉米高，且含有植酸酶，能将植酸磷分解为无机磷。但由于含有抗营养因子及价格等因素，小麦以前很少被用作畜禽饲料。近年来，由于相应酶制剂产品的成功开发，以及价格有所下降，小麦已被大量用作畜禽及水产动物的能量饲料。

（一）小麦中的抗营养因子及其对动物的危害

小麦中的抗营养因子主要是阿拉伯木聚糖，其次是β-葡聚糖。小麦中阿拉伯木聚糖约占整粒的6%，β-葡聚糖仅占0.5%左右。它们都是具有黏性的非淀粉多糖，可阻碍其他营养物质的消化、吸收和利用。

当小麦作为畜禽主要能量饲料时，动物多发生消化不良现象，饲用效果差。蛋鸡易产脏蛋；肉仔鸡出现腹泻，垫料过湿，产氨增多，跗关节损伤，胸部水肿发生率升高及宰后肉品质等级下降等。

1. 阿拉伯木聚糖的抗营养作用 阿拉伯木聚糖是由阿拉伯糖和木糖两种单糖组成的，故称为阿拉伯木聚糖或戊聚糖，是一类由 D-木糖聚合成的主干（由 1, 4-木吡喃糖残基组成）和 L-阿拉伯糖分支（带有 1, 2-, 1, 3-阿拉伯呋喃残基）所组成的具有分支结构的聚合物。具有多糖性质的阿拉伯木聚糖在水中溶解后变成有黏性的溶液，其黏度随阿拉伯木聚糖浓度的增加而增加。阿拉伯木聚糖的抗营养作用主要表现为以下几个方面。

（1）增加食糜黏度 小麦中的阿拉伯木聚糖为大分子物质，持水力强，可吸收大量水分，或溶于水后产生黏性溶液，增加消化道内容物的黏稠度。小肠内容物黏稠度增加，会显著延长食糜在肠道的停留时间，一方面造成肠黏膜上不动水层加厚，内源氮排泄量增加；另一方面引起营养物质在肠道内积累，降低了单位时间内对养分的消化作用。食糜黏性增强，使得胃肠对食糜的混合效率下降，阻碍了消化酶与底物的接触及养分向小肠上皮绒毛的渗透，造成养分的消化吸收率降低，最终导致畜禽生产性能下降。

（2）消化酶活性下降 小麦中的阿拉伯木聚糖能够直接与胰蛋白酶、脂肪酶等消化酶或消化酶活性必需的其他成分（如胆汁酸或无机离子）结合而使消化酶活性下降，从而降低食物的消化率。

（3）脂肪和脂溶性维生素消化吸收障碍 由于阿拉伯木聚糖能够相互结成网状物，阻止胆汁酸盐的分泌和扩散，影响脂肪的乳化，因而阻碍脂肪的消化吸收，特别是长链饱和脂肪酸的吸收。同时，脂溶性维生素 A、维生素 D、维生素 E、维生素 K 的吸收也受到不利的影响。这种影响在大麦、燕麦、黑麦型饲料中也同样存在。

（4）降低饲粮表观代谢能 阿拉伯木聚糖能直接影响饲粮表观代谢能。Annison 等（1991）检测了饲粮非淀粉多糖含量和表观代谢能的关系，证明当小麦阿拉伯木聚糖被加到肉用仔鸡饲粮后，饲粮的表观代谢能呈线性降低。

（5）肠道微生物大量增殖 在肉鸡饲料中加阿拉伯木聚糖等非淀粉多糖，小肠内容物的发酵强度显著增大。但若同时添加阿拉伯木聚糖酶，就可避免这种现象的发生。用阿拉伯木聚糖含量高的小麦喂小鸡，其肠内的微生物数量显著增加。

2. β-葡聚糖的抗营养作用 与阿拉伯木聚糖相比，小麦中的β-葡聚糖含量少，因而其抗营养作用较弱。β-葡聚糖结构中含有两种糖苷链，这两种糖苷链线性连接形成β-葡聚糖聚合物。β-葡聚糖也可溶于水，产生较强的黏性，其抗营养作用与阿拉伯木聚糖相似。

（二）防止小麦中非淀粉多糖危害的措施

1. 添加酶制剂 在小麦型饲粮中添加适量的阿拉伯木聚糖降解酶、β-葡聚糖降解酶等酶制剂，可降低或消除阿拉伯木聚糖、β-葡聚糖等抗营养因子的不良作用。

这些酶制剂能把阿拉伯木聚糖、β-葡聚糖等降解为较小的聚合物，降低消化液黏稠度、提高养分的扩散吸收，因而削弱甚至消除了非淀粉多糖的抗营养作用。

2. 水处理 对饲料进行水处理，可除去水溶性非淀粉多糖，同时还可活化降解这些多糖的内源酶。小麦在水中浸泡 24h 干燥后，可显著提高其表观代谢能。但水处理会导致大量水溶性营养物质的散失，而且单纯水处理不能完全消除非淀粉多糖的抗营养作用。

3. 日粮中添加抗生素 非淀粉多糖的抗营养作用主要表现在单胃动物，而反刍动物可以利用瘤胃中微生物的发酵作用，使其降解。据报道，在可溶性非淀粉多糖含量高的家禽日粮中添加抗生素，可显著提高家禽的生产性能（Misir and Marquardt，1978）。

4. 其他方法　在低代谢能小麦中添加粗燕麦壳可以改善小麦的营养价值，如添加10%燕麦壳可显著提高食糜通过肠道的速度，减弱肠道发酵微生物的生长。这种作用可能与其持水能力强，因而阻碍了可溶性非淀粉多糖的溶解性有关。

三、黑　麦

黑麦（*Secale cereale*）（英文名为rye）为禾本科一年生或越年生草本作物，抗寒、耐旱，但不耐高温及湿涝，再生能力强，在孕穗期刈割，再生草仍可抽穗结实。黑麦有效能值与小麦近似，介于玉米与高粱之间，常规成分及钙、磷含量与一般麦类相似，量不高而质量较差，铁、锰含量较高，铜、锌含量较少，各类必需氨基酸含量及消化率均较低，用于配合饲料时应考虑用饼粕类或动物性饲料调剂。

（一）黑麦中的抗营养因子及其对动物的影响

黑麦中含有5-*n*-烯丙基间苯二酚（5-*n*-alkyl resorcinol）及非淀粉多糖类等抗营养物质。5-*n*-烯丙基间苯二酚是一种缩酚羧酸类单宁。黑麦中的阿拉伯木聚糖含量一般为8.06%～9.86%，β-葡聚糖含量为2.26%～2.63%。作为能量饲料，黑麦在鸡日粮中比例超过25%时，饲料消化率降低，粪便黏稠垂滴。

黑麦容易被麦角所感染，麦角的危害参见本书第七章第五节。

（二）预 防 措 施

麦角毒素主要侵害动物中枢神经系统，对胃肠黏膜也有强烈的刺激作用。慢性中毒主要引起神经末梢坏死，多发生于动物肢端及尾部，动物表现为怕冷、跛行、食欲减退或废绝，局部组织红肿、发绀或坏死，与正常组织脱离，失去痛觉；消化道发生炎症；母畜出现流产、产弱胎或产后无乳等症状。急性中毒表现为神经机能紊乱、食欲废绝、流涎、肢端冰凉；仔畜出现抽搐、步态蹒跚、惊厥等症状，多死于全身强直引起的呼吸系统麻痹。

麦角毒素各种成分的理化性质差异很大，因此没有特异的脱毒方法。麦角一般比同种谷物籽实相对密度小，粮食和饲料加工厂清洗原料时，可利用漂洗法除去麦角，效果较好。被污染的饲料在阳光下曝晒，可使毒性减弱。对于放牧家畜，应避免在禾本科牧草开花期的雨中或晨露中放牧，以减少麦角菌的传播。对已中毒的动物，应立即停喂有毒饲料，对病畜进行对症治疗。鞣酸和蛋白质等可在肠道内沉淀麦角生物碱，有一定的解毒作用；口服硫酸镁（泻盐）可加速有毒成分从肠道内排出。对处于惊厥和震颤状态或行为失常患畜，可用氯丙嗪或安定治疗。

对非淀粉多糖类抗营养因子的消除，可参见本节中对小麦非淀粉多糖的处理方法。

四、荞　麦

荞麦（*Fagopyrum esculentum*）是蓼科荞麦属一年生草本植物，是我国一种古老的粮食和饲料作物。

（一）荞麦中的有毒成分及其毒性

荞麦的种子、茎、叶和花中都含有一种光敏物质，名为荞麦素（fagopyrin），它是一种荧光色素，其化学成分是萘骈二蒽酮（naphthodianthrone）类的衍生物。有研究认为，荞麦花含有荞麦素，荞麦苗则含原荞麦素（protofagopyrin），原荞麦素在光线作用下转变为荞麦素。据测定，在荞麦籽实的外壳及开花期间收割的荞麦茎、叶中，光敏物质含量最多。光敏物质被摄食后，经血液循环到达皮肤，在日光照射下，可引起中毒性感光过敏。轻者在其皮肤的无色素部分，特别是无毛部位，出现红斑、水肿和剧痒，并可使患畜不安。重者在其皮肤上形成水疱，破溃后常伴有细菌感染而化脓，皮肤坏死。同时还常常伴有口炎、结膜炎、鼻炎、阴道炎等，并可出现体温升高、呼吸困难、共济失调等全身症状。中毒母猪的乳汁被仔猪吮食后也能使仔猪发病。通常将摄食荞麦而引起的感光过敏称为荞麦中毒或荞麦疹。

动物采食荞麦后发生过敏反应，除由于荞麦中的光敏物质——荞麦素引起之外，在荞麦中存在一种过敏原（或称变应原，allergen），可使有过敏体质的动物产生过敏反应。荞麦过敏原的致毒作用和荞麦素的致毒作用相似，但发病机制不同。一般将荞麦素引起的光敏作用称为光毒效应（phototoxic effect），而将荞麦过敏原引起的光敏作用称为光变态反应作用（photoallergic effect）。前者的潜伏期甚短，光照后数小时内出现症状，病变与日光烧伤类似。后者是一种免疫反应，即荞麦过敏原经光照后可形成免疫原，引起变态反应。它只发生于有过敏体质的机体，需经一定时间（数天或数月）的潜伏期后在再次接触同样物质和接受光照时才会发病。

（二）预防措施

在利用荞麦作饲料时，为了预防感光过敏的发生，应注意以下几点。

1）荞麦籽实或荞麦粉作为能量饲料利用时，应先用热水浸泡或煮熟，并与其他饲料搭配喂给。由于荞麦籽实的外壳中光敏物质的含量很多，最好不要用荞麦糠皮饲喂家畜。

2）用荞麦的茎、叶作青饲料时，应使家畜避免日光照射，可采取阴天、夜间或早晚放牧或全天舍饲；或只喂给被毛与皮肤颜色深的家畜。饲喂量应有所节制，幼畜尤应酌减。

3）用荞麦茎、叶、籽实及其副产品饲喂妊娠后期及哺乳母猪应特别慎重，因其可导致仔猪发病。白色皮肤的家畜易于发生感光过敏，当它们采食荞麦后，更应该避免日光照射。

发生感光过敏后，应使动物迅速避开阳光，立即给予抗组胺药物及去敏药物治疗，并投服泻剂，对受损皮肤进行局部治疗。

五、毒　　麦

毒麦（*Lolium temulentum*）又称苦麦、药麦、小尾巴麦，为禾本科黑麦草属一年生草本植物。毒麦形似小麦，是一种危险的杂草，常混杂在小麦、大麦和燕麦田中生长，其籽实也随之混杂在小麦等麦类籽粒中。在我国不少省份，毒麦在脱粒小麦中的混杂率一般在10%左右，严重的地区高达50%～60%。因此它常随同麦类籽实一起被采食而危害家畜。

（一）毒麦的有毒成分及其毒性

毒麦的籽实有毒，尤以未成熟或多雨潮湿季节收获的毒性最强，但其茎与叶均无毒性。毒麦籽粒中的有毒成分为毒麦灵[又名垂头碱（temulin）]、毒麦碱（temulentine）、黑麦草碱（loline）等多种生物碱。毒麦灵具有麻醉和使瞳孔放大的作用；毒麦碱对脑、脊髓、心脏有麻痹作用，有时还引起呕吐；黑麦草碱也有类似作用。毒麦灵等生物碱是由于一种真菌寄生而形成的。

麦类籽粒中混有毒麦时，可引起人、畜中毒，人食用含有4%以上毒麦的面粉即可引起急性中毒，表现为眩晕、恶心、呕吐、心慌、腹痛、乏力、视力模糊、肌肉抽搐、嗜睡等，可因中枢神经系统麻痹而死亡。家畜中毒多见于马、牛和羊。而家禽和猪，一般认为其耐受性较强。家畜中毒的临床特征主要是出现各种神经症状，如精神沉郁、嗜睡、对外界的敏感性降低、共济失调，甚至不能站立。此外，还出现脉搏细弱，呼吸频数和体温降低，视力减弱甚至失明，胃肠蠕动减慢，便秘，严重者倒地昏迷，终至死亡。妊娠家畜常发生流产。牛中毒后常出现明显的神经兴奋症状，表现为不安，甚至狂暴、肌肉抽搐，特别是咀嚼肌痉挛而呈现牙关紧闭，兴奋后转入抑制或兴奋与抑制交替出现。

（二）预 防 措 施

1. 加强小麦留种田的管理　凡杂有毒麦的小麦种子，不得留作种用。穗期是识别毒麦的有利时机，应对留种田逐块检查，及时清除毒麦植株。也可在播种前用选种机清除毒麦，或用60%硝酸铵液选种，把漂浮在上面的毒麦捞出毁掉，再用清水冲洗两次。

毒麦与小麦的区别：毒麦的茎比小麦细而矮，叶片较小麦窄且叶色较为浓绿；穗形较小麦狭长，小穗与小穗间的着生距离较远；籽实比小麦小而轻，呈灰褐色，且芒较小麦长。

2. 清除混杂在小麦中的毒麦　由于毒麦籽粒比小麦小而轻，故可采用筛选或水选方法。

（1）筛选　可用竹筛或钢筛，筛孔以筛出毒麦为标准，一般可筛除80%以上的毒麦。

（2）水选　将混杂毒麦的小麦轻轻倒入30%盐水或50%硫酸铵、60%硝酸铵溶液中，把上面浮起的毒麦捞出，沉下的小麦再用清水洗净。

对于清除的毒麦，应集中烧毁，不能食用，也不能作为饲料，清出的毒麦数量甚大时，可在严格管理下，考虑作为工业淀粉或工业乙醇的原料。

3. 加强植物检疫　对混有毒麦的麦类，严禁调出或调入。我国原无毒麦，由于进口粮食和引种中混杂毒麦而传入，因此应引以为戒。

第二节　糠麸类饲料

一、糠麸类饲料营养及抗营养因子

谷实类饲料经加工后形成的一些副产品，即糠麸类，包括米糠、小麦麸、大麦麸、玉米糠、高粱糠、谷糠等。糠麸主要由种皮、外胚乳、糊粉层、胚芽、颖稃纤维残渣等组成。糠麸成分不仅受原粮种类的影响，还受原粮加工方法和精度的影响。与原粮相比，糠麸中粗蛋白质、粗纤维、B 族维生素、矿物质等含量较高，但无氮浸出物含量低，故属于一类有效能较低的饲料。另外，糠麸结构疏松、体积大、容重小、吸水膨胀性强，其中多数对动物有一定的轻泻作用。

糠麸类饲料中普遍存在的抗营养因子为植酸。植酸不仅自身难以被消化吸收利用，同时作为配位体还可与锌、镁等金属离子络合成难溶物质，影响矿物质的利用。不仅如此，植酸态磷经由动物消化道排出体外还构成养殖业对环境的磷源污染。

（一）小　麦　麸

小麦麸（wheat bran）俗称麸皮，是以小麦籽实为原料加工面粉后的副产品。小麦麸的成分差异较大，主要受小麦品种、制粉工艺、面粉加工精度等因素的影响。小麦麸中粗蛋白质含量较高，高于原粮，一般为 12%～17%，必需氨基酸含量少；与原粮相比，小麦麸中的无氮浸出物一般为 60%左右，含量较少，但粗纤维含量多达 10%，所以有效能较低，如消化能（猪）为 9.37MJ/kg，代谢能（鸡）为 6.82MJ/kg，产奶净能（奶牛）为 6.23MJ/kg；钙、磷比例约为 1∶8，极不平衡，但约 75%为植酸磷；铁、锰、锌较多；B 族维生素含量很高。

小麦麸中也含有与小麦相同的抗营养因子，主要是阿拉伯木聚糖，其次是β-葡聚糖。这些都是具有黏性的非淀粉多糖，可阻碍其他营养物质的消化、吸收和利用。

（二）米　　糠

米糠是糙米精制时产生的果皮、种皮、外胚乳和糊粉层等的混合物。果皮和种皮的全部、外胚乳和糊粉层的部分，合称为米糠。米糠的品质与成分，因糙米精制程度而不同，精制的程度越高，米糠的饲用价值越大。米糠中蛋白质含量较高，约为 13%，其中赖氨酸、蛋氨酸等含量较多；脂肪含量高达 15%～17%，多为不饱和脂肪酸；粗纤维含量较多，质地疏松，容重较轻；无氮浸出物含量不高，在 50%以下；有效能较高，如消化能（猪）为 12.64MJ/kg，代谢能（鸡）为 11.21MJ/kg，产奶净能（奶牛）为 7.61MJ/kg；矿物质中钙少（0.07%）磷多（1.43%），钙、磷比例极不平衡（约 1∶20），且 80%以上的磷为植酸磷；B 族维生素和维生素 E 丰富。

米糠中含有植酸、胰蛋白酶抑制因子、非淀粉多糖、生长抑制因子等抗营养因子，影响家禽的采食量和生长性能。在贮存过程中，脂肪易发生氧化和酸败。因此，米糠不能久存。米糠中的胰蛋白酶抑制因子可以通过高压蒸煮处理 15min 去除；用热水处理米糠，可使植酸分解释放出大量的磷被动物利用。

（三）其他糠麸

其他糠麸包括大麦麸、高粱糠、玉米糠、小米糠等，其养分含量见表 3-1。

大麦麸是大麦加工的副产品，其能量、蛋白质和纤维含量皆优于小麦麸。

高粱糠是高粱精制时产生的，含有不能食用的壳、种皮和一部分粉屑。由于精制程度不同，混入淀粉屑的比例也不同，营养价值有差异，一般是壳混入少而淀粉屑多的营养价值高。但有些杂交高粱的细糠含单宁较多，适口性差，容易引起动物便秘。高粱糠极不耐贮存，变质后适口性差，可利用性大大降低。

表 3-1　其他糠麸类饲料中养分含量

类别	干物质/%	总能/（MJ/kg）	消化能/（MJ/kg）	可消化粗蛋白质/（g/kg）	粗纤维/%	钙/%	磷/%
大麦麸	87.0	16.22	12.73	115	5.07	0.33	0.48
高粱糠	88.4	16.72	12.00	62	6.90	0.30	0.44
玉米糠	87.5	16.22	10.91	58	9.50	0.08	0.48
小米糠	90.0	18.43	11.91	74	8.00	—	—

资料来源：王成章，2014

玉米糠是玉米制粉过程中的副产品，主要包括外皮、胚、种脐与少量胚乳。因其中外皮所占比例较大，粗纤维含量较高，故应控制其在单胃动物饲粮中的用量。玉米糠中的有毒成分主要来自于原料的各种霉菌毒素。

小米糠是小米加工过程中产生的种皮、秕谷和较多量的颖壳等副产品。其中，粗纤维含量很高，达 23.7%，接近粗料；粗蛋白质含量为 7.2%，无氮浸出物为 40%，脂肪为 2.8%。在饲用前，将之进一步粉碎、浸泡和发酵，可提高消化率。

二、减弱和消除糠麸类饲料的抗营养作用途径

减弱和消除糠麸类饲料的抗营养作用途径与谷实类饲料相同。

第三节　块根块茎类饲料

块根块茎类饲料主要包括马铃薯、木薯、饲用甜菜等，其干物质中主要是无氮浸出物，达 67.5%～88.1%，而且大多为易消化的糖分、淀粉或聚戊糖，消化能较高，一般干物质中含有 13.81～15.81MJ/kg 的消化能。而蛋白质、粗脂肪、粗纤维、粗灰分含量较少，含钾盐多。块根块茎类饲料的加工副产物中的有毒物质与这类饲料原料中所含的有毒物质有关。

一、马　铃　薯

1. 马铃薯中的有毒成分及其毒性　马铃薯（*Solanum tuberosum*）（茄科）全株有毒，未成熟或发芽的块茎及果实毒性较大。其主要有毒成分是茄碱（solanine）。茄碱最早由 Desfosses（1820）在龙葵中发现，稍后 Baup 从马铃薯的芽中分离出来，故茄碱也曾称龙葵素、龙葵碱或马铃薯素。长期以来，人们认为茄碱是单一的化学成分，后来证明它是一类生物碱苷，含有α-茄碱、β-茄碱、γ-茄碱（分子式分别为 $C_{45}H_{73}O_{15}N$、$C_{39}H_{63}O_{11}N$、$C_{33}H_{53}O_6N$）和α-卡茄碱、β-卡茄碱、γ-卡茄碱（α-chaconine、β-chaconine、γ-chaconine，分子式分别为 $C_{45}H_{73}O_{14}N$、$C_{39}H_{63}O_{10}N$、$C_{33}H_{53}O_5N$）6 种成分，其中α-茄碱是主要成分，含量最多。

茄碱不溶于水、乙醚、三氯甲烷和石油醚，可溶于乙醇和戊醇。茄碱所包含的 6 种结构相似的生物碱苷经酸水解后，均可得到相同的苷元——茄啶（solanidine，$C_{27}H_{43}NO$）。

茄啶具碱性，属甾体生物碱，为胆甾烷类结构。茄啶溶于苯和三氯甲烷，稍溶于乙醇和甲醇，几乎不溶于乙醚和水。成熟马铃薯块茎中茄碱含量极微（0.005%～0.01%），不致引起中毒。但绿色的未成熟马铃薯或薯块贮存不当而发芽或皮肉发紫时，块茎中茄碱的含量显著

升高，尤其在芽及芽眼周围毒素含量比正常块茎高 5～6 倍，可达 0.025%～0.06%，有时高达 0.43%。故用未成熟绿色块茎或发芽、贮存变绿发紫的马铃薯作为饲料大量饲喂家畜时，均可引起中毒。

马铃薯的果实，特别是未成熟的果实中茄碱含量最高（约含 1.0%）。茎、叶及花中含毒量也较高（绿叶中为 0.25%，花中为 0.7%）。故用大量的新鲜茎叶及果实饲喂家畜或被家畜放牧采食时也可引起中毒。

茄碱在正常胃肠道很少被吸收。但当胃肠道黏膜发炎或损伤时，茄碱可被吸收。茄碱本身对胃肠道黏膜就有较强的刺激性，可引起出血性胃肠炎，这又可促进茄碱的吸收。毒物吸收后，对神经系统、心脏、肝、肾、血液等有多方面的毒害作用。茄碱对中枢神经系统具有抑制作用，使呼吸中枢及运动中枢麻痹。茄碱具有强心作用，其对心脏的作用很像强心苷。据报道，茄碱能增强离体蛙心的收缩力，对兔有毒剂量可产生室性期外收缩和心室端纤维性颤动。吸收入血液的毒素可引起红细胞溶解。茄碱对实验动物的 LD_{50} 见表 3-2。

表 3-2 茄碱对实验动物的 LD_{50} （单位：mg/kg BW）

实验动物	α-茄碱		α-卡茄碱
	注射	口服	注射
小鼠	32.3	>1000.0	19.2
	42.0		27.5
	32.3		
	30.0		
大鼠	75.0	590.0	50.0
	67.0		
兔子	<20.0		
	40.0		

资料来源：郑秋锋，2003

马铃薯中毒的症状有三种类型，即神经型——以沉郁及麻痹为主要特征，见于中毒重者；胃肠型——见于中毒较轻者，主要表现为流涎、呕吐、腹痛、腹泻等；皮疹型——常在口唇周围、四肢内侧、乳房、阴囊、尾根等皮肤较薄处发生湿疹，伴有溃疡性口腔炎及结膜炎，并往往兼有腹泻等症状。家畜中毒时一般多表现为神经型，并常兼有胃肠型。

除茄碱外，马铃薯块茎中还含有胰蛋白酶、糜蛋白酶、蔗糖酶等水解酶类抑制剂和植物红细胞凝集素。马铃薯茎、叶中含有较多的硝酸盐（含量可达 4.7%）。

2. 合理利用与去毒处理

1）马铃薯应存放在干燥、凉爽、无阳光直射的地方，防止发芽变绿。已经发芽或皮肉变绿发紫时，应削去绿皮，除去嫩芽，并将芽眼周围挖掉，剩下的薯块应放在水中浸泡（30～60min 后将水弃去），并充分蒸煮，蒸煮残水应弃去。经上述处理的马铃薯，饲喂量应限制在日粮的 25%以下。妊娠母畜最好不喂，以防发生流产。完整良好的马铃薯，饲喂量也不宜超过日粮的 50%。

2）马铃薯的茎、叶必须晒干或用开水浸泡后方可作为饲料；也可与其他青饲料混合青贮后供作饲用。茎、叶的饲喂量不可过多。

二、木　薯

1. 木薯中含有的有毒成分及其毒性　木薯[*Manihot esculenta crantz* （*M. utilissima*）]是大戟科木薯属（*Manihot*）多年生植物。其块根富含淀粉，可供食用和饲用。使用时要注意其中的有毒物质。木薯中含有生氰糖苷，称为木薯毒苷（manihotoxin），它包括亚麻苦苷和百脉根苷，其中亚麻苦苷占总量的90%～95%。其毒害作用参见本书第二章第二节。

木薯氢氰酸的含量因品种不同而有较大的差异。木薯品种很多，大体上可分为苦味种及甜味种两大类。苦味种有印尼细叶、印度大叶、南洋紫皮等。块根表皮黄色，氢氰酸含量较高。甜味种又称糯米木薯、面包木薯（马来红），块根表皮淡红，含氢氰酸较少，无需去毒即可饲用。

2. 合理利用与去毒处理　木薯虽然存在氢氰酸中毒问题，但经适当加工处理后仍不失其饲用价值。特别是从木薯所制得的富含淀粉的木薯粉，是良好的能量饲料。

（1）去毒处理　根据生氰糖苷可溶于水及生氰糖苷水解生成的氢氰酸加热可挥发的特性，可采取水浸、晒干及加热等方法去毒。根据木薯各部分利用情况的不同，其去毒处理措施如下。

1）煮熟水浸法：将木薯去皮、切成小段、煮熟、放入清水浸漂1～2天，即可饲用。如果将鲜薯加热约30min，氢氰酸可全部消失。

2）生薯水浸、晒干法：木薯去皮后，放在流水中浸漂3～5天（或放在水池中，每日或隔日换水一次），然后切片晒干备用。

不同方法处理木薯后氢氰酸含量见表3-3。

表3-3　生木薯水浸时间与除去氢氰酸的关系

脱毒方法	时间	氢氰酸含量/（mg/kg）	脱毒率/%
鲜木薯		163.22	
浸水法	1天	143.95	11.81
	2天	117.62	27.94
	3天	92.79	43.15
晒干法	2天	83.84	48.63
	3天	77.20	52.70
	4天	68.83	57.83
烘干法	6h	70.19	57.00
	7h	67.94	58.38
	8h	62.03	62.00
水煮法	10min	53.62	67.15
	15min	45.42	72.17
	20min	40.30	75.31

资料来源：李笑春，2011

3）加工制薯粉或薯干：将生薯切片晒干，磨成薯粉保存，在饲用前浸水去毒。

（2）限量饲喂　用木薯块根作饲料时，可占饲粮的15%～30%。木薯渣的用量也应控制在饲粮的30%以内。

近年，木薯粉越来越多地被用来作为配合饲料的原料。其在配合饲料中的用量，一般认为以10%左右为宜。按家畜种类不同，其安全限量为：猪30%，鸡20%，雏鸡10%。

（3）*注意营养平衡及采用营养性解毒措施*　木薯的蛋白质含量低，尤其缺乏蛋氨酸，故用木薯作饲料时，应与蛋白质含量较高的饲料搭配，并添加某些必需氨基酸（如蛋氨酸）。

（4）*选用低毒品种与改良种植方法*　这也是预防氢氰酸中毒和提高木薯饲用效果的重要措施之一。

三、饲 用 甜 菜

1. 饲用有毒成分及其毒性　饲用甜菜（*Beta vulgaris* var. *lutea*）为藜科甜菜属二年生草本植物，块根是很好的多汁饲料，茎叶是良好的青饲料。但甜菜的块根和茎、叶中含有较多的硝酸钾。当甜菜堆积生热发酵、腐烂或未完全煮熟且煮后久置时，硝酸钾可转变为亚硝酸盐。据中国农业科学院畜牧研究所分析，腐烂的甜菜茎中含有 0.013%～0.015%亚硝酸盐，也可引起动物中毒。因此，使用时要特别注意。

新鲜的甜菜茎叶中含有草酸盐，其含量依植株部位及收获时期的不同而异。一般以叶部含草酸量最多；早期繁茂期收获的较晚期收获的含量高。大量、单一饲喂甜菜茎叶可引起草酸盐中毒。

甜菜还含有 0.3%的皂苷，主要集中在块根的表皮层，特别是在尾根中含量较高。此外，在甜菜中也含有胆碱酯酶、蔗糖酶抑制剂。

2. 预防措施　为了预防在饲喂甜菜时引起亚硝酸盐及草酸盐中毒，新鲜的甜菜叶和刚收获的块根不宜马上饲喂，否则易引起下痢。可先将叶凋萎或贮藏一段时间，使游离草酸下降后再饲喂，或者经切碎后加 0.2%石灰粉，使草酸变成草酸钙而不被吸收，这样可直接饲喂，并与其他饲草、饲料混喂。用甜菜块根和茎叶喂猪时，最好生喂，不可煮熟。熟喂不但会破坏维生素，降低营养价值和浪费燃料，而且在放置过程中容易产生亚硝酸盐，引起猪的急性中毒，应特别注意。生喂要控制饲喂量，饲用甜菜的喂量：成年猪每日每头 5～7kg，牛 25kg。甜菜不宜饲喂公羊，以免引起尿道结石症。

第四节　饲 用 油 脂

由于畜禽生产性能的不断提高，对日粮养分浓度尤其是日粮能量浓度的要求越来越高。要配制高能量饲粮，用常规的饲料是难以配制的。因此，油脂作为能量饲料在畜禽日粮中的应用越来越普遍。

一、油脂的分类

油脂种类较多，按来源可将其分为以下 4 类。

1. 动物油脂　是指家畜、家禽和鱼体组织（含内脏）提取的一类油脂。其成分以甘油三酯为主，另含少量的不皂化物和不溶物等。

2. 植物油脂　这类油脂是从植物种子中提取而得到的，主要成分为甘油三酯，另含少量的植物固醇与蜡质成分。大豆油、菜籽油、棕榈油等是这类油脂的代表。

3. 饲料级水解油脂　这类油脂是指制取食用油或生产肥皂过程中所得的副产品，其主要成分为脂肪酸。

4. 粉末状油脂　对油脂进行特殊处理，使其成为粉末状。这类油脂便于包装、运输、贮存和应用。

二、油脂的酸败

油脂酸败（rancidity）也叫发哈，主要是空气氧化烯酸产生的氢过氧化物，分解为许多挥发性物质（如烃、醇、醛、酮、酸、酯、内酯和少量芳香与杂环化合物），其中有刺激性辣味、苦味，难闻。酸败是油脂或油脂制品在常温保存一定时间后发生的，分为水解酸败与氧化酸败。水解酸败一般影响不大，可通过加热、精炼，破坏或消除水解产物（甘油、单双甘油酯和游离脂肪酸），达到保护作用。氧化酸败是导致油脂酸败和腐败的主要原因，是发生在不饱和脂肪酸双键相邻碳原子上的脂质过氧化反应。

三、饲料酸败对畜禽的影响

油脂的不饱和脂肪酸含量高，尤其是不经精炼的饲用油脂，在储存及饲料加工过程中，常受高温、紫外线、酶及饲料中存在的助氧化因子的催化，易发生氧化酸败形成氢过氧化物、醛、酮、酸等过氧化降解产物，降低了油脂的营养价值，并对摄食动物造成许多危害。

1. 降低饲料的适口性和营养价值　油脂酸败产生有异味的醛、酮、烃、酯、醇等化合物使饲料发哈，影响适口性和采食量，降低饲料的消化率和营养价值，甚至出现拒食、食后中毒或死亡。长期摄入酸败油脂对叶黄素等色素吸收沉积有不良影响，导致蛋黄及肉鸡皮肤、脚胫着色不佳。

2. 动物生产性能下降　氧化油脂因含多种有毒有害物质而影响动物的生产性能。大鼠、肉鸡摄食含氧化油脂饲料后，饲料效率下降和增重降低，严重者出现失重，甚至死亡；氧化油脂使蛋鸡产蛋率急剧下降。摄食氧化油脂使动物肝、脾、胰、肾等内脏器官病变肿大，严重者内脏组织降解萎缩、坏死。

3. 影响免疫机能和肉产品质量　酸败氧化过程的副产物能使免疫球蛋白生成下降，肝和小肠上皮细胞损伤，致小肠、肝脏器官肥大。氧化油脂导致维生素 E 和多不饱和脂肪酸（PUFA）含量下降，使肉产品在贮藏期间发生肌肉渗出性损失，产生异味和颜色消褪及有害过氧化物形成，从而影响产品质量。

四、防止饲用油脂氧化酸败的措施

1. 妥善保存好油脂与饲料　桶装油脂一定要贮存于室内阴凉干燥处，而且要防止与金属铜的直接接触，应密闭或尽量将储油罐（油桶）装满，开启后应及时盖紧并尽快用完，有条件的可充氮保存，以减少油脂与空气中氧及紫外线的接触。

2. 合理使用抗氧化剂　抗氧化剂分为合成抗氧化剂和天然抗氧化剂，特别是天然抗氧化剂研究和应用前景广阔。生产实践中往往采用多种抗氧化剂混合物，具有成本低、使用方便、效果好等优点，如美国的抗氧安、西班牙的克氧、中国的克氧灵粉剂等。

第四章　蛋白质饲料中存在的有害物质

按照我国的饲料分类体系，蛋白质饲料是指干物质中粗纤维含量在18%以下、粗蛋白质含量在20%以上的饲料。蛋白质饲料根据其来源不同，分为植物性蛋白质饲料、动物性蛋白质饲料和其他来源蛋白质饲料。植物性蛋白质饲料包括豆科籽实、油料饼（粕）类和其他工业加工副产品如玉米蛋白粉等；动物性蛋白质饲料包括水生动物及其加工副产品、畜禽加工副产品等；其他来源蛋白质饲料主要有微生物蛋白质饲料和非蛋白氮类饲料。蛋白质饲料中存在多种有毒物质，会不同程度地影响到畜禽的健康与产品品质。

第一节　豆类饲料中的有毒物质

一、大　豆

大豆为豆科大豆属一年生草本植物。大豆为全世界最重要的油料作物。大豆含有约35%的粗蛋白质和17%的粗脂肪，是优质的蛋白质饲料原料。

豆科植物中含有一些有毒、有害因子，包括蛋白酶抑制剂、红细胞凝集素、大豆抗原蛋白、脲酶、脂肪氧化酶、致甲状腺肿因子、抗维生素因子、致肠胃气胀因子、α-淀粉酶抑制剂等。

（一）蛋白酶抑制剂

豆科植物籽实中存在一类能够抑制某些蛋白酶的抑制因子，能够抑制动物的胃蛋白酶、胰蛋白酶和糜蛋白酶等。胰蛋白酶抑制剂（soybean trypsin inhibitor，STI）是大豆中的主要抗营养因子，是一种多肽类或蛋白质。组成多肽的氨基酸残基为72～197个，氨基酸残基组成和性质差异决定了大豆胰蛋白酶抑制剂的差异。从大豆中分离出的胰蛋白酶抑制剂有7～10种之多，目前研究最多的两种胰蛋白酶抑制因子为Kunitz胰蛋白酶抑制因子和Bowman-Birk胰蛋白酶抑制因子。Kunitz（1945）从大豆中分离出胰蛋白酶抑制剂（Kunitz胰蛋白酶抑制因子），该蛋白质由181个氨基酸组成，相对分子质量为21 000，其活性中心位于第63（精氨酸）和第64（异亮氨酸）个氨基酸之间，可定量地与胰蛋白酶结合，Kunitz胰蛋白酶抑制因子主要抑制胰糜蛋白酶的活性（图4-1）。而Bowman和Birk分别在大豆中分离鉴定了Bowman-Birk胰蛋白酶抑制因子，该因子含有71个氨基酸，相对分子质量为8000，其2个活性中心分别位于第16（赖氨酸）与第17（丝氨酸）个氨基酸之间和第43（亮氨酸）与第44（丝氨酸）个氨基酸之间，这两个活性中心分别与胰蛋白酶和糜蛋白酶结合（图4-2）。已有的分析数据表明，Kunitz和Bowman-Birk胰蛋白酶抑制因子在大豆中的含量分别为1.4%和0.6%。

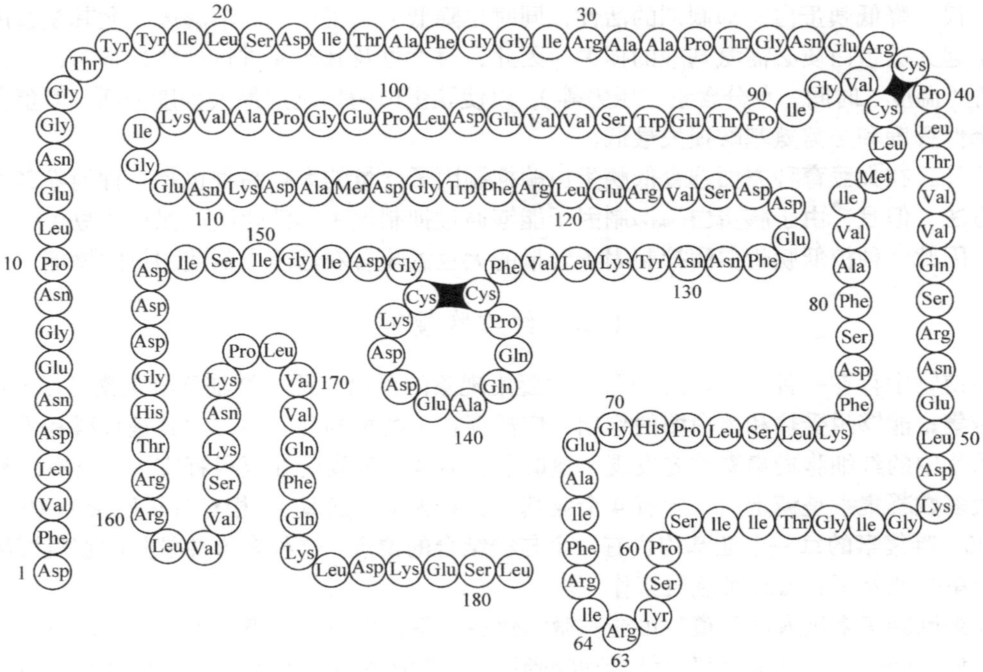

图 4-1　Kunitz 胰蛋白酶抑制因子结构图

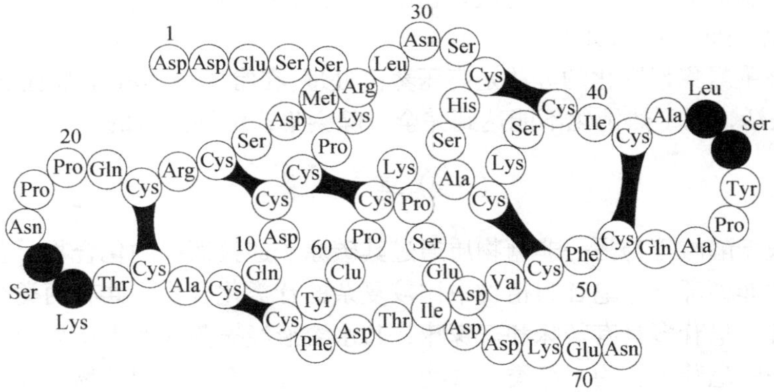

图 4-2　Bowman-Birk 胰蛋白酶抑制因子结构图

豆科植物中的蛋白酶抑制剂对大多数动物均有影响，并且对幼龄动物的影响较成年动物更为显著，主要表现在抑制胰蛋白酶和胰凝乳蛋白酶活性、降低蛋白质消化吸收等方面。在动物肠道内，这些蛋白酶抑制物通常为一类蛋白质，当蛋白消化酶试图对其进行降解时，会与蛋白酶发生不可逆性结合，使蛋白酶失去活性，形成的蛋白复合物最终排出体内，导致蛋白质消化率的降低。另外，为补偿蛋白质消化率的下降，胰腺负反馈性地增加内源性蛋白酶的分泌，也造成内源性必需氨基酸损失增加，从而提高了动物机体的蛋白质需要量。在家禽会导致胰腺肥大，而猪和犊牛的胰脏无明显变化（Birk，1996）。

去除蛋白酶抑制剂最有效、最简单的方法是高温钝化，适度加热（常压蒸汽加热 30min）即可消除胰蛋白酶抑制因子的活性。由于大豆在饲料生产中的使用形式一般为全脂膨化大豆，生产全脂大豆常用的挤压膨化过程中所产生的高温可以破坏胰蛋白酶抑制因子。但是，加热处理不仅可降低胰蛋白酶抑制剂的活性，同时也降低大豆蛋白质的溶解度，尤其是过度加热还能引起大豆蛋白质必需氨基酸的损失。因此，对大豆及其产品进行加热处理时，应选择最佳条件（温度、时间、水分含量、压力等），以使胰蛋白酶抑制剂最大程度失活，而蛋白质溶解度降低程度和必需氨基酸损失最低。

此外，在大豆育种方面选育低胰蛋白酶抑制因子含量的大豆品种也是一种消除其不利影响的方法，但是，由于胰蛋白酶抑制因子能够通过抑制昆虫的消化酶而保护大豆免于昆虫的破坏，因此，种植低胰蛋白酶抑制因子含量的大豆意味着农药杀虫剂使用量的增加。

（二）红细胞凝集素

在植物中存在一种能够使红细胞发生凝集现象的蛋白，称为红细胞凝集素（lectin）。红细胞凝集素能够耐受热和蛋白酶的作用，广泛存在于植物的籽实中，尤其是豆科和禾本科植物。植物中的红细胞凝集素首先发现于蓖麻子，后续研究发现在豆科籽实中也含有这种蛋白质。大多数凝集素是糖蛋白，含有 4 个亚基（少数为两个亚基），相对分子质量为 100 000～150 000。凝集素的每一个亚基均含有一个与糖结合的位点，这种多价性是其能够凝聚细胞的原因，单个亚基不具备红细胞凝聚作用。

红细胞凝集素进入消化道，可能刺激消化道黏膜，破坏消化道的细胞，引起胃肠道的出血性炎症。同时，当外源凝集素结合动物肠道细胞的碳水化合物时，可造成消化道对营养物质吸收能力下降，从而造成营养缺乏和生长迟缓。如果毒素进入血液，与红细胞发生凝集作用，破坏了红细胞的输氧能力，会造成动物中毒。此外，凝集素还可导致胰腺肥大、胰岛素降低和胸腺退化（Pusztai，1989）。

大豆中红细胞凝集素钝化的方法是高压蒸汽处理，在常压下蒸汽处理 1h 或高压蒸汽处理 15min 可使之失活，而干热钝化不能达到完全去除凝集素活性的目的。

（三）皂　　苷

苷类为糖或糖醛酸等与另一非糖物质通过其碳原子连接而成的化合物。苷元，也称配糖基，是指其中的非糖部分。皂苷为植物中比较复杂的苷类化合物，共有两类存在形式：甾体皂苷和三萜皂苷。皂苷多具有苦味和辛辣味，其水溶液经振荡能产生持久的泡沫。

豆科植物中的皂苷主要为三萜类化合物。大豆皂苷元有 5 种同系物，分别为大豆皂苷元 A～E，其化学结构均含有 5 个碳环（图 4-3）。大豆中含有约 0.5%的皂苷，苜蓿中含有 2%～3%的皂苷。

关于皂苷对畜禽的毒性作用，有人认为皂苷是饲喂苜蓿造成反刍动物瘤胃臌气的原因，但也有观点认为瘤胃臌气的主要原因在于苜蓿胞内蛋白质的快速释放和充足的可发酵碳水化合物的存在。对于家禽，当有大量皂苷存在时，会降低饲料的适口性和家禽的采食量，并能够刺激消化道黏膜，引起局部充血、肿胀和炎症，造成生产性能下降。

体外试验发现皂苷对红细胞具有溶血作用，一般认为是由皂苷与红细胞膜上的胆固醇相结合所致。另外，由于皂苷具有能够与胆固醇结合的特性，在生产中可用皂苷控制瘤胃内的原虫，皂苷与原虫细胞膜上的胆固醇结合，造成细胞溶解，从而控制瘤胃内原虫的数量，降低瘤胃内氨气的产生量。

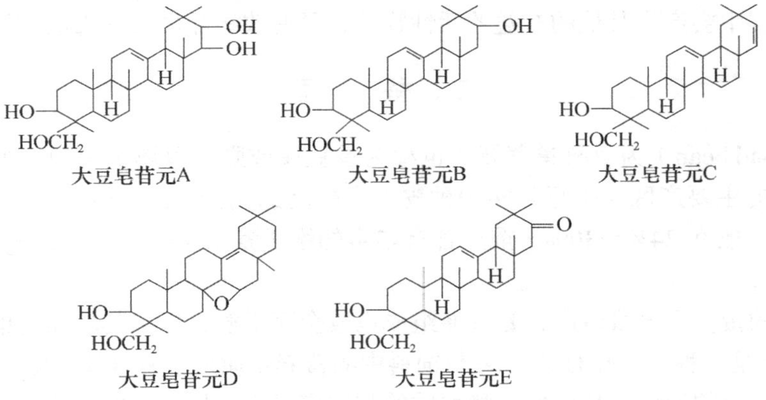

图 4-3　大豆皂苷结构图

（四）大豆抗原蛋白

大豆抗原蛋白是大豆中众多抗营养因子的一种，能使人和动物产生过敏性反应，对免疫系统造成一定的损伤，主要包括大豆空泡蛋白、大豆抑制蛋白、大豆壳蛋白、大豆疏水蛋白、大豆球蛋白及β-伴大豆球蛋白等。其中，大豆球蛋白和β-伴大豆球蛋白是引起幼龄动物发生过敏反应的两种主要抗原蛋白。大豆球蛋白的分子质量为 320.0～360.0kDa，是大豆中的一种主要储藏性蛋白质，占大豆蛋白质的 43.6%，其中免疫学成分占 40%；β-伴大豆球蛋白的相对分子质量为 140.0～170.0，也是大豆中的一种重要的储藏性蛋白质，占大豆蛋白质的 30%，其中免疫学成分占 27.9%。通过超速离心的方法分析，可将大豆中的球蛋白以沉降系数 S 分为 4 种成分：2S、7S、11S、15S，其中 7S 组分主要是β-伴大豆球蛋白，11S 组分主要是大豆球蛋白。

大豆抗原蛋白是对动物机体具有免疫原性的蛋白质，能够刺激消化道产生过敏反应，导致初生儿、仔猪、羔羊、犊牛等的过敏性反应，引起肠道黏膜萎缩，影响营养物质的吸收。大豆抗原蛋白是一种具有热稳定性的抗营养因子，普通的加热处理很难消除其抗原性。

（五）其　　他

豆科植物中还含有其他的一些有毒有害物质，如脂肪氧化酶、致甲状腺肿因子、抗维生素因子、单宁、脲酶等。存在于豆科植物籽实中的脂肪氧化酶可氧化降解亚油酸和亚麻酸等，产生多种物质，这些物质与大豆的腥味有关；此外，产生的过氧化物也会氧化脂溶性维生素。

（六）抗营养因子的钝化

大豆中抗营养因子钝化方法有物理钝化、化学钝化及生物学钝化等方法。物理钝化方法包括加热、膨化、微波、蒸煮、挤压、超声波等方法；化学钝化则是利用化学物质（如 Na_2SO_3、Na_2SO_5、戊二醛、乙醇、尿素等）破坏蛋白质毒素的结构，如抗胰蛋白酶因子的二硫键，其缺点是可能造成化学物质残留；生物学钝化包括微生物发酵处理及酶解处理法等。目前应用最为普遍的钝化方法是热处理法中的干式挤压膨化法，能够显著改善大豆的适口性，去除大部分毒素的活性，应用效果良好。微生物发酵处理对于去除大豆抗原具有较好的效果，且在微生物发酵过程中会产生其他的有益的活性物质，具有改善品质及去毒的作用。

二、蚕　豆

蚕豆（broad bean）为豆科巢菜属（也称为蚕豆属或野豌豆属）中的一个栽培种。我国是世界上蚕豆的主要产区。蚕豆籽实中种皮占有较高的比例（约 16%），粗纤维含量较高，粗蛋白质含量一般在 24%～30%。蚕豆含有丰富的维生素 B_{12}（0.27mg/100g），高于大豆和豌豆。

虽然蚕豆的蛋白质含量较高，氨基酸组成也较全面平衡，但因其较高的单宁含量限制了它的利用。单宁是一种多酶化合物，可与饲料中的营养物质形成复合体，阻止消化酶的作用，并抑制消化酶本身的活性，从而使营养物质的利用率下降。另外，单宁的存在使饲料具有苦涩味，降低饲料的适口性。蚕豆中含有蚕豆嘧啶葡糖苷（vicine）及其衍生物，能够造成红细胞溶血。蚕豆嘧啶葡糖苷可以在葡萄糖-6-磷酸脱氢酶的作用下水解。在人类，部分人群对蚕豆较为敏感，地中海与中东地区的居民在食用蚕豆后会导致“蚕豆病”（favism），表现为体衰、疲乏、黄疸及血红蛋白尿等症状，其机制与血细胞中缺乏葡萄糖-6-磷酸脱氢酶有关。对于蛋鸡，日粮中蚕豆使用比例过高会导致蛋重下降，应控制使用量。

减少和消除蚕豆中的抗营养因子，可通过理化或生物的方法，从而提高其营养价值。由于单宁主要存在于蚕豆壳中，可以通过去壳的方式有效降低单宁的含量。另外，蚕豆中的部分抗营养因子可溶于水，用水浸泡蚕豆，能够在一定程度上除去抗营养因子。水浸法对提高蚕豆营养价值的作用不及高温处理法，蚕豆中某些抗营养因子尤其是缩合单宁是对热不稳定的因子，高温下可被破坏而失去活性。

三、豌　豆

豌豆（pea）为豆科豌豆属一年生或越年生植物。豌豆在我国有较大的种植面积，品种也较多。豌豆风干物中粗蛋白质的含量一般在 20%以上，粗纤维含量在 7%左右，其营养特点是赖氨酸含量较高，但其他必需氨基酸含量都较低，特别是含硫氨基酸、色氨酸均不能满足猪、鸡的营养需要。

豌豆中含有的抗营养因子包括胰蛋白酶抑制因子、外源植物凝集素、皂苷及肠胃胀气因子等，不宜生喂。

四、羽　扇　豆

羽扇豆（lupin）具有不同的类型，如观赏用和食用等。羽扇豆中含有生物碱，对畜禽具有毒性。现在广泛种植的甜羽扇豆（sweet lupin）粗蛋白质含量为 25%～35%，生物碱含量较低，但是甜羽扇豆具有突变为高生物碱含量的倾向，因此在生产中应加以监测。

猪对羽扇豆生物碱较为敏感，出现厌食、呕吐等症状，造成生长抑制。相反，家禽对羽扇豆生物碱的耐受性则较强。此外，羽扇豆中还含有单胃动物难以消化降解的葡聚糖和寡糖，影响肠道功能。

第二节　大豆饼（粕）中的有毒物质

大豆饼（粕）是大豆籽实提取油后的副产品，其中经压榨工艺提取油后的饼状副产品称为大豆饼，经浸提工艺提取油脂后的副产品为大豆粕。

大豆饼（粕）的质量受制油工艺的影响较大，一般的工艺流程为：清选、脱壳、破碎、软化、轧坯，此时油料的温度保持在 60～80℃，然后进行蒸炒（100～125℃）和脱油，其中脱油的方法分为三种：压榨、浸提和预压浸提法。对于浸提脱油工艺，经浸提溶剂提取油脂后的湿粕，一般含有 25%～30%的溶剂，需进行脱溶剂处理（105～120℃）。在上述工艺过程中脱油前蒸炒和脱油后的溶剂脱除均需要有加热过程，其加热温度、受热时间及受热时的水分含量等参数控制合理与否，会直接影响到豆粕的质量。浸提法对油的提取率较压榨法高 4%～5%，目前油脂加工厂一般采用浸提工艺，其副产品为大豆粕。

大豆饼（粕）是优质的蛋白质饲料原料，大豆粕的粗蛋白质含量通常在 41%以上，含有丰富的赖氨酸、蛋氨酸等限制性必需氨基酸。在大豆粕中含有 1%～2%的残脂，豆饼中则含有 5%～7%的残脂，能量水平较高。

一、胰蛋白酶抑制因子

胰蛋白酶抑制剂是豆粕主要的抗营养因子之一，含量约为 2%，主要抑制动物体内分泌的胰蛋白酶和胰凝乳蛋白酶活性。动物采食后，肠道中蛋白酶的作用被抑制，动物对蛋白质的消化吸收功能降低，抑制动物生长，尤其对幼龄动物影响较大。同时，还会造成胰腺分泌过多胰腺酶，胰腺肿大，导致必需氨基酸的内源性损失。

大豆胰蛋白酶抑制因子是大豆中的主要抗营养因子，因此检测其活性的高低对于确定大豆饼（粕）的质量至关重要。但是由于其测定方法烦琐，在实际中常通过检测脲酶活性的方法间接地确定饼（粕）质量。

二、抗 原 蛋 白

幼龄动物肠道发育不成熟，采食含大豆日粮后，大部分抗原蛋白被降解为肽和氨基酸，小部分抗原蛋白会穿过小肠上皮细胞间隙或上皮细胞内的空隙完整地进入血液和淋巴，刺激肠道免疫组织，产生特异性抗原抗体反应和 T 淋巴细胞介导的迟发性过敏反应，前者刺激肥大细胞释放组胺，引起上皮细胞通透性增加和黏膜水肿，后者主要引起肠道形态变化。过敏反应将使幼龄动物血清中大豆抗原特异性抗体滴度升高，小肠绒毛萎缩，隐窝细胞增生，同时导致消化吸收障碍、生长受阻及过敏性腹泻。

三、红细胞凝集素

红细胞凝集素是一种高亲和性的糖蛋白，在动物肠道中不易被蛋白酶水解，它通过与小肠壁上皮细胞表面特异性受体相结合，损坏小肠黏膜刷状缘结构，干扰消化酶分泌，抑制肠道对营养物质的消化吸收，降低蛋白质利用率，使动物生长受阻甚至停滞。另外，红细胞凝集素还对肠壁、肠道细菌及免疫机能产生一定影响，引起肠腔糜烂，微绒毛变短萎缩，肠细胞退化，病变周围组织水肿和杯状细胞肥大增生等。已有的研究表明，红细胞凝集素对动物生产性能的影响随动物年龄、物种等因素而异（Palacios et al.，2004）。

四、其他有害物质

大豆饼（粕）中的抗营养因子还包括肠胃胀气因子（棉子糖、水苏糖）、植酸、脂肪氧化酶、致甲状腺肿因子、皂苷和脲酶等。

五、大豆饼（粕）的去毒措施

大豆饼（粕）中的抗营养因子多为不耐热的成分，如蛋白酶抑制剂、大豆凝血素、致甲状腺肿因子等，加热是最有效的钝化方法，这些抗营养因子在大豆脱油或饼（粕）的生产过程会受到不同程度的破坏。但如果脱油工艺中温度、时间等控制不当，都会使大豆饼（粕）出现过生现象，不能完全去除抗营养因子，从而对畜禽产生不良影响。相反，如果加热过度，如温度过高或加热时间过长，会导致蛋白质变性和氨基酸的消化率降低，尤其是赖氨酸、精氨酸的ε-氨基与还原糖醛基结合发生美拉德反应（Maillard reaction），产生氨基糖复合物，降低了赖氨酸的可利用性，降低了蛋白质的生物学效价。一般认为，大豆粕中的脲酶活性不应超过 0.3mg/（min · g）（以氨态氮计），蛋白质溶解度（0.2%氢氧化钾）不应低于 70%。

化学钝化方法主要是针对胰蛋白酶抑制剂广泛采用的方法，其原理为通过化学试剂改变其分子结构，破坏二硫键，达到钝化胰蛋白酶抑制剂活性的目的。

微生物发酵法是通过接种单一或复合微生物，利用微生物发酵作用有效消除豆粕中的抗营养因子，常用的菌种有芽孢杆菌、霉菌、酵母菌和乳酸菌等，这些微生物在发酵过程中产生蛋白酶、淀粉酶、纤维素酶、脂肪酶等活性较高的酶，能够有效降解豆粕中的大分子蛋白质，消除抗营养因子，因此，发酵豆粕已在配合饲料中得到广泛应用。酶解法是利用现代生物技术将大豆蛋白质通过酶作用降解为可溶性蛋白质和小分子多肽的混合物，常用的酶主要有蛋白酶、α-半乳糖苷酶等。

六、大豆饼（粕）的合理利用

幼畜禽对大豆饼（粕）中的抗营养因子比较敏感，应合理控制添加量。仔猪日粮中大豆饼（粕）的添加量一般不宜超过 15%。

第三节　菜 籽 饼（粕）

菜籽饼（粕）是油菜籽轧油后得到的副产品，一般含粗蛋白质 36%左右，是一种质量良好的蛋白质饲料。油菜籽的出油率一般为 30%～35%，常见的加工工艺为预压浸提、动力螺旋压榨和土法夯榨法，目前一般采取的工艺是预压浸提。其工艺流程为：清选、轧胚、蒸炒、预榨、破碎、浸提，最后得到菜籽粕。

菜籽饼（粕）中含有一些抗营养因子，对动物具有毒害作用，包括硫葡萄糖苷及其代谢产物、芥子碱及芥酸、植酸和单宁等，尤其是硫葡萄糖苷的代谢产物异硫氰酸酯和噁唑烷硫酮等具有致甲状腺肿大的作用，影响畜禽的正常生长与发育。

一、硫葡萄糖苷及其降解物

十字花科植物茎、叶和籽实中含有硫葡萄糖苷（glucosinolates）。我国种植的主要油菜品种为甘蓝型品种，其具有硫葡萄糖苷含量高的特点。我国学者在20世纪90年代中期开展的调查工作表明：菜籽饼（粕）中异硫氰酸酯含量分别为（1458±1064）mg/kg和（1422±874）mg/kg，菜籽饼、粕中噁唑烷硫酮含量分别为（2716±1935）mg/kg和（2323±2160）mg/kg（李建凡等，1995）。

硫葡萄糖苷是一类由葡萄糖与非糖部分的苷元通过硫苷键形式连接形成的化合物。其分子通式为

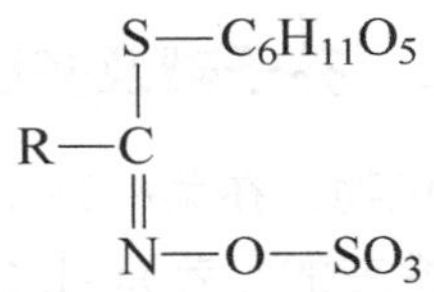

不同的硫葡萄糖苷具有不同的R基团，它们包括饱和脂肪烃、不饱和脂肪烃、芳香烃和杂环芳香族4类。目前已经鉴定出109种硫葡萄糖苷，在油菜籽中已经发现有11种硫葡萄糖苷。在我国种植的油菜中，甘蓝型油菜籽中硫葡萄糖苷的含量最高，白菜型油菜籽最低。硫葡萄糖苷本身毒性较低，但其降解产物危害较大，其降解途径见图4-4。

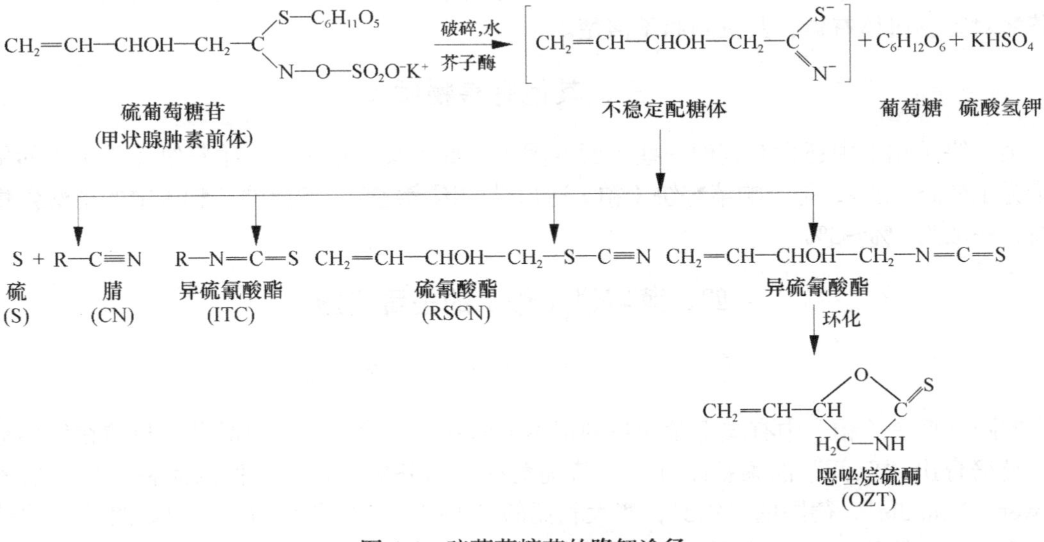

图4-4　硫葡萄糖苷的降解途径

硫葡萄糖苷是构成该类植物化学防御体系的两个部分之一。硫葡萄糖苷在植物体内具有杀虫作用，并具有辛辣气味。该化学防御体系的另一组成部分是内源酶——芥子酶（myrosinase），该酶的存在位点与硫葡萄糖苷是分开的，当植物茎叶或籽实被咀嚼、研碎时，会使芥子酶与硫葡萄糖苷相接触，产生一不稳定的糖苷配基（thiohydroxymate-*O*-sulphonate），在去除硫后产生异硫氰酸酯（isothiocyanate）、硫氰酸酯（thiocyanate）、噁唑烷硫酮（oxazolidine thione）、腈（nitrile）。

噁唑烷硫酮导致甲状腺肿大，噁唑烷硫酮通过抑制甲状腺过氧化物酶，影响碘的有机化，使甲状腺素的合成受到抑制；同时干扰甲状腺球蛋白的水解，影响甲状腺素的释放。因此，噁唑烷硫酮导致的甲状腺肿大与碘的营养状态无关。

异硫氰酸酯导致甲状腺肿大的机制不同于噁唑烷硫酮。一方面，异硫氰酸酯在体内可与氨基化合物形成硫脲类化合物，从而与噁唑烷硫酮有相似的致甲状腺肿大作用。另一方面，异硫氰酸酯与硫氰酸盐在体内经过代谢可以产生硫氰根离子（SCN^-），SCN^-是与I^-相似的单价阴离子，能够与I^-竞争性地浓集到甲状腺，抑制了甲状腺碘的摄取，从而抑制了甲状腺的功能，导致甲状腺肿大，降低动物的生长速度。

腈是有机氰化物的一种，在体内可以代谢为CN^-，其毒性更大，影响细胞呼吸，造成组织损伤，CN^-还可在组织中经硫氰酸酶催化转化为SCN^-，影响甲状腺功能。

二、芥子碱及芥酸

芥子碱（sinapin）是一甲基化有机物，在菜籽饼（粕）中的含量为1%～1.5%。芥子碱具有苦味，是造成菜籽饼（粕）适口性差的主要原因之一。在家禽的盲肠内芥子碱分解为芥子酸和胆碱，胆碱被进一步转化为三甲胺。在正常情况下，三甲胺被吸收后，在体内三甲胺氧化酶作用下转化为氧化三甲胺，然后排出体外。但是在一些褐壳蛋鸡品系（含有*Rhode Island Red*基因），由于体内缺乏三甲胺氧化酶，无法对三甲胺进行氧化，导致三甲胺在血液内积累并进入鸡蛋中，使鸡蛋含有鱼腥味。

芥酸（erucic acid）是菜籽油中含有的一种脂肪酸，芥酸在工业中有广泛的用途。一般认为芥酸对动物机体有毒，其机制尚不清楚。

三、其他有害物质

菜籽饼（粕）中还含有其他一些抗营养因子，如植酸、单宁等。菜籽饼（粕）中的单宁含量为1.5%～3.5%，是影响菜籽饼（粕）适口性的因素之一。菜籽饼（粕）中的植酸含量也较高，一般为3%～5%。

四、菜籽饼（粕）的去毒措施

（一）“双低”油菜品种的培育

控制菜籽饼（粕）中有关毒素含量的根本方法在于培育低毒油菜品种。目前在世界范围内已经培育出“双低”油菜新品种，即硫葡萄糖苷与芥酸含量均较低的品种，如加拿大的‘Tower’‘Candle’，德国的‘Kid’，澳大利亚的‘Wesbrook’和我国的‘中双四号’‘华杂3号’等。这些品种中的硫葡萄糖苷含量均在20μmol/g以下（脱油后风干基础）。例如，加拿大以‘Canola’这一名称代表所有的“双低”油菜品种，其芥酸含量低于5%，硫葡萄糖苷低于3mg/kg，目前‘Canola’菜籽粕已在畜禽饲料生产中得以广泛研究与应用。

（二）去　毒

菜籽饼（粕）的去毒方法按处理方法的性质可分为物理法、化学法和微生物处理法。按毒害物质的变化可分为两类：一类是使有关毒害成分钝化、破坏，降低或消除其危害；另一类是将菜籽饼（粕）中的毒害成分提取、剔除，通过降低含量而减少毒性。常见的方法有热处理法，水浸法，醇类水溶液浸提法，氨、碱处理法，硫酸亚铁处理法等。

1. 物理法

（1）热处理法　包括干热处理、湿热处理、高温高压处理等方法。该类方法可以使芥子酶失活，但是不能去除硫葡萄糖苷，在饲喂后仍会对动物机体产生一些不良影响。此外，高温处理过程会降低菜籽饼（粕）的蛋白质品质。

（2）溶剂浸提法　硫葡萄糖苷能够溶于水和醇类溶剂，菜籽饼（粕）经含水乙醇（或异丙醇）浸提处理后能够除去大部分的硫葡萄糖苷、单宁。该方法的缺点是干物质损失较大，会降低菜籽饼（粕）的营养价值。

2. 化学法

（1）氨、碱处理法　氨与硫葡萄糖苷结合后生成无毒的硫脲，纯碱（Na_2CO_3）处理可以破坏硫葡萄糖苷和芥子碱。

（2）硫酸亚铁处理法　硫酸亚铁能够在碱性条件下与硫葡萄糖苷及其降解物异硫氰酸酯和噁唑烷硫酮结合生成无毒的螯合物，从而达到脱毒的目的。

3. 微生物处理法　利用能够降解硫葡萄糖苷的微生物进行处理，降解菜籽饼（粕）中的硫葡萄糖苷，降低菜籽饼（粕）的有毒物质含量。

五、菜籽饼（粕）的合理利用

我国《饲料卫生标准》（GB 13078—2001）规定菜籽饼（粕）中异硫氰酸酯允许量为≤4000mg/kg；鸡配合饲料≤500mg/kg；生长肥育猪配合饲料≤500mg/kg。噁唑烷硫酮的允许量：肉仔鸡、生长鸡配合饲料≤1000mg/kg；产蛋鸡配合饲料≤500mg/kg。

我国饲料原料标准规定：一级菜籽粕硫葡萄糖苷的含量≤40.0μmol/g；二级菜籽粕硫葡萄糖苷的含量≤75.0μmol/g；对三级及以下菜籽粕不做要求。

在配合饲料中异硫氰酸酯与噁唑烷硫酮等有毒物质含量可以通过菜籽饼（粕）的使用量加以控制，根据不同动物种类的敏感性，确定在配合饲料中的适宜使用量。国内外的研究表明，使用菜籽饼（粕）代替适量的大豆饼（粕）对畜禽的生产性能无不良影响。一般而言，我国生产的高硫葡萄糖苷含量菜籽饼（粕）在畜禽配合饲料中的适宜使用量分别为：蛋鸡、种鸡≤5%，生长鸡、肉仔鸡≤15%，母猪、仔猪≤5%，生长肥育猪≤15%，肉牛≤20%，奶牛≤10%。

日粮中添加一些营养物质能够降低菜籽饼（粕）中毒害物质的毒性。胱氨酸作为还原性物质谷胱甘肽的组分，具有解毒作用。蛋氨酸可将高毒性的腈，转化为低毒性的硫氰酸酯，通过尿排出体外，起到解毒作用。此外，日粮中添加碘、铜、锌等微量元素，也具有改善甲状腺功能的作用。碘的添加量可按动物正常需要量的5～10倍添加。

第四节　棉 籽 饼（粕）

我国是世界上棉花生产大国之一，棉籽饼（粕）年产500万t以上，棉籽饼（粕）含粗蛋白质33%～45%，是一种重要的植物性蛋白质饲料原料。棉籽饼（粕）是以棉籽为原料经脱壳、去绒或部分脱壳、去绒，再提取油后得到的副产品，用浸提法或预压浸提法提取油后的副产品称为棉籽粕，机榨提取油后的称为棉籽饼。棉籽饼（粕）的营养性状与其加工工艺有关，其中棉籽壳含量的高低是影响其粗蛋白质与粗纤维含量的主要因素。棉籽在完全脱壳后所加工得到的饼（粕）称为棉仁饼（粕），棉籽不经脱壳直接加工得到的饼（粕）称为棉籽饼（粕）。为提高出油率，一些油脂厂在加工时通常在棉籽脱壳后再掺入 1/3 左右的棉籽壳，其得到的副产品通常称为棉仁籽饼。

棉粕中含有棉酚和环丙烯类脂肪酸等抗营养因子，限制了其在畜禽饲料中的应用，其中起主要作用的是具有毒性的棉酚。

一、棉　　酚

棉酚是锦葵科棉属植物色素腺产生的多酚二萘衍生物，是一种多酚类化合物，是棉籽色素腺体中的主要色素。棉酚是由两个萘核相连而成，每个萘核上有一个醛基与三个羟基（图 4-5）。与之密切相关的类似化合物至少有 15 种，其分子上的酚基具有化学活性，容易和各种各样的物质反应，包括矿物元素和氨基酸等。

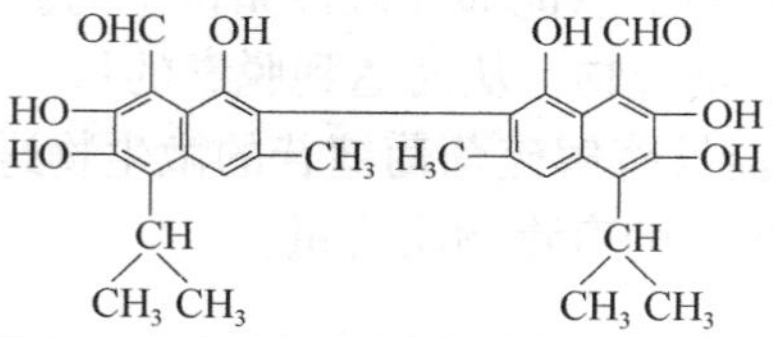

羟基醛型

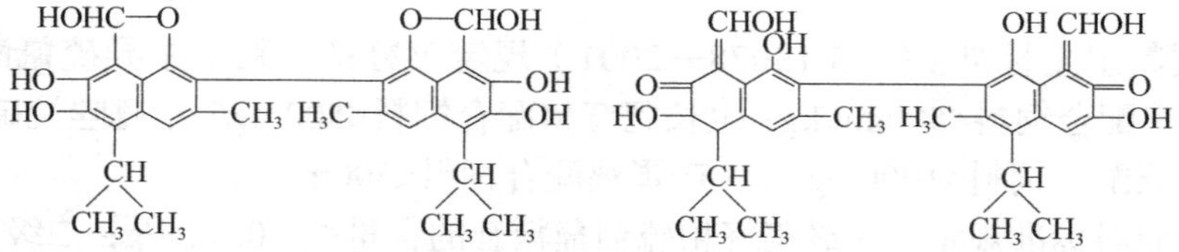

半缩醛型　　烯醇型

图 4-5　棉酚的结构式

存在于棉籽饼（粕）中的棉酚有两种形式，即游离棉酚（free gossypol）和结合棉酚（bound gossypol）。在棉籽油提取及棉籽粕生产过程中，由于蒸炒、压榨等热作用，棉籽中的大部分棉酚与蛋白质、氨基酸结合而变成结合棉酚，活性基因被结合，在消化道内不能被消化吸收，可很快随粪便排出体外，对动物没有毒害，故毒性小。另一部分棉酚以游离状态存在，由于其活性基团未被结合，很易发生化学反应，而且排泄缓慢，在体内组织器官中具有蓄积效应，因此对动物毒性较大。蓄积的棉酚在动物体内各器官分布是不均衡的，按其沉积量的多少排序为：肝>肌肉>血液>肾>肺，之后为心脏、脾和脑组织。棉酚是细胞性、组织性、神经性毒物，主要由其活性醛基和活性羟基产生毒性而引起多种危害。

棉籽饼（粕）中棉酚的存在带来两个方面的问题：一是棉酚与蛋白质之间的结合降低了蛋白质的利用率，从而降低了饲料蛋白质的品质；二是高水平棉酚存在及组织内棉酚蓄积引起机体的不利生理反应。

棉酚的活性醛基和羟基可以与蛋白质结合，降低蛋白质的利用率，棉酚作为多酚类化合物，与消化道分泌的蛋白质水解酶结合，抑制其活性，降低蛋白质的消化率。棉籽粕在加工过程中，与赖氨酸的 ε-氨基结合，显著降低赖氨酸的生物利用率。动物在摄食含有棉籽饼（粕）的饲料后，游离棉酚进入消化道，可刺激胃肠黏膜，引起胃肠炎，吸收进入血液后，可增强血管壁的通透性，促使血浆和血细胞向周围组织渗透，发生组织浆液性浸润、出血性炎症和体腔积液，而且游离棉酚易溶于脂质，能在神经细胞中积累而使神经系统的机能发生紊乱。游离棉酚在体内可与许多功能性蛋白和一些重要的酶结合，使其丧失活性。游离棉酚进入血液后与血红蛋白中的铁离子螯合，影响血红蛋白合成，降低血红蛋白的携氧能力，造成贫血、呼吸循环系统负荷过重、呼吸困难。棉酚损害心肌功能，造成心力衰竭，并继发肺水肿和全身缺氧性变化。游离棉酚能破坏睾丸的生精上皮，导致精子畸形、死亡甚至无精子，降低动物繁殖力，甚至造成公畜不育。游离棉酚能够影响鸡蛋品质，蛋鸡饲喂棉籽饼（粕）后，产出的鸡蛋经过一段时间贮存后，棉酚与蛋黄中的铁离子结合，形成黄绿色或红褐色复合物，蛋黄与蛋清的色泽发生改变。畜禽棉酚中毒表现为食欲减退，体重下降，全身水肿，虚弱，呼吸困难，血红蛋白尿，出血性肠炎，肺水肿，肝脏和心肌变性坏死。

二、环丙烯类脂肪酸

棉籽饼（粕）中另一种有毒物质为环丙烯类脂肪酸（cyclopropenoid fatty acid），主要是苹婆酸（sterculic acid）和锦葵酸（malvalic acid），在粗制棉油中的含量可达1%～2%，精炼棉油中含量较少，一般在0.5%以下。

环丙烯类脂肪酸主要影响禽蛋的品质。产蛋鸡摄入此类脂肪酸后，所产的鸡蛋在贮存后蛋清变为桃红色，其原因是此类脂肪酸使卵黄膜的通透性提高，蛋黄中的铁离子透过卵黄膜而转移到蛋清中，与伴清蛋白螯合形成红色的复合体，使蛋清变成桃红色即所谓的“桃红蛋”。另外，环丙烯类脂肪酸还可使蛋黄变硬，经过加热，可形成所谓的“海绵蛋”“橡皮蛋”，其原因有学者认为是环丙烯类脂肪酸可抑制动物肝微粒体脂肪酸去饱和酶的活性，使蛋黄脂肪中硬脂酸和软脂酸等饱和脂肪酸的比例增加，造成蛋黄脂肪熔点增加，硬度升高。

三、其他有害物质

棉籽饼（粕）中还含有少量单宁和植酸。单宁可以与消化道内的酶结合，降低消化酶的活性，影响蛋白质等物质的消化，还可以与肠壁表层细胞反应，降低肠壁的通透性，影响营养物质的吸收。植酸能牢固地螯合 Ca^{2+}、Mg^{2+}、Zn^{2+}、Fe^{2+}、Cu^{2+}、Mn^{2+}等，形成难溶的螯合物，影响这些矿物质的吸收和利用，而且植酸在低 pH 条件下可以与蛋白质的碱性基团结合，络合蛋白质，抑制消化酶的活性，从而影响蛋白质、糖和脂类的消化吸收。

四、棉籽饼（粕）的去毒措施

1. 无腺体棉籽品种培育　棉籽中的色素腺体是棉酚存在的主要位点，因此选育无腺体棉花品种即可获得无毒的优质棉籽饼（粕）。国外从20世纪中叶即开始培育无腺体棉花，我国也已培育出无腺体棉花品种。无腺体棉籽粕中游离棉酚的含量在0.04%以下，其蛋白质含量可达到45%左右，品质优良。

2. 棉籽饼（粕）的脱毒处理

（1）*硫酸亚铁处理*　硫酸亚铁中的亚铁离子能够与游离棉酚结合，使游离棉酚中的活性基团（醛基与羟基）失去作用，形成的棉酚-铁复合物难以被肠道吸收，从而达到去毒的目的。由于亚铁离子与等物质的量的游离棉酚结合，硫酸亚铁去毒时亚铁离子的添加浓度应与棉籽饼（粕）中游离棉酚的含量相当。实际生产应用时，可考虑适当提高亚铁离子的浓度，一般按亚铁离子与游离棉酚的质量比 1 : 1 进行添加（相当于物质的量比 9 : 1），以保证脱毒效果，但是应注意避免过多添加亚铁离子，避免浪费及对其他微量元素吸收与代谢的影响。

（2）碱处理　棉籽饼（粕）用烧碱、纯碱或石灰乳处理，也可达到破坏游离棉酚的效果，但是在处理后需进行中和，用清水淘洗并烘干。该方法费时、耗能并能对环境造成污染。

（3）热处理　在棉籽脱油过程中的热处理即可使大部分游离棉酚与蛋白质、氨基酸等形成结合态棉酚。对棉籽饼（粕）进行进一步加热处理可以减少游离棉酚含量，但其代价是进一步降低了氨基酸特别是赖氨酸的有效性。

（4）微生物处理　利用能够分解棉酚的微生物进行发酵处理，降低棉籽饼（粕）中的游离棉酚含量。反刍动物对棉酚相对较高的耐受性提示自然界中这一类微生物的存在。

五、棉籽饼（粕）的合理利用

我国《饲料卫生标准》（GB 13078—2001）规定棉籽饼（粕）中游离棉酚允许量为≤1200mg/kg；产蛋鸡配合饲料≤20mg/kg；肉仔鸡、生长鸡配合饲料≤100mg/kg；生长肥育猪配合饲料≤60mg/kg。

为避免游离棉酚摄入过量对畜禽生产性能的影响，在生产实际中可采用限制用量的方法。一般而言，游离棉酚含量低于 500mg/kg 的棉籽饼（粕）在生长鸡日粮中的用量应控制在 20%以内，在产蛋鸡日粮中为避免棉酚对鸡蛋品质的影响，其使用量宜控制在 5%以内；对于生长肥育猪，日粮中棉籽饼（粕）的用量可占日粮的 20%，母猪日粮中的使用量应控制在 10%以内。棉籽饼（粕）中赖氨酸含量较低，并且在脱油过程中部分赖氨酸与游离棉酚形成结合棉酚，因此在日粮配合时应注意补充赖氨酸。对种畜禽，日粮中棉籽饼（粕）用粮应控制在 5%以内，并尽量避免使用棉籽饼（粕）。

对于反刍动物，瘤胃微生物能够破坏游离棉酚，其毒性较小。但是长期大量饲喂也会产生危害，在国外有绵羊和奶犊牛中毒的报道。一般而言，成年牛的适宜比例可以高一些，可占精料的 30%左右，犊牛则不宜超过精料的 20%。

第五节　其 他 饼（粕）

一、亚麻子饼（粕）

亚麻在我国华北和西北地区种植较多，亚麻子饼（粕）（flaxseed meal，linseed meal）是用亚麻子为原料，以机榨法或浸提法取油后得到的副产品。

亚麻子饼（粕）的质量主要受加工工艺、残油率、壳仁比等因素的影响。其粗蛋白质含量稍低，一般在 32%左右，在氨基酸构成方面，赖氨酸、蛋氨酸等限制性氨基酸含量较低，而精氨酸含量较高，在使用时应考虑与赖氨酸含量高的原料搭配使用或注意添加合成赖氨酸。

亚麻子实及饼（粕）中主要含有两种毒素：生氰糖苷和亚麻素（linatine）。生氰糖苷的主要成分是亚麻苦苷（linamarin）。亚麻苦苷本身无毒，但是在其本身含有的亚麻酶的作用下生成氢氰酸。亚麻子中亚麻苦苷的含量因其品种、籽实成熟度及含油量而异。完全成熟的亚麻子实及含油量高的品种中亚麻苦苷的含量较低。在采用冷轧工艺或溶剂浸提方法取油时，大部分亚麻苦苷仍会残存于饼（粕）中，相反在采用热榨取油工艺时，则对亚麻苦苷的破坏程度较高。亚麻子饼（粕）中氢氰酸含量较低，一般情况下不会引起中毒，但是过量使用也会造成中毒，尤其是使用榨油时蒸炒温度不足制得的饼（粕）时。氢氰酸的毒性主要是与细胞色素氧化酶中的三价铁离子结合，抑制呼吸链的电子传递，造成细胞缺氧，引起神经与心血管系统机能障碍。

亚麻素（linatine）由谷氨酸和 1-氨基-D-脯氨酸构成，后者是脯氨酸的衍生物，是维生素 B_6 的拮抗物。亚麻素经水解后释放出 1-氨基-D-脯氨酸，与维生素 B_6 结合后使其失去生物学功能，因此在日粮中添加亚麻子饼（粕）的猪、家禽易发生维生素 B_6 缺乏症。在生产中使用亚麻子饼（粕）时应注意添加维生素 B_6。

此外，在亚麻子实中还含有一种黏性物质，称为亚麻子胶。在亚麻子饼（粕）中的含量为 3%～10%。亚麻子胶的主要成分是乙醛糖酸，能溶于水，但是不能被单胃动物所消化，影响消化吸收；反刍动物瘤胃微生物能够分解亚麻子胶。

我国饲料卫生标准（GB 13078—2001）规定，胡（亚）麻子饼（粕）中氰化物的含量≤350mg/kg，在鸡、猪配合饲料中的含量不超过 50mg/kg。

二、花 生 饼（粕）

花生饼（粕）是花生仁制油后的副产品。花生仁的制油工艺主要有浸提法、机械压榨、预压浸提和土法夯榨法，经预压浸提后获得的副产品称为花生粕，采用压榨法获得的副产品为花生饼。

花生粕的营养价值较高，其代谢能是粕类饲料中最高的，粗蛋白质含量接近大豆粕，高达 48%以上，精氨酸含量高（5.2%左右），赖氨酸含量只有大豆饼（粕）的 50%左右，蛋氨酸、苏氨酸含量都较低。

花生饼（粕）与豆粕相比所含抗营养因子很少，但易于感染黄曲霉，产生黄曲霉毒素（特别是黄曲霉毒素 B_1）。黄曲霉毒素是一组结构相似的真菌次生代谢产物，其结构中均含有二呋喃环和氧杂萘邻酮，具有毒性和致癌作用。黄曲霉毒素难溶于水，对热稳定，耐高温，易溶于甲醇、乙醇、氯仿等有机溶剂。目前已确定结构的黄曲霉毒素有 18 种，如 B_1、B_2、G_1、G_2、M_1、M_2 等，其中毒性最强的是黄曲霉毒素 B_1。

黄曲霉毒素的毒性主要是细胞毒、致突变和致癌性。一般而言，幼龄动物较成年动物敏感，在不同种类动物中家禽与猪较为敏感，家禽中雏鸭、雏鸡最为敏感。中毒后的表现为嗜睡、精神不振，食欲废绝，羽毛脱落，步态不稳，粪便带血。病理变化表现为肝大、纤维化、脂肪浸润，脾脏和肾脏充血、肿大，胸腺和法氏囊萎缩等。

在生产中常用的脱毒方法是在日粮中添加吸附剂，如活性炭、沸石等，能够吸附黄曲霉毒素，阻止其经肠道吸收后造成机体中毒。目前，通过生物酶解的方法，利用高效微生物发酵，破坏毒素的结构，从而降低或去除其毒性也得到了较好的应用。我国《饲料卫生标准》规定，在花生饼（粕）中黄曲霉毒素 B_1 含量不得超过 50μg/kg。

三、向日葵饼（粕）

向日葵饼（粕）是脱壳或部分脱壳后的向日葵籽经机械压榨或溶剂浸出提油后的副产

物，是一种较好的蛋白质饲料。向日葵饼（粕）的营养价值主要受壳仁比的影响，由于使用部分脱壳的向日葵籽可以提高出油率，因此在生产中使用的向日葵饼（粕）的质量因壳的比例而变化较大，粗蛋白质含量为 14%～43%，粗纤维含量为 16%～28%，赖氨酸含量不足（1.1%～1.2%），低于棉籽饼（粕）和花生饼（粕），加工过程中如加热过度，则赖氨酸损失更大，其营养价值显著降低。蛋氨酸含量相对较高（0.6%～0.7%），高于大豆、棉籽和花生饼（粕）。

向日葵饼（粕）中含有一类酚类化合物，主要是绿原酸，含量为 0.7%～0.82%。这些酚类化合物对胰蛋白酶、淀粉酶和脂肪酶活性均有抑制作用，降低饲料蛋白质的消化率，而且适口性较差。另外，向日葵饼（粕）含有难消化物质，一般认为主要来自于籽壳中的木质素，因其含壳量的高低而不同，其作为蛋白质饲料原料的作用也有明显差异。

四、芝 麻 饼（粕）

芝麻脱油后得到的副产品为芝麻饼（粕），其质量与芝麻的脱油工艺有关。芝麻饼（粕）中粗蛋白质含量较高（约 40%），但在小磨香油制取工艺中，芝麻需炒熟、褐变，氨基酸的利用率相对较低。氨基酸组成中蛋氨酸、色氨酸含量丰富，尤其蛋氨酸高达 0.8%以上，为饼（粕）类之首；赖氨酸缺乏，不及豆饼的 50%；精氨酸极高，赖精比为 100∶420，比例严重失衡。氨基酸消化率为 80%～90%，高于棉籽饼（粕）和菜籽饼（粕）。芝麻饼（粕）的粗纤维含量相对较高，为 6%～10%。

芝麻饼（粕）中的抗营养因子主要是植酸和芝麻子实外壳中的草酸。植酸（phytate）的化学名称为环己六醇六磷酸酯，是植物籽实中肌醇与磷的基本贮存形式。植酸的主要抗营养作用在于干扰矿物元素的吸收，在消化道内与钙、锌、锰、铜、铁、钴等二价和三价离子结合形成不溶性的络合物；植酸也能与蛋白质络合，降低饲料蛋白质的消化率；植酸还可降低消化酶的活性，降低饲料养分的消化吸收率。芝麻饼（粕）中的草酸也会降低机体矿物元素和蛋白质的消化吸收，草酸使芝麻中一半以上的钙以草酸钙盐的形式存在，而不能被畜禽所利用，从而产生抗营养作用。芝麻子实取油时一般都要经过高温蒸炒，这样可以使其中的部分植酸和草酸被破坏，改善芝麻饼（粕）的适口性，提高蛋白质和矿物质的消化吸收率。另外，生产中使用时在畜禽日粮中添加一定量的植酸酶，可提高钙、磷、锌等矿物质营养的消化吸收和利用率。

五、蓖麻子饼（粕）

蓖麻子脱油后的加工副产品为蓖麻子饼(粕)，其粗蛋白质达 33%～35%，脱壳脱脂饼(粕)粗蛋白质含量可高达 69%，为良好的蛋白质来源，蓖麻子蛋白质中不含或含少量动物难以吸收的醇溶蛋白，所以蓖麻子蛋白质绝大部分可被动物消化吸收利用。

蓖麻饼（粕）中含有蓖麻碱、毒蛋白、凝集素、变应原等毒素，其中毒素的含量随制油方法的不同而不同，冷榨取油后饼（粕）中毒素的含量较高，在机榨取油或预榨浸出取油过程中由于温度超过 100℃，饼（粕）中的毒蛋白和凝集素因变性而失去毒性，但对蓖麻碱和变应原破坏很少，因此未经脱毒的蓖麻饼（粕）不能直接用于配合饲料。蓖麻饼（粕）脱毒的方法有化学法、物理法、微生物法及联合法等。

六、棕　榈　粕

棕榈粕也称“油棕仁渣”或“棕榈仁渣”，是棕榈仁脱壳榨油后的副产品，其形状、颜色与菜籽粕相似，品质因其脱壳程度和加工工艺而不同。棕榈粕的粗蛋白质含量为14%～21%，氨基酸含量较低，但氨基酸利用率较高，除缬氨酸和甘氨酸外，大部分氨基酸消化率高于85%。

棕榈粕中的主要抗营养因子为甘露聚糖和少部分的半乳甘露聚糖。棕榈粕中总碳水化合物（木质素除外）含量约为50%，其中淀粉含量为1.1%，小分子碳水化合物含量为2.4%，而剩余的40%以上以难以消化的非淀粉多糖的形式存在，这些非淀粉多糖又主要以不可溶的非纤维素多糖为主。另外，由于加工工艺不同，棕榈粕中的棕榈壳等其他成分含量差异也很大，导致棕榈粕木质素含量很高。

第六节　糟渣类饲料中的有毒物质

糟渣类饲料是食品工业的加工副产品，包括酿造工业副产品（如酒糟）、淀粉工业副产品和制糖工业副产品（如糖蜜等）。在这一大类饲料中，通常把干物质中粗蛋白质含量大于或等于20%、粗纤维含量小于18%的，仍归属于蛋白质饲料。

一、酒　　糟

1. 酒糟　酒糟（distiller’s byproduct）是用固体或液体发酵法制取乙醇后的副产品。其原料有甘薯、玉米、高粱、糖蜜等。当前，为解决能源危机问题，世界各国都在发展燃料乙醇，其中多数是使用玉米。目前采用的发酵工艺多为液体发酵法，其发酵副产品主要有三种：DDG（distiller’s dried grain，或称为脱水酒糟）、DDS（distiller’s dried soluble，酒糟可溶物）和DDGS（distiller’s dried grain with soluble，DDG和DDS的混合物）。

酒糟中的成分除碳水化合物因转化为乙醇外，其他的成分为原料的2～3倍，并增加了维生素及有关发酵产物，但是其营养价值受原料种类、质量、发酵工艺、主副产品比例等影响而变化很大。一般而言，DDS的营养价值较高，而DDG的营养价值较差，DDGS的营养价值也取决于DDG与DDS的比例。甘薯酒糟的粗蛋白质含量在20%左右，以玉米为原料的DDG、DDS和DDGS的粗蛋白质水平相近，在27%左右，但是其粗纤维含量差异较大，分别为12%、4%和7%左右。

DDG、DDS和DDGS中可能存在的有毒物质主要是来自原料，以及产品的贮存与运输过程中发生霉变产生如黄曲霉毒素、呕吐毒素等（DON）有毒物质。

2. 白酒糟　白酒糟来自酿造白酒时产生的副产品，常用原料为高粱、玉米、甘薯、大麦等。通常情况下，每生产100kg白酒能够产生375kg白酒糟。在酿酒过程中为提高出酒率，通常在原料中添加20%～25%的稻壳作通气用，因此使白酒糟的粗纤维含量较高，营养价值降低。

由于粗纤维含量高，鲜酒糟在家禽饲料中的使用量较低，一般常用于猪与反刍动物饲料。猪饲喂过量易引起便秘，以不超过日粮的10%为宜。鲜酒糟中含有乙醇，妊娠母猪应避免饲喂过多，以免引起流产、死胎，对于仔猪则易引起下痢。在肉牛与奶牛日粮中，鲜酒糟的使用量可以达到30%左右。

3. 啤酒糟　啤酒糟是从大麦或混合其他谷物酿造啤酒过程中产生的残渣。啤酒糟的营养成分除碳水化合物较少外，其余与大麦相似。啤酒糟的粗蛋白质含量为22%～27%，粗纤维含量为13%～15%。

啤酒糟中的大麦种皮中含有较高含量的β-葡聚糖，在单胃动物消化道内阻碍消化酶的作用，降低营养物质的消化率，使用时可考虑在日粮中添加非淀粉多糖酶，以改善养分消化率。

二、粉　渣　类

（一）玉米淀粉加工副产品

1. 玉米蛋白粉　玉米蛋白粉（corn gluten meal）是以玉米为原料，经脱胚、粉碎、去渣、提取淀粉后的黄浆水，再经浓缩和干燥得到的富含蛋白质的产品。玉米蛋白粉有效能值较高，其氨基酸消化率较高，与豆粕相近，是一优质的植物蛋白质饲料。

2. 玉米蛋白饲料　玉米蛋白饲料（corn gluten feed）是由玉米湿法处理的浸出液、取油后的玉米胚芽饼（粕）、取淀粉后的玉米种皮等组成的加工副产品。其营养价值受上述成分的比例与质量影响而变化较大，粗蛋白质含量通常为18%～28%，其粗纤维含量较高（11%～12%），有效能值及氨基酸消化率均明显低于玉米蛋白粉。从蛋白质品质上看，玉米胚芽粕的蛋白质品质虽高于谷实类等能量饲料，但各种限制性氨基酸含量均低于玉米蛋白粉及棉、菜籽饼（粕）。

3. 可能存在的有毒物质　玉米蛋白粉中可能存在的毒素主要来自原料，玉米中含有的霉菌毒素几乎全部残存于副产品中，如玉米蛋白粉的黄曲霉毒素含量是原料玉米的1.2倍，玉米赤霉烯酮是原料玉米的7.6倍。此外，当玉米蛋白粉在加工过程中烘干不及时或不彻底，水分含量高时，可在贮存与运输过程中发生霉变。

（二）粉浆蛋白粉

粉丝生产是利用原料（豌豆、蚕豆、绿豆）中的淀粉，其加工粉丝后的废液中含有大量的蛋白质。通过对废液进行适当处理，获得的副产品为粉浆蛋白粉。其工艺流程主要为：制粉废水浓缩→调节pH→加热→冷却→脱水→粉碎→干燥。粉浆蛋白粉的粗蛋白质含量在55%左右，赖氨酸与精氨酸含量较高，是一优质的蛋白质饲料资源。

在豌豆籽实中含有抗胰蛋白酶因子、外源凝集素和致胃肠气胀因子等，其在豌豆来源的粉浆蛋白粉中的含量与其生产工艺有关。蚕豆来源的粉浆蛋白粉中有较高的单宁含量。

第五章　矿物质饲料及饲料添加剂的卫生学问题

在现代化养殖生产中，矿物质饲料和饲料添加剂是畜禽配合饲料中不可缺少的组成部分，对于改善动物健康、保证饲料营养质量、提高饲料养分消化与利用、提高畜产品品质等方面发挥了不可替代的作用。但是，矿物质饲料和饲料添加剂使用过程中出现的卫生学问题也引起了人们的普遍关注。矿物质饲料和饲料添加剂品质不良或使用不当不仅会造成动物中毒、死亡，影响养殖效益，还会导致有毒有害物质在畜产品中的残留超标进而危及人类健康。为了保证饲料工业健康发展，迫切需要研究矿物质饲料和饲料添加剂的卫生学问题及其合理使用方案，以确保饲料品质和动物性食品安全。

第一节　矿物质饲料

动物在生长发育过程中需要 7 种常量矿物质元素，它们通过各种矿物质饲料进行补充。矿物质饲料种类繁多，不论是天然产品还是工业合成的矿物质饲料，都有可能含有某些有毒有害杂质，对动物造成毒害作用。此外，在使用矿物质饲料时，如果添加剂量过高或混合不均匀也会对动物产生毒性作用。

一、氯　化　钠

钠和氯是畜禽机体所必需的矿物质元素，对于维持体液渗透压平衡和酸碱平衡有重要作用。在植物性饲料中，钠和氯的含量一般都较低，不能满足动物的营养需要。对以植物性饲料为主的畜禽，需要在配合饲料中添加氯化钠（曾称为“食盐”，为便于与日常称谓习惯一致，以下也称食盐），以提高饲料适口性，增进畜禽食欲，增强消化功能，维持机体的离子平衡。但是，如果食盐用量过多或者混合不均匀则可引起畜禽中毒。

（一）中　毒　原　因

食盐中毒的主要原因有：饲粮中食盐添加量过高，或者添加的食盐粒度过大致使饲粮中食盐混合不均匀；使用含盐量高的劣质鱼粉而仍按常规比例配合饲粮，导致饲粮中的含盐量超过正常水平；畜禽饲喂大量的酱油渣、腌菜和腌肉后的废水；鸡采食“V”形食槽底部沉积的食盐结晶；某些地区用食盐含量高的咸水作为畜禽饮用水等。

食盐中毒的发生与饮水情况密切相关。例如，猪的饲粮中食盐含量为 2.5%时，若间歇少量供水就会引起食盐中毒，而大量自由饮水时，饲粮中食盐含量高达 10%～13%，也不易引起中毒。因为足够的饮水可以促进食盐排泄。因此，限制饮水是引发食盐中毒的重要因素。此外，当机体钙元素、维生素 E 和含硫氨基酸等缺乏时，也可促进食盐中毒的发生。

（二）中 毒 剂 量

各种动物对食盐的敏感顺序为猪>禽>马>牛>绵羊。在生产实践中，食盐中毒较常见于猪和鸡，特别是仔猪和雏鸡。

引起动物食盐急性中毒的剂量和致死量，各文献报道有所不同。通常，引起中毒的剂量，按照每千克体重计算，猪为 1～2g，家禽为 2g，牛和马为 2.2g，绵羊为 6g。食盐对各种畜禽的致死量（按成年个体计）分别为：鸡 4～5g，猪和绵羊 100～250g，马 900～1400g，牛 1400～2700g。

（三）中 毒 机 制

动物摄入大量食盐对胃肠道黏膜有刺激作用，可引起胃肠道炎症，导致腹泻；同时由于胃肠道内容物渗透压升高，大量的水向胃肠渗透，使机体出现脱水，导致血液黏稠、血液循环障碍、组织缺氧。

肠道中的 Na^+可被大量吸收入血，同时由于机体失水，丘脑下部抗利尿激素分泌增加，排尿量减少，使摄入的大量 Na^+不能及时排泄，造成高血钠症和机体的钠潴留。高血钠症破坏了血液中一价阳离子（Na^+和 K^+）和二价阳离子（Ca^{2+}和 Mg^{2+}）的平衡，使神经应激性增加，神经反射活动过强。

Na^+进入脑组织内，使脑组织渗透压升高而发生脑水肿，致使颅内压升高，压迫脑血管并使 O_2 扩散性降低，使脑组织贫血和缺氧，迫使脑组织通过糖的无氧酵解获得能量，而高 Na^+ 是脑内葡萄糖无氧酵解的强烈抑制剂。因此，导致脑组织供能不足而发生变性和坏死，临床上呈现一系列中枢神经受损的症状。

（四）中 毒 症 状

畜禽首先表现为口渴、口腔黏膜发红、流涎、腹痛、腹泻、粪便带有黏液与血液等消化道症状；随后出现先兴奋后抑制的神经症状，如肌肉震颤、阵发性惊厥、角弓反张、运动失调或转圈运动等，严重者出现后肢麻痹、倒地、昏迷等症状。

（五）预 防 措 施

在饲粮中按规定量添加食盐，食盐应粉碎成一定粒度，并与其他饲料混合均匀；在饲喂富含食盐的鱼粉、酱油渣、腌菜和腌肉后的废水时，应将其食盐含量计算在内，避免饲粮中食盐过多；应保证供给畜禽充足、清洁的饮用水。

农业部〔2009〕第 1224 号公告《饲料添加剂安全使用规范》（以下简称农业部 1224 号公告）给出盐（以 NaCl 计）在配合饲料或全混合日粮中的推荐添加量为，猪 0.3%～0.8%，鸡 0.25%～0.40%，鸭 0.3%～0.6%，牛和羊 0.5%～1.0%；规定最高限量为，猪 1.5%，家禽 1%，牛和羊 2%。

二、饲料用磷酸盐类

在畜禽饲粮营养成分中，磷源饲料所占原料成本仅次于能量和蛋白质所占原料成本。因此，磷源饲料如何经济、安全、高效的选用，对降低饲养成本、保障畜禽健康和提高饲养效果极为重要。

在养殖生产中经常使用磷酸盐类饲料补充磷元素，常用的有工业合成品磷酸钙类和天然产品磷矿石等。磷酸盐类饲料的主要卫生学问题是含有氟、砷、铅等有毒物质。

（一）磷酸钙类

磷酸钙类包括磷酸一钙、磷酸二钙和磷酸三钙等。

1. 磷酸一钙　又称磷酸二氢钙（calcium phosphate monobasic）或过磷酸钙，多为一水盐[$Ca(H_2PO_4)_2 \cdot H_2O$]，相对分子质量为252.07。纯品为无色三斜晶系结晶或白色结晶粉末。磷含量为22%左右，钙含量为15%左右，利用率比磷酸二钙和磷酸三钙好，最适合用于水产动物饲料。由于本品磷含量高、钙含量低，因此在配制饲粮时可用于调整钙磷平衡。使用磷酸二氢钙时应注意脱氟处理，氟、砷、铅的含量不得超过标准（表5-1）。

表5-1　饲料级磷酸二氢钙的质量标准（GB/T 22584—2008）

项目	指标
钙（Ca）含量/%	≥13.0
总磷（P）含量/%	≥22.0
水溶性磷（P）含量/%	≥20.0
氟（F）含量/%	≤0.18
砷（As）含量/%	≤0.003
重金属（以Pb计）含量/%	≤0.003
pH	≥3
游离水分含量/%	≤4.0
细度（通过500μm试验筛）/%	≥95.0

2. 磷酸二钙　又称磷酸氢钙，为白色或灰白色的粉末或粒状产品，无味，不吸水，不结块，在水中溶解度较小，又分为无水盐（$CaHPO_4$）和二水盐（$CaHPO_4 \cdot 2H_2O$）两种，后者的钙、磷利用率较高。一般磷含量超过16%，钙含量超过21%。饲料级磷酸氢钙利用率高，是目前深受用户欢迎的磷补充饲料。但是由于我国磷矿源不足、品位低，主要成分为[$Ca_5F(PO_4)_3$]，因此，饲料级磷酸氢钙的生产必须进行脱氟及去除其他有毒有害杂质的处理，使其氟、砷、铅的含量符合标准（表5-2）。由于产品价格较高，市场上假冒伪劣磷酸氢钙产品较为普遍。常见的磷酸氢钙掺假物或假冒物有细石粉、细骨粉、高氟磷酸三钙、农用过磷酸钙、磷矿石粉及石粉加磷酸的混合物等。

表5-2　饲料级磷酸氢钙的质量标准（HG 2636—2000）（%）

项目	指标
磷（P）含量	≥16.5
钙（Ca）含量	≥21.0
氟（F）含量	≤0.18

续表

项目	指标
砷（As）含量	≤0.003
铅（Pb）含量	≤0.003
细度（粉末状通过 500μm 试验筛）	≥95.0

3. 磷酸三钙 又称磷酸钙，纯品为白色无臭粉末，分为一水盐[$Ca_3(PO_4)_2 \cdot H_2O$]和无水盐[$Ca_3(PO_4)_2$]两种，以后者居多。经脱氟处理后的产品称为脱氟磷酸钙，为灰白色或茶褐色粉末，钙含量在 29%以上，磷含量在 15%～18%或以上，氟含量在 0.12%以下。试验证明三种磷酸钙盐类按一定比例混合作为畜禽磷源饲料使用时，比单独使用一种磷酸钙盐类效价更高。

（二）磷 矿 石

磷矿石的主要成分是磷酸钙（calcium phosphate）。磷矿石的含氟量为 1.0%～3.5%。对于低氟磷矿石可加工成粉末直接用作饲料，但氟含量较高的磷矿石必须进行脱氟处理后再使用，否则，长期饲喂容易引起动物的慢性氟中毒。

三、饲料用碳酸钙类

通常天然植物性饲料中的含钙量不能满足动物的需要，特别是产蛋家禽、泌乳牛和生长幼畜更为明显。因此，动物饲粮中应注意钙的补充。补充钙元素常用的天然矿物质饲料有石灰石粉（limestone meal）、蛋壳粉（egg shell meal）和贝壳粉（shell fish meal）等，它们的有效成分均为碳酸钙。

（一）石 灰 石 粉

石灰石粉又称石粉，是天然的碳酸钙（$CaCO_3$），一般钙含量在 35%以上，是补充钙最廉价、最方便的矿物质原料。在使用石粉时，应注意其中可能含有的铅、砷、氟等有害杂质的含量，长期使用不符合卫生标准的原料，会造成动物有毒元素中毒。

石粉的用量依据畜禽种类及生长阶段而定，一般畜禽配合饲料中石粉使用量为 0.5%～2%，蛋鸡和种鸡可达到 7%～7.5%。饲粮中石粉添加过量，会降低有机养分的消化率；对青年鸡的肾脏有毒害作用，会导致泌尿系统尿酸盐过多沉积而发生炎症，甚至形成结石；蛋鸡过多摄入石粉，蛋壳上会附着一层薄薄的细粒，影响蛋的合格率。石粉与有机态含钙饲料如贝壳粉按 1∶1 比例配合使用效果较好。

将石灰石煅烧成氧化钙，加水调制成石灰乳，再经二氧化碳作用生成碳酸钙，称为沉淀碳酸钙。我国国家标准适用于沉淀法制得的饲料级轻质碳酸钙（feed grade calcium carbonate）（表 5-3）。

表 5-3 饲料级轻质碳酸钙质量标准（HG 2940—2000）（%）

项目	指标
碳酸钙（$CaCO_3$）含量（以干物质计）	≥98.0
钙（Ca）含量（以干物质计）	≥39.2

续表

项目	指标
水分含量	≤1.0
盐酸不溶物含量	≤0.2
重金属（以 Pb 计）含量	≤0.003
砷（As）含量	≤0.0002
钡盐（以 Ba 计）	≤0.030

（二）蛋 壳 粉

禽蛋加工厂或孵化厂废弃的蛋壳，经干燥灭菌、粉碎即得到蛋壳粉。本品钙含量为 34%左右，与石粉接近，此外还含有 7%左右的蛋白质及 0.09%左右的磷。蛋壳粉是理想的钙源饲料，利用率高，用于蛋鸡、种鸡饲料中，具有增加蛋壳硬度的效果。在使用蛋壳粉时应注意蛋壳干燥的温度要超过 82℃，以消除传染病源。

（三）贝 壳 粉

贝壳粉是各种贝类外壳（蚌壳、牡蛎壳、蛤蜊壳、螺蛳壳等）经加工粉碎制成的粉状或颗粒状产品。贝壳粉的钙含量应不低于 33%。品质好的贝壳粉杂质少、含钙多，呈白色粉状或片状，用于蛋鸡或种鸡的饲料中，会增强蛋壳的强度，减少破蛋率，尤其以片状贝壳粉效果更佳。

贝壳粉内常掺杂砂石和泥土等杂质，选购及使用时应注意检查。此外，在使用贝壳粉时应注意是否因贝肉未除尽，加之贮存不当、堆积日久而出现发霉、腐臭等情况。

四、骨 粉

骨粉是以家畜骨骼为原料加工而成的矿物质饲料，其主要成分是 $3Ca_3(PO_4)_2 \cdot Ca(OH)_2$。优质骨粉是畜禽补充钙和磷的良好来源。由于原料来源和加工方法不同，各种骨粉的成分、名称和品质也不尽相同，其卫生学问题主要表现为以下三个方面。

（一）氟及有毒金属含量超标

骨粉因产地和来源的不同，其氟含量可能有所不同。来源于高氟地区的骨粉，其氟含量可高达每千克数千毫克，如果动物长期食用可引起慢性氟中毒。

某些地区由于地质因素或外界环境污染等的影响，饲料或饮水中铅和砷含量较高。由于进入动物体的铅和砷大多沉积于骨骼组织中，因此，采用这种长期摄入有毒金属元素的动物骨骼制作的骨粉，其铅和砷的含量也比较高，畜禽长期饲喂这类骨粉容易引发中毒。

我国饲料卫生标准（GB 13078—2001）规定骨粉中铅的允许量为≤10mg/kg，氟的允许量为≤1800mg/kg。

（二）腐 败 变 质

对于煮骨粉和蒸制骨粉，由于其产品中粗蛋白质含量（12.0%～36.0%）和粗脂肪含量（3.0%～4.0%）都较高，在保存过程中易吸湿而发生腐败作用，产生异臭，孳生大量致病菌污染饲料，造成动物发病。

对于脱胶骨粉和焙烧骨粉（骨灰），由于经高温和脱脂处理，产品中有机物含量极低，品质良好，故无此安全隐患。

（三）农 药 污 染

有些不具备骨粉生产条件的加工厂，在其骨骼收购和保存场地，为避免蝇蛆繁殖而喷洒农药，由此造成人为污染，对于这样的产品应禁止使用。

第二节 饲料添加剂

随着现代畜牧科学的发展，为了最大限度地发挥动物的生产性能，解决饲料工业生产过程中存在的不足，各种饲料添加剂越来越广泛地被人们所应用。饲料添加剂已经和能量饲料、蛋白质饲料一起成为配合饲料原料工业的三大支柱，没有饲料添加剂就无从谈及全价配合饲料。因此，饲料添加剂又被人们称为配合饲料的“灵魂”。

但是，超量使用各种营养性添加剂和盲目滥用一些非营养性添加剂，造成各种动物中毒事件及畜产品中残留的现象时有发生。现代畜禽养殖不仅应追求最大效益，更应重视健康养殖、人类健康和环境质量。饲料添加剂的安全性已引起了人们的普遍关注。为了保证饲料工业的健康发展，迫切需要研究各种饲料添加剂的卫生学问题及其合理利用方案，以确保饲料和动物性食品安全。

一、维生素添加剂

维生素是最常用也是最重要的一类饲料添加剂。列入饲料添加剂品种目录的维生素及类维生素有 16 种以上。各国饲养标准所确定的维生素需要量为畜禽的最低需要量，是设计生产添加剂的基本依据。考虑到实际生产应用中许多因素的影响，饲粮中维生素的添加量都要在饲养标准所列需要量的基础上加“安全系数”。在某些维生素单体的供给量上常常以 2～10 倍设计添加超量，以保证满足畜禽生长发育的需要。

在应用维生素添加剂时可能出现的卫生学问题主要有：维生素制剂品质不良，其中可能含有铅、砷等杂质，从而造成机体铅、砷等有毒元素中毒；脂溶性维生素的使用剂量过高，在动物体内贮存蓄积后引起机体中毒。在生产中可能引起动物中毒的维生素主要是维生素 A 和维生素 D。

（一）维生素添加剂的卫生学问题

1. 维生素 A

（1）中毒剂量　脂溶性维生素 A 在体内存留时间较长，不易从机体排泄，容易造成蓄积性中毒。对于非反刍动物（包括禽和鱼）如果连续摄入大于代谢需要量的 4～10 倍或以上，反刍动物连续摄入大于需要量的 30 倍以上，就会引发机体中毒。如果一次性摄入超过代谢需要量 50～500 倍的维生素 A，则会出现严重的毒性反应。

（2）中毒机制　维生素 A 在肠壁与脂肪酸结合后，经门静脉进入肝脏，大剂量摄入的维生素 A 主要蓄积在肝脏，少量贮存在体脂中。维生素 A 从机体内排泄的速度缓慢，当体内的贮存量超过限度时，则发生中毒反应。

维生素 A 中毒可导致肝细胞坏死、肝纤维化和肝硬化，对肝脏造成不可恢复的损伤，并发生一系列的肝功能紊乱。此外，由于肝受损，凝血因子合成不足，可使凝血时间延长，机体易出血。维生素 A 中毒会使破骨细胞活性增强，导致骨钙流失、骨脆性增加、长骨变粗及关节疼痛。其还会影响机体皮肤和角蛋白的发育。

（3）临床症状　维生素 A 中毒的临床症状主要表现为：食欲减退或废绝、生长缓慢、被毛粗乱、皮肤干燥、发痒、脱毛、皮疹、蹄爪脆、易碎裂、长骨变粗及关节疼痛、骨脆、易骨折、触觉敏感、腹部和腿部有出血淤斑、粪尿带血、肢腿动作受限制、肌肉无力、凝血时间延长、易出血等。

家畜在妊娠期如果过量服用维生素 A，妊娠早期可引起胚胎死亡，妊娠后期可致胎儿发育异常。

（4）推荐添加量和最高限量　农业部 1224 号公告给出了维生素 A 乙酸酯和棕榈酸酯在配合饲料或全混合日粮中的推荐添加量（以维生素计）为：猪 1300～4000IU/kg，肉鸡 2700～8000IU/kg，蛋鸡 1500～4000IU/kg，牛 2000～4000IU/kg，羊 1500～2400IU/kg，鱼类 1000～4000IU/kg。规定的最高限量为：仔猪 16 000IU/kg，肥育猪 6500IU/kg，怀孕母猪 12 000IU/kg，泌乳母猪 7000IU/kg，犊牛 25 000IU/kg，肥育和泌乳牛 10 000IU/kg，干奶牛 20 000IU/kg，14 日龄以前的蛋鸡和母鸡 20 000IU/kg，14 日龄以后的蛋鸡和母鸡 10 000IU/kg，28 日龄以前的肉用火鸡 20 000IU/kg，28 日龄以后的火鸡 10 000IU/kg。

2. 维生素 D

（1）中毒剂量　维生素 D 被机体吸收后排泄速度较慢，因此，过量使用可在体内蓄积而引起中毒。对于大多数动物，连续饲喂超过机体需要量 4～10 倍或以上的维生素 D 60 天以上即可引起中毒；大多数动物在短期饲喂情况下，当摄入量超过机体需要量的 100 倍时会产生毒性反应。

（2）中毒机制　大剂量维生素 D 可促进骨盐溶解，使大量钙从骨组织动员分解，造成骨骼缺钙，同时引起高血钙症。随着血液循环，大量从骨骼动员的钙盐沉积于一些软组织内，如大动脉管壁、心肌、肾小管、肺及其他软组织，造成软组织广泛钙化，其中，对肾脏的损害尤为严重，可引起肾钙化及肾功能减退，并常形成肾结石。此外，由于大量钙从骨骼中转移出来，骨骼因脱钙变脆，易于变形和骨折。

（3）临床症状　通常中毒畜禽表现为食欲减退、口渴、体重减轻、腹泻便秘交替出现、多尿、嗜睡、肌肉无力、呼吸困难、跛行、易骨折。猪还可出现肌震颤和运动失调。严重时动物由于肾小管严重钙化，出现尿毒症而死亡。

（4）推荐添加量和最高限量　农业部 1224 号公告给出了维生素 D_3 在配合饲料或全混合日粮中的推荐添加量（以维生素计）为：猪 150～500IU/kg，鸡 400～2000IU/kg，鸭和鹅 500～800IU/kg，牛 275～450IU/kg，羊 150～500IU/kg，鱼类 500～2000IU/kg。规定最高限量为：猪 5000IU/kg（仔猪代乳料 10 000IU/kg），家禽 5000IU/kg，牛 4000IU/kg（犊牛代乳料 10 000IU/kg），羊和马 4000IU/kg，鱼类 3000IU/kg，其他动物 20 000IU/kg。

3. 维生素 E

（1）毒性　维生素 E 是生育酚混合浓缩物，由生育酚和生育三烯酚类组成。相对于维生素 A 和维生素 D 而言，维生素 E 几乎是无毒的。大多数动物能耐受 100 倍于需要量的剂量。但长期（6 个月以上）过量摄入维生素 E 易引起血小板聚集和血栓形成，甚至出现唇炎、角炎，导致机体胃肠功能紊乱、免疫能力下降。

（2）推荐添加量　农业部 1224 号公告给出了 DL-α-生育酚乙酸酯在配合饲料或全混合日粮中的推荐添加量（以维生素计）为：猪 10～100IU/kg，鸡 10～30IU/kg，鸭和鹅 20～50IU/kg，牛 15～60IU/kg，羊 10～40IU/kg，鱼类 30～120IU/kg。

4. 维生素 K

（1）毒性　维生素 K 的毒性主要来自于其水溶性合成类似物，其中维生素 K_3 最为明显。合成的维生素 K_3 如果不是经肠途径投用，可产生致死性贫血、高胆红素血症和严重黄疸，但引起毒性的阈值至少是需要量的 1000 倍。马对维生素 K 中毒特别敏感，经非肠途径给予 2～8mg/kg 即可产生致死作用。

（2）推荐添加量和最高限量　维生素 K 以亚硫酸氢钠甲萘醌、二甲基嘧啶醇亚硫酸甲萘醌和亚硫酸氢烟酰胺甲萘醌的形式添加。农业部 1224 号公告给出了亚硫酸氢钠甲萘醌、二甲基嘧啶醇亚硫酸甲萘醌和亚硫酸氢烟酰胺甲萘醌在配合饲料或全混合日粮中的推荐添加量（以甲萘醌计）为：猪 0.5mg/kg，鸡 0.4～0.6mg/kg，鸭 0.5mg/kg，水产动物 2～16mg/kg。二甲基嘧啶醇亚硫酸甲萘醌的最高限量（以甲萘醌计）为：猪 10mg/kg，鸡 5mg/kg。

5. 维生素 B_1

（1）毒性　过量摄入的维生素 B_1 很容易经肾脏排出。尽管大剂量的维生素 B_1 经非胃肠道途径进入体内时有毒性表现，但尚未发现维生素 B_1 经口给药中毒的证据。

（2）推荐添加量　维生素 B_1 以盐酸硫胺和硝酸硫胺的形式添加。农业部 1224 号公告对盐酸硫胺和硝酸硫胺在配合饲料或全混合日粮中的推荐添加量（以维生素计）为：猪和家禽 1～5mg/kg，鱼类 5～20mg/kg。

6. 维生素 B_2

（1）毒性　动物对维生素 B_2 吸收有上限，大剂量摄入并不能无限增加吸收，肾脏对维生素 B_2 的重吸收也有一定的阈值。大量研究表明，大剂量摄入核黄素（如 400mg/d）对机体无毒性作用。

（2）推荐添加量　农业部 1224 号公告对核黄素在配合饲料或全混合日粮中的推荐添加量（以维生素计）为：猪和家禽 2～8mg/kg，鱼类 10～25mg/kg。

7. 烟酸

（1）毒性　烟酸使用剂量超过 300mg/d 时，可能发生短暂的皮肤潮红、恶心、腹泻。剂量超过 2.5g/d 时，会出现高尿酸血症、肝功能异常、高血糖和某些胃肠道反应。研究表明，长时间大剂量摄入烟酸对肝脏有毒性作用。

（2）推荐添加量　农业部 1224 号公告给出了烟酸和烟酰胺在配合饲料或全混合日粮中的推荐添加量（以维生素计）为：仔猪 20～40mg/kg，生长肥育猪 20～30mg/kg，蛋雏鸡 30～40mg/kg，育成蛋鸡 10～15mg/kg，产蛋鸡 20～30mg/kg，肉仔鸡 30～40mg/kg，奶牛 50～60mg/kg（精料补充料），鱼虾类 20～200mg/kg。

8. 维生素 B_6

（1）毒性　有文献报道，人长期大剂量服用维生素 B_6 会出现神经系统疾病症状。研究表明，2 年内服用剂量低于 500mg/d 的维生素 B_6 与神经系统疾病无关联，剂量超过 1000mg/d 则会引起神经系统疾病。

（2）推荐添加量　维生素 B_6 以盐酸吡哆醛的形式添加。农业部 1224 号公告对盐酸吡哆醛在配合饲料或全混合日粮中的推荐添加量（以维生素计）为：猪 1～3mg/kg，家禽 3～5mg/kg，鱼类 3～50mg/kg。

9. 泛酸

（1）毒性　泛酸的毒性很低，动物摄入量为需要量的 100 倍时，未见有明显的毒性作用。也有研究表明，每日摄入泛酸 10～20g 时，可偶尔引起腹泻和水潴留。

（2）推荐添加量　泛酸以 D-泛酸钙和 DL-泛酸钙的形式添加。农业部 1224 号公告对 D-泛酸钙在配合饲料或全混合日粮中的推荐添加量（以维生素计）为：仔猪 10～15mg/kg，生长肥育猪 10～15mg/kg，蛋雏鸡 10～15mg/kg，育成蛋鸡 10～15mg/kg，产蛋鸡 20～25mg/kg，肉仔鸡 20～25mg/kg，鱼类 20～50mg/kg。

10. 生物素

（1）毒性　生物素的毒性很低，在 4～10 倍需要量的剂量时，生物素对于猪和家禽都是安全的。至今尚未见生物素毒性反应的报告。

（2）推荐添加量　农业部 1224 号公告对 D-生物素在配合饲料或全混合日粮中的推荐添加量为：猪 0.2～0.5mg/kg，蛋鸡 0.15～0.25mg/kg，肉鸡 0.2～0.3mg/kg，鱼类 0.05～0.15mg/kg。

11. 叶酸

（1）毒性　血清和组织中与多肽结合后多余的叶酸会经尿液排出体外，但是叶酸摄入过量会加重维生素 B_{12} 的缺乏，从而导致神经系统受损。此外，过量摄入的叶酸会妨碍锌的吸收，使动物出现锌缺乏症。

（2）推荐添加量　农业部 1224 号公告对叶酸在配合饲料或全混合日粮中的推荐添加量为：仔猪 0.6～0.7mg/kg，生长肥育猪 0.3～0.6mg/kg，雏鸡 0.6～0.7mg/kg，育成蛋鸡 0.3～0.6mg/kg，产蛋鸡 0.3～0.6mg/kg，肉仔鸡 0.6～0.7mg/kg，鱼类 1.0～2.0mg/kg。

12. 维生素 B_{12}

（1）毒性　维生素 B_{12} 是动物每天需要量最少的一种维生素，过量摄入维生素 B_{12} 会产生毒性作用。据报道，注射过量的维生素 B_{12} 可出现哮喘、荨麻疹、湿疹、面部浮肿、寒战等过敏反应，也可能引发神经兴奋和心悸。维生素 B_{12} 摄入过多还可导致叶酸的缺乏。

（2）推荐添加量　农业部 1224 号公告对氰钴胺在配合饲料或全混合日粮中的推荐添加量为：猪 5～33μg/kg，家禽 3～12μg/kg，鱼类 10～20μg/kg。

13. 胆碱

（1）毒性　在水溶性维生素中，胆碱相对于其需要量较易过量，使动物中毒。鸡对胆碱的耐受量为需要量的 2 倍，猪的耐受力比鸡强。胆碱中毒表现为流涎、颤抖、痉挛、发绀和呼吸麻痹。

（2）推荐添加量　农业部 1224 号公告对氯化胆碱在配合饲料或全混合日粮中的推荐添加量为：猪 200～1300mg/kg，鸡 450～1500mg/kg，鱼类 400～1200mg/kg。

14. 维生素 C

（1）毒性　长期大剂量摄入维生素 C（抗坏血酸）可出现恶心、呕吐、腹痛、腹泻、胃酸过多、胃液反流等症状，还可引起胃溃疡疼痛加剧，甚至出血。服用大剂量维生素 C 可增加草酸盐的分泌量，引发泌尿系统结石。美国宾夕法尼亚大学的一个研究小组试验发现，维生素 C 能够作为催化剂帮助生成一种损伤 DNA 的“基因毒素”。

（2）推荐添加量　维生素 C 以 L-抗坏血酸、L-抗坏血酸钙、L-抗坏血酸钠、L-抗坏血酸-2-磷酸酯和 L-抗坏血酸-6-棕榈酸酯的形式添加。农业部 1224 号公告对上述维生素 C 添加形式在配合饲料或全混合日粮中的推荐添加量（以维生素计）为：猪 150～300mg/kg，家禽 50～200mg/kg，犊牛 125～500mg/kg。

（二）维生素添加剂的合理使用措施

1. 避免维生素的过量、错误添加　维生素过量或长期使用，可导致中毒，尤其是大剂量使用维生素 A、维生素 D 等脂溶性维生素，很容易发生蓄积性中毒。因此，在使用维生素添加剂时应以饲养标准推荐的需要量为依据，综合考虑日粮组成、饲料中维生素的拮抗因子、饲料中固有维生素及其利用率、饲养方式和环境条件、动物的健康状况及应激等因素的影响，合理确定“安全超量”。

在进行维生素的添加或配方设计时，要查明各种维生素的使用规格。注意同一种维生素的不同化学形式、效价和单位，如维生素 A、维生素 D 通常用的单位是 IU，规格是 50 万 IU/g，维生素 K 是 50%，而维生素 B_{12} 是 1%。在饲养标准中给出的是有效成分用量，在添加时，需要换算为商品原料用量。如果不进行相关换算，或者换算错误，则会出现不合理的添加剂量。

2. 控制维生素添加剂产品中铅、砷等有毒杂质的含量　在生产维生素预混料时，应严格控制产品中铅、砷等有毒杂质的含量（表 5-4）。

表 5-4　我国部分饲料维生素添加剂有毒杂质允许含量　（单位：mg/kg）

种类	重金属（以 Pb 计）	砷（As）
维生素 A 棕榈酸酯粉（GB/T 23386—2009）	≤10	≤3
维生素 D_3 油（NY/T 1246—2006）	≤5	≤3
维生素 E（GB/T 9454—2008）	≤10	—
亚硫酸氢烟酰胺甲萘醌（GB/T 26442—2010）	≤20	≤2
维生素 B_6（GB/T 7298—2006）	≤10	—
烟酰胺（GB/T 7301—2002）	≤20	—
L-抗坏血酸（GB/T 7303—2006）	≤10	—

3. 生产含有维生素的预混料时应混合均匀　维生素应该与载体混合均匀，使产品的变异系数不超过 7.0%。

二、微量元素添加剂

在微量元素添加剂中应用最多的是补充 Fe、Cu、Zn、Co、Mn、I 与 Se 的添加剂，这些微量元素除为动物提供必需的养分外，还能激活或抑制某些激素和酶的活性，对保证动物的正常生理机能和物质代谢有着极其重要的作用。

在应用微量元素添加剂时可能出现的卫生学问题，一是添加剂产品中铅、砷、镉和汞等有毒杂质含量较高，达不到饲料级产品的卫生标准要求，从而造成机体有毒元素中毒；二是微量元素添加剂用量过多或混合不均匀。目前，比较突出的是人为大剂量添加 Cu、Fe、Zn 等元素的无机盐，直接危害动物健康，严重的导致动物中毒甚至死亡，也对人类健康和生态环境安全造成了威胁。

（一）微量元素添加剂的卫生学问题

1. 铜

（1）毒性和中毒量　国内外研究与生产实践表明，在猪饲粮中添加高剂量的铜（200～250mg/kg）可明显提高其生产性能。但是使用高铜添加剂的弊端也很明显，一是铜会在动物体内大量蓄积，可能引起畜禽中毒。二是引起动物某些营养素缺乏。高铜抑制铁和锌的吸收，从而引起铁、锌缺乏症。三是降低畜产品的可食性、安全性。长期饲喂高铜饲粮，可造成动物肝脏铜蓄积，从而使其食用价值下降，甚至对人体产生毒害作用。有研究报道，饲喂高铜日粮（125～250mg/kg）提高了猪肉中不饱和脂肪酸的比例，使体脂显著变软，从而增加脂类的氧化程度，影响肉质。四是导致环境污染，破坏生态平衡。高剂量的铜代谢后 90%左右经粪便排出体外，铜为不可降解物质，使土壤和水中铜浓度增加，造成环境污染。基于以上原因，美国、英国、德国等发达国家已不再提倡在猪的日粮中添加高铜。

动物急性铜中毒通常是由偶然超量摄入可溶性铜盐所致。一般认为，绵羊饲粮中含铜 50mg/kg（干物质基础）时即可引起中毒；成年牛摄入铜含量 200～800mg/kg 的饲粮可引起急性铜中毒。

动物慢性铜中毒常见于以下情况：土壤中铜含量过高或土壤施用含铜的肥料，其上所生长的牧草和饲料中铜含量增加。例如，绵羊在牧草铜含量 15～20mg/kg（干物质基础）的牧场上放牧，或摄入铜含量 50mg/kg 的颗粒饲料，就会引起慢性铜中毒；动物采食白车轴草，使体内矿物质平衡失调，导致过多铜在体内潴留；天芥菜或千里光植物含有铜潴留性肝毒生物碱，长期采食可发生肝源性慢性铜中毒；饲草料中钼的含量低于 0.2mg/kg 时可使放牧绵羊继发慢性铜中毒。

（2）中毒机制　急性铜中毒是由动物在短时间内摄入了大量的铜盐所致。铜盐具有腐蚀蛋白质和凝固蛋白质的作用，当铜盐摄入过多时对胃肠黏膜产生直接刺激和腐蚀，引起急性胃肠炎。

动物长期摄入过量的铜时，可在肝脏大量贮存而发生慢性铜中毒，肝铜浓度可高达 1000～3000mg/kg（为正常的 6～10 倍）。肝脏贮存铜的能力有限，进入肝细胞的铜可损伤细胞核、线粒体、内质网、高尔基体等亚细胞结构，引起肝脏功能障碍，导致细胞内乳酸脱氢酶、天冬氨酸转氨酶、丙氨酸转氨酶、精氨酸酶等释放进入血液，血清胆红素含量升高。

在某些因素（如营养不良、长途运输、泌乳等应激）的诱导下，肝脏可释放大量的铜进入血液，使血浆铜水平升高，并与红细胞表面的蛋白质作用，引起红细胞膜变性。红细胞中持续高浓度的铜可使红细胞内生成 Heinz 小体，最终造成红细胞破裂而发生溶血。在溶血现象发生前，红细胞中还原型谷胱甘肽的浓度突然降低，这可能是红细胞膜变得极为脆弱的原因。溶血后红细胞压积和血红蛋白含量迅速下降，出现血红蛋白尿。血红蛋白充满肾小管及铜对肾脏的毒性，可使肾单位坏死而导致肾衰竭，并造成血液中的尿素和氨浓度升高，损害中枢神经系统。

（3）临床症状　动物急性中毒主要表现为严重的胃肠炎，以腹痛、腹泻、食欲下降或废绝、脱水和休克为特征。如果胃肠炎没有导致动物死亡，3 天后可出现溶血和血红蛋白尿等症状。

慢性铜中毒在出现溶血前临床症状不明显，血液化学检测可见天冬氨酸转氨酶、丙氨酸转氨酶等酶活性升高。发生溶血后动物会突然出现精神沉郁、虚弱、食欲下降、口渴、血红蛋白尿和黄疸等症状。中毒动物常在 1～2 天因贫血和肝脏功能不全而死亡。存活的动物随后多死于尿毒症。

有学者在种鸡日粮中添加 1190mg/kg 的高铜，饲喂 4 天后动物出现精神萎靡、羽毛粗乱、翅膀下垂、闭眼呆立、口流黄灰色黏液、鸡冠发紫、排淡红色或墨绿色稀粪等中毒症状，产蛋率降至 33.15%～71.42%，死亡率达 25.75%，种蛋孵化率仅为 48.4%。孵出的雏鸡生长缓慢，发育不良，一月龄死亡率可达 66.47%。

（4）推荐添加量和最高限量　农业部 1224 号公告给出了硫酸铜在配合饲料或全混合日粮中的推荐添加量（以铜元素计）为：猪 3～6mg/kg，家禽 0.4～10.0mg/kg，牛 10mg/kg，羊 7～10mg/kg，鱼类 3～6mg/kg。规定最高限量为仔猪（≤30kg）200mg/kg，生长肥育猪（30～60kg）150mg/kg，生长肥育猪（≥60kg）35mg/kg，种猪 35mg/kg，家禽 35mg/kg，牛精料补充料 35mg/kg，羊精料补充料 25mg/kg，鱼类 25mg/kg。

2. 锌

（1）中毒量　锌是动物生长必需的微量元素，一般情况下动物饲粮锌的需要量为 40～80mg/kg。然而，大量的研究证实，高锌具有促生长作用，尤其对仔猪的效果更明显，因此生产实践中使用高锌较为普遍。但过量的锌抑制铜、铁与钙等矿物元素的吸收，诱发微量元素硒与维生素 E 的缺乏，还会导致环境污染，造成土壤板结。

锌本身无毒，但氧化锌、氯化锌和硫酸锌等均可造成动物急性中毒。氯化锌经口 LD_{50} 大鼠和小鼠均为 350mg/kg；大鼠经口硫酸锌的 LD_{50} 为 220mg/kg。断奶仔猪日粮中加入 0.1% 的碳酸锌即可引起中毒。

（2）毒性　高浓度锌可刺激和腐蚀胃肠黏膜，造成胃肠黏膜发炎和坏死；过量锌可抑制碱性磷酸酶等许多酶的活性；高锌可影响铁、铜和钴等元素的吸收，使血液铁含量和体内储备铁减少，造成血红蛋白含量降低，引发贫血；高锌还会干扰钙和磷的吸收。

（3）临床症状　畜禽急性锌中毒时，表现为厌食、呕吐（单胃动物）、腹痛、腹泻和虚脱。对于反刍动物，高含量的锌会抑制瘤胃微生物的繁殖，从而引起瘤胃消化功能紊乱，产奶量下降。鸡急性锌中毒时，颈部和翅下羽毛脱落明显，严重的呈现秃脖子样，产蛋率下降。

慢性锌中毒多表现为食欲减退、顽固性贫血、胃肠炎症、关节肿胀、跛行、骨骼发育不良等症状。

（4）推荐添加量和最高限量　高锌饲粮适口性不好，因而限制了锌的过量采食。家畜对高锌耐受力较强，禽类和猪可耐受锌需要量的 20～30 倍，反刍动物可耐受 10 倍。农业部 1224 号公告给出了硫酸锌在配合饲料或全混合日粮中的推荐添加量（以锌元素计）为：猪 40～110mg/kg，肉鸡 55～120mg/kg，蛋鸡 40～80mg/kg，肉鸭 20～60mg/kg，蛋鸭 30～60mg/kg，鹅 60mg/kg，肉牛 30mg/kg，奶牛 40mg/kg，鱼类 20～30mg/kg。规定最高限量为代乳料 200mg/kg，鱼类 200mg/kg，宠物 250mg/kg，其他动物 150mg/kg。

3. 铁

（1）中毒量　铁是动物机体所必需的微量元素，其毒性较低，鼠经口 LD_{50}：硫酸亚铁为 230～900mg/kg，氯化铁为 500mg/kg，碳酸亚铁为 3800mg/kg。反刍动物对高铁较敏感，当牛饲料中加入 400mg/kg（干物质基础）的硫酸亚铁时，增重降低。大多数家畜对过量铁有较高的耐受性，当添加量为饲养标准推荐量的 50～100 倍时可发生慢性或急性铁中毒。

（2）中毒机制　急性铁中毒主要是由高剂量的铁盐进入消化道后，强烈刺激胃肠道黏膜导致的，中毒畜禽表现为出血性胃肠炎，胃肠道上皮发生广泛性坏死。被肠道吸收的二价铁离子在血液中被氧化为三价铁离子后进行运输，当血液中三价铁离子的浓度超过转铁蛋白的结合能力时，多余的三价铁离子沉淀为氢氧化铁。氢氧化铁的大量沉积，释放出大量 H^+，使血液 pH 降低而产生代谢性酸中毒。

慢性铁中毒时，进入消化道的高剂量铁盐会与消化酶作用，使酶蛋白变性、沉淀，影响营养物质的消化吸收；过多的铁离子及铁复合物（如铁蛋白），可沉淀在各种细胞器内或胞质中，引起细胞内生化过程紊乱；慢性铁中毒可导致线粒体膜损伤及电子传导障碍；此外，慢性铁中毒还可使体内维生素 C 氧化分解增强，导致体内维生素 C 缺乏，妨碍胶原和骨组织的形成，阻碍成骨细胞成熟，从而引起骨质疏松；饲料中高含量铁还会降低肝脏中铜和锌元素的含量。

（3）临床症状　急性铁中毒的临床症状通常表现为食欲不振、呕吐、腹痛和腹泻。24h 后发生休克，并伴有惊厥。可能在 30 天左右发生急性肝坏死或因肝昏迷而死亡。仔猪可发生瘫痪及剧烈腹泻。家禽表现为冠苍白、头藏翅下、口流清水、呈昏睡状、水泻、产蛋减少或停止。

慢性铁中毒动物通常表现为食欲减退、心力衰竭。

（4）推荐添加量和最高限量　农业部 1224 号公告规定了硫酸亚铁在配合饲料或全混合日粮中的推荐添加量（以铁元素计）为：猪 40～100mg/kg，鸡 35～120mg/kg，牛 10～50mg/kg，羊 30～50mg/kg，鱼类 30～200mg/kg。规定最高限量为：仔猪（断奶前）250mg / 头，家禽 750mg/kg，牛 750mg/kg，羊 500mg/kg，宠物 1250mg/kg，其他动物 750mg/kg。

4. 锰

（1）中毒量　大多数畜禽可耐受较大剂量的锰，但马对锰敏感，耐受能力差。饲粮中锰含量为 400mg/kg 时，对生长绵羊有毒；饲粮中锰含量达 500mg/kg 时，对生长肥育猪有害；饲粮中锰含量为 820～1000mg/kg 或以上时，犊牛和家禽会出现中毒症状；饲粮中锰含量达到 4800mg/kg 时，对雏鸡具有高度毒性。畜禽对锰的最大耐受量（每千克饲料）分别为：猪 400mg，鸡 300mg，牛和羊 1000mg，马 5mg。

（2）中毒机制　锰化合物具有局部刺激作用，可引起接触部位的炎症，如消化道炎症、呼吸道炎症等。吸收的锰可作用于中枢神经系统，使纹状体、苍白球、黑质等部位和部分大脑皮层的神经细胞发生广泛性病变。由于这些结构属于锥体外系统，因此临床中毒症状表现为锥体外系统受损的震颤麻痹症候群。过量的锰抑制体内铁的代谢，使血红蛋白的合成下降，红细胞的体积减小，产生缺铁性贫血。

（3）临床症状　多数畜禽表现为食欲下降，生长受阻，纤维素的消化率下降；或发生急性胃肠炎、腹泻等中毒症状。重症病例可出现震颤、步态不稳、轻瘫等神经症状。

（4）推荐添加量和最高限量　农业部 1224 号公告给出了硫酸锰在配合饲料或全混合日

粮中的推荐添加量（以锰元素计）为：猪 2～20mg/kg，肉鸡 72～110mg/kg，蛋鸡 40～85mg/kg，肉鸭 40～90mg/kg，蛋鸭 47～60mg/kg，鹅 66mg/kg，肉牛 20～40mg/kg，奶牛 12mg/kg，鱼类 2.4～13.0mg/kg。规定最高限量为：鱼类 100mg/kg，其他动物 150mg/kg。

5. 钴

（1）中毒量　在畜禽生产实践中，经常出现钴缺乏现象。由于动物机体能限制钴的吸收，因此动物即使采食正常需要量 1000 倍的钴也无不良影响。在生产实际中，动物很少发生钴中毒。

钴属于低毒元素，急性毒性试验表明，鼠空腹经口钴的 LD_{50} 为 170mg/kg，非禁食经口 LD_{50} 为 600mg/kg。犊牛食入钴化合物 0.9mg/kg BW 时可发生中毒。给 75～185 日龄牛按每 100kg BW 静脉注射 92～238mg 钴，出现流泪、流涎、大小便失禁、呼吸困难等症状。

畜禽对饲粮钴的耐受量（每千克饲料）为：牛 30mg，羊 30mg，猪 200mg，鸡 4mg，兔 10mg。

（2）中毒机制　过量钴盐对消化道黏膜具有刺激和腐蚀作用，导致消化道炎症；过量钴妨碍铁的吸收，造成贫血；过量钴能引起心力衰竭，使血管扩张，血压下降，同时使中枢神经系统由兴奋转化为抑制。

（3）临床症状　钴的中毒症状与缺乏症状相似。钴中毒较轻时，畜禽表现为食欲减退、体重下降、身体虚弱。钴中毒严重时，犊牛表现为食欲减退、饮水减少、流涎、呕吐、腹痛和腹泻、呼吸困难、共济失调、后肢麻痹、被毛粗糙、少尿、无尿或蛋白尿、体温降低、心力衰竭、贫血等症状。

（4）推荐添加量和最高限量　农业部 1224 号公告对硫酸钴在配合饲料或全混合日粮中的推荐添加量（以钴元素计）为：牛和羊 0.1～0.3mg/kg，鱼类 0～1mg/kg。所有动物饲粮中的最高限量均为 2mg/kg。

6. 硒

（1）中毒量　硒是动物必需的微量元素，具有保护细胞膜结构和功能完整的重要功能。动物缺硒会出现肌肉营养不良等疾病，繁殖性能也会受到影响。但摄入过量的硒对动物有较强的毒害作用。硒的营养需要量是 0.1～2mg/kg，各种动物长期摄入 3～10mg/kg 硒可产生慢性中毒，超过 10mg/kg 会引起急性中毒甚至死亡。我国湖北省恩施县曾出现一种脱发脱甲病症，经测定发现此地出产的玉米硒含量高达 23～43mg/kg，其他农作物也有类似的情况，这是一种地方性硒中毒。养需要范围是。达到一

畜禽对硒的耐受量与硒源化学形式及饲料中其他矿物质成分含量有关，一般情况下，牛、绵羊、猪、鸡、马、兔对日粮硒的耐受量（每千克饲料）均为 2mg。

（2）临床症状　由于家畜摄入硒的量、硒化合物的类型及摄入的持续时间等因素的差异，在临床上硒中毒可分为急性中毒、亚急性中毒和慢性中毒三种类型。急性中毒是由于单纯食入过量富硒植物或使用过量亚硒酸钠引起的，中毒畜禽表现为腹痛、腹泻、呼吸困难、运动失调、精神沉郁等，可在数小时至数天死亡。亚急性中毒表现为反应迟钝、视力减退并进而失明、步态蹒跚、共济运动失调、虚脱等，最后畜禽可因呼吸衰竭而死亡。慢性中毒表现为食欲减退、消瘦、迟钝、贫血、肝功能障碍、被毛粗乱及脱毛、蹄壳变形或脱落、关节僵硬变形、跛行、妊娠母畜流产、死胎等症状。

（3）推荐添加量和最高限量　农业部 1224 号公告对硒在配合饲料或全混合日粮中的推

荐添加量（以硒元素计）为：畜禽 0.1～0.3mg/kg，鱼类 0.1～0.3mg/kg。规定所有动物饲粮中的最高限量均为 0.5mg/kg。

7. 碘

（1）中毒量和临床症状　当饲粮中含碘 50～200mg/kg（干物质计）时，牛出现食欲下降、增重降低、流泪、流涎、血红蛋白含量降低等中毒症状。各种家畜对高碘的耐受力存在差别，其中，耐受力顺序为猪>禽>牛>羊。

（2）推荐添加量和最高限量　农业部 1224 号公告对碘在配合饲料或全混合日粮中的推荐添加量（以碘元素计）为：猪 0.14mg/kg，家禽 0.1～1.0mg/kg，牛 0.25～0.80mg/kg，羊 0.1～2.0mg/kg，水产动物 0.6～1.2mg/kg。规定最高限量为：蛋鸡 5mg/kg，奶牛 5mg/kg，水产动物 20mg/kg，其他动物 10mg/kg。

（二）防止微量元素添加剂中毒的措施

1. 避免微量矿物元素的过量和违规使用　目前，生产实际中过量使用的微量矿物元素主要是铜和锌，而违规使用的主要是有机砷制剂的滥用。砷制剂用量过多时容易造成组织残留，危害人类健康。

由于微量元素的添加量较少，基础饲料中微量元素的含量变化较大，并且分析测定困难，因此，在制作饲料配方时，微量元素均按畜禽饲养标准规定的需要量添加，而将基础饲料中该元素的含量忽略不计。因此，在使用的微量元素添加剂时应按照饲料配方的规定量添加，切勿再过量使用。

2. 合理使用“安全超量”及安全系数　为保证微量元素预混料中的有效成分在加工、贮存和运输后仍能达到规定的保证值，通常在生产过程中已额外添加 5%～10%的“安全超量”，在使用这种产品时应防止过量添加。

安全系数是指各元素的中毒量与其推荐添加量的比值。对于添加量较高、安全系数大的微量元素，其发生中毒的可能性相对较小。例如，对于铁、锰和锌等微量元素，由于其添加量较高，安全系数在 50 倍左右，因此，在实际生产过程中一般不容易发生中毒现象；而对于硒而言，其添加量极微，中毒量和畜禽对硒的需要量差距很小，安全系数仅为 20～50 倍，因此，在实际生产过程中，若计量不准或混合不均匀，容易发生中毒。对于钴和碘等微量元素，虽然它们的用量少，但其安全系数较高，故不易发生中毒。

3. 保证微量元素混合均匀　微量元素预混料产品如果混合不均匀，会导致某一组分局部含量过高，不仅影响饲养效果，还会造成畜禽中毒。生产中应严格按照工艺要求操作，确保成品混合均匀。

我国对各种畜禽饲料产品混合均匀度（以变异系数表示）的规定值见表 5-5。

表 5-5　我国对各种畜禽饲料产品混合均匀度的规定值

产品种类	混合均匀度（以变异系数表示）/%
畜禽微量元素复合预混料	≤7
畜禽浓缩饲料	≤10
畜禽全价配合饲料	≤10

4. 控制原料中有毒有害杂质的含量　在天然锌、铜、铁、锰等氧化物中，经常伴有铅、砷、镉和汞等有毒元素。因此，在选择微量元素添加剂原料时，在保证所选原料中元素有效含量的基础上，应对所用原料有毒有害杂质的含量进行严格控制，或者在生产工艺环节中对以上有毒元素进行脱毒处理，以确保所用原料符合饲料卫生标准规定的限量要求。部分微量元素添加剂中铅、砷、镉等有毒有害杂质含量的限量标准见表 5-6。

表 5-6　我国微量元素添加剂有毒有害杂质允许量（%）

产品	铅	砷	镉
碱式氯化铜（GB/T 21696—2008）	≤0.001	≤0.002	≤0.0003
硫酸锌（GB/T 25865—2010）	≤0.0005	≤0.001	≤0.001
氧化锌（HG 2792—2011）	≤0.002	≤0.0005	≤0.0008
硫酸亚铁（HG/T 2935—2006）	≤0.002	≤0.0002	—
蛋氨酸锰（GB/T 22489—2008）	≤0.001	≤0.0005	≤0.0005
一水硫酸钴（HG/T 3775—2005）	≤0.002	≤0.0005	—
七水硫酸钴（HG/T 3775—2005）	≤0.001	≤0.0003	—
氯化钴（HG 2938—2001）	≤0.001	≤0.0005	—
碘化钾（HG 2939—2001）	≤0.001（重金属以 Pb 计）	≤0.0002	—
碘酸钾（NY/T723—2003）	≤0.001（重金属以 Pb 计）	≤0.0003	—
碘酸钙（HG 2418—1993）	≤0.001（重金属以 Pb 计）	≤0.0005	—
吡啶甲酸铬（NY/T916—2004）	≤0.002	≤0.0005	—

5. 控制终端产品有毒有害杂质的含量　各国均制定了饲料卫生标准，以保证各种终端饲料产品中有毒有害杂质的含量在安全范围之内。我国饲料卫生标准（GB 13078—2001）对畜禽添加剂预混合饲料中有毒有害杂质铅、砷、氟的允许量做了明确规定。

6. 其他措施　在高铜草地放牧羊的精料中添加 7.5mg/kg 钼、50mg/kg 锌和 0.2%硫，可预防铜中毒的发生，且有利于被毛生长。有研究报道，在日粮中添加 130mg/kg 锌和 150mg/kg 铁可预防高铜（250mg/kg）对猪的损害。应避免动物采食有毒植物，防止肝源性铜中毒的发生。富硒地区在饲粮中补加无机硫酸盐可减少饲粮中硒的吸收和降低硒的毒性。

三、饲料药物添加剂

药物添加剂是用于预防、治疗动物疾病，有目的地调节动物生理机能，并规定其用途、用量和用法的兽药预混物。药物添加剂能杀死、抑制病原微生物，刺激畜禽生长，提高饲料的利用率。近年来，药物添加剂的滥用和过度使用，导致畜产品不安全事件时有发生。我国农业部 2001 年发布的《饲料药物添加剂使用规范》允许使用的药物添加剂共 57 种，其中 33 种具有预防动物疾病、促进动物生长的作用，可在饲料中长时间添加，其产品批准文号用“药添字”，而另外 24 种是通过混饲给药的饲料药物添加剂，其作用是防治动物疾病，各畜禽养殖场及养殖户须凭兽医处方购买、使用，所有商品饲料不得添加，其产品批准文号用“兽药字”。

饲料药物添加剂包括抗生素类饲料添加剂（四环素类、多肽类、大环内酯类、聚醚类、含磷多糖类、氨基糖苷类）、合成抗菌药物（磺胺类、喹诺酮类和喹噁啉类药物）、抗球虫药等。目前广泛使用的多属于抗生素类药物添加剂，生产实际中常以非治疗性剂量加入饲料中，达到改善动物健康水平、增加生长速度、提高饲料利用率的目的。但在这些药物添加剂使用过程中会出现动物中毒、细菌产生耐药性、药物在动物性产品中残留及环境污染等问题。因此，正确使用饲料药物添加剂对于保障饲料安全和人畜健康至关重要。

（一）药物添加剂的安全性问题

1. 影响动物自身健康　长期或过量使用药物添加剂会破坏动物肠道正常菌群结构，影响维生素的合成，造成某些维生素缺乏症。还会引起抗生素相关性肠炎，导致腹泻。同时，使动物产生依赖性而限制了动物免疫机能的发挥，降低动物的免疫力和抗病力，干扰抗体的生成。此外，某些抗生素直接损害动物的组织器官。例如，氨基糖苷类抗生素对听神经有损伤作用，可引起耳鸣、耳聋，还可损害肾功能。

2. 对人类健康产生威胁　药物添加剂对人体健康的危害主要表现在药物残留和耐药性方面。所谓药物残留是指给畜禽等动物使用药物添加剂后蓄积或贮存在动物细胞、组织和器官内及可食性产品中的药物或化学物的原形、代谢产物和杂质。药物残留的动物性产品通过食物链在人体内富集，人类是终端富集者，蓄积的浓度越高，造成的危害越大。动物产品中药物残留对人体健康的影响主要表现为毒性作用、过敏和变态反应、致畸作用、致癌作用和致突变作用等几个方面。耐药性是指某些细菌菌株对抑制其生长繁殖的某种浓度药物的耐受性，这是细菌为了生存和适应环境自发突变的结果。许多研究结果表明，当病原菌长期接触低浓度的抗生素时，容易产生耐药性。还有研究证实，细菌的耐药性基因可以在人群中的细菌、动物群中的细菌、生态系统中的细菌间相互传递，由此可导致致病菌（如沙门菌、大肠杆菌及志贺菌等）产生耐药性，影响抗生素对重大疫病的防治效果。

3. 破坏生态环境　药物添加剂通过动物排泄物可造成环境的污染。动物使用药物添加剂后药物以原形或代谢物的形式随粪、尿等排泄物排出，残留于环境中，对土壤环境、表层水体等生态环境带来不良影响，并通过食物链对生态环境产生毒害作用，影响其中的植物、动物和微生物的正常生命活动，最终将影响人类的健康。有些药物排入环境后还可能进行转化，甚至变成有毒或更具持久性毒害作用的物质。

（二）常用药物添加剂的毒性

1. 四环素类抗生素　常见的四环素类抗生素主要有金霉素（氯四环素）、土霉素（氧四环素）和四环素等。此外，还有一些是半合成的四环素类抗生素，如强力霉素（多西环素、脱氧土霉素）。四环素类抗生素为广谱抗生素，对细菌、放线菌、衣原体、支原体、立克次体、螺旋体和某些原虫均有抑制作用。因此，四环素类抗生素是被广泛应用的畜禽药物添加剂。

（1）生物转运　各种口服四环素类药物的吸收水平与其亲脂性呈正相关，其中，亲脂性最差的土霉素吸收率最低，约为60%。吸收后的药物在肝脏浓缩，通过胆汁排泄，并可在排泄过程中通过肠道被再次吸收。

四环素类抗生素在体内广泛分布，主要分布于肝脏和肾脏组织中，由于其亲脂性较差，故在脂肪组织中检测不到该类药物的残留。但由于四环素类药物与钙具有亲和性，可在猪、家禽、牛和鱼类的骨骼组织中蓄积，亚治疗剂量给药也可从骨骼中检测出药物残留。该类药物可与蛋壳中的钙结合。

四环素类抗生素主要经肾脏排泄，当肾脏功能障碍时易出现药物半衰期延长的现象。粪便和乳汁也是四环素类抗生素排泄的重要途径，在乳汁中的浓度可达到血浆浓度的 50%～60%。

（2）中毒量　四环素类药物对动物的毒性作用较小。如果饲料中大剂量或长期连续添加使用，常会引起牛、羊、家禽、马等出现蓄积性中毒，并诱导产生耐药菌株。

金霉素代谢快、残留少、毒性低，对大鼠 LD_{50} 为 3000mg/kg。有研究报道，给鸡喂服金霉素 20mg/kg，在服药期间，血液、肌肉、肝脏中均未能检出金霉素残留；以 500mg/kg 和 1000mg/kg 喂服时，喂服 1 天（500mg/kg）和 3 天（1000mg/kg）后，也未检测出药物残留。但是在饲粮中长期低剂量使用金霉素，易使厌氧微生物（如双歧杆菌）产生抗药性，且抗药性与使用剂量呈正相关。

土霉素毒性低，大鼠口服时 LD_{50} 为 6700mg/kg。吸收后的土霉素能在动物体组织中均匀分布，蓄积量较少，半衰期短。但许多细菌易对土霉素产生耐药性。此外，作为一种确定对人体具有明显毒性作用的抗生素类药物，土霉素的使用应当受到控制。

（3）中毒机制　进入肠道的四环素类抗生素在抑制某些敏感有害菌生长的同时，也使部分有益微生物消失，从而导致有害的耐药菌如真菌、葡萄球菌、大肠杆菌、沙门菌、魏氏梭菌和绿脓杆菌等大量生长繁殖，破坏了动物肠道原有的正常菌群平衡，引起消化道功能紊乱。药物吸收后由血液运输至肝脏，造成肝功能异常，出现血清谷丙转氨酶升高、黄疸等现象。四环素类抗生素在胆汁中可浓缩 5～10 倍，浓缩后可随胆汁排出进入肠道，继续发挥扰乱消化道功能的毒性作用。

（4）临床症状　动物出现四环素类抗生素中毒，临床上主要表现为食欲减退、肚胀、下痢，以及 B 族维生素、维生素 E、维生素 K 缺乏症等，严重时可出现死亡。猪摄入过量四环素类抗生素可出现呕吐、腹泻、结膜黄染、呼吸急促或气喘，有时出现狂躁不安、肌肉震颤、全身痉挛、卧地不起、昏迷而死。牛、羊表现为食欲减退或废绝、瘤胃停止蠕动、臌气、鼻镜干燥、腹泻或便秘、精神沉郁等症状。

四环素类抗生素在畜禽生产中被广泛作为药物添加剂使用，用于防治肠道感染和促进动物生长，容易产生耐药菌株和在畜产品中残留。为此，许多国家对四环素类药物残留规定了最大残留限量，并实施监控。欧盟与我国对四环素类抗生素的最大残留限量规定见表 5-7。

表 5-7　欧盟与我国对四环素类抗生素的最大残留限量规定

药物名称	动物种类	组织	最高残留限量/（mg/kg）
四环素、土霉素、金霉素	所有食用动物（蛋鸡产蛋期禁用）	肾	600
		肝	300
		蛋	200
		肌肉	100
		奶	100
强力霉素	牛（泌乳牛禁用）	肌肉	100
		肝	300
		肾	600
	猪、禽（产蛋鸡禁用）	肌肉	100
		皮+脂肪	300
		肝	300
		肾	600

2. 磺胺类药物　磺胺类药物是一类合成的广谱抗菌药物，它们共同具有的基团是氨苯磺胺。其种类已超过 10 000 种。磺胺类药物在临床上可预防和治疗多种细菌感染性疾病、禽类和兔的球虫病等。磺胺类药物同时具有抗菌和促生长作用，在养殖业中被广泛作为饲料药物添加剂使用。常用的有氨苯磺胺、磺胺噻唑、磺胺甲基嘧啶、磺胺二甲嘧啶、磺胺嘧啶、磺胺甲氧嗪等。这类药物能抑制大多数革兰氏阳性菌和部分革兰氏阴性菌的生长。沙门菌、大肠杆菌、链球菌、肺炎球菌、化脓棒状杆菌等对磺胺类药物高度敏感；磺胺类药物对葡萄球菌、产气荚膜杆菌、绿脓杆菌、炭疽杆菌、肺炎球菌及少数真菌的生长有抑制作用。

（1）中毒量　磺胺类药物中毒常见于犬、猫、家禽和犊牛等动物。新型磺胺类药物的毒性作用较低。

（2）中毒机制　进入消化道的磺胺类药物抑制消化道正常菌群的繁殖，减少肠液分泌，影响动物的消化功能，还可抑制瘤胃内纤维素的分解。长期应用治疗剂量或亚治疗剂量的磺胺类药物可干扰碘的代谢，引起动物甲状腺肿大、甲状腺功能减退和动物生长受阻。

（3）临床症状　动物磺胺类药物中毒主要表现为食欲减退或消失、精神沉郁、贫血、黄疸、血凝时间延长。蛋鸡产蛋明显下降，蛋壳变软、变薄、粗糙，甚至产无壳蛋；剖检可见鸡冠、眼睑、面部、肉髯、胸部、腿部出血，肠道黏膜可见点状和斑状出血，肝脏、脾脏肿大有出血，颜色变黄。

磺胺类药物被广泛作为畜禽药物添加剂使用，用于预防和治疗多种细菌感染性疾病，以及禽类和兔的球虫病，因此，容易诱导产生耐药菌株和在畜产品中残留。我国对动物性产品中磺胺类药物残留量规定见表 5-8。

表 5-8　磺胺类药物添加剂在畜产品中的最高残留限量

药物名称	动物种类	靶组织	最高残留限量/（μg/kg）
磺胺类	所有食用动物	肌肉	100
		脂肪	100
		肝	300
		肾	200
	牛、羊	奶	100

资料来源：吴永宁等，2007

3. 喹诺酮类药物　喹诺酮类是较新合成的抗菌药，该类药物添加剂主要有诺氟沙星（氟哌酸，norfloxacin）、环丙沙星（ciprofloxacin）、培氟沙星（pefloxacin）、恩诺沙星（enrofloxacin）、单诺沙星（danofloxacin）和沙拉沙星（sarafloxacin）等。其中，后三者为畜禽专用抗菌药物，用于防治畜禽革兰氏菌的感染及某些支原体、衣原体、立克次体等病原体的感染。

（1）毒性作用　喹诺酮类抗菌药物在兽医临床上属于高效低毒药物。作为饲料药物添加剂使用可能出现的毒性作用有：①消化道炎症。在治疗剂量下，动物可能出现恶心、呕吐、腹泻和腹痛等消化道反应。这可能是由于该类药物杀灭消化道中革兰氏阴性菌，导致微生态菌群发生改变，影响了饲料消化率。②肝脏和肾脏的损伤。大剂量或长期使用会损伤肝脏。喹诺酮类药物在酸性尿液中易发生结晶，从而损伤肾脏。③生殖毒性。50mg/kg BW 的培氟沙星可使雄性犬和鼠精子畸变率升高，繁殖率下降。④其他毒性。该药物可作用于幼年动物软骨组织，导致关节炎、疼痛、跛行等症状。10mg/kg BW 的恩诺沙星可使犬出现癫痫症状，50mg/kg BW 的恩氟沙星可使猫出现中枢神经系统机能障碍。此外，动物可能出现过敏和皮肤光敏反应。

（2）预防危害的措施　严格控制药物剂量和用药时间，为避免细菌产生耐药性，不宜长期使用；禁止与其他抗生素联合使用；严格遵守药物在畜产品中的最高残留限量（表 5-9）。

表 5-9　恩诺沙星在畜产品中的最高残留限量

药物名称	动物种类	靶组织	最高残留限量/（μg/kg）
恩诺沙星	牛、羊	肌肉	100
		脂肪	100
		肝	300
		肾	200
		奶	100
	猪、兔、鸡（产蛋鸡禁用）	肌肉	100
		脂肪	100
		肝	200
		肾	300

资料来源：吴永宁等，2007

4. 喹噁啉类药物　喹噁啉类药物是一类人工合成的具有抗菌、促进生长作用的动物专用药，20 世纪 70 年代以来曾被广泛应用于畜禽和水产养殖业。但近年来的毒理学研究证明，喹噁啉类药物早期品种喹乙醇和卡巴氧均具有不同程度的致畸、致癌和蓄积毒性。使用卡巴氧后，畜禽肌肉及组织中会有不同程度的残留。超剂量使用喹乙醇会导致禽畜及鱼类出现中毒反应，使机体抗应激性降低，出现“应激性出血症”。欧盟已于 1998 年禁止卡巴氧和喹乙醇作为药物添加剂使用。美国只允许卡巴氧作为治疗药物。我国农业部也分别于 2001 年和 2002 年明确规定禁止喹乙醇作为促生长剂用于家禽和水产养殖中。

鉴于喹噁啉类具有优良的抗菌促生长效果和潜在毒性作用的双重特性，研究人员开发了能保留其抗菌促生长效果并降低毒性反应的新品种，主要包括乙酰甲喹（痢菌净）、喹烯酮、喹赛多等。目前，我国已批准乙酰甲喹和喹烯酮可用于食品生产动物。

喹噁啉类药物主要的毒性作用是光敏性皮炎、肾上腺和醛固酮系统损害。家畜长期使用喹乙醇作为治疗药物，会使药物在体内蓄积，出现肝脏损伤，肾上腺皮质功能减退，肾功能和电解质代谢发生紊乱，从而导致血液中醛固酮含量下降，出现高血钠和低血钾现象，使动物生长受阻。乙酰甲喹对猪痢疾、雏鸡白痢及犊牛腹泻有显著的治疗效果，但是当使用剂量高于临床治疗量的 3～4 倍或者正常饲喂时间超过 5 天时就会引起不良反应，甚至引起畜禽死亡，家禽较为敏感。

（三）科学利用药物添加剂的措施

1. 合理选择可长期使用的药物添加剂品种　应选择《饲料药物添加剂使用规范》（农业部 168 号公告的附录一）中规定的饲料药物添加剂品种，即农业部批准的具有预防动物疾病、促进动物生长作用，可在饲料中长时间添加使用的“药添字”类添加剂品种。此外，必须注意其添加量、适用范围、停药期规定及注意事项等。对于肉用畜禽，多数药物添加剂的停药期一般为 3～7 天；在鸡的产蛋期和奶牛的泌乳期，大多数药物添加剂应该禁用。

2. 规范选择可混饲给药的药物添加剂品种　应选择《饲料药物添加剂使用规范》（农业部 168 号公告的附录二）批准的用于防治动物疾病，并规定疗程，仅是通过混饲给药的“兽药字”类添加剂品种，并注意其停药期规定。

3. 科学配制饲料药物添加剂　兽药必须制成预混剂后再添加到饲料中使用，饲料中不得直接使用原药。

4. 交替使用不同种类的药物添加剂　为减少耐药性的产生，应在动物的不同生长阶段交替使用不同种类和性能的药物添加剂品种。平时应限制使用一些药物品种，以备疫情暴发时急需。

5. 严格执行畜产品中药物添加剂残留量标准　我国及世界其他各国的卫生标准中，对畜产品中的药物残留均制定了严格标准，以防止危害人体健康。各养殖企业和养殖户应遵照药物添加剂残留量标准开展畜禽养殖，此外，相关职能部门要加大执法监督、检查的力度，以确保动物性食品安全。

从长远来看，禁止以促生长、预防疾病为目的在饲料中使用药物添加剂是国内外发展的趋势。

四、微生态制剂

（一）微生态制剂的定义及其种类

微生态制剂是一种直接饲喂动物并通过调节肠道菌群平衡达到预防疾病、促进动物生长和提高饲料利用率目的的活性微生物或其培养物，又称为益生素或饲用微生物添加剂。

微生态制剂按照作用机制可分为益生菌（probiotic）、益生元（prebiotic）和合生素（synbiotic）三种类型。益生菌是指饲喂后通过改善宿主肠道菌群生态平衡而发挥有益作用，从而达到提高宿主健康水平的活菌制剂及其代谢产物。目前应用于畜禽的益生菌有双歧杆菌、乳杆菌、乳球菌、芽孢杆菌、酵母菌和肠球菌等。益生元是指能够选择性地促进宿主肠道内原有的一种或几种有益细菌（益生菌）生长繁殖的物质，通过促进有益菌的繁殖，抑制有害细菌生长，从而达到调节肠道菌群平衡、促进机体健康的目的。益生元主要是各种寡糖类物质，常用的有果寡糖、甘露寡糖、低聚半乳糖、半乳甘露寡糖、低聚壳聚糖、低聚木糖、蔗糖低聚糖等。合生素是指益生菌和益生元同时并存的制剂。此类制品投喂后到达畜禽肠腔可使摄入的益生菌在益生元作用下，不断增长繁殖，使益生菌更有利于发挥抗病、保健的有益作用。

（二）微生态制剂的安全性问题

微生态制剂应用时间较短，还没有很长的安全使用历史。随着科学研究的不断进步，人们对微生态制剂的安全性认识也在发生着变化。鉴于许多微生态制剂所用菌种不断从人畜感染部位分离出来的事实，评价微生态制剂的安全性非常必要。人们关注的微生态制剂安全隐患主要表现在以下几个方面。

1. 菌种的病原性和感染性　作为微生态制剂的菌种首先要选择非病原菌，其菌株及其代谢产物对人和动物无毒害作用。目前来看，微生态制剂的安全性问题最可能来源于菌株的内部。因为近年来频繁从临床感染组织中分离出益生菌株的事实已经引起了人们对这些菌株安全性及是否具有感染性的争论。有学者在关节炎、冠状动脉炎、心内膜炎等患者病灶中分离出乳酸菌和双歧杆菌等益生菌，因此推测上述疾病可能与患者食用的益生菌有关。益生菌的安全性是相对的，其致病性和非致病性与其所处的生态环境和宿主健康状况密切相关。

2. 益生菌耐药因子的转移　细菌抗药性可能是先天的，也可能是后天获得的。先天抗药性是由细菌染色体基因决定的；而后天获得的抗药性主要来自基因突变或从其他菌种中得到。多数乳酸菌和双歧杆菌天生对许多抗生素具有抗性，在大多数情况下这种特性是不能转移的。例如，乳酸菌对万古霉素具有抗药性，但多年来的研究尚未发现其抗万古霉素特性转移至其他细菌的事例。这些携带非转移抗药性基因的乳杆菌（如干酪乳杆菌）是安全的。但也有极少数的乳杆菌菌株的抗药性基因是由质粒编码的，这些抗药性基因可以在系统发育中向远缘细菌转移，因此携带可以转移抗药性基因的菌株不能作为人类和动物的益生菌使用。如果菌种所携带的抗药性基因发生转移，很可能产生抗生素无法消灭的超级细菌，将会给人类造成更大的潜在威胁。因此，益生菌耐药性基因的定位及耐药性的转移等问题还需要深入研究。

3. 对动物机体自身免疫机能的影响　肠道微生物的正常刺激对免疫发育起着非常重要的作用，尤其是对和肠组织相关联的淋巴组织发育，并可通过脂多糖、脂蛋白及代谢产物等特定组分调控宿主的免疫反应，形成肠道生物屏障。通过人为操纵改变肠道固有菌群的组成可能会显著影响机体免疫调节作用。此外，还会造成某些正常菌株过度繁殖、异位定殖等不平衡状态，使体内的条件致病菌或外源病原菌有机会侵袭动物机体。

（三）微生态制剂实际应用中存在的问题

1. 菌种的选择　微生态制剂菌种的选择是其作用好坏的关键。现在生产的微生态制剂菌种大多是从动物体内的原籍菌中筛选而来的，目前尚没有一个较完善的标准以判断所选择菌种的安全性。

2. 饲喂的有效性　微生态制剂必须含有一定数量的活菌才能达到预期的效果。大多数活菌在进入动物消化道后都难以耐受胃酸（pH2.5～3.5）和胆汁酸的作用，从而难以到达肠道而发挥作用。或者由于其生长速度慢，在微生物间的竞争中处于劣势地位，即便定居在肠道中也难以发挥作用。

3. 产品的稳定性　随着保存时间的延长，活菌数量会逐渐减少，造成微生物组成的不稳定而降低其功效。此外，在保存和使用过程中，保存温度、湿度、酸度、机械加工及饲料营养成分等因素均会影响微生态制剂的稳定性。

4. 饲喂方法的科学性　微生态制剂由于种类不同而具有不同的使用方法，不科学的使用有可能导致负面效应。因此，实际生产中按照各种微生态制剂的具体使用方法投喂尤其重要。

5. 作用机制　对单一菌种微生态制剂的作用机制目前已有一定研究。但对于多菌种微生态制剂由于菌群组成复杂，其作用机制尚未研究清楚。

（四）科学使用微生态制剂的措施

1. 合理确定适用对象　对于体况健康的动物，由于它们已建立起良好的肠道菌群，添加微生态制剂可能效果并不显著。有研究表明，畜禽处于以下几种情况时使用微生态制剂会取得理想效果。①动物出生及生长后期：新生动物肠道微生态系统尚未建立，此时饲喂微生态制剂，可以使有益菌在肠道大量黏附、繁殖，对动物以后的健康有重要作用。在动物生长后期，肠道功能开始退化，此时添加微生态制剂可以起到补充、完善肠道有益菌群和保证健康的作用。②食物结构改变：断奶仔猪从吃奶到采食植物性饲料过渡过程中，常会出现严重的消化问题。此时添加微生态制剂对防止仔猪腹泻、提高日增重能起到理想的效果。③动物经抗生素处理：使用抗生素会降低肠道有益菌的数量，添加微生态制剂可以使动物有益菌的数量得以尽快恢复。④动物处于应激状态：在拥挤、运输、断喙、免疫接种、气候变化等条件下，或者动物体质较弱、生病时，添加微生态制剂可以使消化道菌群恢复到正常范围，帮助动物安全度过应激期。

2. 选择正确的微生态制剂 不同的动物适合使用不同类型的微生态制剂。单胃动物适合使用乳酸菌、芽孢杆菌和酵母菌，饲喂这三种类型的益生菌能取得良好的效果；而反刍动物适合使用曲霉、酵母及芽孢杆菌类，若给反刍动物使用过多的乳酸菌，反而会扰乱其消化系统，引起不良反应；水产动物适合使用沼泽红假单胞菌、芽孢杆菌、酵母菌，其中沼泽红假单胞菌、芽孢杆菌不仅能在水产动物体内发挥作用，还可以改良水体环境。

3. 正确掌握使用剂量，避免过量使用 微生态制剂的菌株依靠数量优势抑制病原菌的增殖，维持微生物区系平衡，其作用效果与剂量密切相关。有益菌数量不足，不能在体内形成优势菌群；若添加量过多，不仅会降低功效，造成浪费，还可能破坏肠道的微生物区系平衡，降低饲料利用率，影响生长速度，甚至引起腹泻。

在选用微生态制剂时应按照各产品的说明使用。每吨饲料中添加的活菌数一般要求为 3×10^8cfu。

4. 不能与抗生素等同时使用 微生态制剂不能和抗生素、消毒剂及具有抗菌作用的中草药等同时使用，否则，活菌会被杀死或抑制，减弱或失去微生态制剂的作用。因此，在使用微生态制剂后的生长周期内，不宜使用抗菌剂或消毒剂。在使用抗菌剂后，药效期内也不宜使用微生态制剂。

当动物患病严重或处于急性期，肠道内有较多的病原体和有害微生物等情况下，单纯使用益生菌不能降低有害菌的数量，可先用抗生素消炎、杀菌，而后用微生态制剂调理肠道菌群。为此，国外一些学者试图在饲喂微生态制剂之前，先用抗菌性药物清理肠道，为益生菌的定殖清除障碍，然后再服用微生态制剂，可以达到较好的使用效果。

5. 注意贮存条件、加工工艺和保存期限 微生态制剂一般要求避光于 5～15℃的阴暗处保存，严防冻结和日晒。另外，饲料受潮后，水分含量增加，会导致活菌数量迅速降低，甚至发生致病菌污染。大多数活菌稳定性差，不能抵抗制粒时的温度与压力等加工条件。为了克服高温对活菌的破坏作用，可以使用芽孢型微生态制剂。随着保存时间的延长，微生态制剂的活菌数量会不断减少，因此，应注意保存期限。有效期因产品类型及质量不同而差别很大，一般为 1 年左右。

五、着 色 剂

（一）着色剂的定义及其种类

着色剂也称调色剂、增色剂。着色剂的作用主要体现在以下两个方面：一是通过饲料中添加色素，使其转移到畜产品中，增加畜禽及水产养殖动物产品的色泽，从而迎合消费者心理，满足市场竞争需要；二是改善饲料色泽，以提高饲料的感官性状，刺激畜禽食欲，这在宠物饲料中经常使用。

目前，着色剂主要用于宠物饲料、肉鸡饲料、蛋禽（鸭、鸡）饲料及特种水产饲料。我国《饲料添加剂品种目录》（农业部〔2013〕2045 号公告）中允许家禽使用的着色剂共有 6 种，分别为β-胡萝卜素、辣椒红、β-阿朴-8′-胡萝卜素醛、β-阿朴-8′-胡萝卜素酸乙酯、β, β-胡萝卜素-4, 4-二酮（斑蝥黄）和天然叶黄素；允许宠物使用的着色剂共有 10 种，分别为柠檬黄、日落黄、诱惑红、胭脂红、靛蓝、二氧化钛、焦糖色（亚硫酸铵法）、赤藓红、苋菜红和亮蓝；允许水产养殖动物使用的着色剂共有 3 种，分别为天然叶黄素、虾青素和红法夫酵母；允许观赏鱼使用的着色剂共有 4 种，分别为虾青素、红法夫酵母、苋菜红和亮蓝。

（二）着色剂的毒性作用

着色剂通过饲料进入动物体内，经过消化代谢过程沉积在畜产品中，最后以食品形式进入人体。因此，着色剂的安全性与人体健康密切相关。畜禽养殖中使用着色剂的安全性问题主要是过量添加及使用工业染料等。

柠檬黄、日落黄、胭脂红、诱惑红等着色剂主要以苯、甲苯、萘等芳烃类化工产品为原料，经过磺化、卤化、硝化等一系列有机反应化合而成，所以它们不但无营养价值，而且其化学构成物质本身对人体有害。同时在合成过程中还可能会产生砷、汞、铅、镉、乙醚、氯化物、硫酸盐、苯酚、苯胺等有毒物质。

2006 年，“苏丹红”事件对食品安全构成了新的隐患，加剧了消费者的恐慌心理。苏丹红是一种人工合成的红色工业染料，主要包括Ⅰ～Ⅳ四种类型，常用于溶剂、汽油及地板和皮鞋等的着色。一些不法生产企业为改善畜产品色泽、降低养殖成本，将其用作饲料、食品着色素。早在 1995 年，欧盟已禁止苏丹红作为色素在食品及饲料中添加，我国也明文禁止在食品和饲料中使用。有研究报道，进入体内的苏丹红主要通过胃肠道微生物还原酶、肝脏与肝外组织微粒和细胞质的还原酶进行代谢，在体内代谢成相应的胺类物质。多项体外试验发现，苏丹红的致突变性和致癌性与其代谢生成的胺类物质有关。

（三）着色剂的规范使用

1. 严格按照《饲料添加剂品种目录》中规定的种类进行添加　饲料着色剂的使用应严格遵守国家规定，禁止工业染料作为添加剂使用。严禁使用有致癌作用的非食用色素着色剂，加强对着色剂产品的监督检查。此外，应正确引导市场、引导消费，减少着色类饲料添加剂的使用。

2. 注意饲料着色剂的使用剂量和使用期限　不同着色剂的着色效果不同，使用剂量也不一样。使用剂量不足，达不到理想的着色效果；过量使用，不但增加饲料成本，对动物及人体健康造成潜在危害，而且过量添加会使动物产品色泽不自然，引起消费者反感。着色剂在动物体内的沉积需要一定的时间，一般为 2 周左右，要达到稳定效果，要使用 3 周以上，天然着色剂的沉积速度更慢。为了保证较好的着色效果，应根据畜产品上市时间合理确定着色剂的使用期限。欧盟等对饲料中着色剂的用量已有严格规定，据悉，我国饲料工业标准化管理部门已组织专家制定我国饲料着色剂限量标准。

欧盟规定辣椒红（capsanthin）在家禽配合饲料中含量不得大于 80mg/kg，没有使用终止时间限制；β-阿朴-8′-胡萝卜素醛在家禽配合饲料中含量不得大于 80mg/kg，没有使用终止时间限制；β-阿朴-8′-胡萝卜素酸乙酯在家禽配合饲料中含量不得大于 80mg/kg，没有使用终止时间限制；叶黄素在家禽配合饲料中含量不得高于 80mg/kg，没有使用终止时间限制；虾青素可用于 6 月龄以内的三文鱼（salmon）和鲑鱼（trout）饲料中，在三文鱼和鲑鱼配合饲料中最高允许含量为 100mg/kg，允许与斑蝥黄混合使用，但两者在三文鱼和鲑鱼配合饲料中总含量不能超过 100mg/kg，没有使用终止时间限制，虾青素可以用于观赏鱼中，没有添加量和使用终止时间的限制；斑蝥黄在蛋鸡配合饲料中不高于 8mg/kg，没有使用终止时间限制，在其他家禽配合饲料中不高于 25mg/kg，在 6 月龄以内鲑科鱼配合饲料中不得高于 80mg/kg，和虾青素联合使用时，两者总量不超过 100mg/kg，没有使用终止时间限制，在狗、猫、观赏鸟配合饲料中没有使用量和使用终止时间限制（欧盟法令 2004/C 50/01）。

欧盟在（EC）No1288/2004 条款（E161z）中规定富含虾青素的红法夫酵母（*Phaffia rhodozyma*, ATCC 74219）可用于三文鱼、鲑鱼和观赏鱼饲料中，在三文鱼、鲑鱼和观赏鱼配合饲料中的最高允许含量（以虾青素计）的规定与欧盟法令（2004/C 50/01，E161j）相同。

美国（CFR73.35）规定，为使鲑科鱼肉色由粉红色变为橘红色，鲑科鱼饲料中可以使用虾青素，但在配合饲料中含量不得超过 80mg/kg（72g/t）；斑蝥黄可作为肉仔鸡皮肤和鲑科鱼着色剂，在肉仔鸡配合饲料中最高含量不超过 4.41mg/kg（4g/t），在鲑科鱼配合饲料中不超过 80mg/kg（72g/t）。

六、其他饲料添加剂

（一）抗氧化剂

1. 抗氧化剂的卫生学问题　目前我国《饲料添加剂品种目录》（农业部〔2013〕第 2045 号公告）规定允许在养殖动物饲料中使用的抗氧化剂共有 8 种，分别为乙氧基喹啉、丁基羟基茴香醚（BHA）、二丁基羟基甲苯（BHT）、没食子酸丙酯、特丁基对苯二酚（TBHQ）、茶多酚、维生素 E 和 L-抗坏血酸-6-棕榈酸酯。

饲料抗氧化剂有利于防止营养成分氧化损失，延长饲料保存期，保持饲料品质。但随着抗氧化剂的普遍使用，其毒性作用也日益引起人们的关注。许多抗氧化剂是易氧化物质，在发挥抗氧化作用的同时又能起到促进氧化的作用，因此长期使用可能导致动物机体代谢紊乱。生产实际中使用抗氧化剂出现的卫生学问题主要表现在过量添加及有毒杂质污染等方面。

2. 抗氧化剂的合理使用措施

（1）防止过量添加　常用的抗氧化剂毒性较小，比较安全，但过量使用仍存在安全隐患，可导致机体病变或致癌。早在 1981 年，日本发现 BHA 有致癌作用。1989 年，联合国粮食及农业组织/世界卫生组织（FAO/WHO）也曾报告特大剂量（每千克饲料 20g）BHA 对大鼠前胃有致癌作用。

（2）控制有毒杂质的含量　合成抗氧化剂（最常用的有 BHA、BHT）在生产过程中，可能产生铅、砷、汞、镉等有毒物质。相关企业在生产抗氧化剂的过程中，应该对有毒杂质含量进行严格控制。

（3）天然抗氧化剂需要进一步规范　由于合成抗氧化剂存在安全隐患，人们对天然抗氧化剂（如茶多酚）产生了浓厚的兴趣。但是天然抗氧化剂的活性成分随原料来源及提取方法不同而变化，提取物中有效成分含量差异大，稳定性差，杂质含量高，存在致畸、致癌和引起疾病的可能性。

（4）避免抗氧化剂与其他添加剂发生拮抗作用　微量元素添加剂中的铁、铜等金属离子是氧化反应的催化剂，会使饲料中的营养成分更易被氧化。在使用抗氧化剂的过程中，应尽量避免金属离子的影响，可以使用柠檬酸、磷酸等钝化金属离子的作用，保证抗氧化剂的作用效果。

（二）防　霉　剂

1. 防霉剂的卫生学问题　饲料防霉剂是指能降低饲料中霉菌的数量，抑制微生物生长繁殖，防止饲料发霉变质而导致营养成分损失和延长贮存时间的饲料添加剂。防霉剂对保证饲料的品质发挥着不可替代的作用，其经济效益及社会效益已得到肯定。但是防霉剂使用不当也会破坏饲料品质，对畜禽和人体健康造成危害。

有研究报道，苯甲酸钠在人体胃肠道酸性环境下，可转化为毒性较强的苯甲酸。小鼠摄入苯甲酸及其钠盐，会导致体重下降、腹泻、内出血、肝肾肥大、过敏、瘫痪甚至死亡。苯甲酸钠大鼠经口 LD_{50} 为 2.7g/kg。山梨酸是一种不饱和脂肪酸，可参与人体代谢，产生二氧化碳和水，对人体无害，能抑制细菌、霉菌和酵母的生长。山梨酸的溶解度低，一般使用其钾盐。山梨酸钾大鼠经口 LD_{50} 为 4.92g/kg。

目前，防霉剂的安全性引起了人们的重视，但关于其安全性的研究较少。随着科学技术的不断进步，安全高效、绿色无残留、多功能化、剂型专一化、品种系列化是饲料防霉剂未来的发展方向。

2. 防霉剂的合理使用措施

（1）严格控制使用剂量　为了保证较好的防霉效果，人们常常在饲料中加大防霉剂使用剂量。但过量使用不仅对畜禽和人体健康造成潜在危害，还会影响饲料品质。酸性防霉剂对饲料中某些成分（如维生素 E 等）具有破坏作用，过量添加往往造成饲料营养成分的损失。乙酸、丙酸等有机酸类挥发性较大，影响饲料的适口性。防霉剂的使用都有最高限量，一般都在 1g/kg 饲料以下。

（2）掌握正确的使用时间　防霉剂能够抑制霉菌的生长繁殖，但不能消除已经产生的霉菌，对于已经发霉变质的饲料，使用防霉剂无效。长期使用单一防霉剂，霉菌会对其产生抗药性。因此，对于储存期较长的饲料原料，应采用轮换方式使用防霉剂，或使用复合型防霉剂产品。

（3）确保混合均匀　防霉剂的使用效果与其颗粒大小、溶解性等因素有关。丙酸等具有挥发性的防霉剂有熏蒸作用，对混合均匀度要求相对较低。使用盐类及其他无挥发性的防霉剂时，对其分布均匀度要求较高。颗粒大的防霉剂与饲料混合后均匀度差，必须研磨后再使用，以防混合不均匀导致防霉效果下降或由于局部防霉剂浓度过高造成动物中毒。

（4）选用适宜的防霉剂品种　饲料环境的酸碱度影响防霉剂的抑菌能力。不同防霉剂发挥抑菌作用的 pH 范围不同。例如，苯甲酸在 pH2.5～4.0 时最适宜，在 5.5 以上时则对很多霉菌无抑制作用。丙酸的最适 pH 在 5.0 以下。大多数防霉剂都是酸性物质，饲料 pH 越低，抗霉效力越强。当饲料中添加碳酸钙、氯化胆碱等碱性物质时，会使防霉剂效力下降或失效，而且反应终产物可能会危害动物健康。

第六章　新开发饲料的卫生学问题

随着我国养殖业的快速发展，饲料资源短缺问题日益突出，在利用好现有饲料资源的同时，研究开发新型饲料资源具有重要的现实意义。新型饲料资源往往存在一些有毒有害物质，需要科学认识、科学对待。除本章介绍的外，还有很多潜在新型饲料资源，如食用菌菌渣等，均应考虑其有效性、可供应性、品质稳定性及安全性等问题。

第一节　木　薯　渣

木薯渣（cassava residue，CR）是木薯加工淀粉和乙醇的副产物，主要由木薯外部褐色的皮和内部的薄壁组织组成，其碳水化合物含量较高，含有少量的淀粉和粗蛋白质。经适当的加工处理后可作为良好、廉价的能量饲料。但是，由于木薯渣含有氢氰酸、单宁和植酸等抗营养因子，以及粗纤维含量较高且难以消化，影响了其饲用价值。

一、木薯渣的营养成分

木薯渣粗纤维和碳水化合物含量高，矿物质和氨基酸含量丰富，但蛋白质含量低，是一种来源广泛、价格低廉的能量饲料。据报道，我国每年加工木薯淀粉和乙醇等所产生的木薯渣大约为 180 万 t。木薯渣中粗蛋白质、粗纤维、粗脂肪、无氮浸出物及粗灰分含量分别为1.8%～4.9%、5.6%～14.5%、0.3%～2.1%、47.7%～78.7%和 1.0%～23.4%。木薯渣干物质中Ca和P的含量分别为0.32%～8.45%和0.02%～0.07%。其氨基酸含量分别为：赖氨酸0.132%，苯丙氨酸 0.096%，异亮氨酸 0.133%，亮氨酸 0.144%，组氨酸 0.043%，精氨酸 0.147%，苏氨酸 0.408%，酪氨酸 0.052%，蛋氨酸 0.030%，缬氨酸 0.133%。

二、木薯渣中的抗营养因子

木薯渣主要含有氢氰酸、单宁和植酸等抗营养因子。氢氰酸是由木薯渣中的亚麻苦苷（氰苷毒素）在酶或弱酸作用下分解产生的。氢氰酸中的氰离子成分起主要毒性作用，它能够抑制组织细胞内酶的活性，如脱羧酶、细胞色素氧化酶、过氧化物酶、乳酸脱氢酶及琥珀酸脱氢酶等，氰离子还能迅速结合氧化型细胞色素氧化酶中的三价铁，中断后者还原为二价铁所发生的电子传递过程，最终使组织细胞因不能利用血液中的氧而造成内窒息。植酸作为一种很强的螯合物，能与 Ca^{2+}、Zn^{2+}等金属离子形成机体难以吸收利用的络合物，从而降低此类矿物质的生物利用率。动物对植酸磷的利用率很低，多数植酸磷随粪便排出体外，易造成水体富营养化。单宁是一种多元酚化合物，有苦涩味，会影响饲料的适口性。木薯叶中的多酚化合物和植酸还能通过与蛋白质结合形成不易消化的蛋白质络合物，或直接对酶的活性产生影响，使其营养价值显著降低。

此外，用鲜木薯渣直接饲喂家畜，因其粗纤维含量较高，适口性较差，会导致牲畜拒食。

同时，由于鲜木薯渣水分含量很高（80%～90%），若贮存不当，在 1～2 天就容易变黄变黑（产生霉菌毒素），用其饲喂牲畜就会引起中毒反应。

三、防止木薯渣中抗营养因子危害的措施

对氢氰酸抗营养作用的防治措施见第二章第二节中含生氰糖苷饲料的去毒处理与合理利用。对单宁危害的防治措施见第三章第一节中防止高粱单宁危害的措施。对植酸危害的防治措施见第四章第四节中消除植酸抗营养作用的途径。

此外，以木薯渣作为发酵基质，接种有益菌进行生物发酵，利用微生物产生的各种酶，使木薯渣中的纤维素和抗营养因子降解，是提高其饲用价值的重要途径。

第二节　果　　渣

一、苹　果　渣

（一）苹果渣中的抗营养因子和有毒成分

中国每年苹果产量约为 3300 万 t，苹果加工成苹果汁后副产品近 400 万 t。据统计，每加工 1000kg 鲜苹果可产生 150～200kg 鲜苹果渣，每 8～10t 鲜苹果渣干燥后会产生约 2t 的干苹果渣，也可制成青贮苹果渣。苹果渣（apple pomace）中含有丰富的营养成分，可以用作非常规饲料资源，尤其适合于反刍动物。同时，苹果渣中也存在对动物消化和健康不利的有害物质。

鲜苹果渣酸度较大，pH 为 3.5～4.8，含有果胶、果糖、苹果酸、单宁等，其中果胶含量为 1%～1.8%，单宁含量为 0.025%～0.27%。果胶是多糖类物质，其结构是多聚半乳糖醛酸的长链，一般单胃动物难以消化，但可与钙形成果胶酸钙而变脆，失去黏性。果渣中也有天然的果酸酶存在，将鲜苹果渣堆放一段时间后可将其分解为乳糖醛酸，从而失去黏着力，可被动物消化吸收。单宁属于多元酚类物质，其分解产物有刺激性和苦涩味。

腐烂的苹果易受展青霉毒素污染，不应将腐烂的苹果或其加工副产品用作畜禽饲料。

（二）苹果渣的合理利用

1. 干燥　鲜苹果渣含水分 80%～85%，不宜贮存。经干燥处理，不仅适口性好、容易贮存、便于包装和远程运输，还可作为各种畜禽的配合饲料和颗粒饲料的原料。

干燥方法：苹果渣可自然干燥，也可人工干燥。自然干燥即在日光下摊晒，水分降至 10%左右即可；人工干燥需要有机械设备且消耗能源，成本高，但干燥效果好，质量高，营养素损失少，且不受天气影响。干燥应因地制宜，可将两者结合起来进行，即先自然晾晒，水分减少到一定程度时，再用人工干燥，以降低加工成本。苹果渣可在配合饲料中部分取代玉米和麸皮，单胃家畜中玉米和麸皮的取代量大致为：仔猪 3%～7%，肥育猪 10%～25%，雏鸡 2%～4%，育成鸡 5%～10%，蛋鸡 3%～5%；在反刍家畜中如牛、羊精料补充料中可按 10%～25%取代。

2. 青贮　苹果表面附着有大量的野生酵母，还有一定量的霉菌和细菌，大多为有益菌，

如曲霉、醋酸菌、乳酸菌等。榨汁后的鲜苹果渣中酵母菌含量多且活力强，为苹果渣的青贮奠定了良好的基础。苹果渣青贮方法简单、快捷，可以采用单独青贮，也可同禾本科草类、青玉米秸、红薯蔓、禽粪等混合青贮。

苹果渣含水量高，酸度大，可以与其他物质混合贮存。将鲜苹果渣用麸皮和草粉调节水分至 65%左右，单独青贮或与农业副产品混合青贮，可生产良好的青贮饲料。青贮后苹果渣呈黄色或黄褐色，手感松软，果皮（肉）结构清晰，带有酒香味和果香味，适口性好，较好地保留了鲜苹果渣中的营养成分，饲喂时加入 3%～5%的生石灰将青贮料的 pH 调至中性，以提高动物的采食量。单独青贮时，草粉和麸皮占 10%～20%，与玉米秸秆、红苕蔓或禾本科草类混贮时，鲜苹果渣宜占 30%～50%。

3. 发酵 以新鲜苹果渣为基质，利用有益微生物发酵工程，调节微生物所需营养、温度、湿度、pH 和其他条件，通过有氧或无氧发酵，消除或减少其中的抗营养因子，提高酸性和中性洗涤纤维的消化率，提高蛋白质、氨基酸、维生素、酶类、核苷酸、有机酸及未知生长因子等生物活性物质，生产出的苹果渣发酵物具有酵母培养物和微生态制剂的特点。有研究将产朊假丝酵母接入苹果渣进行固态发酵，发酵物中蛋白质含量增加 2.5 倍、烟酸增加 3.4 倍、泛酸增加 10 倍、维生素 B_2 增加 1.5 倍、维生素 B_1 增加 1.2 倍。

鲜苹果渣含水量大，不能直接发酵，需要用糠、麦麸等吸去部分水分，使含水量在 70%左右；生产用菌株的选择和培育是发酵法成败的关键，必须根据基质组分和不同菌株的特点合理搭配；发酵前需通过多种原料搭配或加入 0.5%～1.5%的碳酸钙或碳酸钠调节 pH 至 5.5～6.0。

二、柑 橘 渣

柑橘渣（citrus pulp）是柑橘果实加工榨汁或制罐后的下脚料，占果实质量的 25%～50%。主要由柑橘皮（60%～65%）、丝瓤与碎屑（30%～35%）和种子（0～10%）所组成。许多研究发现，柑橘渣的干物质中无氮浸出物、维生素和微量元素含量丰富，所含能量接近玉米和麦麸，可以作为畜禽的能量饲料。柑橘渣产生的季节性强，主要集中在冬季。

（一）柑橘渣中的抗营养因子和有毒成分

由于柑橘渣含水量高，无氮浸出物多，鲜渣很容易腐烂变质，难以贮存；苦味重，适口性差。这些使得我国柑橘渣在作为畜禽饲料应用时受到限制。

（二）柑橘渣中有毒有害物质的毒性

柑橘渣中含有的主要抗营养因子为果胶和苦味物质等，主要苦味物质见表 6-1。

表 6-1 柑橘渣主要苦味物质 （单位：mg/g）

物质含量	未处理柑橘渣	浸泡压榨渣	发酵渣
柚皮苷	2360	957	751
柠檬苦素	218	166	140

果胶是植物细胞壁的主要组成物质，会阻止细胞内容物释放，对动物没有毒害作用，但是日粮中含量过高会影响动物的采食量、缓解胃液 pH 的下降和小肠 pH 的上升速度，不利于食物的排空。柑橘渣中果胶含量约为 20%，在自然条件下堆放，可以被天然的果胶酶分解为半乳糖醛酸而被动物消化吸收，从而降低其副作用。有研究发现，通过诱导黑曲霉发酵柑橘渣，可使果胶含量从 17.51%降至 1.76%～1.98%。

苦味物质的存在影响日粮的适口性。柑橘渣中含有的苦味物质主要是黄烷酮糖苷类化合物（如柚皮苷、新橙皮苷等）和三萜系化合物（主要是柠檬苦素），但苦味物质的含量随着柑橘的种类和成熟时期各不相同。未成熟柑橘的柠檬苦素含量比成熟柑橘的高。

（三）柑橘渣的去毒处理和合理利用

1. 青贮　青贮是快速、大量处理鲜渣经济、有效的方法。国外研究表明，柑橘渣在青贮的第 2～4 天产生大量的乳酸，青贮的 pH 迅速下降。

经发酵后，柑橘皮中的主要苦味物质如柚皮苷和柠檬苦素的含量可分别下降 68.18%和 35.78%。青贮 3 个月后，柚皮苷和柠檬苦素含量分别为 6.86mg/kg、276.71mg/kg，分别下降 43.82%和 35.82%。以诱导黑曲霉为发酵菌种，发酵 4d 后，柑橘渣中的柚皮苷可降解 92.2%。

2. 干燥　间接或直接将柑橘渣中的水分含量降低到 12%左右。有研究报道，可采用两步法干燥处理柑橘渣，第一步是用石灰对柑橘渣进行处理，固定柑橘渣中的果胶。第二步有两种方法：①采用挤压的方法挤出其中所含的汁液，挤出的汁用来做柑橘蜜（含水量 30%～40%，也是一种好的动物饲料）；②用旋转式干燥机进行干燥，这种方法的成本比较高。干燥的柑橘渣具有很强的吸潮性，应存放在干燥的地方，可以保存几年而其营养不损失。这种方法适合工业化处理，但能量消耗大，成本高。

3. 制粒　柑橘渣颗粒是指直径 0.2～0.6cm 的柑橘渣，其含水量低于 12%，粗蛋白质含量高于 5.0%，粗纤维含量低于 14.0%。这种处理方法在美国佛罗里达、巴西等柑橘加工业发达的地区和国家被广泛采用，仅巴西每年出口到欧盟的柑橘渣颗粒就上百万吨，美国每年也有约 70 万 t 的柑橘渣颗粒用于反刍动物饲料。柑橘渣颗粒是一种很好的反刍动物饲料，被广泛用作肉牛和奶牛的饲料，一般用量不超过其干物质采食量的 30%。由于干燥的柑橘渣颗粒极易吸收水分，储存过程中应防止吸潮变质。

第三节　粉　　渣

一、甘　薯　渣

甘薯（*Ipomoea batatas*），又名红薯、白薯、地瓜、番薯、红苕等，为旋花科甘薯属一年生或多年生蔓生草本植物。甘薯原产于南美洲，在我国的种植历史已有 400 余年，除高寒地区外，几乎遍布全国。甘薯作为我国主要粮食作物之一，其栽培面积及总产量均居世界首位。据 FAO 统计，2010 年，我国甘薯总生产量约 0.81 亿 t。目前，我国甘薯主要用于淀粉、粉丝、甘薯浓缩汁的生产加工，甘薯加工过程中会产生大量副产品——甘薯渣，占原料的 10%～14%。

（一）甘薯渣概况

甘薯渣主要由果皮、果肉、果梗组成，其中果皮、果肉占97.2%，果梗占2.8%。甘薯渣的主要成分为淀粉和膳食纤维，淀粉含量占甘薯渣干重的43%～61%，膳食纤维含量占甘薯渣干重的16%～27%，其膳食纤维占26%～36%，果胶占9%～23%。甘薯渣中蛋白质含量很少，仅2%左右。表6-2为甘薯渣的主要化学成分，除此以外，甘薯渣中还含有丰富的维生素、果酸及果糖。

表6-2　甘薯渣的主要化学成分

成分	蛋白质/%	粗纤维/%	脂质/%	粗灰分/%	水分/%	无氮浸出物/%	总酸（以乳酸计）/%	热值/（J/100g）
含量	2.30	16.20	0.30	0.74	11.40	61.67	1.11	473.00

有资料显示，年产3000t甘薯淀粉的企业，每年产生的湿甘薯渣高达4000t以上。湿甘薯渣含水量高达80%，不易储存和运输，极易发生腐败变质，仅2005年我国就有4.66×10^7t甘薯渣被作为废物丢弃，造成了严重的环境污染和资源浪费。

（二）甘薯渣存在的问题

1. 水分含量高　新鲜的甘薯渣含水量高达80%，极易受微生物污染，特别是霉菌（如黄曲霉菌、脱氧雪腐镰刀菌等）极易生长繁殖，并产生有毒代谢产物（如黄曲霉毒素、呕吐毒素等）。自然堆放的甘薯渣易受到黄曲霉菌污染，很快就会变黄、变黑，饲喂动物后常引起动物呕吐、拒食、腹泻、肝肾损伤等。

2. 高纤维低蛋白　甘薯渣高纤维低蛋白，而且所含的赖氨酸、蛋氨酸和色氨酸很少。易导致家畜适口性差，营养价值和消化利用率都很低，不能满足家畜对营养的均衡需求，过多饲喂还会导致畜禽发育不良和生病。

仔猪饲喂过多，会引起仔猪蛋白质摄入不足，能氮比过高，从而影响仔猪的生长发育；种公猪饲喂过多会影响精子的活力；怀孕母猪饲喂过多不能满足胎儿形成和生长发育的需要，易产生死胎或畸形仔猪，产后还会出现缺乳、无乳。因此，在使用甘薯渣养猪的过程中，要注意和蛋白质饲料搭配使用，保证合适的能氮比。

3. 亚硫酸氢钠残留　用甘薯生产淀粉加工过程中，甘薯细胞破碎后多酚氧化酶催化酚类物质发生反应，所产生的褐变现象是影响甘薯淀粉白度最主要的因素。虽然控褐方法较多，但能被企业接受和采用的主要是在破碎过程中添加亚硫酸氢钠。亚硫酸氢钠的添加降低了溶液中的pH，还导致大量的蛋白质与淀粉一起沉降，致使甘薯渣中残留亚硫酸氢钠。

亚硫酸氢钠具有二氧化硫气味，微量的亚硫酸氢钠对动物无害，过量的亚硫酸氢钠对动物有一定的毒性作用，主要表现为损伤胃肠道黏膜导致消化障碍。另外，亚硫酸氢钠可破坏硫胺素，使动物产生维生素B_1缺乏及代谢紊乱。亚硫酸盐中毒临床上表现为动物繁殖性能下降，生产水平降低，消化机能紊乱等。

（三）处 理 措 施

1. 干燥或蒸煮　将甘薯渣干燥后粉碎可直接添加于饲料中，也可将甘薯渣粉碎蒸煮。甘薯渣蒸煮能有效提高其中膳食纤维的品质，在蒸煮中，薯渣所含的淀粉、蛋白质等吸热膨胀，更多地暴露在表面，且某些大分子物质降解为小分子物质，在提取过程中更利于脱去杂质，提高膳食纤维含量，还能降低膳食纤维的持油力和结合脂肪的能力。

2. 微生物发酵　通过微生物发酵将甘薯渣中的淀粉和部分纤维素转化为菌体蛋白质，利用不同的发酵剂生产甘薯渣单细胞蛋白质饲料，不仅提高饲料中粗蛋白质含量，还能改善饲料风味和提高牲畜的食欲。

甘薯渣的青贮方法也是微生物发酵中的一种，和其他饲料不同，甘薯渣含水量高，单独青贮要降低水分，也可与玉米、糠麸、青草等按照所用原料的水分含量计算适合青贮的混合比例进行混合青贮。青贮所用的甘薯渣必须是1～2天加工的无污染新鲜薯渣。在青贮时，添加适量尿素或氯化铵、磷酸二氢钾、食盐、酵母菌和乳酸菌等，可提高其蛋白质含量和青贮品质。

3. 添加量限制　为减少因甘薯渣高纤维低蛋白及加工残渣含有亚硫酸氢钠等给动物带来的危害，需对甘薯渣的用量加以限制。新鲜甘薯渣添加：一般猪日粮中的添加比例应<20%，肥猪、架子猪可适当增加添加量，但一般不要超过日粮的50%。干燥后甘薯渣添加：用于猪饲料中，一般添加比例在6%以下，应用效果良好。鲜贮后添加：饲料中拌入30%的鲜贮粉渣，能明显增加禽畜的采食量，提高增重率。

二、土 豆 渣

土豆（potato）为茄科茄属一年生草本植物，又名马铃薯（*Solanum tuberosum*）或洋芋，其栽培历史悠久，分布广，产量高，被称为世界第四大粮食作物。我国是土豆生产和消费大国，土豆种植面积与产量均居世界首位。据统计，2007年，我国的土豆年产量已突破7000万t，除50%用于鲜食、留种和饲用外，其余多用于土豆淀粉的加工。随着土豆淀粉产业的发展，每年有大量的土豆被加工成淀粉，同时产生上百万吨的湿土豆渣。对土豆渣进行综合开发利用，不仅能减少环境污染，还能有效利用资源，具有较好的经济效益和社会效益。

（一）土豆渣的成分及性质

土豆渣含水量高达80%以上，其水分被嵌入残余完整细胞中，需要通过细胞膜交换到外界以除去，表现出典型的胶体理化特性。土豆渣的化学成分包括淀粉、纤维素、半纤维素、果胶、游离氨基酸、寡肽、多肽及灰分，具体数据见表6-3。

表6-3　土豆渣的主要成分（%）

成分	固形物	灰分	粗蛋白质	淀粉	纤维素	半纤维素	纤维（无法识别）	果胶
含量（湿基）	13.0	0.5	0.5	4.9	2.2	1.8	0.9	2.2
含量（干基）	—	4	4	37	17	14	7	17

资料来源：王卓等，2007

（二）土豆渣存在的问题

1. 水分含量高且难去除 土豆渣中水分含量很高，为了方便储运及再利用，提高其抵抗微生物污染性能和储存稳定性，去除渣中水分极为必要。如果加压除去约10%的水分，体系就表现出类似蛋白软糖的性质。水分虽然不是牢固地与细胞壁碎片中的纤维和果胶结合，但被嵌入残余完整细胞中，需要通过细胞膜交换到外界才能除去。从胶体中去除水分非常困难，且代价昂贵、耗能多。

2. 龙葵素 土豆中的有毒成分主要是龙葵素，又称茄碱、龙葵碱。未成熟和发芽的土豆中含有龙葵素，经工业生产后的土豆渣可能存在龙葵素富集。龙葵素是一种有异味、有毒性的甾类生物碱，是由一类含氮的类固醇基和 1～4 个单糖通过 3-α-糖苷键所组成的甾族类化合物。龙葵素的致毒机制是抑制胆碱酯酶活性从而引起中毒，并对胃肠黏膜有刺激作用。有研究发现，α-茄碱可干扰受试雄性小鼠的生精功能，75mmol/L 的α-茄碱即可对睾丸细胞产生毒性。龙葵素的含量与品种特性、收获时间、受损程度、储藏条件等密切相关。龙葵素含量 0～10mg/100g 鲜重（fresh weight，FW），在食用安全范围内；10～20mg/100g FW 食用时麻口，并带有苦味；超过 20mg/100g FW 食用后可能引起中毒，甚至死亡。

（三）处 理 措 施

1. 干燥 土豆渣中水分含量较高，且较难除去，直接利用烘干设备对土豆渣进行烘干，不仅耗能高，还易使薯渣中残余淀粉产生糊化。实际应用中常用转鼓式压滤机、带式压滤机等脱水机械对土豆渣进行前处理脱水，再进行干燥处理。一般的脱水机械只能将薯渣的含水量降到 70%左右，而且处理后的物料松散，仍不利于运输，但可延长土豆渣的使用时间。

2. 微生物发酵 通过微生物发酵处理可大幅度提高土豆渣的蛋白质含量，改善粗纤维的结构，增加适口性。液态发酵耗能高、投资大，不利于大范围推广，而固态发酵技术的应用已显示出优越性。

3. 消除龙葵素 第一，控制制粉用土豆，应选用成熟且未发芽的土豆作为制粉原料；第二，对土豆渣经微生物发酵，生物降解龙葵素；第三，对土豆渣酸化处理（龙葵素遇酸分解，毒性消失）。

第四节 豆 腐 渣

豆腐渣（soybean residue）是生产豆腐和豆浆的副产品，粗蛋白质和粗脂肪的含量很高，是一种物美价廉的饲料。但生豆腐渣含有抗胰蛋白酶、皂素、血凝素等抗营养因子，影响了豆腐渣的饲用价值。

一、豆腐渣的营养成分

豆腐渣是以豆类为原料加工豆制品所产生的副产品，每 1kg 黄豆可以生产 2.5kg 豆腐，与此同时产生 2kg 含水 89%的鲜豆腐渣。风干后，其干品中的粗蛋白质、粗脂肪、无氮浸出物、钙及磷的含量分别为 29.8%、8.8%、34.2%、0.97%和 0.45%，所含营养成分较丰富。据报道，我国每年生产约280万t的干豆腐渣，是一个较好的饲料资源。

二、豆腐渣中的抗营养因子

豆腐渣因其有抗胰蛋白酶、皂素、血凝素等抗营养因子，如果饲喂方法不当，会造成食物中的蛋白质在小肠里不能被分解和吸收，严重时还可能引起腹泻而造成牲畜营养不良，甚至中毒死亡。豆腐渣含氮高、水分大、易腐败霉变、适口性较差，牲畜吃了变质的豆腐渣，易导致肠炎、下痢等疾病，严重者会死亡。

三、防止豆腐渣中抗营养因子危害的措施

通过高温处理破坏豆腐渣中的抗胰蛋白酶等抗营养因子，提高猪对饲料中蛋白质的吸收利用。此外，由于湿豆腐渣含水量高，极易腐败变质，因此，应通过干燥工艺及时将其干燥处理，防止霉变。

第五节 酱 油 渣

酱油渣（soy sauce residue）是制作酱油后的残渣，一般呈深棕色，其含有相当高的蛋白质、碳水化合物及脂肪等。鲜渣含水量高达50%～75%，不易储存和运输，若不及时处理会很快变质。

一、酱油渣的营养成分

酱油渣是以大豆、豆饼、豆粕、蚕豆、豌豆、小麦、麸皮和食盐等为原料发酵生产酱油后的副产物，其具体营养成分随原料工艺而变化，差异较大。据报道，酱油渣干品中的粗蛋白质、粗脂肪、无氮浸出物、粗纤维、粗灰分及盐分别为19.5%～25.8%、7.4%～18.1%、9.1%、23.9%、8.4%～15.5%和0.5%～2.0%，所含营养成分较丰富，此外还含有丰富的异黄酮。2006年，我国酱油年产量已达500万t，而且其市场规模每年以10%的速度递增。按照生产1kg酱油会产生0.67kg含水75%的酱油渣计算，2009年就有440多万吨左右的酱油渣，是一有良好应用前景的饲料资源。

二、酱油渣中的抗营养因子

（1）酱油渣含盐量很高　长期喂饲或一次喂食量过多均会引起动物中毒，轻者体重减轻，重者导致死亡。因此，酱油渣在饲料中的配比一般不得超过10%。

（2）酱油渣中粗纤维含量高　主要包括纤维素、半纤维素和木质素，它们以各种化学键的形式相互缠绕，构成更难降解的木质纤维素，很难被动物消化吸收。

（3）含水量高　极易腐败变质，这也是影响酱油渣综合利用的原因。

三、防止酱油渣中抗营养因子危害的措施

（1）脱盐处理　通过水洗降低食盐含量，能将食盐浓度降低到饲料允许范围内，但该方法能耗高、用水量大。

（2）添加辅料　如麦麸、谷糠等，降低食盐含量。

（3）微生物处理　对酱油渣先行预处理再接种适宜的微生物，将培养料中的粗纤维降解转化成小分子物质、脂肪和蛋白质等营养成分，从而提高酱油渣的营养价值和消化利用率。酱油渣微生物饲料化的研究工作主要集中在筛选和构建合适的菌株，采用单菌种或混合菌种发酵方式，探索一步或多步发酵工艺。

第六节　藻　类

藻类（algae）是以天然无机物为培养基、以二氧化碳为碳源及以氨等为氮源通过光合作用进行繁殖的一类单细胞或多细胞生物，为一类低等隐花植物，种类繁多，分布广泛，其中65%生活于海洋、35%生活于淡水中。藻类生长迅速，产量高，且能净化环境。我国种植的海藻类主要有褐藻（海带等）、红藻（紫菜等）、绿藻（浒苔等）等品种，淡水藻类主要有微藻、螺旋藻和小球藻等，部分藻类可运用光生物反应器进行大规模培养生产。

一、主要饲料用藻类

我国农业部已将藻类及其加工产品列入《饲料原料目录》(〔2013〕第1773号公告)，包括藻、藻渣、藻粉、微藻粕等产品，主要有海带、螺旋藻、裂壶藻、拟微绿球藻、小球藻等。藻粉由培养的藻类加工而成，藻渣来源于藻类食品加工副产品，藻粕为浸提二十碳五烯酸（EPA）和二十二碳六烯酸（DHA）等脂肪酸后的副产品。

二、藻类的营养成分及饲用特点

藻类因光合作用转化储藏物质和代谢产物不同而导致营养成分差别较大。藻类蛋白质含量通常在10%～50%，螺旋藻蛋白质含量高达50%～70%，海带等蛋白质含量相对较低，约为10%；藻类氨基酸组成较合理，苏氨酸、亮氨酸含量较高，部分藻类中天冬氨酸、谷氨酸等呈味氨基酸含量较高。海藻中糖类含量超过30%，浒苔中高达58.1%，主要有纤维素、葡聚糖、褐藻酸、岩藻聚糖、卡拉胶和淀粉等，螺旋藻中含10%～23%的螺旋藻多糖。藻类脂肪含量差异较大，海藻类脂肪含量为1%～7%，脂肪酸多属于ω-3及ω-6类高不饱和脂肪酸，螺旋藻等藻类中富含EPA和DHA，高达20%以上。藻类富含维生素C、维生素E、β-胡萝卜素等。藻类含多种矿物质元素，海藻中碘含量可达干重的0.5%～1%。藻类含有丰富的叶绿素、虾青素等色素。

饲料中添加适量藻类能促进动物健康，提高生产性能，改善动物产品品质。但除螺旋藻外，大多数藻类存在单胃动物难消化的细胞壁（约占藻类干物质的10%），需要采用有效方法破坏细胞壁使蛋白质等成分充分释放而被利用，养殖动物对海藻多糖的消化能力也较差，因此，要注意藻类在饲料中的添加量不宜过高。此外，由于藻类中各种营养成分含量差异很大，因此应用时需进行养分检测。蓝藻有腥味且含有毒素，饲料中应用不当会降低动物采食量和生产性能，并损伤肝脏等器官，且负面效应随添加量增加而增大。

三、藻类中的有毒有害物质

藻类主要有工业化生产产品和污染环境的藻类加工产品，部分藻类本身可以产毒素，而海带、螺旋藻等在生产过程中常利用工业和养殖业废水或动物粪便进行培养，藻类对水环境中的重金属等有毒有害物质具有较强的富集能力，因此，必须重视藻类饲料卫生。

1. 藻类毒素　藻类毒素主要包括生物碱、聚醚类、萜类、甾醇类、肽类等化合物，其毒性可分为肝毒素、神经毒素、腹泻毒素、细胞毒素和溶血毒素等，具有肝毒性、肾毒性、肠毒性、胚胎发育毒性、免疫毒性、遗传毒性、细胞毒性、致癌和致畸等毒性作用。海洋藻类毒素的毒性比淡水藻类毒素强，其中研究最多的是微囊藻毒素（microcystin，MC），其基本结构为环状七肽，有 80 多种异构体，被动物摄入经肠上皮细胞吸收后，主要通过胆汁酸转运系统在体内运输并在肝脏、肾脏、消化道、心脏和脑等组织中蓄积，以肝脏中的积累及毒性最大，主要通过抑制丝/苏氨酸蛋白磷酸酶 1 及丝/苏氨酸蛋白磷酸酶 2A 活性和氧化应激而产生毒性作用。

2. 重金属　藻类细胞壁存在羟基、羧基、氨基、巯基和磷酸根等多种带负电荷的基团，可结合重金属。因此，藻类对环境中的重金属离子富集能力很强，重金属含量与藻类养殖区域有关，要注意藻类养殖区域的重金属污染状况。

四、藻类毒素的危害及控制

1. 藻类毒素的危害　藻类毒素对动物影响极大，藻类引起的“赤潮”或“水华”等形成的毒素可造成鱼、虾、贝类和畜禽等动物大量死亡，并可大量积累于动物产品而危害人类健康；淡水产毒藻类以蓝藻门中的微囊藻危害最大，在富营养化的水体中大量存在，分布十分广泛。

2. 藻类毒素的控制　藻类毒素防治最有效的方法是控制氮、磷排放进入水环境，减少动物与“水华”水体的接触。淡水藻类毒素主要存在于发生“水华”的藻类，在开放环境条件下培养、收获和加工藻类时，必须避免其被其他有毒微生物污染。

五、藻类毒素去除和解毒方法

1. 藻类毒素去除方法　藻类毒素去除方法有物理法、化学法和生物法。物理法一般采用沉淀、吸附、填料过滤等方法，可去除细胞内的微囊藻毒素，但很难去除水体中溶解性的微囊藻毒素。化学法通过破坏藻类毒素结构使之转化为无毒的化合物，常用臭氧、氯、Fenton 试剂和光降解等使藻类毒素降解。生物法是通过微生物作用去除水体中微囊藻毒素，主要是通过微生物产生的藻类毒素酶和碱性蛋白酶等相关酶降解毒素，但降解过程缓慢。

通过深入研究，制定藻类饲料产品中藻类毒素限量标准，是控制藻类毒素危害的重要措施。

2. 藻类毒素解毒方法　当发生藻类毒素中毒时，谷胱甘肽可与毒素结合而缓解其毒性作用；藻类毒素的毒性作用很大程度上是通过在细胞内产生氧化应激所造成的，采用维生素 E、硒及 *N*-乙酰半胱氨酸等能够在一定程度上缓解其毒性，也可通过洗胃来部分解除其毒性。

第七节　甘　蔗　渣

甘蔗（sugarcane，学名 *Saccharum officinarum*）为甘蔗属多年生高大实心草本，根状茎粗壮发达，秆高 3～6m，在我国台湾、福建、广东、海南、广西、四川、云南等南方热带地区广泛种植。甘蔗渣是甘蔗经破碎和提取蔗汁后甘蔗茎的纤维性残渣，是制糖工业的主要副产品，甘蔗渣一般含干物质 90%～92%，粗蛋白质 2.0%，粗纤维 44%～46%，粗脂肪 0.7%，无氮浸出物 42%，粗灰分 2%～4%。

一、甘蔗渣中的有毒成分及其影响

甘蔗渣在不良的条件下经过冬季长期储存，受冻后化冻，在适宜温度下，微生物大量繁殖而出现霉变，表现为质软，呈浅棕色，闻之有轻度霉味，从霉变甘蔗渣中可分离出真菌，称为甘蔗节菱孢霉。其产生的毒素为 3-硝基丙酸，是一种耐热性水溶性神经毒，引起神经细胞凋亡。3-硝基丙酸的毒性及中毒机制见第二章第四节沙打旺部分。

甘蔗渣的成分以纤维素、半纤维素及木质素为主，纤维素、半纤维素和木质素含量分别可达 32%～48%、19%～24%、23%～32%，木质化程度高，蛋白质、淀粉和可溶性糖含量较少。与作物秸秆相比，甘蔗渣的木质化程度高、蔗茎表皮存在硅化细胞，养分不平衡，作为反刍动物饲料有机物消化率只有 20%～25%或更低。甘蔗渣木聚糖主要由 D-木糖构成，结构如图 6-1 所示。

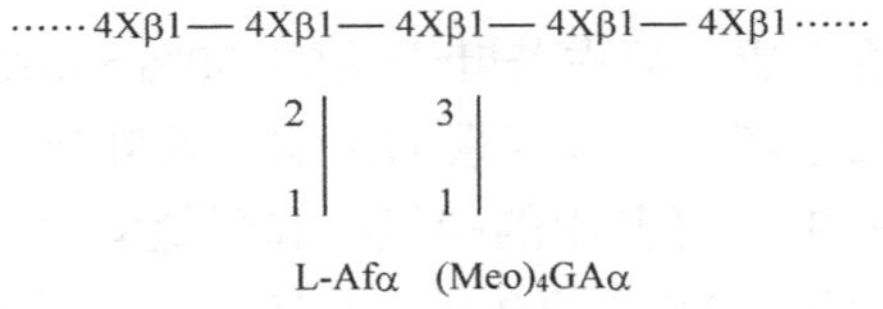

Xβ=β-D-呋喃式木糖基

L-Afα=α-L-呋喃式阿拉伯糖基

$(Meo)_4GA\alpha$=4-*O*-甲基-α-D-吡喃式葡萄糖醛酸基

图 6-1　甘蔗渣木聚糖核心结构图

二、甘蔗渣的合理利用与中毒处理

半纤维素作为分子黏合剂结合在纤维素和木质素之间，而木质素具有网状结构，作为支撑骨架包围并加固纤维素和半纤维素，由于甘蔗渣的纤维素晶体结构、半纤维素与木质素结合成复杂结构，甘蔗渣纤维致密不透水，直接影响酶和化学试剂接触，从而导致水解速度缓慢、效率低下。但甘蔗渣经过适当的处理，可提供高达 20%的反刍动物日粮。

1. 碱化处理　甘蔗渣经碱化（7% NaOH）复合处理后，不仅提高其营养物质的降解率，还使蔗渣降解速度加快，在消化道的存留时间缩短，相对提高了蔗渣的采食量。

2. 蒸汽处理　将甘蔗渣置于间歇反应锅中，在 180℃的条件下蒸汽处理 7～10min，其蔗糖的消化率从 15%提高到 60%。

3. 发酵处理　用含小麦、稻糠的介质接种纤维素、木质素分解微生物，温室培养 12h，再用这种复合接种物分解蔗渣，可获得消化率较高的饲料，喂养奶牛，饲养效果良好。

4. 氨化+发酵处理　可将甘蔗渣与尿素或氨化物（100∶2）的水溶液，在加热锅中 $14kg/cm^2$ 的压力下蒸煮 2h，物料降温至 25℃左右时拌入酵母发酵，经干燥、粉碎后即可用作饲料，其粗蛋白质含量可达到 8%～11%。

霉变甘蔗渣中毒尚无特效治疗方法，在发生中毒后应尽快洗胃、灌肠，以排除毒物，并对症治疗，控制抽搐，纠正水电解质及酸碱平衡紊乱，防止继发感染。

第八节　茶　叶　渣

茶叶渣是茶饮料、速溶茶和茶多酚等茶叶深加工产品生产过程中产生的副产品及不可饮用的废茶叶和粗老叶。我国茶叶产量居世界第一，茶叶渣资源丰富。

一、茶叶渣的成分及生理功能

茶叶中经分离、鉴定的化合物达 700 多种，其中有机物在 650 种以上，占干物质的 93.0%～96.5%；无机物在 50 种以上，占 3.5%～7.0%。其主要成分有茶多酚（占干物质的 18%～36%）、蛋白质和氨基酸、茶叶生物碱、茶叶多糖、维生素、矿物质、芳香物质，茶叶中含有 1.5%～4%的游离氨基酸，共有 26 种，除 20 种蛋白质氨基酸外，茶氨酸（又名 *N*-乙基-γ-L-谷氨酰胺）是茶叶中最重要的特征氨基酸，占氨基酸总量的 40%～50%，有焦糖香及类似味精的鲜爽味。

茶叶深加工提取的可溶性成分只占茶叶干重的 30%～40%，茶叶渣中尚含有多种有益成分，受茶叶品种、茶制品生产工艺等因素的影响，茶叶渣的化学成分变异较大。其粗蛋白质含量较高，可达 17%～19%，且其中的赖氨酸和蛋氨酸含量分别达 1.5%～2%和 0.5%～0.7%；茶叶渣中通常含有 1%～2%的茶多酚、0.1%～0.3%的咖啡碱，但粗纤维含量高达 16%～18%。

茶叶中的茶多酚是主要的生物活性成分，具有抗氧化、抑菌、调节脂肪代谢和降低动物产品中脂肪与胆固醇沉积、增强动物抗应激和抗病能力、防龋齿等多种功能；茶叶生物碱对中枢神经系统具有兴奋作用，能促进胃液分泌和机体代谢、抑制血小板凝集、松弛平滑肌和调节体温；茶叶多糖具有抗氧化、降血脂及血糖、增强动物免疫力等功能；茶氨酸具有降血脂、保护神经、拮抗由咖啡因引起的副作用和抗疲劳等作用。

二、茶叶渣的饲用价值

茶叶渣适量替代饲料中的麸皮和部分蛋白质原料不影响动物生产性能，生长肥育猪对速溶茶叶渣中的总能、粗蛋白质和粗纤维的消化率分别为 50.87%、62.01%、38.94%，表观消化能为 8.47MJ/kg；饲料中添加茶叶渣能改善鸡肉品质，提高其中的维生素含量，适量添加茶叶渣也可促进草鱼生长，但添加量不宜过高。发酵能提高茶叶渣中的粗蛋白质含量及养分利用率。茶叶渣与豆粕混合时，可降低豆粕中干物质和蛋白质在反刍动物瘤胃中的降解率，对豆粕粗蛋白质具有保护作用。茶叶渣中的茶皂素能够增加瘤胃内细菌数量，抑制原虫生长，促进瘤胃发酵，从而提高饲料转化率。

三、茶叶渣对动物的副作用

茶叶渣粗纤维含量高，还含有单宁等抗营养因子，应注意在配合饲料中的添加量。产蛋鸡长期饲喂茶叶时，应补充维生素 D_3，防止蛋壳厚度和强度下降。

第九节　香　蕉　皮

香蕉（banana，学名 *Musa sapietum*）属于芭蕉科芭蕉属的一种，是典型的亚热带经济作物，产于南北纬 30°以内的热带、亚热带地区，在我国广东、广西、台湾、福建、云南、贵州等地广泛种植。香蕉皮占香蕉质量的 30%左右，含有大量的果胶、低聚糖、纤维素、半纤维素、木质素等膳食纤维，还含有蛋白质、水溶性糖、脂肪、多种维生素和 K、Ca、Mg、S、Fe、Zn 等矿物元素（主要营养成分含量见表 6-4）。香蕉皮细腻湿滑，纤维素含量高但并不坚韧，对于家畜、家禽来说是一种比较容易消化吸收的饲料，具有较大的开发利用价值。

表 6-4　香蕉和香蕉皮主要营养成分的含量（%）

类型	水分	蛋白质	粗纤维	总糖	脂肪
香蕉	73.10	1.40	0.90	19.50	0.50
香蕉皮	90.80	0.74	3.38	3.37	0.76

一、香蕉皮中的抗营养因子及其对动物的影响

单宁是香蕉皮中主要的抗营养因子。不同成熟度的香蕉皮中单宁平均含量在 0.588%左右，青香蕉皮中的单宁含量最高，黑香蕉皮最少。

单宁的危害参见第三章第一节中高粱部分。

二、防止香蕉皮危害的措施

（1）*干燥粉碎*　将香蕉皮在太阳下晒干（水分含量约为 14%），再进行粉碎，直接作为饲料原料。有研究表明，香蕉皮在肉鸡日粮中的添加量可达 10%。

（2）*微生物发酵*　香蕉皮经微生物发酵处理，可改善其适口性，增加营养价值，提高消化利用率。有研究报道，以香蕉皮为主要原料，添加 3%尿素、10%甘薯、25%麸皮，经过双螺杆挤压机挤压膨化后接种 10%产朊假丝酵母发酵 3 天，蛋白质含量可高达 27.87%。

对单宁抗营养因子的消除可参见第三章第一节中防止高粱单宁危害的措施。

第十节　茶 籽 饼（粕）

茶籽饼（粕）是油茶种子经提油后的副产物，其产量大概是茶油的三倍。我国每年有 50 多万吨的茶籽饼（粕）产生。茶籽饼（粕）中含有较丰富的蛋白质、糖类、粗纤维及矿物质（表 6-5）。

表 6-5　茶籽饼（粕）中各成分含量（%）

成分	含量	成分	含量
水分	10～14	咖啡因	0.95
脂肪	5	茶皂素	10～15
蛋白质	12～15	单宁	2
糖	30～35	灰分	6
纤维素	5～6		

一、茶籽饼（粕）中的有毒成分及其毒性

（一）茶籽饼（粕）中的有毒成分

茶籽饼（粕）中的主要有毒物质为皂素，含量约为 12%。此外，茶籽饼（粕）中还含有少量单宁和黄酮物质。

（二）茶籽饼（粕）的毒性

茶皂素（tea saponin），别名茶皂苷，是一种五环三萜类的植物皂苷，主要由糖体、苷元和有机酸构成，其中糖体部分由葡萄糖、半乳糖和木糖等构成，苷元上的羟基则与肉桂酸、乙酸等有机酸结合形成酯，但因其连接方式的不同，造成了其组成的复杂性与多样性。

茶皂素不仅影响动物饲料的适口性，因其具有溶血性，还会引起动物胃肠中毒、肝脏损失、惊厥和昏迷，甚至死亡。但是，茶皂素对白细胞却无任何影响，且茶皂素必须与血液发生接触，才能发挥溶血作用。对哺乳动物，口服无毒害作用。茶籽饼（粕）中的单宁和黄酮会影响蛋白质和矿物元素的利用。

朱全芬等研究发现，茶皂素能破坏鱼的血红细胞而造成溶血，但对白细胞并无影响。茶皂素主要通过鱼鳃组织的上皮细胞进入鱼的血管，破坏其血红细胞并引发溶血，进而造成鱼中毒死亡。但茶皂素对对虾无害，且可以促进对虾等含有甲壳的水体动物分泌激素，进而促进其自身的蜕皮，加速虾类的发育生长，并可防治虾的黑鳃病，控制对虾的寄生虫，因此，茶皂素可作为天然的池塘清洁剂使用，选择性地去除鱼池和虾池中的有害鱼类。

二、茶籽饼（粕）的脱毒及其在动物生产中的应用

（一）茶籽饼（粕）的脱毒

对茶籽饼（粕）的脱毒工艺研究主要集中在提取和降解两个方面，茶皂素成分提取的方式在茶籽饼（粕）脱毒方法中占主导地位。对茶皂素成分的提取方法主要有水浸法、有机溶剂法、水提取-沉淀法、水提取-醇萃取法、超声波法。对茶籽饼（粕）中茶皂素的降解主要采用的是微生物发酵法。

利用微生物对茶籽饼（粕）进行发酵，不仅能够降低茶籽饼（粕）中茶皂素和单宁等抗营养物质的含量，还可以提高茶籽饼（粕）中蛋白质等营养成分的含量。

（二）茶籽饼（粕）在动物生产中的应用

茶籽饼（粕）含有茶皂素和单宁等抗营养物质，粗纤维含量高，即便经过发酵等处理，也应控制用量。茶皂素具有鱼毒性，特别是对软体动物毒性明显，可用于水体灭螺等，而在水产动物配合饲料中应用时应特别慎重。

第十一节　桐籽饼（粕）

桐籽饼（粕）是桐籽榨油后的副产品，因含有毒素而不能直接添加到饲料中，一般用作肥料。通过浸出法生产的桐籽饼（粕）蛋白质含量为36.29%～40%，必需氨基酸含量为33.1%～34.25%，明显高于菜籽饼（粕），且氨基酸组成合理。

一、桐籽饼（粕）的有毒成分及其毒性

（一）桐籽饼（粕）的有毒成分

油桐全株有毒，种子、皮、茎、叶的毒性依次降低。桐籽饼（粕）含有能引起动物胃肠炎的毒性皂苷和抗营养因子。一般认为，桐籽饼（粕）中含有皂苷、二萜类、佛波醇等毒素。研究发现，油桐饼（粕）中含有25%～30%的佛波醇酯。研究还发现，机榨和新鲜脱油桐饼含皂苷和醇溶性成分两种毒素。对用石油醚浸提得到的桐粕进行分析，发现至少有两部分毒素，其区别为能否溶解有机溶剂及其对热的稳定性。从桐叶和桐饼中分离出一种有毒的以单酯或二酯形式存在的新二萜化合物和结构类似新二萜酯的相关化合物。

（二）桐籽饼（粕）的毒性

桐籽饼（粕）的毒性在各种动物上已得到验证。山羊的中毒症状为精神萎靡、食欲不振、腹泻等。桐籽饼（粕）毒素能够损害家兔的肝脏、心脏和肾脏，进而引起某些血液指标变化。桐籽饼（粕）毒素使家兔供血不足，精神不振，短时间对心血管影响较强，但随着时间推移，作用逐渐减弱。马在桐籽饼（粕）中毒后出现不食、胃肠炎症、呼吸不顺畅等症状，严重者可致死亡。

二、桐籽饼（粕）的脱毒及在动物生产中的应用

（一）桐籽饼（粕）的脱毒

早期对桐籽饼（粕）脱毒主要采用水、乙醇、丙酮等溶剂浸提处理，利用高压蒸汽、水煮及烘箱干燥的热处理及两种处理方法相结合的方式，但饲喂效果差。根据醇溶性毒物含有不饱和键的特点，采用皂化、氨化、乙酰化等方法处理毒素，效果较好。通过热处理可以使饼（粕）中的凝集素和抗胰蛋白酶抑制因子基本上消失。研究表明，通过有机溶剂（乙醚、丙酮、汽油、己烷）先对桐籽饼（粕）脱脂，再用95%乙醇抽提6～8h，在盐酸存在下压热处理，毒性可完全去除。另有研究证明，将桐籽饼（粕）在pH为1～3的水中浸泡12h，再用60℃乙醇提取4次，也可完全脱毒。

（二）桐籽饼（粕）在动物生产上的应用

桐籽饼（粕）含有多种有害成分，在动物饲料中使用应控制用量。从已有的研究来看，在饲粮中添加比例不超过5%是比较安全的，脱毒处理过的桐籽饼（粕）添加比例可适当增加。

第十二节　其　　他

一、橡　胶　籽

橡胶籽（橡胶种子）是天然橡胶种植业的副产品之一。未脱脂的海南脂橡胶籽中水分为28.9%，粗蛋白质为21.5%，粗脂肪为50.2%，淀粉为6.2%。脱脂橡胶籽中粗蛋白质、粗脂肪、碳水化合物含量分别可达42.01%、9.98%、36.67%。橡胶籽中各种必需氨基酸含量较高，比例均衡。在10种饲料必需氨基酸中，有8种高于或等于豆粕，仅1种（赖氨酸）稍低于豆粕，铜、铁、锌、锰、硒等微量元素含量高，完全可以替代豆粕。另外，由于橡胶籽仁含丰富的亚麻酸，在饲料中添加一定比例的橡胶籽仁粉，可改善畜禽产品的品质。

（一）橡胶籽中的抗营养因子及其对动物的影响

新鲜的橡胶籽仁主要含有一种类似于木薯和利马豆中所含的抗营养因子莱豆苷（$C_{10}H_{17}O_6N$），是一种能产生氰化物的葡萄糖苷。新鲜橡胶籽种仁样品中氢氰酸（HCN）含量为162.5mg/100g干重。

氰化物的危害参见第二章第二节。

（二）防止橡胶籽氰化物危害的措施

新鲜的橡胶籽贮存第一周中氰化物含量就迅速降低到60.6mg/100g。浸泡48h后HCN的残留量为16.7%。蒸煮30min后其含量降低到12.5mg/100g。发酵5天后，其含量降低到0.1mg/100g。因此，经贮存、浸泡和蒸煮、发酵处理，绝大多数氰化物消失。不同加工处理后橡胶籽粉主要营养物质、能量和HCN的含量变化见表6-6，其中水压加工的橡胶籽粉矿物质的含量（mg/g）为钙2.05、镁5.0、锰0.35、铜0.50、铁0.05、钠5.50、锌0.50。

表6-6　不同处理橡胶籽粉主要营养物质、能量和HCN的含量

类型	干物质/%	粗蛋白质/%	草酸/%	粗纤维/%	灰分/%	HCN/（mg/g）	总能/（kg/g）	代谢能/（kg/g）
未脱脂	94.17	20.21	47.98	4.46	4.03	105.62	29.16	20.42
溶剂萃取	60.64	34.10	10.12	5.09	6.10	91.80	20.17	14.19
水压加工	90.11	26.10	18.56	5.02	5.73	94.32	21.02	16.35

二、香 蕉 茎 叶

新鲜香蕉茎叶DM、CP、EE、CF、NDF、ADL、NFE、Ca、P和Ash的含量分别为8.69%、

7.605%、1.00%、25.45%、52.28%、37.57%、32.32%、1.43%、0.2%和 11.29%。香蕉茎叶中可溶性碳水化合物及维生素含量较高，其中叶片中粗蛋白质含量较高（表 6-7）。据报道，反刍动物能较好地消化香蕉茎叶，叶的消化率为 65%，茎的消化率为 75%。

表 6-7　香蕉茎叶营养成分分析表（以风干样为基础）（%）

类型	水分	DM	风干样 DM	CP	EE	EF	NDF	ADL	NFE	Ca	P	Ash
茎秆	95.21	4.79	94.89	6.84	1.52	27.57	60.71	48.54	29.46	0.96	0.33	25.34
叶片	75.96	24.05	95.36	12.12	5.13	20.12	51.39	38.94	39.79	2.05	0.16	12.86
整株	91.31	8.69	95.12	7.605	1.00	25.45	52.28	37.57	32.33	1.43	0.20	11.29

（一）香蕉茎叶中的抗营养因子及其对动物的影响

新鲜香蕉茎叶含有单宁及大量纤维素，其适口性和消化率较低。要充分利用香蕉茎叶，必须对香蕉茎叶进行加工处理。以除去获钝化有毒的单宁，提高纤维物质的营养价值。

单宁的危害参见第三章第一节。

（二）预 防 措 施

香蕉茎叶单宁含量随着青贮时间呈递减趋势，青贮 60 天后其单宁含量已大大降低（表 6-8）。亚硝酸盐含量随青贮时间有增加趋势，但增加幅度较小，其含量值低于国家食品中亚硝酸盐允许标准。

表 6-8　不同处理香蕉茎叶的单宁及亚硝酸盐含量变化表

组别	0 天		30 天		60 天	
	单宁/%	亚硝酸盐/（mg/kg）	单宁/%	亚硝酸盐/（mg/kg）	单宁/%	亚硝酸盐/（mg/kg）
对照组	0.162	7.04	0.086	7.74	0.088	7.77
5%玉米面	0.107	6.87	0.105	7.11	0.021	7.23
10%玉米面	0.179	6.78	0.175	7.45	0.031	7.35
10%米糠	0.107	7.77	0.100	7.75	0.015	7.76
20%米糠	0.112	5.16	0.092	7.29	0.027	7.42
5%糖蜜	0.325	7.16	0.205	7.76	9.126	7.56
EM 菌剂	0.175	7.76	0.096	7.86	0.083	8.11

用青贮香蕉茎叶代替 60%的象草饲喂奶牛，可节省饲料用地，并减少废弃香蕉茎叶对环境的污染。

利用以香蕉茎叶为主的原料生产菌体蛋白质饲料，可用作鸡和猪饲料的原料。将鲜香蕉茎叶切成 5～8cm 长，加 2%的玉米粉混匀后青贮 30 天后开窑，可生产出牛的优质饲料。

第七章　霉菌毒素对饲料的污染

第一节　概　　述

霉菌在自然界中普遍存在，所有的饲料原料都可能被霉菌毒素污染。饲料中的霉菌导致饲料发热、发霉、降低饲料的适口性及营养价值。另外，霉菌污染饲料及饲料原料后，在合适的环境条件下，会产生有毒次生代谢产物——霉菌毒素。畜禽典型的霉菌毒素中毒临床症状有生长及繁殖性能下降、免疫抑制，中毒严重的动物表现严重的脏器功能损伤，甚至死亡。动物产品中残留的霉菌毒素及其代谢产物对人类健康构成危害。

一、霉菌与霉菌毒素的基本概念

（一）霉菌与真菌

霉菌（mold）是真菌的一部分。真菌是指具有细胞膜壁，无根、茎、叶的分化，不含叶绿素，靠寄生或腐生方式生活的一类微生物。除少数是单细胞外，大多数菌体呈丝状。真菌数量很多，包括小型的霉菌和酵母菌，也包括大型的真菌，如蘑菇等。

真菌在分类上分为三纲一类，即藻状菌纲（Phycomycetes）、子囊菌纲（Ascomycetes）、担子菌纲（Basidiomycetes）及半知菌类（Fungi Imperfecti）。霉菌不是一个分类学上的名称，将凡是在基质上长成绒毛状、棉絮状或蜘蛛网状的菌丝体的真菌统称为霉菌。从分类学角度来看，霉菌分属于藻状菌纲、子囊菌纲及半知菌类。

农作物种子自田间生长到收获贮藏的各个时期都可感染霉菌，按其生态群可分为田间霉菌和仓储霉菌两类。①田间霉菌是指农作物种子还在田间就感染了霉菌，所感染的霉菌是需要较高湿度才能生长的真菌；感染最易发生在种粒已经形成、体积增大到最大的时候。种子收获贮藏后，在种子水分含量下降和正常保管条件下，此类霉菌会逐渐减少或消失。田间霉菌主要包括交链孢霉属（*Alternaria*）、芽枝霉属（*Cladosporium*）、镰刀菌属（*Fusarium*）、孺孢霉属（*Heminthosporium*）和黑孢霉属（*Nigrospora*）等真菌。此外，还有甘薯黑斑病菌、麦类麦角病菌等。②仓储霉菌是指农作物在贮存期间感染，其在收获前通常不会造成严重的霉菌毒素污染等问题；感染一般是在种子收获贮藏后，尤其容易在仓库保管条件不良如种堆表面吸湿、水分转移、结露和早期发热等情况下发生，有些仓储霉菌也可在作物田间生长时和收获后在晒场上感染。仓储霉菌主要是曲霉属和青霉属的真菌。

尽管田间霉菌和仓储霉菌通常能用来指示各种真菌繁殖产毒所需要的温度、湿度的不同，但实际上特定霉菌生长所需要的适宜条件既可能在种植过程中出现，也可能在贮藏期间出现。不同霉菌适宜的生长产毒条件因种属不同而异，但通常都需要较高的温度和湿度、需氧和酸性环境。

从饲料卫生与毒物学的角度来看，与饲料及畜牧生产关系最为密切的霉菌大部分属于曲霉菌属、镰刀菌属和青霉菌属。

（二）霉 菌 毒 素

霉菌毒素（mycotoxin）是指霉菌在基质（饲料）上生长繁殖过程中产生的有毒代谢产物，或称次生代谢产物。初级代谢产物是霉菌生长所必需的化合物，如蛋白质、核酸、类脂和碳水化合物。次级代谢产物是霉菌在指数生长期的最后阶段产生的，是初级代谢产物累积到一定程度后，通过一系列复杂的生物合成途径而产生的。此外，某些霉菌也能使基质（饲料）成分转变成有毒的霉菌毒素。霉菌是真菌的一部分，同理，霉菌毒素也只是真菌毒素的一部分。

霉菌种类很多，但能产生霉菌毒素的只限于少数的产毒霉菌，而产毒菌种中也只有少数菌株能产生具危险性数量的霉菌毒素。产毒菌株的产毒能力有可变性和易变性。产毒菌株与其所产的霉菌毒素之间无严格的专一性，即一种菌种活菌株可以产生几种不同的毒素，而同一霉菌毒素也可由几种霉菌产生。饲料作物种类与品种不同，其所产生的霉菌毒素的种类和数量也有差别。

二、霉菌繁殖与产毒的条件

影响霉菌繁殖（霉菌在饲料上繁殖是产毒的先决条件）和产毒的条件主要是基质（饲料）的种类、环境的相对湿度和温度、空气流通供氧情况等。

不同种属霉菌的繁殖产毒对饲料种类具有选择性。不同饲料中生长的霉菌菌相虽然不是严格固定的，但有一定的趋势。一般粮谷中以曲霉和青霉最常见；黄曲霉及其毒素在玉米和花生饼（粕）中检出率最高；小麦、玉米和各种秸秆以镰刀菌及其毒素污染为主；青霉及其毒素主要在大米中出现。霉菌在天然饲料上比在人工培养基上更易繁殖和产毒。一般，田间感染的产毒霉菌在人工培养时不易产生有毒代谢产物，而人工培养在贮藏期间感染的霉菌，则易产生有毒代谢产物。

通常，在仓储条件下，霉菌生长繁殖需要的基质水分含量为13%～18%。但霉菌种类不同，其最适宜水分含量有差异，如赭曲霉需要基质的含水量为16%以上，黄曲霉与青霉为17%，其他霉菌为20%以上。但是，如花生等含油量较高的饲料，其水分含量在7%时，曲霉菌也可繁殖产毒。另外，霉菌增殖产毒的必要条件之一是能利用谷物颗粒间的水蒸气，而水蒸气的多少是由谷物内游离的水分和蒸发到谷物周围的水蒸气之间的平衡来决定的。谷物颗粒间水蒸气的多少可用水分活度和平衡水分来表示。通常将基质中能供霉菌利用的水称为活性水，活性水的量通常用水分活度（water activity，a_w或A_w）来表示，$a_w=P/P_0$，即霉菌的作用物（饲料或培养基）中水分的蒸汽压（P）与同温度下纯水的蒸汽压（P_0）之比。a_w的100倍相当于环境相对湿度值。饲料的a_w值越小，越不利于霉菌增殖。各种饲料均有其特有的水分活性。米、麦、豆类等的a_w为0.7或<0.7，叶菜类为0.98～0.99。从理论上讲，只要将a_w值降到0.7以下，就可完全阻止产毒霉菌繁殖，但实际上在大量农产品收获后，其水分活性不能达到该范围，因此必须在仓储时采取防霉措施。平衡水分（equilibrium moisture）是指在一定的环境湿度下存放的饲料，其水分与环境湿度达到平衡时的水分。平衡水分的数值随着环境湿度的变化而变动。在相同环境湿度下，饲料种类和成分不同，其平衡水分也不同。例如，在贮藏环境相对湿度为70%时，饲料中平衡水分的含量，米和麦类为14%、大豆为11%、干

燥叶菜类为30%时，霉菌和细菌均不能繁殖和产毒。不同种属霉菌繁殖与产毒需要的环境湿度不尽相同。根据霉菌对环境湿度的要求不同，可将霉菌分为干生性霉菌（需要的相对湿度在80%以下）、中生性霉菌（需要的相对湿度为80%～90%）和湿生性霉菌（需要的相对湿度在90%以上）。曲霉、青霉和镰刀菌属均为中生性霉菌。

环境温度对霉菌的繁殖与产毒也有重要影响，大多数霉菌繁殖的适宜温度为 25～30℃，在0℃以下或30℃以上，产毒能力减弱或丧失。但也有例外，如梨孢镰刀菌、尖孢镰刀菌、拟枝孢镰刀菌和雪腐镰刀菌等的适宜产毒温度为 0℃或−7～−2℃，而毛霉、根霉、烟曲霉的适宜温度可达40℃。温度的升高会促使饲料中的水转变为蒸汽状态。因此，当环境湿度一定时，水分活度及霉菌生长的能力会随着温度的升高而提高。

霉菌繁殖一般均需要有氧条件，但毛霉、灰绿曲霉可耐受高浓度 CO_2 的厌氧条件。

此外，饲料及饲料原料被昆虫和螨虫污染会加剧饲料被霉菌及霉菌毒素污染的风险。其一，昆虫和螨虫等会通过对作物籽实造成物理损伤，使霉菌更容易侵入裸露的胚乳，从而促进霉菌的生长繁殖及产毒；其二，昆虫和螨虫的代谢活动会引起被霉菌污染的作物籽实湿度和温度升高，会进一步促进霉菌的繁殖产毒。此外，昆虫和螨虫还会携带霉菌孢子，且其排泄物也是霉菌生长的适宜底物。

当条件适合霉菌生长时，饲料可能同时被多种霉菌感染，因此，饲料被多种霉菌毒素联合污染的现象较普遍。

三、主要的产毒霉菌与霉菌毒素

（一）主要的产毒霉菌

由于不同霉菌适宜的生长环境差别较大，因此不同霉菌产生的次生代谢产物也有较大的差异。一种霉菌可以产生多种霉菌毒素，而同一种霉菌毒素也可以由几种霉菌产生。目前已知具有产毒株的主要霉菌如下。

曲霉菌属（*Aspergillus*）：黄曲霉、杂色曲霉、赭曲霉、构巢曲霉、寄生曲霉、烟曲霉等。

镰刀菌属（*Fusarium*）：禾谷镰刀菌、三线镰刀菌、拟枝孢镰刀菌、梨孢镰刀菌、茄病镰刀菌、木贼镰刀菌、蔗草镰刀菌、雪腐镰刀菌、粉红镰刀菌、尖孢镰刀菌等。

青霉菌属（*Penicillium*）：扩展青霉、展青霉、橘青霉、鲜绿青霉、红色青霉、黄绿青霉、岛青霉、圆弧青霉、斜卧青霉等。

其他菌属：黑葡萄状穗霉、粉红色单端孢霉、木霉属、漆斑菌属等。

（二）主要的霉菌毒素

产毒霉菌所产生的霉菌毒素，目前已经鉴定出的有300余种。对霉菌毒素的分类，早期曾按霉菌毒素对动物的毒性作用，分为肝脏毒、肾脏毒、神经毒、细胞毒、致皮肤炎物质、类雌性激素作用的物质等。但很多霉菌毒素的毒性作用并无专一性，往往一种毒素具有多种毒性。过去也曾按霉菌毒素的化学结构分为二呋喃环类、内酯环类、醌类、环氧类、有卤素原子类、靛基质环类等，由于霉菌毒素结构很复杂，故按其化学结构分类也不方便。目前人们一般按产生毒素的霉菌种属名称及毒素结构来命名与分类。

对饲料卫生有较大影响的霉菌毒素有黄曲霉毒素、杂色曲霉毒素、赭曲霉毒素、单端孢霉毒素、玉米赤霉烯酮、丁烯酸内酯、展青霉素、橘青霉素、红色青霉毒素、黄绿青霉素、岛青霉毒素类、青霉震颤素、甘薯黑斑病毒素、葡萄状穗霉毒素、葚孢霉素、豆类丝核菌素等。

四、霉菌与霉菌毒素污染饲料的危害性

霉菌与霉菌毒素污染饲料后，其危害性有 3 个方面：引起畜禽霉菌毒素中毒、降低饲料品质和危害动物性食品的安全。

（一）引起畜禽霉菌毒素中毒

引起畜牧生产及公共卫生广泛关注的是，部分进入人体内的霉菌毒素能与 DNA 结合，并发挥致癌、致畸、致突变作用。饲料中的霉菌毒素可引起畜禽急性中毒或慢性中毒。不同霉菌毒素作用的靶器官因剂量、物种、品种而异。动物摄入高剂量的霉菌毒素可能表现为急性中毒。通常，霉菌毒素损害畜禽的靶器官有肝脏、肾脏、胃、肠道、神经、生殖器官、免疫系统、皮肤和黏膜等。低剂量的霉菌毒素引起动物慢性中毒，在临床上表现为生长及繁殖性能下降、免疫抑制、采食量下降等。

霉菌毒素中毒无传染性和免疫性，同时具有明显的地区性和季节性。

（二）降低饲料品质

一些非产毒的霉菌污染饲料后引起的饲料霉变会降低饲料品质。饲料霉变首先可使饲料感官性质恶化，如产生刺激性气味、酸臭味道、异常颜色、黏稠污秽感等，并严重降低适口性。其次，霉菌在生长繁殖过程中利用了基质中的营养物质，会降低饲料的营养价值。此外，霉变的饲料增加了产毒霉菌和致病性细菌等存在的机会。

（三）危害动物性食品的安全

饲料中霉菌毒素及其代谢产物的代谢命运，也直接关系到动物性食品的安全性问题，如黄曲霉毒素 B_1（AFB_1）的代谢产物黄曲霉毒素 M_1（AFM_1）在牛奶中的残留超标，曾造成较恶劣的社会影响。但是同一种霉菌毒素在不同畜禽种类、同一畜禽的不同组织中的残留有较大差异，可能是由不同动物对霉菌毒素的吸收和代谢的不同造成的。

五、饲料的防霉

减少霉菌及霉菌毒素的危害，从源头上减少饲料中霉菌的生长、繁殖、产毒，是有效缓解或消除霉菌及其毒素危害动物和人类健康的关键。饲料的防霉，要落实到作物的选种、田间管理、作物收获、饲料原料储存、饲料的加工及饲料的储存每一个过程。

（一）加强作物收获前的管理

1. 选用抗病品种　不同品种的小麦和玉米，其抗病能力不同，应根据当地气候，因地制宜，做到不断更换新品种，扩大抗病品种的种植面积。

2. 加强田间管理　良好的耕作方式对于减少饲料作物在田间被霉菌感染具有重要意

义，如采取合适的作物轮作，耕作时避免小麦和玉米的轮作是控制小麦和大麦枯萎病的措施之一；同时，适度施肥、控制杂草和虫害、必要的灌溉等田间管理措施也可有效防止霉菌的生长；田间采取化学/生化防霉菌感染措施，也有较好的效果。

（二）加强作物收获后的管理

1. 确定合适的收获时间　一般延迟收获时间会加剧霉菌毒素的污染，而提前收割并及时干燥作物有助于避免霉菌毒素含量在田间的进一步增加。

2. 收割设备的维护及仓储环境的监控　收割机在运行前应进行维护，减少或避免收割时对籽实外皮完整性的破坏，因为受损的籽实更容易在储存过程中感染霉菌。定期监测所有的仓储设施以检测霉菌毒素的污染情况，应有系统的抽样程序，并能在线监测贮存设施内的温度和湿度，及时清洁贮存仓和设备。

3. 作物籽实收获后的处理　收获的作物籽实入库前应剔出破损籽实和含毒籽实，防止入库后对正常籽实的感染；收获后的籽实应迅速干燥，谷物水分应在收获后 48h 内降到 15%以内。

（三）储藏过程中环境条件的控制

1. 控制湿度　控制饲料的水分含量及储存环境的湿度。储存时，谷物水分最好控制在 13%以内，当玉米水分在 12.5%以下、花生仁在 8%以下、霉菌不易繁殖时，该水分含量称为安全水分。各种籽实饲料的安全水分不尽相同。安全水分也与贮存温度有关，即“相对安全水分”。例如，大米的安全水分在不同温度下有所不同（表 7-1）。换言之，水分含量高的粮谷，必须贮存在温度较低的环境中。部分霉菌生长对部分饲料原料水分含量的要求见表 7-2。

表 7-1　不同储存温度下大米的安全水分

米温/℃	安全水分/%	米温/℃	安全水分/%
0	可达 18	25	<13
5～10	<16	30	<13
20	<14	35	<12

表 7-2　部分霉菌生长对部分饲料原料水分含量的最低条件

植物	谷物的水分含量/%		
	赭曲霉菌	黄曲霉菌	青霉菌
淀粉性谷物	15.5～16.0	17.0～18.0	16.5～20.0
黄豆	14.5～15.0	17.0～17.5	17.0～20.0
向日葵、红花、花生、椰子	9.0～9.5	10.0～10.5	10.0～15.0

谷物贮存仓库的相对湿度也必须严格控制，要求仓库清洁干燥，较大的散装粮库应有通风设备。条件允许时最好采用密闭仓，减小外界湿度对仓库内谷物籽实水分含量的影响。

2. 低温贮藏　饲料及饲料原料的仓储温度低于12℃时，能有效控制霉菌繁殖和产毒。

3. 加强仓储管理　在环境中制造厌氧条件，并防止虫害、鼠害。

（四）加强饲料厂和养殖场的管理

（1）做好原料品质控制工作　建立科学的采样制度，采用科学的采样及测定方法，有效监控饲料中霉菌毒素的含量，避免采购不合格的饲料原料。

（2）加强饲料厂生产设备的管理　定期清理仓储区、原料筒、翻斗升降机、制粒冷却机、饲料储存库、饲料运输车，加强各生产仓储设备的防霉管理。

（3）生产中严格遵循规范的管理体系　严格遵守安全生产管理规范，有效监控饲料生产各环节，确保产品的质量卫生。

（五）使用防霉剂

饲料中添加防霉剂能控制饲料在仓储过程中霉菌进一步繁殖产毒。市场上防霉剂品种较多，但主要成分为低分子有机酸或其盐类，其中丙酸及其盐类是主要的防霉成分。防霉剂能杀灭或抑制微生物代谢及生长，主要通过以下两种方式发挥作用：一是破坏霉菌细胞壁或细胞膜；二是破坏或抑制细胞内酶的作用，降低酶活性。但不同配伍的防霉剂效果差别较大。

第二节　曲霉毒素类

曲霉属有100多种，菌丝与青霉相似，分隔，是多细胞生物。不同种的曲霉，分子孢子颜色不同，有黄、蓝、绿、黑、青、棕等颜色。曲霉在发酵、医药工业、食品、饲料工业及粮食储藏等方面均有重要作用。

一、黄曲霉毒素

1960年在英国爆发的火鸡X病，让人类首次认识到黄曲霉毒素的危害，随后在1963年黄曲霉毒素被分离出来。

（一）黄曲霉毒素的产毒菌及污染作物

黄曲霉毒素（aflatoxin，AF或AFT）是黄曲霉（*Aspergillus flavus*）、寄生曲霉（*A. parasiticus*）、特异曲霉（*A. nomius*）和假溜曲霉（*A. pseudotamarii*）4种产毒菌株的次生代谢产物。温特曲霉（*A. wentii*）和软毛青霉（*Penicillium puberulum*）也能产生少量黄曲霉毒素。

黄曲霉菌生长及产毒需要最低条件为基质含水量18%（a_w=0.85，相当于相对湿度为85%），温度13～40℃，黄曲霉菌的最适生长及产毒的温度为25～35℃。黄曲霉菌在大豆、花生上生长繁殖的临界含水量分别为15%～15.5%和8%～9%。当气温低于13℃或高于40℃时黄曲霉菌将不产毒。在适宜的条件下，黄曲霉菌在24h内即可产生少量的毒素，但几天后毒素才会大量产生。黄曲霉菌易感染淀粉含量高的作物，如玉米、小麦、高粱、燕麦、大麦、稻谷、粟米，此外，油料作物如花生、棉籽及其饼粕污染率也较高，其他谷实类、豆类及其副产品，作物的秸秆等也可受到污染，但阳性率较低。在合适的条件下，底物（饲料种类）不同时，产毒黄曲霉菌的毒素产量差异较大，如黄曲霉菌在大豆和花生上均生长良好，但在花生上产毒量要显著高于大豆。

（二）毒素的化学结构与特性

黄曲霉毒素是一类结构极其相似的化合物，其英文名称“aflatoxin”是由 *Aspergillus*（曲霉属真菌）的首字母和 flavus（黄色的）的前三个字母组成的。黄曲霉毒素基本结构都具有二呋喃环和香豆素（氧杂萘邻酮），目前已明确其结构的有黄曲霉毒素 B_1、B_2、G_1、G_2、M_1、M_2、P_1、Q_1、GM 及黄曲霉毒醇（aflatoxicol 或 aflatoxin R）等 18 种。有些黄曲霉毒素在紫外线照射下（当激发光波长为 365nm 时）发出荧光，根据发出的荧光颜色，将荧光颜色为蓝色的命名为 B_1、B_2，为黄绿色的命名为 G_1、G_2；M_1、M_2 是从牛奶中检出的 AFB_1、AFB_2 的代谢产物。AF 的毒性与结构有关，凡二呋喃环末端有双键者毒性较强，并有致癌性，如 B_1、G_1 和 M_1（图 7-1）。饲料在自然条件下污染的黄曲霉毒素主要有 4 种，即黄曲霉毒素 B_1、B_2、G_1、G_2，其中以 B_1 最多，G_1 次之，B_2 与 G_2 很少，这四者往往同时存在。在各种原料中以 AFB_1 的产生量最高，且其毒性与致癌性最强，因此在对饲料中黄曲霉毒素进行卫生评价时，一般以 AFB_1 作为主要指标。

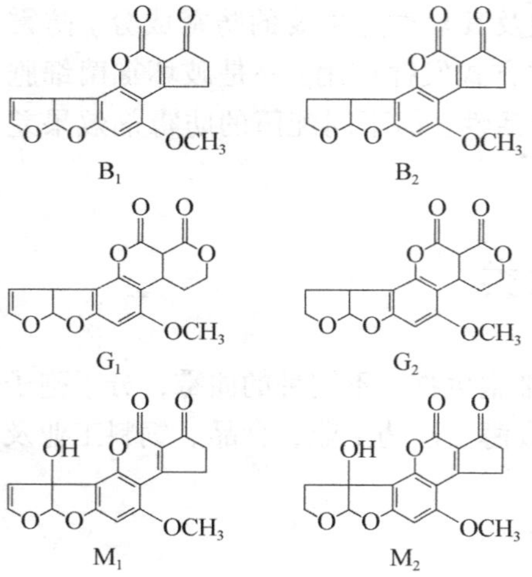

图 7-1　几种黄曲霉毒素的化学结构

黄曲霉毒素耐高温，一般的加热处理（蒸煮烘炒）很难破坏其结构，只有当加热温度升至 280℃，才发生裂解。毒素在水中溶解度很小（溶解度为 10～20mg/L），易溶于油、氯仿、甲醇和乙醇，不溶于乙醚、石油醚和己烷。黄曲霉毒素在中性、弱酸性溶液中很稳定，在 pH 为 1～3 的强酸性溶液中稍有分解，但遇碱能迅速分解，且其荧光随之消失，但此反应可逆，在酸性条件下破坏的结构又会复原为毒素的原型。氧化剂如次氯酸钠、氯、过氧化氢、臭氧与高硼酸钠等均可使毒素破坏，荧光消失。主要黄曲霉毒素及其衍生物的理化性质见表 7-3。

表 7-3　主要黄曲霉毒素及其衍生物的理化性质

黄曲霉毒素	分子式	相对分子质量	熔点/℃	紫外吸收值		荧光发射波长/nm
				摩尔消光系数（ε）	最大吸收峰波长/nm	
B_1	$C_{17}H_{12}O_6$	312	268～269	19 800	346	425
B_2	$C_{17}H_{14}O_6$	314	286～289	20 900	348	425
G_1	$C_{17}H_{12}O_7$	328	244～246	17 100	353	450
G_2	$C_{17}H_{14}O_7$	330	237～240	18 200	354	450

续表

黄曲霉毒素	分子式	相对分子质量	熔点/℃	紫外吸收值		荧光发射波长/nm
				摩尔消光系数（ε）	最大吸收峰波长/nm	
M_1	$C_{17}H_{12}O_7$	328	299	17 450	345	425
M_2	$C_{17}H_{14}O_7$	330	293	18 950	346	—
B_{2a}	$C_{17}H_{14}O_7$	330	240	20 400	363	—
G_{2a}	$C_{17}H_{14}O_8$	346	190	18 000	365	—
GM_1	$C_{17}H_{12}O_8$	344	276	12 000	358	—
黄曲霉毒醇	$C_{17}H_{16}O_8$	314	230～234	14 100	362～363	425

注：B_1、B_2、G_1、G_2、M_1、M_2溶剂为苯：乙腈（98：2）；B_{2a}、G_{2a}溶剂为甲醇

（三）AFB_1 的毒性

AFB_1对所有物种动物均具有毒性，但物种间对AFB_1毒性的敏感性差异较大。除了具有典型的肝毒性和致肝癌作用外，AFB_1对畜禽的有害作用还包括：免疫抑制，降低生长速度，降低产奶、产蛋量，降低繁殖性能，降低饲料效率及贫血。

1. 急性毒性　AFB_1属剧毒物质。肝脏为其靶器官。雏鸭的肝脏急性中毒病变具有一定的特征，一次口服其中毒剂量后可出现如下症状。

（1）肝实质细胞坏死　24h后可出现，48～72h病变最明显。

（2）胆管上皮增生　给毒后48～72h最明显。因毒素剂量不同，其增生程度可有差异。

（3）细胞脂质消失延迟　正常雏鸭孵出后，干细胞内寄存大量卵黄囊输送来的脂质，通常在孵出后4～5天逐渐消失，而AFB_1中毒时脂质消退延迟。

（4）肝出血　尤以中毒致死者更为普遍。

因此，雏鸭可用作AFB_1生物鉴定方法的首选实验动物，而胆管上皮细胞增生是最具特征的鉴定指标。

AFB_1对肝脏的损害，如为一次小剂量，则是可逆的，肝脏病变可以恢复。如毒素剂量过大或多次重复给予，则肝脏病变不能恢复，往往转为慢性病理过程。除肝脏外，脾、胰等组织也可有病变，但不如肝脏病变明显。

畜禽对AFB_1毒性的敏感性因动物的种类、年龄、性别的不同而差异较大。单胃动物较反刍动物敏感，常见畜禽中以雏鸭最敏感；幼年动物较成年动物敏感；雄性动物较雌性动物敏感。常见畜禽对AFB_1毒性的敏感性顺序为：雏禽>仔猪>犊牛>肥育猪>成年牛>绵羊；鸭>火鸡>鹌鹑>鸡。雏鸭及其他动物LD_{50}见表7-4和表7-5。不同品种家禽对AFB_1的敏感性也存在差异，不同品种鸡的敏感性顺序为：白洛克鸡>新汉夏鸡>洛岛红鸡；北京鸭对AFB_1耐受性比其他品种（品系）鸭高；野生火鸡比商品化火鸡耐受性高。畜禽的营养状况也会影响到对AFB_1毒性的敏感性，当日粮蛋白质缺乏时，动物的敏感性增加。

表 7-4　雏鸭的黄曲霉毒素的 LD_{50}（一次，经口）

黄曲霉毒素	LD_{50}	
	μg/只	mg/kg BW
B_1	12.0～28.2	0.24～0.56
B_2	39.2～60.0	0.78～1.20
G_1	84.4	1.68
G_2	172.5	3.45
M_1	16.6	0.32
M_2	62.0	1.24

资料来源：刘志诚，1987

表 7-5　各种动物的 AFB_1 的 LD_{50}（一次，经口）　　（单位：mg/kg）

动物	LD_{50}	动物	LD_{50}
兔	0.35～0.50	新生大鼠（雄）	0.56
猫	0.55	（雌）	1.00
猪	0.62	断乳大鼠（雄）	5.50
犬	1.00	（雌）	7.40
羊	2.00	成年大鼠（雄）	7.20
鸡	6.30	（雌）	17.90
火鸡	1.86～2.00	小鼠	9.00
虹鳟鱼	0.80～6.00	地鼠	10.20
豚鼠	1.40～2.00	猴	2.20～7.80

2. 慢性毒性　生产中由持续摄入低剂量 AFB_1 引起的慢性毒性比一次高剂量摄入引起的急性中毒概率更高。AFB_1 能与细胞中的 DNA 结合，影响蛋白质合成，并可导致胸腺发育不全（先天性胸腺及甲状旁腺缺失），且伴随着细胞免疫缺失。因此，临床上畜禽 AFB_1 慢性中毒的典型病理学变化及临床症状如下。

（1）对肝脏造成亚急性或慢性损伤　病变特点为：①肝功能变化。血清转氨酶[谷丙转氨酶（ALT）、谷草转氨酶（AST）]、碱性磷酸酶（AKP）、异柠檬酸脱氢酶（ICD）、鸟氨酸氨基甲酰转移酶（OCT）的活性及γ-球蛋白的含量升高；而α-球蛋白、β-球蛋白、白蛋白、非蛋白氮、肝糖原及维生素 A 的含量等降低。②肝脏组织学变化。肝实质细胞变性或坏死，胆管上皮增生，纤维细胞增生，形成再生结节。如果日粮蛋白质缺乏，则会促进肝硬化的形成。

（2）导致免疫抑制　使畜禽对各种传染性疾病的易感性增加，以及由免疫抑制造成的疫苗接种失败和药物治疗失效。在临床上表现为：血清清蛋白和球蛋白水平下降，血液抗体水平下降，网状内皮系统受损，细胞免疫和体液免疫功能抑制，胸腺和法氏囊发育异常。大量研究证实，火鸡和猪饲喂被 AFB_1 污染的饲料，其免疫力显著降低。

（3）降低动物的生产性能和繁殖性能　由于畜禽 AFB_1 中毒，肝脏结构和功能受损，从而导致肝脏合成蛋白质的功能受阻，因此会影响动物的生产性能和繁殖性能。

（4）导致家禽出现腿病　由于 AFB_1 影响维生素 D 的代谢，造成动物骨骼强度下降；同时由于铁、磷和铜的代谢也受到影响，AFB_1 中毒可加剧家禽腿病的发生。

（5）影响禽肉和禽蛋的品质　一方面，家禽出现肌肉淤伤，可能的原因是 AFB_1 使家禽毛细血管脆性增加，凝血素水平降低，动物内脏出血、畜禽的死亡率增加；另一方面，由于 AFB_1 中毒的家禽胆酸盐产生量减少，造成脂肪和类胡萝卜素吸收减少，从而导致了家禽皮肤和蛋黄颜色变浅。同时禽蛋的孵化率也会降低，进一步降低家禽的繁殖性能。

3. 致癌性、致突变性及致畸性　AFB_1 是目前发现的最强的化学致癌物，对很多动物具有致肝癌作用，可导致肝癌发生的动物有鱼类（虹鳟鱼、红鲑鱼、孔雀鱼）、禽类（火鸡、鸭）、灵长类动物（恒河猴、猕猴、非洲绿猴、松鼠猴）和啮齿类动物（大鼠、小鼠、树鼩）。AFB_1 诱发肝癌的能力比二甲基亚硝胺高 75 倍。除了长期慢性作用可致癌外，一次大剂量给药可引起“冲击量”致癌。有人对大鼠一次给予大剂量（7mg/kg BW）AFB_1，26 个月时，15 只雌鼠中有 7 只发生肝癌。除肝癌外，在其他部位也可发生癌瘤，如胃腺瘤、肾癌、直肠癌、乳腺癌、卵巢瘤。

AFB_1 是前致癌物，在肝脏微粒体细胞色素氧化酶 P450（hepatic cytochrome P450）的作用下发生生物活化，生成亲电子的 AFB_1 外环氧化合物（exo-AFB_1-8，9-epoxide，AFBO），而 AFBO 化学性质极活泼，能与 DNA、蛋白质等关键的细胞大分子结合，从而发挥其毒性及“三致”作用。

AFB_1 还具有致突变性和致畸性。在用微生物进行的致突变试验中，AFB_1 呈现阳性致突变反应；M_1、黄曲霉毒醇、G_1 也有致突变性。据致畸试验，妊娠鼠接触 AFB_1，使胎鼠死亡及发生畸形。

（四）毒素在体内的吸收、代谢、分布、排泄和生化作用

AFB_1 的吸收、分布和代谢都非常迅速。AFB_1 被吸收后，在肝脏中蓄积，并在肝脏和其他组织内代谢。

1. AFB_1 的代谢及毒性作用机制　肝脏除了是 AFB_1 的蓄积器官外，也是主要的代谢部位，在肝脏中各种代谢酶的作用下，AFB_1 与核酸及蛋白质生物大分子结合而发挥致癌作用和毒性作用。肾脏既参与 AFB_1 的代谢过程，也是 AFB_1 的蓄积器官之一。

以肉鸡为例，AFB_1 在肝脏及其他组织细胞色素氧化酶 P450（包括 CYP1A2、CYP3A4、CYP2A6）的作用下转化为黄曲霉毒素环氧化合物（AFB_1-8, 9-exo-epoxide、exo-AFBO 及 AFB_1-8, 9-en-epoxide、en-AFBO）、AFM_1、AFP_1、AFQ_1 及黄曲霉毒醇（aflatoxicol）。exo-AFBO 是 AFB_1 生物活化的产物，化学性质非常活泼，能与 DNA、血清白蛋白结合，分别形成 AFB_1-N^7-鸟嘌呤或 AFB_1 赖氨酸加成物。AFB_1 的代谢产物 AFM_1 也能形成 AFM_1-8, 9-exo-epoxide，并与 DNA 结合而产生 AFM_1-N^7-鸟嘌呤。这些加成物均可在尿中检出。AFBO 阻碍 DNA 转录、RNA 及蛋白质的合成。其他代谢产物 AFP_1、AFQ_1 及黄曲霉毒醇被认为是 AFB_1 的解毒代谢产物，在肉鸡的尿液或粪便中可检出这些代谢产物或其与葡糖醛酸的结合产物。AFB_1 在动物体内的代谢过程见图 7-2，AFB_1 在动物体内的毒性作用机制见图 7-3。

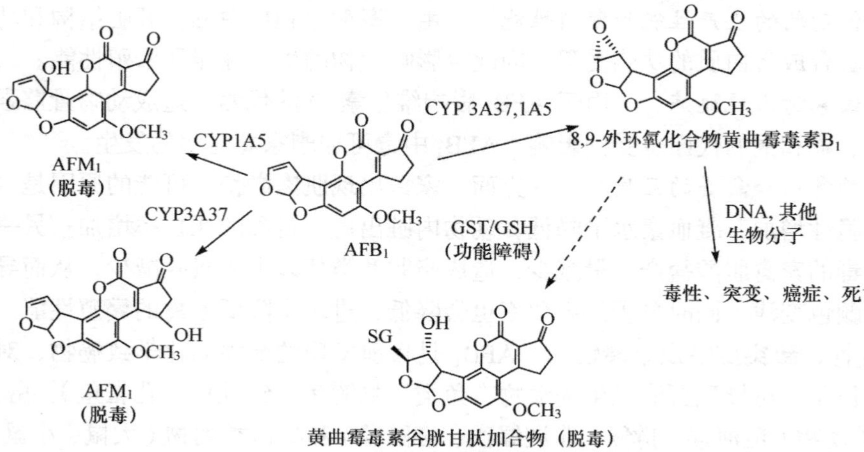

图 7-2　AFB_1 在火鸡体内的代谢途径（Rawal and Coulombe，2010）

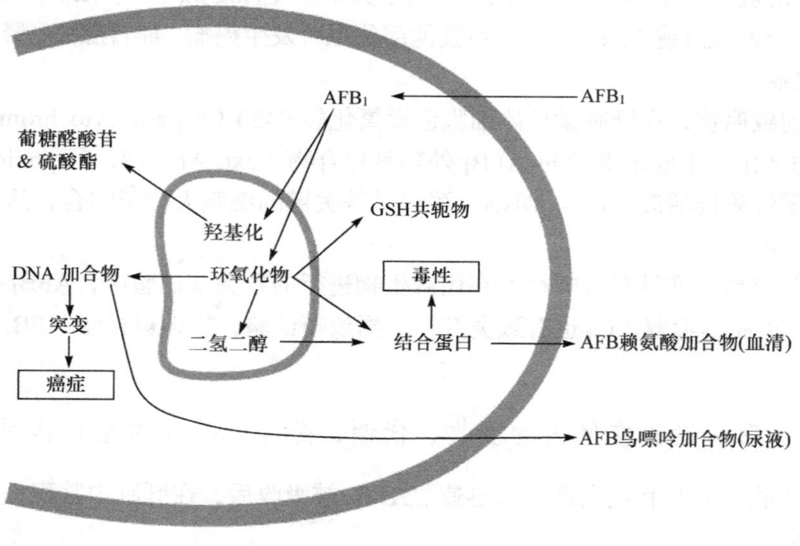

图 7-3　AFB_1 在动物体内发挥毒性作用的机制（Eaton and Gallagher，1994）

2. AFB_1 的代谢产物

1）AFM_1 是 AFB_1 在肝微粒体酶催化下的羟化产物。由于首先在牛、羊奶中发现，故取英文“milk”的首字母命名。给羊饲喂含有 AFB_1 的饲料，7h 内奶中即可检出 AFM_1 及少量 AFB_1，停喂含毒饲料 5 天后，AFM_1 不再出现。通常，哺乳动物摄入的 AFB_1 约有 1%以 AFM_1 的形式排到乳汁和尿中。

黄曲霉毒素凡具有二呋喃环末端双键者，在动物体内可形成环氧化物，因此像 AFB_1 一样，可与 DNA、蛋白质大分子结合而发挥毒性和“三致”作用。例如，黄曲霉毒素 B_1、G_1、M_1 均可形成环氧化物，毒性较强，而不具二呋喃环双键的黄曲霉毒素 B_2、M_2 和 G_2 则毒性较低。

2）AFQ_1 也是 AFB_1 的代谢产物，其羟基在环戊烷 β 碳原子上。AFB_1 在猴肝中有 19%～51%转变为 AFQ_1，所以 AFQ_1 是 AFB_1 在灵长类动物体内主要的代谢产物。有人用环上标记

^{14}C 的 AF 证实，猴肝微粒体酶可使 32%的 AFB_1 转变成 AFQ_1，2%～7%转变为 AFM_1。大鼠将 2.4%的 AFB_1 转变为 AFQ_1，2.9%转变为 AFM_1。其中 AFQ_1 是 AFB_1 的解毒产物。

3）AFP_1 是 AFB_1 结构中香豆素环的—OCH_3 在肝微粒体酶催化下脱去甲基而生成的。给猴注射 AFB_1 后，形成的主要代谢产物 AFP_1 是 AFB_1 的 6-去甲基酚型产物，根据“phenol”一字而命名为 P_1。

4）黄曲霉毒醇是 AFB_1 在动物肝脏的体外试验中经酶作用，在末端环戊烷基形成的二级醇。它对雏鸭无毒性。但 AFB_1 转变成为黄曲霉毒醇为可逆反应。因此，黄曲霉毒醇并非是 AFB_1 的解毒过程。

5）AFH_1 是 AFB_1 在人和猴肝脏的体外试验中得到的代谢产物。AFH_1 是 AFQ_1 的还原产物，也可能是黄曲霉毒醇的羟化衍生物。根据“hepatic origin”（肝原性）及“hydroxyl function”（羟功能）命名为 AFH_1。AFH_1 对鸡胚无毒性，用微生物进行的致突变试验中，也未见致突变性。黄曲霉毒醇转变为 AFH_1 被认为是一种解毒过程。

3. 分布和排泄 动物摄入黄曲霉毒素后，在肝脏中分布最多，含量为其他器官组织的 5～15 倍。肾、脾和肾上腺、血液中也可检出。AFB_1 如不连续摄入，一般不在体内蓄积。未被吸收的 AFB_1 及 AFB_1 的代谢产物主要通过胆汁和尿液排泄。一次摄入后，约经一周绝大部分经呼吸、尿、粪等排出体外。泌乳动物的乳汁也是一种排泄途径，但同时也是哺乳幼畜接触毒素的主要途径。

（五）毒素在动物体内的残留与公共卫生问题

黄曲霉毒素及其代谢产物在动物体内残留、随乳汁排泄，是一个值得重点关注的动物性食品安全问题。实验证明，动物摄入 AFB_1 后，在其肝、肾、肌肉、血、乳汁及鸡蛋中均可检出 AFB_1 及其代谢产物，可造成动物性食品的污染。据 Rodricks（1977）报道，乳牛饲料中 AFB_1 的含量与乳中 AFM_1 的残留量之比约为 200∶1，产蛋鸡饲料中毒素量与蛋中残留量之比为 2200∶1，肉鸡饲料中毒素与肝脏中毒素之比为 1200∶1，猪饲料与肝脏中毒素之比为 800∶1，肉牛饲料中毒素量与肉品中残留量之比约为 14 000∶1。

对牛奶的检验发现，乳牛摄入 AFB_1 1h 后，即可在乳汁中检出 AFM_1，12～60h 浓度最高，5 天后降至微量。牛奶中 AFM_1 的浓度取决于饲料中 AFB_1 的量及产乳量。牛奶中 AFM_1 的污染量受季节的影响，一般冬季污染较严重。AFM_1 具有耐热性，牛奶经巴氏消毒或制成炼乳后并不能去除。

由于人们对牛奶、乳制品及其他动物性食品的消费量大幅度增加，因此更加关注肉、蛋、奶中黄曲霉毒素的污染问题。牛奶及其制品是婴儿的主食，而婴幼儿对 AFB_1 代谢脱毒的功能尚不健全，致使婴幼儿对 AFB_1 的毒性更敏感，因此需加强对奶粉中 AFM_1 含量的监测。近年来，一些国家已制定关于 AFM_1 摄入允许量的卫生标准。例如，捷克规定牛奶中 AFM_1 含量不得高于 5ppb①，美国规定不得超过 0.5ppb，瑞士规定在婴儿食品中不得超过 0.1ppb。我国于 2011 年颁布的《食品安全国家标准 食品中真菌毒素限量》（GB 2761—2011）中（规定婴幼儿配方食品、婴幼儿辅助食品中）AFB_1 的含量不超过 0.5ppb，乳和乳制品中 AFM_1、特殊膳用食品（婴儿配方食品、较大婴儿和幼儿配方食品、特殊医学用途婴儿配方食品，均以粉状产品计）的含量不超过 0.5μg/kg。

① ppb.十亿分之一

（六）预防危害的措施

1. 饲料的防霉与去毒　防霉是预防饲料被 AFB_1 污染的最根本的措施。如果饲料已被黄曲霉毒素产毒菌污染并产生毒素，则应设法将毒素破坏或除去。防霉与去毒的基本方法可参阅本章第一节。

在黄曲霉毒素去毒方法中，加碱去毒法对去除油或饲料中的黄曲霉毒素均有效果。其作用机制为，在碱性条件下，AFB_1 结构中的内酯环被破坏，形成香豆素钠盐。由于后者溶于水，故加碱后再用水洗可将毒素去除。

常见的化学去毒法很难彻底地去除饲料中的 AFB_1，或对饲料中的营养成分造成破坏，或化学物质本身的残留影响饲料的适口性，甚至危害动物的健康。

2. 防止毒物危害的营养性措施　目前的去毒方法尚难彻底地脱去已被污染饲料中的毒素，为了防止摄入的毒物被吸收，或减轻已吸收毒物的毒性作用，可采取一些营养性措施。

在饲粮中添加吸附剂如活性炭、沸石等，可稳定地吸附 AF，从而阻止其被胃肠道吸收。Harvey（1988）在雏鸡和猪的饲料中添加 0.5%的水合硅铝酸钠钙，发现它能吸附 AF，因而对雏鸡和猪有保护作用。

用苯巴比妥等作为酶诱导剂给予畜禽，可诱导肝脏线粒体酶的代谢作用，增强机体对已吸收的 AF 的解毒作用。经用于仔鸡的结果表明，这类制剂可减轻或消除 AF 的毒性作用。

3. 执行饲料中 AF 最高允许量标准　我国对黄曲霉毒素的危害十分重视，已制定了严格的限量标准（表 11-1）。

不同的国家或组织对 AF 的指标及限量要求不同，我国现行的饲料卫生标准以 AFB_1 为指标值，国际上多数国家也仅按 AFB_1 的量计算，但也有以 AFB_1 加 AFG_1 计算的，或以 AFB_1、AFB_2、AFG_1 和 AFG_2 总量计算的。例如，欧洲经济共同体（EEC）按动物种类不同，规定了 AFB_1 的标准（表 7-6）；美国则以 AFB_1、AFB_2、AFG_1 和 AFG_2 的总量计，允许量标准为 20μg/kg。有的国家则只对花生饼做出限定。例如，瑞典和挪威均规定花生饼（粕）中 AFB_1 允许量为 600μg/kg，并分别规定这种花生饼（粕）在配合饲料中的比例，瑞典规定不得超过 15%，挪威规定不得超过 8%。日本关于饲料中 AFB_1 的允许量标准（1988 年）为：哺乳期犊牛、乳牛、哺乳期仔猪、雏鸡、肉鸡前期配合饲料为 0.01mg/kg，其他配合饲料为 0.02mg/kg。

表 7-6　EEC2001/32/EC 指令关于 AFB_1 在饲料中的允许量（水分 12%）

饲料种类	AFB_1 允许量 /（mg/kg）	饲料种类	AFB_1 允许量 /（mg/kg）
花生、干椰子肉、棕榈仁、棉籽、巴西棕榈仁、玉米及其加工副产物	0.020	奶牛配合饲料	0.005
其他饲料原料	0.050	犊牛及羔羊配合饲料	0.010
成年肉牛、绵羊、山羊精料补充料	0.050	成年肉牛、绵羊、山羊配合饲料	0.050
成年猪、禽浓缩饲料	0.030	成年猪、禽配合饲料	0.020
其他浓缩饲料（用于幼年畜禽）	0.005	其他动物配合饲料（用于幼年畜禽）	0.010

二、杂色曲霉毒素

（一）产毒菌种及污染的饲料

杂色曲霉毒素（sterigmatocystin）是1954年由杂色曲霉（*Aspergillus versicolor*）培养物中首先分离出来的一种黄色针状结晶，又名柄曲霉素。产毒菌种还包括构巢曲霉（*A. nidulans*）及索拉金离蠕孢霉（*Bipolaris sorokiniana*），焦曲霉（*A. ustus*）等其他菌种也可产生此种毒素。也有研究报道，在黄曲霉和寄生曲霉的培养基上也可产生杂色曲霉毒素，且具有产杂色曲霉毒素能力的黄曲霉菌在产生 *O*-甲基化杂色曲霉毒素的同时也产生 AF。此外，也有报道谢瓦氏曲霉（*Aspergillus chavalieri*）、真红菌曲霉（*Aspergillus ruber*）、阿姆斯特丹曲霉（*Aspergillus amstelodami*）也能产生杂色曲霉毒素。

产毒菌种普遍存在于自然界，从小麦、大米、玉米、花生和面粉中都曾分离出来过。杂色曲霉毒素产毒菌是加拿大仓储的谷物粮食中重要的霉菌，当平衡水分超过 70%～75%或谷物含水量超过 14%～15%时，可在谷物中检出这些产毒菌。产毒菌中，以杂色曲霉产毒量最高，构巢曲霉和索拉金离蠕孢霉的产毒量约为前者的一半。在实验条件下，在玉米上接种杂色曲霉，其产杂色曲霉毒素的量是黄曲霉产 AFB_1 的 100 倍。

（二）理化性质

杂色曲霉毒素是一类化学结构近似的化合物，目前已确定结构的有十几种。其化学结构除异杂色曲霉素外，都有氧杂蒽酮连接在双呋喃环上，与 AF 结构非常相似，是 AF 生物合成的前体。用 ^{14}C 标记方法已证实杂色曲霉毒素能转变成 AFB_1。杂色曲霉毒素的化学结构见图 7-4，杂色曲霉毒素及其部分衍生物见表 7-7。

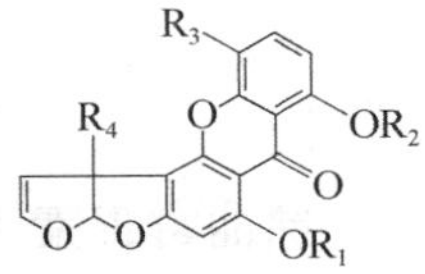

图 7-4　杂色曲霉毒素的化学结构

表 7-7　杂色曲霉毒素及其部分衍生物

名称	R_1	R_2	R_3	R_4
杂色曲霉毒素	CH_3	H	H	H
5-甲氧基杂色曲霉毒素	CH_3	H	CH_3O	H
去甲基杂色曲霉毒素	H	H	H	H
O-甲基杂色曲霉毒素	CH_3	CH_3	H	H
曲霉毒素	CH_3	CH_3	H	OH

杂色曲霉毒素类化合物中最主要的是杂色曲霉毒素，其分子式为 $C_{18}H_{12}O_6$，相对分子质量为 324，熔点为 248℃。在 365nm 条件下具有黄色荧光，以苯为溶剂时，其最高吸收峰波长为 325nm，摩尔消光系数（ε）为 15 200。为淡黄色结晶，易溶于氯仿、苯、吡啶与乙腈，微溶于其他多种有机溶剂，不溶于水。

（三）毒性作用

杂色曲霉毒素在动物体内的代谢过程及其毒性与 AFB_1 类似，但其毒性为 AFB_1 的 1/10。大鼠腹腔静脉给药，杂色曲霉的 LD_{50} 为 60mg/kg，而 AFB_1 的 LD_{50} 为 6mg/kg。大鼠杂色曲

霉毒素经口 LD_{50}，雄性为 166mg/kg，雌性为 120mg/kg；小鼠口服 LD_{50} 大于 800mg/kg。猴的敏感性比啮齿类高，经腹腔注射 LD_{50} 为 32mg/kg。用雏鸭开展毒性试验，结果发现杂色曲霉毒素诱导胆管上皮增生的效率是 AFB_1 的 1/125。杂色曲霉毒素致肿瘤作用的效率是 AFB_1 的 1/250。

杂色曲霉毒素是具有肝毒性的主要霉菌毒素之一，国内又称“黄肝病”或“黄染病”，大剂量时对肾也有损害。急性中毒时，病变为肝与肾坏死。较长期给予大鼠或猴以杂色曲霉毒素能引起慢性肝炎。通过各种途径让大鼠长期接触杂色曲霉毒素，可引起原发性肝癌，且大部分并发肝硬化。有的还并发肠系膜肉瘤、肝脏肉瘤、横纹肌肉瘤、脾血管肉瘤及鳞状上皮增生。除大鼠外，还可诱发猴的肝瘤。杂色曲霉毒素埃姆斯（Ames）试验阳性，并可使枯草杆菌及小鼠细胞发生突变反应。马属动物“黄肝菌”和“黄染病”发生在我国西北干旱区，疾病呈散发流行，发病季节为每年 12 月至次年 6 月舍饲期，其中 4～5 月为发病高潮，6～7 月牧草生长后即停止，发病不分品种、年龄和性别，但幼畜死亡率高。

虽然杂色曲霉毒素的毒性较 AFB_1 小，但是由于在自然条件下其产生量很大（1.2g/kg 底物），因此需要加强对饲料中杂色曲霉毒素的监管。目前只有少数几个国家制定了食品和饲料中杂色曲霉毒素的限量标准。

三、赭曲霉毒素

（一）产毒菌种及污染的饲料

赭曲霉毒素（ochratoxin）普遍存在于仓储不良的食品及饲料中。主要产毒菌为赭曲霉（*Aspergillus ochraceus*）、疣孢青霉（*Penicillium verruculosum*）及鲜绿青霉（*Penicillium viridicatum*）。此外，硫色曲霉（*A. sulphureus*）、蜂蜜曲霉（*A. melleus*）也能形成赭曲霉毒素。在温带气候下，青霉菌属真菌是主要的产毒菌，而在热带地区赭曲霉则为主要的产毒菌。当平衡水分为 80%～85%，即谷实类饲料水分含量为 16%～18%，环境温度不超过 50℃，为产毒菌产毒较适合的条件。赭曲霉毒素 A 普遍存在于小麦及其加工副产品中，此外在燕麦、大麦及咖啡种子中均可检出。

（二）理 化 性 质

赭曲霉毒素是一类分子结构类似的化合物，可分为赭曲霉毒素 A、B 两组，A 组的毒性较大。赭曲霉毒素 A 的分子结构中包括苯丙氨酸基团和二氢异香豆素基团两个部分。其中苯丙氨酸一般认为是使母体化合物产生复杂毒性的基团，而二氢异香豆素则可能与赭曲霉毒素产生的不明毒性有关。赭曲霉毒素 B 是脱氯的赭曲霉毒素 A 类似物，未见明显毒性。其化学结构见图 7-5。

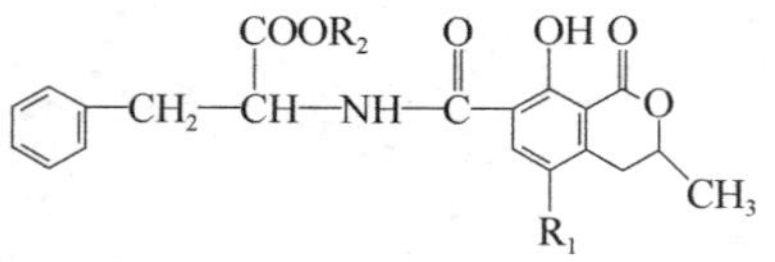

图 7-5　赭曲霉毒素的化学结构

在自然污染的饲料中，主要检出赭曲霉毒素 A，赭曲霉毒素 B 极少见。赭曲霉毒素 A 的分子式为 $C_{20}H_{18}ClNO_6$，相对分子质量为 403，为无色结晶，在紫外线下具有绿色荧光。溶于有机溶剂（如氯仿、甲醇）及稀的碳酸氢钠水溶液，稍溶于水。赭曲霉毒素 A 或 B 的甲酯或乙酯衍生物仅在实验条件下的菌株培养物中检出，且含量甚微。赭曲霉毒素及其部分衍生物的结构见表 7-8。

表 7-8　赭曲霉毒素及其部分衍生物

名称	R_1	R_2
赭曲霉毒素 A	Cl	H
赭曲霉毒素 A 甲酯	Cl	CH_3
赭曲霉毒素 A 乙酯（赭曲霉毒素 C）	Cl	C_2H_5
赭曲霉毒素 B	H	H
赭曲霉毒素 B 甲酯	H	CH_3
赭曲霉毒素 B 乙酯	H	C_2H_5

（三）毒性作用

赭曲霉毒素中以赭曲霉毒素 A 毒性最大，其毒性因动物种类、性别和给药方式而有差别。赭曲霉毒素 A 对大鼠经口 LD_{50} 为 20mg/kg BW，1 日龄大鼠为 3.7mg/kg BW，豚鼠为 8.1mg/kg BW（雌）、9.1mg/kg BW（雄），雏鸭为 150μg/只，1 日龄雏鸭为 25μg/只，一日龄雏鸡为 100～200μg/只，成年来航鸡为 3.4mg/kg BW，火鸡为 5.9mg/kg BW，日本鹌鹑为 16.5mg/kg BW。腹腔注射较经口摄入毒性更大。

赭曲霉毒素 A 对禽类和母乳动物具有肾毒性，但对反刍动物无此毒性。在畜牧生产中多见家禽和猪赭曲霉毒素 A 中毒。动物剖检可见肾小管上皮细胞变性、坏死，肝组织脂肪变性、透明变性和灶状坏死。毒素剂量较低时多见肾脏损害，只有毒素剂量较大时才使肝脏受损。家禽赭曲霉毒素 A 中毒表现为精神沉郁、虚弱、采食量下降、饮水量增加、拉稀、骨折及繁殖性能下降，严重的赭曲霉毒素 A 中毒家禽表现为关节和腹腔尿酸盐沉积。猪赭曲霉毒素 A 中毒临床上表现为饮水量增加、排尿增加、稀释的尿液中有蛋白、精神沉郁、体温升高、扁桃体发炎及免疫抑制等。急性赭曲霉毒素 A 中毒造成肾衰竭，严重的导致动物死亡。此外，赭曲霉毒素 A 还具有肝毒性及致畸作用和致癌作用，国际癌症研究署（International Agency for Research on Cancer，IARC）将赭曲霉毒素 A 认定为人类的可能致癌原（2B 级）。

赭曲霉毒素 A 抑制 T 淋巴细胞和 B 淋巴细胞增殖，并能清除白细胞介素-2（IL-2）及其受体；小鼠试验证明赭曲霉毒素 A 抑制 K 细胞增殖并抑制肿瘤坏死因子的产生。这些生物过程可能是赭曲霉毒素 A 发挥免疫抑制作用的机制。

WHO（2001）规定了谷实类产品中赭曲霉毒素 A 的最高限量为 5μg/kg。许多国家也采纳了该标准作为本国食品及饲料中赭曲霉毒素 A 的限量标准。

第三节　镰刀菌毒素类

镰刀菌毒素类是镰刀菌属（*Fusarium*）和个别其他菌属霉菌所产生的有毒代谢产物的总称。镰刀菌在自然界分布很广，既侵染田间谷物，又侵染仓库贮存的粮食、饲料。它们在一定条件下产生多种镰刀菌毒素。主要的镰刀菌毒素有三类，即单端孢霉素类、玉米赤霉烯酮和伏马菌素，其他的还有丁烯酸内酯和串珠镰刀菌素。

一、单端孢霉素类

（一）概　　述

镰孢霉毒素中最重要、数量最多的为单端孢霉烯族毒素（trichothecene mycotoxin），目前已经鉴定出的有 40 多种。由于该类化合物最初是从粉红单端孢霉中分离出来的，因此被命名为单端孢霉素（trichothecin），其后陆续分离出一些结构类似的毒素，统称单端孢霉素类。单端孢霉素类主要产毒菌为镰刀菌属各产毒菌种，如镰孢菌、头孢菌、漆斑菌、葡萄穗菌、木菌等，因此将单端孢霉素列入镰刀菌毒素类。

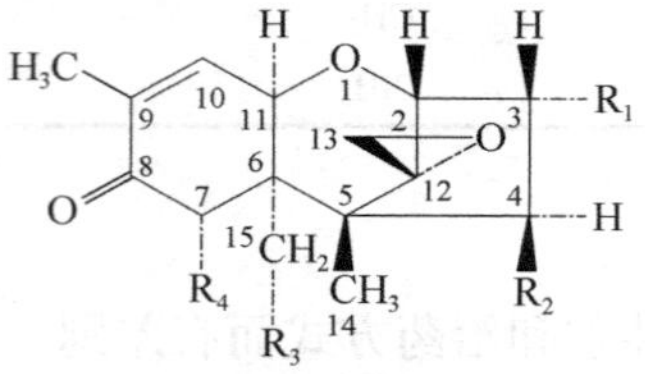

图 7-6　单端孢霉素类的化学结构

单端孢霉素类的各种毒素分子均具有倍半萜烯结构，在 9、10 位上有一双键，12、13 位上形成环氧基，故又称 12, 13-环氧单端孢霉素类（12, 13-epoxytrichothecins）。12, 13-环氧基是其毒性的化学结构基础。单端孢霉素类的化学结构见图 7-6。

按照单端孢霉素类毒素的化学结构，将其分为 A、B、C、D 四种类型。B 型在 8 位上的 R_5 均为羰基（>C=O）。C 型在 7、8 位或 9、10 位上有第二个环氧环。D 型在 4 位和 15 位上用酯键连接形成了一个大环。其中 A 型和 B 型在食品和饲料中最为常见。由于 R_1～R_5 的不同，有若干种不同的毒素。几种主要镰刀菌产生的单端孢霉素类毒素的化学结构见表 7-9。

表 7-9　主要单端孢霉素类毒素的化学结构

化合物	不同种类单端孢霉素分子的核心结构	名称	化合物侧链				
			R_1	R_2	R_3	R_4	R_5
A 型	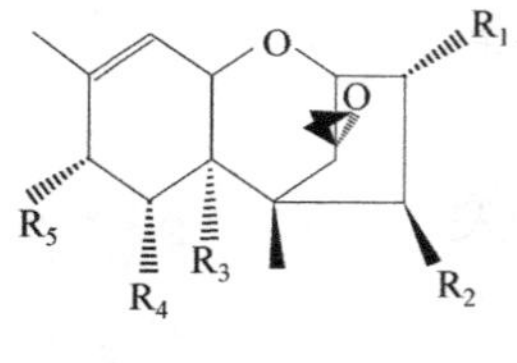	新茄病镰刀菌烯醇	OH	OAc	OAc	H	OH
		二乙酸藨草镰刀菌烯醇	OH	OAc	OAc	H	H
		T-2 毒素	OH	OAc	OAc	H	$OCOCH_2CH(CH_3)_2$
		HT-2 毒素	OH	OH	OAc	H	$OCOCH_2CH(CH_3)_2$
		木霉菌素	OH	OAc	CH_3	H	H
		Hrazianum A	OH	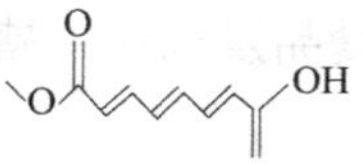	CH_3	H	H
		单乙酰基藨草镰刀菌烯醇	OH	OH	OAc	H	H
B 型	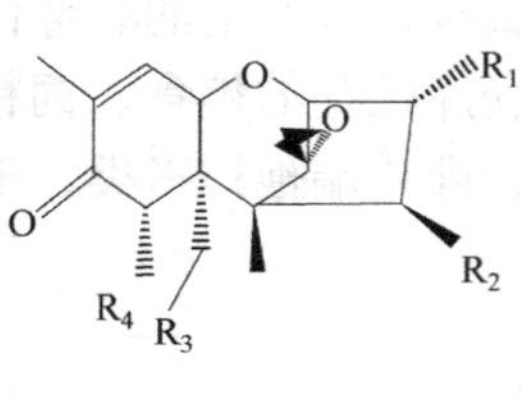	雪腐镰刀菌烯醇	OH	OH	OH	OH	—
		脱氧雪腐镰刀菌烯醇	OH	H	OH	OH	—
		单端孢霉素	OH	$OCOCHCHCH_3$	OH	OH	—
		镰刀菌烯酮-X	OH	OAc	OH	OH	—

资料来源：Kumari et al., 2016

单端孢霉素类的天然产物为无色结晶，一般能溶于中等极性的有机溶剂，微溶于水，化学性质很稳定，用一般的蒸煮方法不易破坏。

单端孢霉素类毒性作用的共同特点表现为较强的细胞毒性，使分裂旺盛的骨髓细胞、胸腺细胞及肠上皮细胞的细胞核崩坏。其急性毒性较强。慢性毒性为使血细胞减少，并阻碍动物细胞的蛋白质合成。

单端孢霉烯族毒素的靶器官是肝脏和肾脏，且大都属于组织刺激因子和致炎物质，因而可直接损伤消化道黏膜，且具有使动物和人呕吐的作用。动物与人接触此类毒素或产毒菌株的培养物，还可引起局部皮肤刺激、炎症甚至坏死。故常用动物涂皮试验来确定可疑饲料中是否含有该毒物。另外，单端孢霉烯族毒素可影响凝血功能。几种单端孢霉素类毒素的 LD_{50} 和致呕吐剂量见表 7-10。

表 7-10　几种单端孢霉素类毒素对动物的急性毒性

毒素	LD_{50} /（mg/kg）				致呕吐量（皮下）/（mg/kg）
	经口	腹腔	静脉	皮下	
T-2 毒素	3.8～5.2（大鼠） 10.5（小鼠）	5.2（大鼠） 3.04（小鼠）	—	—	0.1（雏鸭） 0.1～0.2（猫）
二乙酸藨草镰刀菌烯醇	7.3（大鼠）	0.75（大鼠） 23.0（小鼠）	10.0（小鼠）	—	0.2（雏鸭）
新茄病镰刀菌烯醇	—	14.5（小鼠）	—	—	—
雪腐镰刀菌烯醇	—	4.1（大鼠） 4.0（小鼠）	—	—	1.0（雏鸭）
镰刀菌烯酮-X	4.4（大鼠）	3.3（大鼠）	3.4（大鼠）	4.2（小鼠） <1.0（猫）	0.4～0.5（雏鸭） 1～2（猫）

单端孢霉素类除上述共同特点外，每种毒素都有其特殊的毒性。

总的来说，迄今对单端孢霉素类毒性作用的认识尚不充分。在已知的毒素中只对 7～8 种有不同程度的了解，有待今后进一步研究。

（二）T-2　毒　素

T-2 毒素（T-2 toxin）是一种半萜烯化合物。T-2 毒素的产毒菌有三线镰刀菌（*Fusarium tricinctum*）、拟枝孢镰刀菌（*F. sporotrichioides*）、梨孢镰刀菌（*F. poae*）、茄病镰刀菌（*F. solani*）、木贼镰刀菌（*F. equiseti*）等。

该毒素纯品为白色针状结晶，熔点为 151～152℃，热稳定性强，可在饲料中无限期持续存在。溶于乙醇、甲醇、三氯甲烷和脂肪，不溶于己烷。该毒素性质稳定，室温下放置 6～7 年或加热至 200℃放置 1～2h 毒力仍无减弱，而在碱性条件下，次氯酸钠可使其失去毒性；环氧烷和双键被认为是活性单位。

T-2 毒素可引起白细胞减少，是食物中毒型白细胞缺乏症（alimentary toxic aleukia，ATA）的病原性毒素。T-2 毒素可引起某些实验动物凝血时间延长，内脏器官出血和骨髓造血组织坏死。

T-2 毒素直接刺激皮肤和黏膜，并能穿透上皮组织。对鸡的多次毒性试验表明，用 T-2

毒素含量大于 1mg/kg 的饲料喂鸡，会引起小鸡或产蛋母鸡口腔及口、鼻周围发炎，类似败血性咽峡炎。此外，小鸡还表现为神经紊乱和凝血时间延长。

牛采食被 T-2 毒素污染的饲料，中毒后主要症状为齿龈炎和胃炎，以及溃疡性胃肠炎。严重的出现骨髓造血机能的严重障碍和出血性素质等症状，加上机体免疫力受到抑制，中毒病牛多数死亡。

霉玉米可能是 T-2 毒素的主要来源，如果玉米成熟晚或含水量高，并储存在易受温度影响的仓库内，在冻、融的交替过程中，能促进霉菌的生长，并产生该毒素。T-2 毒素中毒是人畜共患性中毒，各种家畜、家禽均可发生。

（三）二乙酸蔗草镰刀菌烯醇

二乙酸蔗草镰刀菌烯醇（diacetoxyscirpenol，DAS）又名蛇形毒素，产生此毒素的主要菌种是蔗草镰刀菌（*F. scripi*）和木贼镰刀菌。此外，有人报道三线镰刀菌和接骨木镰刀菌也能产生此毒素。DAS 易溶于水、甲醇、三氯甲烷和二氯甲烷，不溶于正己烷和正戊烷。

该毒素的毒性作用与 T-2 毒素相似。动物中毒后，主要损害骨髓造血器官（使白细胞持续减少）、脑组织、淋巴结、睾丸与胸腺，还可发生胃肠炎。对猪和鸡而言，DAS 的毒性高于 T-2 毒素。DAS 属于脂溶性毒素，故高脂肪日粮可加剧其毒性。

（四）新茄病镰刀菌烯醇

产生新茄病镰刀菌烯醇（neosolaniol）的主要霉菌是茄病镰刀菌，此外，蔗草镰刀菌、燕麦镰刀菌、黄色镰刀菌、三线镰刀菌、拟枝孢镰刀菌和梨孢镰刀菌等也可产生毒素。

我国曾发生的马属动物霉玉米中毒和日本曾发生的马霉豆荚中毒，都由其引起。动物中毒后表现为神经症状，沉郁或狂躁，伴发心搏动徐缓和呼吸困难等。病理组织学变化为脑膜充血、出血、水肿，大脑皮层细胞变性和出现脑白质液化性坏死灶等，即马脑白质软化病。日本报道，用发霉豆荚喂孕马还可引起流产和新生马驹死亡。

此外，由串珠镰刀菌（*F. moniliforme*）产生的串珠镰刀菌素（moniliformin）也可引起马属动物霉玉米中毒和马霉豆荚中毒。但此菌产毒能力极不稳定。因此，串珠镰刀菌素是否是上述中毒的致病性毒素，抑或是串珠镰刀菌与新茄病镰刀菌烯醇协同作用而致中毒，这些问题还存在争论。

（五）雪腐镰刀菌烯醇和镰刀菌烯酮-X

雪腐镰刀菌烯醇（nivalenol）和镰刀菌烯酮-X（fusarenon-X）的产毒菌种主要是雪腐镰刀菌（*F. nivale*）。此外，拟枝镰孢菌（*F. sporotrichioides*）、串珠镰孢菌（*F. moniliforme*）、表球镰刀菌和禾谷镰刀菌也产生此类毒素。

此类毒素可引起大、小鼠体重减轻，肌肉张力下降与腹泻。猫、狗出现呕吐，猪拒食、呕吐。人可引起恶心、呕吐、头痛、疲倦等。此外，还有与二乙酸蔗草镰刀菌烯醇相似的毒性作用，如骨髓与中枢神经损害、脑毛细血管扩张，以及脑膜、肠道和肺出血等。病理组织学变化可见肠黏膜上皮、骨髓、胸腺、脾、淋巴等组织细胞变性、核崩解和坏死。可以用 10% 的生石灰浸泡后，小火炒热至焦黄（温度不低于 120℃）来进行脱毒处理。

二、玉米赤霉烯酮

玉米赤霉烯酮（zearalenone，ZEA）又称F-2毒素、F-2雌性发情毒素，是一类2, 4-二羟基苯甲酸内酯化合物，具有类雌激素作用，主要危害动物的生殖系统。这类毒素首先从患赤霉病的玉米中分离出来，故而得名。目前已发现的玉米赤霉烯酮衍生物至少有15种，如8-羟基玉米赤霉烯酮、7-脱氢玉米赤霉烯酮、8, 8-二羟基玉米赤霉烯酮等。

产生此类毒素的菌种主要是禾谷镰刀菌（*F. graminearum*）。此外，粉红镰刀菌（*F. roseum*）、串珠镰刀菌、木贼镰刀菌、茄病镰刀菌等多种镰刀菌也能产生此类毒素。

玉米赤霉烯酮的纯品为白色结晶，其分子式为 $C_{18}H_{22}O_5$，相对分子质量为318，化学结构见图7-7。玉米赤霉烯酮不溶于水、二硫化碳和四氧化碳，溶于碱性水溶液、乙醚、苯酚、氯仿、二氯甲烷、乙酸乙酯、乙腈和醇类，微溶于石油醚。熔点为161～163℃。其甲醇溶液在紫外线下呈明亮的绿-蓝荧光。

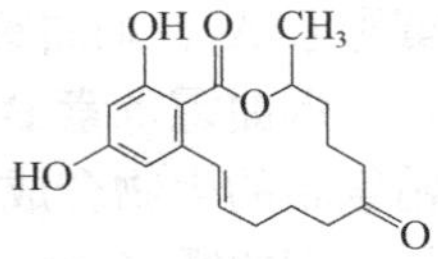

图7-7 玉米赤霉烯酮的化学结构

玉米赤霉烯酮具有类雌激素作用，其强度约为雌激素的1/10，可使畜禽和啮齿动物发生雌激素亢进症。其中以猪最为敏感。病变主要发生在生殖道。急性中毒主要表现为母猪与去势母猪阴户红肿，阴道黏膜充血，乳增大，乳头潮红，子宫肥大和卵巢萎缩。亚慢性中毒母猪表现为不育、流产、死胎或木乃伊化胎儿、产仔数减少及仔猪体弱，存活的小公猪出现睾丸萎缩、乳腺增大等雌性化征象。公猪中毒时也呈现雌性化，可发生包皮炎、阴茎肿大、乳腺肿胀等。给6周龄小母猪每天投喂5mg玉米赤霉烯酮5天，5～7天即可出现上述急性中毒症状，但停食后即可恢复正常。对妊娠后期母猪每天注射玉米赤霉烯酮5mg，产出的仔猪出现死胎和“斜腿”。母牛中毒也出现上述假性发情、不孕、流产、早产等。鸡可见泄殖腔外翻、输卵管扩张、产蛋率下降等。玉米赤霉烯酮还可通过母乳由母猪传递给仔猪，使仔猪表现雌激素样症状。

所有动物中猪对玉米赤霉烯酮最敏感，饲料中1～5mg/kg的污染量可产生猪的临床症状，1mg/kg水平可引起小猪的高雌激素症。玉米赤霉烯酮在肝脏中经3α-羟甾类脱氢酶（3α-hydroxysteroid dehydrogenase）和3β-羟甾类脱氢酶（3β-hydroxysteroid dehydrogenase）的作用转变成α-玉米赤霉烯醇和β-玉米赤霉烯醇，而α-玉米赤霉烯醇的毒性是β-玉米赤霉烯醇的3～4倍。玉米赤霉烯酮在猪体内主要转化为α-玉米赤霉烯醇，而在家禽体内主要转化为β-玉米赤霉烯醇，这也是家禽不如猪敏感的主要原因。

三、伏 马 菌 素

伏马菌素又称烟曲霉毒素（fumonisins）、伏马毒素或伏马素，是由轮枝镰孢菌（*F. verticillioides*）与串珠镰孢菌（*F. moniliforme*）所产生的一类水溶性代谢产物，分子结构中同时含有氨基和羧基，具有极性，为多氢醇和丙三羧酸的双酯化合物，热稳定性高，蒸煮不易被破坏。伏马菌素在霉变玉米及其制品中广泛存在，对人、畜机体可造成多种危害，并具有促癌活性。1989年，由串珠镰刀菌毒素污染玉米渣造成的中毒事件在美国各地均有发生，主要表现为马脑白质软化症和猪肺水肿。伏马菌素的化学结构见图7-8。

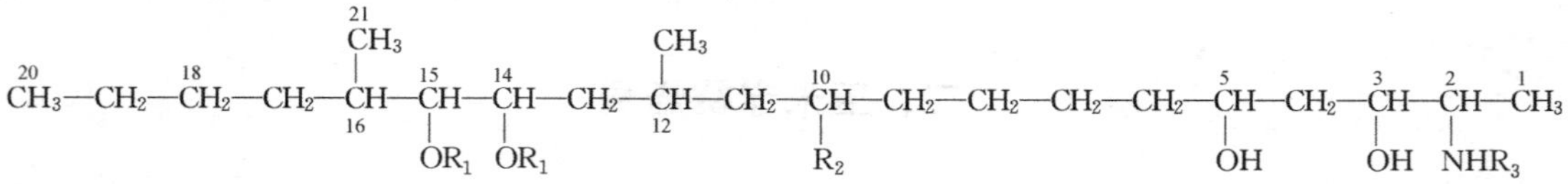

$A_1: R_1=COCH_2CH(CO_2H)CH_2CO_2H; R_2=OH; R_3=COCH_3$　$B_1: R_1=COCH_2CH(CO_2H)CH_2CO_2H; R_2=OH; R_3=H$

$A_2: R_1=COCH_2CH(CO_2H)CH_2CO_2H; R_2=H; R_3=COCH_3$　$B_2: R_1=COCH_2CH(CO_2H)CH_2CO_2H; R_2=R_3=H$

图 7-8　伏马菌素的化学结构

轮枝镰孢菌在繁殖的过程中产生多种烟曲霉毒素，主要有烟曲霉毒素 B_1、烟曲霉毒素 B_2、烟曲霉毒素 B_3，此外还有烟曲霉毒素 A_1、烟曲霉毒素 A_2、烟曲霉毒素 B_4、烟曲霉毒素 C_1、烟曲霉毒素 C_2。其中 60%以上是烟曲霉毒素 B_1，其毒性也最强，广泛存在于世界各地的玉米中，是天然污染的玉米样本或真菌培养物中烟曲霉毒素的主要成分，有致癌性；烟曲霉毒素 A_1、烟曲霉毒素 A_2 无毒性。

烟曲霉毒素 B_1 有着与神经鞘氨醇类似的多羟基醇结构，其毒理作用机制可能是干扰神经鞘氨脂的生物合成或神经鞘氨醇的转化。

烟曲霉毒素中毒的典型症状是马脑白质软化症、猪肺水肿等。此外，从轮枝镰孢菌培养基中分离的烟曲霉毒素 B_1 对大鼠具有致癌性。烟曲霉毒素的毒性具有种属特异性，除马的神经毒性、猪的肺中毒外，还具有肾毒性（羊肾病）、肝毒性（大鼠肝病变及原发性肝癌）。

四、丁烯酸内酯

丁烯酸内酯（butenolide）的主要产毒菌种是三线镰刀菌、梨孢镰刀菌、拟枝孢镰刀菌和雪腐镰刀菌。此外，木贼镰刀菌、半裸镰刀菌、砖红镰刀菌、粉红镰刀菌等也能产生此种毒素。

丁烯酸内酯的化学结构见图 7-9。其分子式为 $C_6H_7NO_3$，相对分子质量为 141，熔点为 116～118.5℃。该毒素为无色小针状或棒状结晶。易溶于水，微溶于二氯甲烷和氯仿，不溶于四氯化碳。在碱性水溶液中极易水解，其水解产物为顺式甲酰丙烯酸和乙酰胺。毒素加热至 100℃放置 30min，毒力不会减弱。在试验条件下保存 6～7 年，其毒力不受影响。

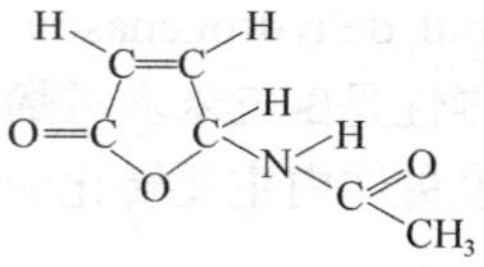

图 7-9　丁烯酸内酯的化学结构

丁烯酸内酯属血液毒，是导致牛烂蹄病的主要毒素。对小鼠的 LD_{50}，经口为 275mg/kg，经腹腔注射为 43.6～71mg/kg。

丁烯酸内酯中毒是 Cunningham 于 1949 年首次报道，为澳大利亚的放牧牛群中自然爆发牛烂蹄病，病因是放牧牛吃了三线镰刀菌污染的牧草——羊茅草（tall fescue，学名苇状羊茅 *Festuca arundinacea* Schreb.）所致，故称为苇状羊茅烂蹄病（fescue food）。1967 年，美国密苏里州也由同样原因发生这种病。

据报道，以三线镰刀菌接种分离出丁烯酸内酯，用大剂量（39mg/kg 和 68mg/kg）每天给两头犊牛投服，于 3～4 天后出现死亡。每天投少量（22～31mg/kg），出现尾部红斑及水肿。另有人用苇状羊茅干草的乙醇分馏物给犊牛腹腔注射，出现跛行，后肢蹄部及尾部充血、出血、水肿等。

丁烯酸内酯主要侵害牛，其次是羊。例如，我国某些省份的水牛、黄牛因采食霉稻草发生“蹄腿肿烂病”，即丁烯酸内酯中毒，病牛出现脚肿、烂蹄甚至脱蹄，耳尖及尾梢干性坏死。国内一般称此为耕牛霉稻草中毒。此病与国外苇状羊茅烂蹄病（即丁烯酸内酯中毒）极为相似。本病有明显的区域性和季节性，主要散发在水稻产区和低洼潮湿盛产苇状羊茅草的牧区，并主要发生在冬季，从10月中旬开始散发，11～12月发病率高，次年3～4月或以后，改喂青草自行停止。

另外，丁烯酸内酯对家兔涂皮可引起明显的皮肤反应。有人还指出，丁烯酸内酯为五元环内酯，故不能排除具有致癌作用的可能。

五、串珠镰刀菌素

串珠镰刀菌素是Cole（1973）从串珠镰刀菌培养物中提取的一种水溶性毒素。串珠镰刀菌素可由多种镰刀菌产生。该霉菌在世界上分布广泛，常是玉米的病原菌，多数在玉米上生长时产生毒素。目前，已发现18种产毒菌，其中以串珠镰刀菌和串珠镰刀菌胶孢变种为主要产毒菌。

串珠镰刀菌毒素中毒通称马属动物霉玉米中毒，在美国起初称为马脑白质软化症，是一种以中枢神经紊乱和脑白质软化坏死为特征的马属动物的真菌毒素中毒症。本病多发生于马属动物，其中以驴的发病率最高，壮龄和老龄动物发病较多，幼龄动物发病较少。该病的发生具有一定的地区性和明显的季节性，多发生在玉米收割后的9～11月，其他月份零星发生。这与收获期、储存期的处理不当有关。

该病的主要病变发生在脑实质。硬脑膜下常有较多量脑脊髓液。大脑皮质充血、出血、水肿。大脑半球一侧或两侧白质内有圆形或不定形、鸡蛋大的液化坏死灶，坏死组织似豆渣样病变。感染该霉菌的家禽表现为反应迟钝、两腿无力、呼吸短促、共济失调，严重者昏迷、产蛋率下降、产蛋高峰期推迟、腹泻、便血等。

第四节　青霉毒素类

青霉属（*Penicillium* Link ex Fr.）通常在粮食和饲料中检出。对青霉及其毒素的研究，主要由日本的“黄变米”研究开始，稻米由于霉变呈黄色（胚乳呈黄色），故称为黄变米。国外报道的黄变米中分离出的主要菌种是青霉属和曲霉属。其中最常见的青霉有黄绿青霉、岛青霉、橘青霉、皱褶青霉和缓生青霉等。我国南方有些省份，稻谷收割后未及时脱粒干燥，致使米粒霉变成黄色，称“沤黄米”或“黄粒米”。我国的黄粒米与日本的黄变米不完全相同，分离出的菌种一般以曲霉属为主，但也有岛青霉、橘青霉等。

一、展青霉素

（一）产毒菌种及污染的饲料

展青霉素（patulin）是在约1940年从展青霉培养物上作为具有抗菌作用的物质被分离出来的，随后又在其他不同种类的真菌中分离得到，因此有不同的命名，如clavacin、claviformin、expansin及penicidin。其曾被作为普通感冒时鼻子和喉咙的喷剂及皮肤外用药。到了20世纪

60 年代，人们发现虽然展青霉素具有抗菌、抗病毒及抗原虫活性，但它对动物和植物是具有毒性的，随后展青霉素被分类为霉菌毒素。

展青霉素在自然条件下最主要的产毒菌为扩展青霉（*Penicillium expansum*），此外，棒曲霉（*Aspergillus clavatus*）、巨大曲霉（*Aspergillus giganteus*）及土曲霉（*Aspergillus terreus*）也能产生展青霉素。棒曲霉产毒菌危害成熟或接近成熟的果实，当条件适宜时，使全果腐烂，产生强烈的霉味，称为"蓝霉病"。由污染的水果生产的果汁中展青霉素含量较高，但经过酵母菌发酵后，含量会大大下降。

（二）理 化 性 质

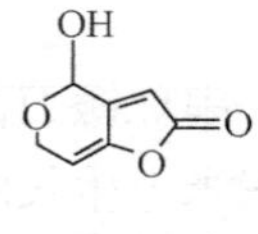

图 7-10　展青霉素的化学结构

展青霉素的化学名称为 4-羟基-4H-呋喃[3, 2-c]吡喃-2（6）-1-[4-hydroxy- 4H-furo[3, 2-c] pyran-2（6H）-one]，化学结构见图 7-10。展青霉素为无色针状结晶，熔点为 100℃，相对分子质量为 154，能溶于水、乙醇、丙酮、乙酸乙酯和氯仿，在碱性溶液中不稳定，易被破坏，在酸性环境中稳定性增加。

（三）毒 性 作 用

由于展青霉素在动物实验中能引起动物的致畸性、致突变性和致癌性，因此引起了世界各国卫生、毒理医学、食品生产和安全等方面专家、学者的极大关注。WHO（2001）规定了每日最高允许摄入量为 0.4mg/kg BW，目前欧盟已有更严格要求的趋势。

展青霉素的 LD_{50}，小鼠为 35mg/kg（经口）、25mg/kg（静脉）、5.7～15mg/kg（腹腔）、8～15mg/kg（皮下）；大鼠为 30mg/kg（经口）、15～25mg/kg（皮下）、25.5mg/kg（静脉）；4 日龄鸡胚为每胚 2.35μg/kg。人摄入后可引起呕吐和胃刺激症状。展青霉素在实验条件下能诱发肿瘤；可使小鼠细胞发生突变反应；能使鸡胚产生畸形。展青霉素对小鸡的毒性相当低。血液检查，红细胞数变化不显著，但白细胞数增多，其中嗜中性白细胞增多，淋巴细胞减少。

日本曾因展青霉素污染饲料引起乳牛中毒（霉麦芽根中毒），主要表现为上行性神经麻痹、中枢神经系统水肿和灶状出血。1959 年，法国曾发生过喂发芽谷物使成群母牛死亡的事故。在德国、前苏联也相继发生过乳牛霉麦芽根中毒，临床症状以神经系统紊乱为主。其致病性毒素均为展青霉素。国内也有多起霉麦芽根中毒的报道。

二、橘 青 霉 素

橘青霉素（citrinin）由橘青霉（*P. citrinum*）、鲜绿青霉（*P. viridicatum*）、纠缠青霉（*P. implicatum*）、铅色青霉（*P. lividum*）、瘿青霉（*P. fellutanum*）、扩展青霉、詹森青霉（*P. jensenii*）、点青霉（*P. notatum*）、变灰青霉（*P. canescens*）、雪白曲霉（*A. niveus*）、亮白曲霉（*A. candidus*）、土曲霉（*A. terreus*）等多种青霉及曲霉产生。

橘青霉素纯品呈柠檬黄色针状结晶，熔点为 172℃，分子式为 $C_{13}H_{14}O_5$，相对分子质量为 250。

橘青霉素极难溶于水，在适宜 pH 条件下，溶于绝大多数有机溶剂，易溶于稀氢氧化钠、碳酸钠和乙酸钠溶液。在酸性及碱性溶液中皆可热解。

橘青霉素对动物的 LD_{50}（mg/kg）：大鼠为 50（经口）、67（皮下、腹腔）；小鼠为 112

（经口）、35～60（皮下）、35～52（腹腔）、38（静脉）；家兔为19（静脉）；豚鼠为37（皮下）。

橘青霉素属肾脏毒，中毒症状为急性或慢性肾病症状——多尿与烦渴。病理学变化为肾脏明显肿大，肾小管上皮细胞变性、坏死。

除肾脏损害外，橘青霉素还具有与乙酰胆碱或毛果芸香碱类似的作用。据报道，在22份引起猪患肾脏疾病的大麦样品中均检出赭曲霉毒素，其中3份含有橘青霉素，含量分别为0.16mg/kg、1.0mg/kg和2.0mg/kg。橘青霉素与赭曲霉毒素在肾病（通常称为真菌毒素性肾病）中起协同作用。

三、红色青霉毒素

红色青霉毒素（rubratoxin）由红色青霉（*P. rubrum*）和产紫青霉（*P. purpurogenum*）产生。这两种青霉都可产生红色或紫红色色素，而且在真菌分类上关系密切，二者常难以区分。它们在自然界分布很广，多存在于土壤或寄生在死的植物上。

红色青霉毒素有A和B两种，B是主要的毒素，其毒性较大。红色青霉毒素B可以使实验动物出现肝脏病变、小叶中心坏死和肝肠出血。红色青霉毒素A、B的相对分子质量分别为520和518，分子式分别为$C_{26}H_{32}O_{11}$和$C_{26}H_{30}O_{11}$，熔点分别为210～240℃和168～170℃。

红色青霉毒素晶体在水中溶解度不大，在醇类及酯类中可溶。红色青霉毒素A在乙醇中较红色青霉毒素B易溶，而在乙酸乙酯中则相反，借此可在混合状态下将二者分离。

红色青霉毒素的粗制品对小鼠经口LD_{50}为120～200mg/kg，对猪的致死量为64mg/kg。对小鼠LD_{50}（经腹腔），红色青霉毒素A为6.6mg/kg，红色青霉毒素B为3.0mg/kg。红色青霉毒素B对大鼠经口LD_{50}为400～500mg/kg，对鸡LD_{50}（经口，混入饲料）为83mg/kg。

该毒素对猪、牛、马、羊、雏鸭等都有毒性，以猪最敏感。Burnside（1957）报道，用从引起牛和猪中毒的霉玉米中分离出的红色青霉人工污染玉米，用来喂小鼠、猪、马和雄山羊，均可引起中毒。毒素主要损害肝、肾和引起全身出血。其主要症状是流涎、食欲减退、黄疸、胃肠充血与出血等。其病理组织学变化多为肝、胃、肠、肾等脏器出血，肝脂肪变性、坏死。红色青霉毒素B和AFB_1共同存在于饲料中，毒性具有协同效应。

四、黄绿青霉毒素

黄绿青霉毒素（citreoviridin）主要由黄绿青霉（*P. citreo-viride*）产生。此外，赭鲑色青霉（*E. ochrosalmoneum*）等多种青霉也能产生此种毒素。黄绿青霉毒素为深黄色针状结晶，分子式为$C_{23}H_{30}O_6$，相对分子质量为402。易溶于乙醇、苯和氯仿，不溶于己烷和水。

黄绿青霉毒素对小鼠LD_{50}为30mg/kg（经口）、10mg/kg（皮下）和8mg/kg（腹腔）。它属神经毒素，主要有抑制脊髓和延脑的功能，而且选择性抑制脊髓运动神经元及联络神经元和延脑运动神经元。急性中毒症状是以进行性上行性麻痹为特征，病初后肢和尾部麻痹，然后发展至前肢，甚至全身麻痹，最后因胸肌、膈肌麻痹及呼吸循环衰竭而死亡。黄绿青霉还可造成贫血和黄疸。

五、岛青霉毒素类

岛青霉（*Penicillium islandicum*）可产生多种代谢产物，包括黄天精（luteoskyrin）、环氯素（cyclochlorotine）、岛青霉毒素（islanditoxin）、红天精（erythroskyrin）、虹天精（iridoskyrin）、

瑰天精（rubroskyrin）、天精（skyrin）、链蠕孢素（catenarin）等。

黄天精的分子式为 $C_{30}H_{22}O_{12}$，相对分子质量为 574。其对小鼠 LD_{50} 为 221mg/kg（经口）、147mg/kg（皮下）、40.8mg/kg（腹腔）、6.65mg/kg（静脉）。黄天精可使肝脏黄染、变软、质脆，降低肝糖原含量，血清转氨酶活性升高。病理组织学变化特点为肝小叶中心性坏死和肝细胞脂肪变性。

环氯素是一种含氯多肽类化合物，相对分子质量约为 600，具有特异氨基酸（二氯脯氨酸）残基，是岛青霉代谢产物中毒性最强的一种化合物。其对小鼠 LD_{50} 为 6.55mg/kg（经口）、0.475mg/kg（皮下）、0.388mg/kg（静脉）。环氯素是作用迅速的肝脏毒素，可加速肝糖原的分解代谢并抑制其合成。主要病变为肝脏空泡变性、坏死及出血，肝小叶周边细胞变性，脂肪蓄积显著，并可导致肝硬化和肝纤维化。

岛青霉毒素也为含氯多肽类化合物，分子式为 $C_{25}H_{35}O_8N_5Cl_2$，相对分子质量为 602。其理化性质、毒性与环氯素近似，也是作用快、毒性大的肝脏毒素。

红天精的分子式为 $C_{25}H_{30}NO_5$，相对分子质量为 425。其对小鼠经腹腔 LD_{50} 为 60mg/kg，LD_{100} 为 600mg/kg。中毒时，动物多出现麻痹、昏迷（肝性昏迷），而后死亡。主要病理学变化为肝小叶中心性坏死，并出现肾损害及脾、胸腺、淋巴结等细胞明显崩解。

上述毒素中，已证实黄天精和环氯素对动物有致癌作用。

六、青霉震颤素

青霉震颤素（penitrem 或 tremortin）由圆弧青霉（*P. cyclopium*）产生。按毒素结构不同有青霉震颤素 A 和青霉震颤素 B 之分。青霉震颤素 A（penitrem A 或 tremortin）也可由软毛青霉（*P. puberulum*）、徘徊青霉（*P. palitans*）等多种霉菌产生。

青霉震颤素 A 的分子式为 $C_{37}H_{44}O_6NCl$，相对分子质量为 633。青霉震颤素 B 的分子式为 $C_{37}H_{45}O_5N$，相对分子质量为 583。

青霉震颤素 A 及青霉震颤素 B 使小鼠发生震颤的剂量分别为 0.25mg/kg 及 1.3mg/kg；其对小鼠经腹腔 LD_{50} 分别为 1.05mg/kg 及 5.84mg/kg。

青霉震颤素 A 属神经毒素。此外，还可引起肾功能损害。主要症状为应激性增强，共济失调，眼球突出、震颤，呼吸急促等，严重者震颤加重而抽搐，角弓反张。有时出现多尿、流泪、流涎等，部分中毒者可见腹泻、频尿、四肢无力，呼吸困难，严重者死亡。撤去含毒日粮后，即使表现虚弱的病畜，通常也能在一周内恢复。

另外，烟曲霉（*A. fumigatus*）及其他曲霉菌也能产生类似的毒素，如烟曲霉震颤素 A（fumitremorgin A）和烟曲霉震颤素 B，其分子式分别为 $C_{32}H_{41}N_3O_7$ 和 $C_{27}H_{33}N_3O_7$。还有黄曲霉震颤素（aflatrem），分子式为 $C_{32}H_{39}NO_4$。它们也都是神经毒素，动物中毒主要表现为震颤。

第五节　其他真菌毒素

一、甘薯黑斑病毒素类

甘薯黑斑病是由甘薯长喙壳菌（*Ceratocystis fimbriata*）及茄病镰刀菌侵害甘薯所引起的。

甘薯块根病变部呈暗褐色圆形硬斑，味苦。在块根的褐色组织及其周围，通过一系列的异常代谢，会产生 13 种以上的呋喃萜烯类物质。其化学结构都有一个呋喃环，且在 3 位上有衍生物。黑斑病薯中几种毒素的理化性质及其毒性见表 7-11。

表 7-11 黑斑病薯中几种毒素的理化性质及其毒性

甘薯毒素	分子式	相对分子质量	急性毒性（小鼠 LD_{50}）/（mg/kg）
甘薯酮（ipomeamarone）	$C_{15}H_{22}O_3$	250.16	230（IP）
甘薯醇（ipomeamaronol）	$C_{15}H_{22}O_4$	266.15	—
甘薯宁（ipomeanine）	$C_9H_{10}O_3$	166.06	26（PO），25（IP），14（IV）
4-薯醇（4-ipomeanol）	$C_9H_{12}O_3$	168.08	38（PO），36（IP），21（IV）
1-薯醇（1-ipomeanol）	$C_9H_{12}O_3$	168.08	79（PO），49（IP），34（IV）
1, 4-二薯醇（1, 4-ipomeadiol）	$C_9H_{14}O_3$	170.09	104（PO），67（IP），68（IV）
4-羟肌薯酮（4-hydroxymyoporone）	$C_{15}H_{22}O_4$	266.15	—
脱氧甘薯酮（dehydroipomeamarone）	$C_{15}H_{20}O_3$	248.14	—

注：PO 为经口；IP 为经腹腔；IV 为静脉注射

据有关报道，甘薯酮等毒素除了由于感染上甘薯长喙壳菌而产生外，甘薯在感染齐整小核菌（*Sclerotium rolfsii* Sacc.）、爪哇黑腐病菌（*Diplodia tubericola* Ell. and Ev.Taub.），被甘薯小象甲咬伤、切伤或用化学药剂（如二氧化汞、三氯乙酸、碘乙酸、2, 4-二硝基苯、丙二酸等）处理时，均可产生甘薯酮。这说明甘薯酮的产生是由黑斑病菌及其他伤害所引起的防御反应的代谢产物，而不是真菌的分泌物。甘薯黑斑病毒素耐高温，蒸煮或烘烤等处理均不能破坏其毒性。

甘薯酮为肝脏毒素，可引起肝脏坏死。甘薯醇为甘薯酮的羟基衍生物，也称羟基甘薯酮，也是一种肝脏毒素。4-薯醇（或称 4-甘薯戊酮）具有肺毒性，可致动物肺水肿及胸腔积液，故有人称此毒素为“致肺水肿因子”。甘薯宁（或称甘薯二酮）、1-薯醇（或称 1-甘薯戊酮）及 1, 4-二薯醇的毒性与 4-薯醇相同，均有肺毒性。

在自然发生的黑斑病甘薯中毒病例中，特别是牛，主要病变并非甘薯酮等所引起的肝脏损害，而是出现肺水肿、肺间质性气肿等损害。最近有人发现此种毒性作用主要是由 4-薯醇和 1-薯醇所引起的。

黑斑病甘薯中毒的特征性症状是呼吸困难、气喘。初期呼吸快而浅表，以后呼吸频率降低，但呼吸加深，随着肺弹性的减弱与丧失，出现呼气性呼吸困难，出气量减少，进气量不足，直至肺泡破裂后气体窜入肺间质，造成肺间质性气肿。病程后期，在肩后两侧皮下出现气肿，最后多因窒息而死亡。其病理变化主要是肺特别肿大，比正常增大三倍以上，肺间质增宽，小叶间质及肺膜下充满气体。还可见到肝大，各脏器出血等。

预防措施：根本在于消灭黑斑病病原菌，防止甘薯感染发病，为此，可用杀菌剂浸泡种薯。例如，可用50%～70%甲基托布津1000倍溶液或乙基托布津500倍溶液，浸泡种薯10min。

收获时要力求薯块完整，勿伤薯皮。要注意甘薯贮存的条件，地窖应干燥密闭，温度宜控制在 11～15℃或以下。已发生霉变或黑斑的甘薯，不应饲用，或切除霉变及黑斑部分并加以洗涤。对已霉坏的甘薯不要随意乱扔，应集中烧毁或深埋，以免病原菌传播和被家畜采食。

二、葡萄状穗霉毒素

葡萄状穗霉毒素（stachybotrys toxin）引起的中毒是动物霉菌毒素中毒最早发现的一种疾病。早在 1931 年，苏联乌克兰地区的马群中曾发生一种原因不明的疾病，中毒死亡马达数千头。后经研究证明是由葡萄状穗霉毒素产生的霉菌毒素所引起的。

葡萄状穗霉属中的霉菌有黑葡萄状穗霉（*Stachybotrys atra* Corda）、分隔葡萄状穗霉（变形葡萄状穗霉，*Stachybotrys alterans*）、柱孢葡萄状穗霉（*Stachybotrys cylindrosporum* Jens.）等。文献报道较多的是黑葡萄状穗霉。

黑葡萄状穗霉主要寄生于各种秸秆、干草和谷糠里，当饲草堆积存放不当，特别是阴雨潮湿时，此菌最易侵染，并产生霉菌毒素——黑葡萄状穗霉毒素（satratoxin）。黑葡萄状穗霉毒素可分为 C、D、F、G 和 H 五种，都属于单端孢霉烯组化合物。毒素可溶于有机溶剂，在 120℃高温和酸性溶液中化学性质稳定。其易被高锰酸钾所氧化而形成丧失毒性的酸性产物，也易被 2%～4%苛性钠溶液破坏而失去毒性作用。

黑葡萄状穗霉毒素属于神经毒素及造血组织毒素，可引起各种家畜和实验动物中毒，但中毒多发于马属动物，而牛、兔的抵抗力较强。病菌感染具有明显的季节性和地区性，一般秋季发病，冬季病例增加，至次年 2～4 月达到高峰。中毒症状分为非典型和典型症状两种。前者是食入大量毒素后引起的急性中毒，又称为休克型，表现为明显的神经功能障碍综合征，动物高度兴奋或抑郁，听力减退，视力消失，呼吸迫促，可视黏膜发绀，体温升高，并出现休克。慢性中毒的典型症状分为三期：病初（第一期）发生口炎，流涎，颌下淋巴结肿胀、疼痛；中期（第二期）主要表现为血液学变化——白细胞和血小板减少，凝血时间延长，出血性素质，体温多呈一时性升高；末期（第三期）表现为黏膜和皮肤坏死、溃疡，体温持续上升，血小板和白细胞进一步减少，病畜大都死亡。

葡萄状穗霉毒素中毒症状除在前苏联发生外，其他国家也有发生。在我国，曾从土壤、种子、有机残体、草食动物粪便中分离出黑葡萄状穗霉毒素，从霉稻草中分离出分隔葡萄状穗霉，故值得注意。

饲草应保持干燥，防止霉菌生长。如出现中毒症状，应首先停喂霉变干草，轻症可用强心、补液等对症治疗。

三、葚 孢 霉 素

葚孢霉素（sporidesmin）是由纸皮思霉[*Pithomyces charterum*（*Sporidesmium bakeri*）]腐生在牧草上而产生的。经 Hodges 等（1963）研究确定该毒素分为 A～F 等多种，其中毒性较强的为葚孢霉素 A 和葚孢霉素 B 两种。其对绵羊的 LD_{50} 为 0.5～1mg/kg（经口、皮下或腹腔）。在新西兰、澳大利亚等有过大群发病的报道。中毒主要发生于羊，其次是牛。当牛、羊等采食受该霉菌及其毒素严重污染的黑麦草、白三叶草等牧草后，发生以头部皮肤湿疹为特征的感光过敏，故称其为“颜面湿疹”（facial eczema）。其发病机制是，该毒素属肝脏毒素，引起急性中毒性肝炎和胆管阻塞，是食入的植物中叶绿素在体内的正常代谢产物——叶绿胆紫质在血液中大量蓄积并被运送到皮肤组织中，当日光照射时，皮肤迅速出现感光过敏性反应。其中毒病变是，葚孢霉素中毒的靶器官是肝脏，毒素能引起胆管肝炎，使胆管坏死和阻塞，肝细胞脂肪变性，门区周围广泛坏死和纤维化，胆总管沿线发生水肿，并波及胆囊。急性发病的肝脏由于脂肪变性而带黑色或黄色，并可因纤维化而出现凹斑。

四、豆类丝核菌素

豆类丝核菌素也称流涎素、流涎胺(slaframine),是豆类丝核菌(*Rhizoctonia leguminicola*)的有毒代谢产物。该菌分布在土壤中，在雨期潮湿季节易侵染植物，菌丝向植物体内伸展形成病斑。曾有家畜因采食有豆类丝核菌及其代谢产物污染的豆科植物和红三叶草而发生中毒的报道。牛、羊、猪、禽均可发病。其症状主要是过度流涎、周期性流泪、腹泻、尿频、厌食和瘤胃臌气等副交感神经兴奋症候群。通常在摄食后 5～6h 流涎达高峰，约在 24h 消失。妊娠母畜可发生早产、流产。其发病机制是毒素通过肝微粒体而产生 6-脱胺素流涎胺，引起腺体分泌增加。

除上述症状外，由于霉菌感染，红三叶草正常成分香豆素转化为双香豆素，家畜采食了被污染的红三叶草，会引起广泛性出血。

五、麦角生物碱

麦角生物碱（ergot alkaloid）由子囊菌纲的麦角菌（*Claviceps purpurea*）所产生。麦角菌通常寄生在麦类（黑麦、小麦、大麦、燕麦）上，禾本科牧草也可被侵害。该菌孢子寄生在植物花蕊的子房中，发育成菌丝，而后在着生麦粒的部位形成坚硬的紫黑色角状菌核（菌核是由菌丝组成的一种休眠体），也叫麦角（sclerotia）。每一个菌核代替一颗受害病麦类的籽粒。若粮食中混入 0.5%的麦角即可致死。各国对饲料中麦角的限量规定，加拿大为 0.10～0.33ppm①，欧盟为 0.10ppm，英国为 0.001ppm，美国为 0.3ppm。

麦角中含生物碱约为 0.4%。麦角生物碱均是麦角酸(lysergic acid)或异麦角酸(isolysergic acid) 的酰胺。其中的有毒成分主要有麦角碱（ergotoxine）和麦角新碱（ergocristine）。前两者毒性较强，不溶于水；后一种毒性较弱，易溶于水。现已查明麦角毒碱是麦角克碱（ergocristine）、麦角卡里碱（ergocryptine）和麦角克宁碱（ergocornine）的混合物。麦角生物碱类的毒性非常稳定，保存数年也不受影响，不易被高温破坏。新鲜麦角比干陈麦角的毒性大。

麦角毒碱和麦角胺可直接作用于血管使其收缩。由于外周血管收缩导致血压上升，并通过压力感受器反射性地兴奋迷走神经中枢，引起心动过缓。较大剂量能损害毛细血管内皮细胞，导致血管栓塞和坏死。麦角生物碱类能兴奋子宫平滑肌，使之呈节律性收缩，大剂量可引起子宫强直性收缩。对子宫的作用以麦角新碱最强。

麦角中毒的临床症状可分为中枢神经系统兴奋型和末梢组织坏疽型两种。按其病程又分为急性型和慢性型两种。急性型中毒多属神经型，具有神经系统症状和胃肠道炎症，严重者发生全身性强直性痉挛、昏迷及呼吸中枢麻痹。慢性型中毒多属坏疽型，病变多在末梢组织，特别是后肢的下部、尾和耳。这些部位最初局部有疼痛感、变凉，继之萎缩变成黑紫色，皮肤干燥，并与健康组织分离剥脱。临床上一般多为慢性坏疽型。猪、牛和家禽对麦角最敏感。

预防措施：摘除饲用谷类和播种用粮谷中的麦角，也可采用机械净化或用 25%浓氯化钠

---

① ppm.百万分之一

水漂浮。对可疑的粉状饲料，应进行化验，如确定混有多量麦角，不能喂给动物。将污染的饲料放在阳光下曝晒或用紫外线照射，可减弱其毒性。在含麦角牧草的草场，应在牧草子穗割除以后才可放牧。

麦角菌在世界各国都能看到，在高温度的草原和牧地分布极广，梅雨季节大量蔓延。麦角菌主要寄生在作物的生长期，而且是在菌核性成熟期间才能致病。所以麦角中毒有明显的季节性。8 月 15～20 日以前收割的干草，一般不会致病。

第六节　霉菌毒素危害防控技术

由于霉菌毒素在饲料原料及饲料产品污染普遍存在，对畜禽健康及畜禽产品安全造成了极大隐患，给畜牧业造成了巨大的经济损失。因此，世界各国在霉菌毒素危害的防控技术上开展了广泛的工作。霉菌毒素危害的防控措施，按照作用的目的分为防霉、脱毒和增强动物耐受性三类。

防霉是指阻止霉菌生产、繁殖和产毒的措施。在本章第一节已介绍过通过加强作物收获前、收获后的管理，控制储藏过程中的环境条件，加强饲料厂和养殖场的管理及使用防霉剂等综合防霉措施，来减少饲料中霉菌的生长繁殖及霉菌毒素的产生。

霉菌毒素脱毒是指采用物理方法、化学方法、吸附法或微生物降解法来消除或减少饲料中已经存在的霉菌毒素。物理脱毒方法包括机械筛选剔除污染物料、高温处理、辐射（紫外线等）；化学脱毒是通过酸、碱（如氨水、碱液处理黄曲霉毒素）或其他化学物质对霉菌毒素进行处理，以破坏霉菌毒素结构，从而达到脱毒的目的。但是由于物理或者化学的方法可能存在耗时、对饲料中营养成分有破坏作用、污染环境、对饲料存在二次污染、后续处理复杂、处理成本较高等缺陷，并不适合工业化饲料生产。因此，物理脱毒和化学脱毒并未能在生产中得到广泛应用。

本章重点介绍研究较多且在生产中应用前景较好的吸附法和微生物脱毒法，以及通过添加功能性物质，增强动物机体解毒能力或增强动物机体对毒素的耐受能力等措施。

一、吸　附

在畜禽日粮中添加霉菌毒素吸附剂是生产中普遍采用的霉菌毒素脱毒方法。霉菌毒素吸附剂为不能被动物消化吸收的惰性物质（吸附剂），利用其能与霉菌毒素结合的特性，阻止霉菌毒素在动物胃肠道中被吸收，降低霉菌毒素的生物活性，从而达到降低霉菌毒素危害的目的。

（一）理想的吸附剂应具备的特点

理想的霉菌毒素吸附剂应具备以下特点：①对人类和动物健康无不良影响，且不改变饲料的感官品质和营养价值；②对饲料中常见霉菌毒素具有广谱吸附性，且在动物胃肠道内对霉菌毒素吸附效果稳定；③添加量少，价格合理；④在饲料中分散性能好，且热稳定性好；⑤随动物粪便排泄到环境中时对环境无害。

（二）吸附剂脱毒效果的评价

由于市场上的吸附剂种类繁多，品质差异较大。因此，需要对不同产品的吸附效果进行客观评价。通常，如果某吸附剂对霉菌毒素的体外效果不好，那么该吸附剂在动物体内的脱毒效果也不理想。另外，有些吸附剂在体外脱毒效果较好，但在动物体内却不一定能吸附毒素。因此，客观、准确、快速地评价吸附剂的脱毒效果，是筛选吸附剂材料、合理评价吸附剂脱毒效果的迫切需要。

但是，体内试验存在周期长、费用高、试验结果重现性较差、以不同畜禽为实验对象得到的结果差异较大等问题，因此体外评价方法仍然是普遍采用的方法。目前，最广为采用的体外评价方法是测定霉菌毒素在液态（如水）介质中对纯霉菌毒素的吸附效果。通常，在水中加入已知含量的某种霉菌毒素和一定比例的吸附剂，模拟动物胃肠道，并设定适宜的 pH、温度和体外反应时间。反应结束后，测定水溶液中剩余的霉菌毒素含量，就可以计算出吸附剂对该霉菌毒素的吸附率。由于常见霉菌毒素（T-2 毒素除外）水溶性较低，该反应体系中霉菌毒素浓度一般较低，因此试验成本可以得到有效控制。目前，对霉菌毒素的吸附效果进行体外评价多采用该法。但是霉菌毒素的吸附是一种以化学平衡为特征的可逆过程，因此溶液中霉菌毒素的浓度、吸附剂的量及两者间的亲和力对实验结果影响较大。

但是，必须强调的是，准确评价吸附剂的脱毒效果，必须将体内试验和体外试验相结合，才能得出客观的结果，并且在评价吸附剂的吸附效果时，应同时评估其卫生品质、对饲料中营养物质的吸附量，并考虑其添加量。并且由于不同种属动物及动物不同的生理阶段对不同种类的霉菌毒素敏感性不同，因此，进行效果评价时应选择对目标动物敏感的霉菌毒素作为评价指标。

（三）常见吸附剂

目前，生产中广泛使用的吸附剂材料，按照其化学性质分为无机吸附剂和有机吸附剂，无机吸附剂包括膨润土及蒙脱石、沸石、水合硅铝酸钙钠等矿物质及活性炭等，有机吸附剂主要有酵母细胞壁提取物、改性甘露寡糖等。

1. 矿物质吸附剂　硅酸盐类吸附剂如膨润土、沸石和硅铝酸盐等，对饲料中 AFB_1 吸附效果较好，被广泛应用在 AFB_1 的脱毒上。该类吸附剂的作用方式为水合硅铝酸钙钠的不对称金属离子与黄曲霉毒素的β-内酯环和双内酯环结合。但是不同硅铝酸盐吸附剂的化学结构不同，吸附能力差异较大。硅铝酸盐通常分为页硅酸盐和网硅酸盐两大亚类。常见的吸附剂材料如蒙脱石和高岭土属于页硅酸盐亚类，沸石属于网硅酸盐亚类。

（1）*蒙脱石/膨润土*　根据可交换的阳离子的不同，膨润土分为钙基膨润土、镁基膨润土、钾基膨润土和钠基膨润土。蒙脱石是膨润土的主要成分，是一种酸化黏土，其化学式为 $Al_2O_9Si_3$，其空间结构为两层硅四面体夹着一层铝氧八面体的层状结构，因此比表面积较大（$240m^2/g$）。蒙脱石对霉菌毒素产生吸附作用，吸附位点可能是位于层间结构的硅醇基、铝醇基及羟基等带电荷的基团。蒙脱石、膨润土被广泛应用于饲料中霉菌毒素的吸附脱毒，其中尤其对 AFB_1 的脱毒效果较好。

（2）*沸石*　沸石是一类含水的碱金属或碱土金属的铝硅酸盐。其结构由硅氧四面体和铝氧四面体组成，由于四面体只能以氧原子为点来相连，而不能以“边”或“面”相连，并且硅氧四面体不能直接相连，其间必须至少用一个硅氧四面体连接。由于构成沸石的铝氧四面体带有负电荷的氧原子，因此沸石常结合有碱金属或碱土金属离子，如 Na^+、K^+、Ca^{2+}、Mg^{2+}等。并且沸石的结构中有空洞，能为不同大小的离子或分子如 Na^+、K^+、Ba^{2+}、Ca^{2+}、H_2O、NH_3、CO_3^{2-}、NO_3^-等的结合提供空间。在某些沸石中，这些空洞相通形成了通道，该结构为离子或分子的进出提供了可能，因此该类沸石有作为吸附剂的潜力。同时，沸石具有可吸收物料水分，而其自身晶体结构不被破坏的特性。目前该类矿物质被用作对 AFB_1 的吸附剂，但是其作用效果差异较大。

（3）水合硅铝酸钙钠　从天然沸石中纯化得到的水合硅铝酸钙钠，由于其具有吸附阳离子及带正电荷化合物的特性，引起了学者对其吸附潜力的研究。大量体内外研究证实，在饲料中添加改性水合硅铝酸钙钠能有效减少霉菌毒素在畜禽及某些经济动物（如水貂）消化道内的吸收，从而缓解霉菌毒素的毒性，改善动物的生产性能。水合硅铝酸钙钠结构中的不对等阳离子能与 AFB_1 分子中的β-内酯环和双内酯环结合，这被认为是该类矿物质发挥吸附作用的机制。且自 20 世纪八九十年代以来，大量的体外试验和动物实验均证实水合硅铝酸钙钠能稳定吸附黄曲霉毒素。该类产品在生产中得到了广泛应用。

2. 活性炭　活性炭是以椰壳、果壳、木屑或木材等含碳的有机材料为原料，在活化炉中高温和压力作用下形成的表面积巨大、并有大量微孔的无定形碳。活性炭含有的大量微孔使其表面积巨大，并且能使比其孔径小的分子进入活性炭空隙内而被吸附。因此，活性炭的吸附性能取决于活性炭的特性（原料、孔径大小、比表面积）、霉菌毒素的性质和含量、活性炭的添加量等因素。体外试验和动物实验证明，活性炭对 AFB_1、ZEA、DON 具有一定的吸附作用，但是不同研究者报道的吸附效率差异较大。

3. 酵母细胞壁多糖　酵母细胞壁能吸附环境中的多种化合物。活的酵母细胞、灭活的酵母细胞、酵母细胞提取物等均对饲料中的毒素具有高效的吸附能力，从而降低了毒素在动物胃肠道内的生物活性。由于不同种属的酵母在细胞壁组成上差异很大，因此在吸附能力上差异也较大。目前已阐明酵母细胞壁中β-D-葡聚糖、葡甘露聚糖、甘露寡糖对霉菌毒素存在吸附效果，吸附作用为上述成分通过氢键和范德瓦耳斯力与霉菌毒素结合。影响酵母细胞壁吸附效果的因素有：细胞壁的完整性、反应体系中霉菌毒素和微生物浓度，以及酵母细胞壁的总量、β-D 葡聚糖的含量及其细胞壁中的三维结构，并且灭活的酵母（如热处理或酸化处理）细胞壁的吸附性能优于活酵母的细胞壁。

大量研究报道，酵母细胞多糖对 AFB_1、AFM_1、玉米赤霉烯酮、赭曲霉毒素 A、伏马毒素 B_1 具有较好的体外脱毒效果。在畜牧生产中，酵母细胞壁产品被广泛用来对饲料中 AFB_1 及玉米赤霉烯酮进行脱毒，有效减少了这两种霉菌毒素在畜禽体内的吸收，降低了霉菌毒素的危害。由于酵母细胞壁多糖对霉菌毒素具有较高的亲和性，因此在饲料中的添加量较少，并且对饲料中其他营养成分的利用率影响不大。酵母细胞壁多糖也是目前常见霉菌毒素吸附剂中的主要成分。

二、微生物和酶制剂

微生物脱毒是指利用微生物或其产生的酶对毒素进行分解，生成毒性较小的代谢产物，或利用微生物中某些成分对霉菌毒素进行吸附。由于微生物脱毒作用条件温和、作用时间短，以及处理过程不影响饲料的感官品质及饲用价值，因此该法具有较好的应用前景。目前常见

霉菌毒素中以对 AFB_1 微生物脱毒研究最为深入，已报道霉菌、细菌和酵母菌等多种微生物可以吸附或降解 AFB_1，部分研究成果已经成功应用于畜牧生产。

（一）微生物对霉菌毒素的降解脱毒

黄曲霉毒素发挥毒性效应的活性位点为呋喃环和内酯环，因此，如果微生物或酶能破坏黄曲霉毒素中香豆素的结构，则能有效降低其致突变性。因此，在筛选降解菌时，多以判定 AFB_1 的结构是否被破坏来作为评价该菌是否有效的指标。

Smiley 等（2000）研究发现橙色黄杆菌（*Flavobacterium aurantiacum*）的胞内蛋白提取液可以降解 74.15%的 AFB_1。Hormisch 等（2004）以荧蒽为唯一碳源从受多环芳烃化合物污染的土壤中分离出分枝杆菌 FA4T，该菌在 28℃与毒素反应 36h 后，降解率达到 70%～80%，72h 后，上清液中基本检测不到毒素。孙然然（2014）选出的芬氏纤维微菌（*Cellulosimicrobium funkei*）T_3-5 在体外对 AFB_1 具有较强的降解能力，且动物实验证实其可缓解 AFB_1 的毒性，改善动物的生长性能，其发挥降解作用的主要成分为该菌的胞外代谢产物。Albert 等（2006）发现红串红球菌（*Rhodococcus erythropolis*）胞外提取液同样具有高效降解 AFB_1 的能力。

微生物对黄曲霉毒素的降解脱毒主要依赖于酶的作用，从筛选出的微生物中得到的纯化酶能够特异性地降解黄曲霉毒素，破坏关键毒性基团的结构。由于酶具有作用的高效性和特异性、添加量少、对环境友好等特点，因此具有很好的应用前景。

对 AFB_1 具有降解脱毒作用的酶按照化学性质分为 lacasse、过氧化物酶、氧化酶和还原酶。Doyle 等（1979）发现寄生曲霉产生的过氧化物酶可以降解 AFB_1，且酶活与降解效率呈剂量-效应关系。Marisa 等（2003）从食用菌糙皮侧耳（*Pleurotus ostreatus*）的代谢产物中分离出可以降解 AFB_1 的酶，且该酶能够打开黄曲霉毒素的内酯环。Alberts 等（2009）发现白腐真菌漆酶能降解 AFB_1，且不会产生 AFB_1 结构类似物。此外，辣根过氧化物酶（Das and Mishra，2000）、来源于 *Phanerochaete sordida* YK-624 的锰过氧化物酶（Wang et al.，2011）均能破坏 AFB_1 的结构，并有效降解 AFB_1。*Nocardia corynebacteroides* 能高效降解食物及动物体内的 AFB_1 及 AFM_1，且不产生其他有毒代谢产物。研究发现该微菌能促进 AFB_1 形成毒性较低的黄曲霉毒醇（aflatoxicol，AFL），且该菌对 AFB_1 的降解作用为酶解。此外，某些原生动物如梨形四膜虫能使 AFB_1 中环戊烷的羰基转化为羟基（Adebo et al.，2015），从而发挥脱毒效果。

（二）微生物对霉菌毒素的吸附脱毒

微生物也可通过吸附作用，与 AFB_1 形成复合体，减少 AFB_1 在动物消化道的吸收，从而减轻其毒性。乳酸菌是被研究最多的一类黄曲霉毒素脱毒菌，这类微生物既可以在饲料发酵过程中发挥脱毒作用，也可在动物体内发挥吸附脱毒作用。例如，鼠李糖杆菌（*Lactobacillus rhamnosus*）、丙酸杆菌（*Propionibacterium* spp.）具有较好的体内和体外脱毒效果。酵母菌（yeast）对 AFB_1 的脱毒也是通过酵母细胞壁成分的吸附作用而发挥作用的。例如，酿酒酵母（*Saccharomyces cerevisiae*）已被广泛应用于饲料中 AFB_1 的脱毒。

三、生理功能性物质

通过在饲料中添加天然化合物或植物提取物等生理功能性物质，来降低霉菌毒素的危害，是目前防治霉菌毒素危害的重要研究方向。通常，该类生物功能性物质通过以下一种或多种途径发挥作用：①减少霉菌毒素对饲料的污染；②破坏霉菌毒素分子结构的完整性；③通过改变动物机体微生态区系，特别是 pH，从而阻止毒素毒性的发挥；④通过增强动物机体对霉菌毒素的生物转化能力，降低霉菌毒素对细胞或动物机体的毒性，即化学预防作用（chemoprevention）。目前，在霉菌毒素危害预防的研究上，化学预防措施是研究的热点。生理功能性物质的合理使用，能有效减轻霉菌毒素对动物机体的毒性，特别是减少霉菌毒素的致癌作用。

由于 AFB_1 具有较强的急慢性毒性和“三致”作用，且对粮食和饲料的污染普遍存在，因此在各种常见的霉菌毒素中，关于 AFB_1 化学预防的研究最为深入。由于 AFB_1 能对动物机体造成氧化应激，因此有大量研究报道了抗氧化剂在 AFB_1 毒性防治上的作用。已证实具有缓解 AFB_1 毒性的天然抗氧化剂有维生素类（维生素 A、维生素 C、维生素 E、β-胡萝卜素）、黄酮类物质（姜黄素、水飞蓟提取物）、硒、丁基羟基甲苯、丁基羟基茴香醚等。这些物质已被证实一方面能清除机体自由基，保护机体免受氧化损伤，另一方面可以通过调节肝脏中 AFB_1 主要代谢酶（抑制动物肝脏Ⅰ相代谢酶活性，或提高Ⅱ相代谢酶活性，从而使 AFB_1 在机体内代谢形成毒性较低的代谢产物）的活性，从而达到降低 AFB_1 毒性的作用。例如，抗氧化剂丁基羟基甲苯、丁基羟基茴香醚添加在动物日粮中，能有效诱导动物肝脏Ⅱ相代谢酶谷胱甘肽-*S*-转移酶的活性，减少了 DNA 与 AFB_1 的结合，从而减轻了 AFB_1 对动物的毒性。

由于 AFB_1 为前致癌物，它只有在动物体内生物转化为 AFB_1 外环氧化合物——AFBO，才能发挥其毒性作用。因此，如果能阻止致癌物 AFBO 与 DNA 或蛋白质的结合，则能有效抑制 AFB_1 的致癌性和致突变性。由于 AFBO 为亲核物质，因此如果在动物日粮中添加无毒的亲核物质，则能和 AFBO 竞争性地与 DNA 结合，从而抑制了 AFB_1 的毒性。而硫醇加合物或含巯基（—SH）的化合物，具有该特性，且被证实具有缓解 AFB_1 毒性的作用，这类化合物包括 *N*-乙酰基-半胱氨酸、还原性谷胱甘肽、*N*-2-巯基丙酰基甘氨酸等物质。此外，叶绿酸、吲哚-3-甲醇、萝卜硫素、大蒜粉、葡萄籽提取物、甘露聚糖、酵母提取物等也被报道具有缓解 AFB_1 毒性的作用。

第八章 有毒金属元素污染

第一节 概 述

有毒金属元素主要是指重金属元素。金属元素是元素周期表中由硼（B）至砹（At）连接线左侧除氢之外的所有元素的总称。金属和非金属无明显的界限，由金属向非金属过渡的中间元素（如硅、锗、砷、锑、硒等）称为类金属。重金属是指相对密度在 4.0 以上的约 60 种金属元素或相对密度在 5.0 以上的 45 种金属元素。由于砷和硒的毒性及某些性质与重金属相似，所以将砷和硒列入了重金属范围。

各种重金属元素在生物体内的正常含量均小于体重的 0.01%，属于微量元素。有的微量元素是动物生长发育必需的，有的是非必需的。少量即可导致动物中毒的金属元素称为有毒金属元素，也称为金属毒物，已发现并确定危害较大的有毒金属元素有汞、铅、镉、砷、铬、硒和钼等。过去一般认为有毒的铬、硒和钼，现在发现它们是动物所需的元素；而在动物营养上所必需的金属元素铁、铜、钴、锌、锰等摄入量过多，也会产生毒性作用。迄今为止，对汞、铅、镉的生理功能尚不清楚，常被认为是单纯的有毒金属元素。另外，有些金属元素目前还不清楚对机体有益还是有害，即使现在认为是有益的金属元素，将来可能发现其有害的一面。因此，金属元素对动物的作用具有两重性，毒性作用是相对的。

一、有毒金属元素污染饲料的途径

有毒金属元素污染的主要原因是人类的生产活动，大规模的采矿、冶炼和工农业生产等均会造成污染。而有毒金属元素在环境中极为稳定，不能分解，难以消除，一旦从其矿物中进入环境中，将一直循环，不会消失。有毒金属元素污染饲料的途径主要有以下几条。

1）工业“三废”的排放和农业化学物质的使用，使有毒金属元素或其化合物污染环境，并通过相应的途径转移到饲料中。即使有毒金属元素的浓度很低，也不能在环境中分解净化，易造成不断积聚，并通过食物链逐级富集。有些重金属多共生于一个矿藏，可对环境造成联合污染，并具有协同作用，如铅与砷的联合污染。

2）某些地区自然地质条件特殊，土壤或岩石中的有毒金属元素含量较高，其可溶性盐类广泛迁移于天然水体中，通过作物根系吸收进入饲用植物。

3）饲料生产加工过程中使用的机械、管道、容器等可能含有某些有毒金属元素，在一定条件下，可通过各种形式进入饲料。例如，酸性饲料可从上釉的陶瓷器中溶出铅和镉，机械摩擦可使金属尘粒混入饲料。此外，饲料添加剂的来源和加工方法不同，其质量差异较大，也可能造成其中的有毒金属元素杂质含量过高，造成饲料污染，如饲料级硫酸锌常出现镉超标问题。

4）生活废弃物处置不当，如废电池、淘汰的旧电器及电子产品中都含有多种有毒金属元素及其化合物，若不严格归类回收处理，也会造成环境污染，并危及饲料。

二、饲料中有毒金属元素的毒性特点及其影响因素

（一）饲料中有毒金属元素的毒性特点

1）有毒金属元素本身不会发生分解，有的还可在生物体内富集。体内的生物转化常常不能减弱这些元素的毒性，有的反而转化为毒性更大的化合物。

2）饲料中的有毒金属元素及其化合物经消化道吸收后，随血液分布到全身各组织器官。多数有毒金属元素可在体内蓄积，其生物半衰期（biological half life）一般较长。金属元素及其代谢产物主要经肾脏随尿液及经肠道随粪便排泄，少数可经毛发、汗液和乳汁排出。

汞、铅、镉、砷、锌都能在肾或肝细胞内与含巯基氨基酸的蛋白质结合，所形成的复合物称为金属硫蛋白（metallothionein）。金属硫蛋白也称为金属巯蛋白，是一种富含半胱氨酸的细胞质结合蛋白，相对分子质量为10 000～11 000，一般1mol金属硫蛋白可结合6mol的金属，对体内的汞、铅、镉、锌等具有调节或解毒作用。汞、镉、铅硫蛋白主要存在于肾近曲小管细胞核内，而锌硫蛋白主要存在于肝脏。当金属硫蛋白储备量足够时，可通过与汞、铅、镉等结合而保护机体少受或免受损伤。

3）随饲料进入机体的有毒金属元素达到一定量后，都可呈现出毒性反应。但毒性的强弱及作用的部位各不相同，几乎每种金属元素都有不同的表现。有些有毒金属元素还具有致癌、致突变和致畸的“三致”作用。金属元素的毒性也与其化学结构有关，如六价铬的毒性比三价铬的毒性大。

4）有毒金属元素最常见的毒性作用是抑制酶系统的活性。酶蛋白有许多功能基团（如巯基、羧基、羟基、氨基等）形成的活性中心，当这些活性中心受到破坏或与毒物结合后，酶的活性降低。许多有毒金属元素因易与硫结合而与体内酶系统的巯基具有很强的亲和力。但是不同的有毒金属元素可抑制不同的巯基酶，或虽作用于同一酶但也可产生不同程度的毒性作用。值得注意的是，有毒金属元素对免疫机能的影响一般发生在其他毒性作用之前，如铅、镉可降低动物对革兰氏阴性细菌感染的抵抗力，使抗体形成减少，铅还可降低动物对病毒的抗感染能力。因此，有毒金属元素的免疫毒性是重要的早期毒性作用指标，对其毒性作用的监测和控制有重要意义。

（二）影响有毒金属元素对机体毒性的因素

1. 金属元素的存在形式及化学性质　有毒金属元素存在的形式不同，在动物消化道内的吸收率不同，呈现的毒性也各不相同。例如，无机性的氯化汞在机体中的吸收率仅为2%，而有机性的乙酸汞、苯基汞和甲基汞的吸收率分别为50%、50%～80%和90%～100%，因而甲基汞的毒性最大。易溶于水的氯化镉、硝酸镉容易被机体吸收，对动物的毒性大，而难溶于水的硫化镉、碳酸镉及氢氧化镉的毒性就小。不同的金属元素可与血液中不同的成分结合，与血细胞及血浆结合的分配比对金属元素的转运影响很大，与血浆结合的金属元素转运速度比与血细胞结合的金属元素转运速度快，血浆中游离金属离子转运比结合型金属快；正常生理条件下，镉、铬与血浆血细胞的结合比为1，铅为0.01，无机汞为2.5，汞蒸气为1.0，甲基汞为0.1～0.2。

2. 日粮的营养成分　有些营养成分可降低某些金属元素的毒性。例如，日粮中的蛋氨酸，由于其结构中的硫可与硒在一定程度上发生互换，故对硒有防护作用；维生素C可使六价铬还原成三价铬，从而使其毒性大为降低。

3. 金属元素之间的相互作用　金属元素之间存在着复杂的相互作用关系，有的表现为协同作用，有的表现为拮抗作用。例如，镉的毒性与锌-镉比值有密切关系，因镉是锌的代谢拮抗物，共同争夺金属硫蛋白上的—SH（巯基），当日粮中锌与镉的比值大时，镉呈现的毒性小，反之则大。砷可降低硒的毒性，但与铅有协同作用。硒与汞可形成络合物，可减弱汞的毒性作用；硒对镉也有一定的拮抗作用，故对镉中毒有保护作用。饲料中铁和铬缺乏时，可使铅的毒性增强。铜可降低钼、镉的毒性，增强汞的毒性；钼可显著降低铜的吸收，引起铜缺乏。

第二节　几种有毒金属元素对饲料的污染及其危害

一、铅

铅（Pb）的原子量为207.2，熔点为327.5℃，相对密度为11.35，质地柔软，呈灰白色，不溶于水，但溶于稀盐酸、碳酸和有机酸。加热至400℃以上时即有大量铅蒸气逸出，迅速氧化为各种铅氧化物。铅在空气中易形成一层氢氧化铅薄膜，在水中可在表面形成一层铅盐防止溶解。自然界中的铅常以+2价离子状态存在，Pb^{2+}与碱作用生成白色的氢氧化铅[$Pb(OH)_2$]，与可溶性硫酸盐相遇生成白色的硫酸铅（$PbSO_4$）沉淀。常见的铅化合物有氧化铅（PbO）、二氧化铅（PbO_2）、三氧化二铅（Pb_2O_3）、四氧化三铅（Pb_3O_4，红丹）、碱式碳酸铅[$2PbCO_3 \cdot Pb(OH)_2$，铅白]、乙酸铅[$Pb(CH_3COO)_2 \cdot 3H_2O$]等。

铅在地壳中的含量约为13mg/kg，铅的总量达10^{14}t。全世界每年铅的消耗量约为400万t，广泛应用于工农业生产，如蓄电池、铸造合金、油漆、颜料、农药、陶瓷、塑料、医药、汽油添加剂（四乙基铅作为防爆剂）等，但仅有1/4回收利用，其余大部分以不同形式污染环境。铅污染环境后随各种途径进入饲料中，动物体内的铅90%来自饲料或食物。铅污染已引起了广泛的重视，英国调查了3000份样品，发现鱼类的铅含量为0.24mg/kg，粮食为0.17mg/kg；我国也有调查表明，部分粮食、动物性产品中存在铅超标的问题。

（一）铅对饲料的污染

1）植物中的自然含铅量变化很大，大多数植物含铅量为0.2～3.0mg/kg，某些水生植物含铅量可达几十毫克/千克。在天然富铅土壤中生长的植物，其含铅量更高。植物利用根系吸收土壤中铅的数量随土壤中的含铅量升高而增加，所吸收的铅主要蓄积在根部，只有少数转移到地上部分。酸性土壤可提高铅的溶解度，因而使在这种土壤上生长的植物含铅量升高。

2）铅矿及其冶炼厂排出的水、气污染周围的作物、牧草、饲料，使这些地区的牧草含铅量升高，最高可达580mg/kg。生长在冶炼厂附近的植物含铅量很高，且多蓄积在叶中，甘蓝、莴苣等的含铅量可达45～120mg/kg。生产铅、铜和锌等有色金属工业区的土壤、水、牧草、小麦等中的含铅量分别达54.7mg/kg、1.12mg/kg、59.42mg/kg、4.75mg/kg（或mg/L），污染十分严重。

3）含铅农药（如砷酸铅）喷洒过的牧草或果园，可使牧草及附近生长的农作物被铅污染。

4）汽油中添加的防爆剂四乙基铅在燃烧中绝大部分分解为无机铅盐及铅的氧化物，随汽车尾气排出，成为最严重的铅污染源。在汽车运行繁忙的公路两侧附近生长的牧草及农作物，可受到汽车尾气中铅的污染。据测定，在交通频繁的公路两侧的青草含铅量高达 255～500mg/kg，青饲料中含铅量为清洁区的 5 倍左右。

5）饲料在加工生产过程中使用表面镀锡的导管、器械或容器时，如镀锡不纯或用含铅量高的焊锡焊接，或表面有含铅涂料，由于酸性饲料原料的侵蚀，其中的铅会溶出并污染饲料。特别是在使用涂有彩釉的陶器时，由于陶釉中的铅在烧制过程中不能完全和硅酸结合成不溶性硅酸盐，因而在用这些容器盛放酸性饲料时就会有大量铅溶入饲料。某些配合饲料原料，尤其是矿物性原料中常存在含铅杂质，也可造成饲料污染。

（二）铅的体内过程

进入动物体内的铅因受饲料中蛋白质、钙、植酸等物质的影响，其吸收率仅为 5%～10%，吸收主要在十二指肠进行。吸收的铅经门静脉到达肝脏，一部分进入血液循环，另一部分由胆汁进入肠道，随粪便排出，肝细胞膜能主动吸收血浆中的铅而排入胆汁，因此胆汁中的铅浓度可比血浆中的浓度高 40～100 倍。小部分铅可经乳汁、汗液、唾液排出；血液循环中的铅可进入毛发，测定毛发的含铅量，可以估计体内铅的负荷水平，测定血液和尿液中的含铅量，常用于衡量体内铅摄入状态。

吸收入血液的铅大部分（约 90%）与红细胞结合成为非扩散性铅，少量成为与血浆蛋白结合的结合性铅或可溶性磷酸氢铅（$PbHPO_4$）、甘油磷酸铅，可扩散性铅生物活性高，可通过生物膜进入中枢神经系统，被运送至肝、肾、脾、脑等组织中，其中以肝、肾中的含量最高。但铅在这些部位的停留时间并不长，数周后转移到骨骼，成为不溶性磷酸铅[$Pb_3(PO_4)_2$]。体内的铅 90%以上存在于骨骼中，血液中的铅仅占体内总量的 2%。一般认为软组织的铅能直接产生毒性作用，硬组织的铅具有潜在毒作用。骨骼内的铅比较稳定，可长期存留而不产生毒性作用。在血液酸碱平衡紊乱、感染、外伤、过度劳役、怀孕等条件下，蓄积在骨骼中的铅可转变为可溶性磷酸氢铅重新释放入血，从而使血铅量升高，当达到一定含量时，即可表现出毒性作用而引起铅中毒症状。饲料中钙缺乏或血钙下降时，骨铅也能随骨钙转入血液。从乳汁中排出的铅可使哺乳幼畜受到毒害。铅还能透过胎盘屏障，使胎儿肝脏蓄积铅达到中毒水平。

铅的毒性与其化合物的形态、溶解度大小有关。硝酸铅、乙酸铅易溶于水，易被吸收；铅白、铅的氧化物、碱式硫酸铅在酸液中易溶解，毒性大；硫化铅、铬酸铅不易溶，毒性小。铅化合物的粒度越小，则越易溶解和吸收，毒性也越大。

血铅的生物半衰期为 35 天左右，骨骼肌等软组织中铅的半衰期为 40 天，而骨铅则高达 20 年。

（三）铅对动物的危害

铅对机体的许多组织器官均有毒性作用，主要是损害神经系统、造血系统和肾脏等。

1. 神经系统 铅主要使大脑皮层的兴奋和抑制过程发生紊乱，从而出现皮层-内脏调节障碍，表现为神经衰弱症状及中毒性多发性神经炎，重者可出现铅中毒性脑病。实验证明，铅能损害脑毛细血管内皮而引起脑水肿与出血，铅中毒时，能抑制肌肉内的肌磷酸激酶活性，使肌肉的磷酸肌酸合成受阻，不能参与肌肉收缩的能量代谢，致使肌肉失去收缩的动力，表现为铅毒性瘫痪。

2. 造血系统 铅能抑制血液中的δ-氨基乙酰丙酸（又称δ-氨基酮酸）脱氢酶（δ-ALA-D）和血红素合成酶，从而抑制血红蛋白的合成，使血红素合成受到障碍而出现贫血。铅还可抑制ATP酶活性，引起红细胞内钠、钾离子和水分脱失而发生中毒性贫血。此外，铅能直接作用于红细胞膜而使红细胞的脆性增加，寿命缩短。慢性铅中毒时，还影响凝血酶活性，因而影响凝血过程。

3. 消化系统 大量铅进入消化道会导致胃肠黏膜坏死，抑制肠壁的碱性磷酸酶和腺苷三磷酸酶活性，造成葡萄糖和钾离子代谢紊乱而致使平滑肌痉挛。慢性铅中毒可引起动物食欲减退、便秘、腹痛，有时便秘与腹泻交替出现，表现为呆滞、四肢疼痛、共济失调、消瘦、贫血等。

4. 肾脏 肾脏是排泄铅的主要器官，接触铅的量较多，因而铅可对肾脏有一定的损伤，引起肾小管上皮细胞变性、坏死，使肾小管重吸收功能发生障碍，出现中毒性肾病。

5. 其他 铅通过抑制促生长激素释放因子（GRF）、生长激素（GH）及胰岛素样生长因子（IGF-1）的合成与分泌，从而降低动物的生产性能。铅可降低机体的免疫功能，使抗体的产生明显下降，对感染的抵抗力下降。低剂量的铅可诱导多种细胞发生凋亡；高剂量的铅会降低谷胱甘肽过氧化物酶（GSH-Px）和超氧化物歧化酶（SOD）的活性，引起脂质过氧化，细胞的自由基损伤，导致机体氧化代谢紊乱。铅对动物还具有生殖毒性，可影响动物的繁殖机能。

动物对铅的敏感性依次为：马>牛、绵羊>山羊、鸡、猪，幼龄动物比成年动物敏感。

（四）铅的饲料卫生标准及铅污染预防

我国《饲料卫生标准》（GB 13078—2001）规定了铅的最高允许量，具体参阅表11-1饲料、饲料添加剂卫生标准。

我国食品安全国家标准（GB 2762—2012）中规定，肉类（畜禽内脏除外）中含铅量（以Pb计）≤0.2mg/kg，畜禽内脏≤0.5mg/kg，肉制品≤0.5mg/kg；鲜、冻水产动物（鱼类、甲壳类、双壳类除外，除去内脏）≤1.0mg/kg，鱼类、甲壳类≤0.5mg/kg，双壳类≤1.5mg/kg，水产制品（海蜇制品除外）≤1.0mg/kg，海蜇制品≤2.0mg/kg；生乳、巴氏杀菌乳、灭菌乳、发酵乳、调制乳≤0.05mg/kg，乳粉、非脱盐乳清粉≤0.5mg/kg，其他乳制品≤0.3mg/kg；蛋及蛋制品（皮蛋、皮蛋肠除外）≤0.2mg/kg，皮蛋、皮蛋肠≤0.5mg/kg。

为了预防铅污染，应减少工业生产中和汽车废气中铅的污染，特别是必须用无铅汽油替代加铅汽油。在铅污染的土壤中，可施用石灰、磷肥等改良剂，降低土壤中铅的活性，减少作物对铅的吸收；采用对铅具有极强吸收能力的超累积植物修复铅污染土壤已取得进展，正逐步开始应用。对直接接触饲料与食物的容器、器械、导管等的镀锡和焊锡的含铅量应加以限制，镀锡含铅量应低于0.04%，陶釉中含铅量应尽量降低，用4%的乙酸进行浸泡时，该乙酸液中不应检出铅。近年的研究表明，在饲料中添加沸石、膨润土等具有吸附作用的非金属矿材料，可缓解铅对动物的毒性作用，降低铅在组织中的残留。

饲料中含有适量的钙、铁、锌、铬和硒，可在较大程度上减少铅在动物体内的吸收和存留，降低铅的毒性作用。研究表明，当猪饲料中的钙含量从 0.7%提高至 1.1%时，可明显降低组织中的铅存留量，并能缓解饲料中含铅达 1000mg/kg 时的毒性作用。乙二胺四乙酸钠钙（依地酸钙钠，Ca-EDTANa_2）、二巯基丁二酸钠、青霉胺、促排灵（Ca-DTPA-Na_3）可作为慢性铅中毒的解毒剂或排毒剂。壳聚糖也可明显降低体内的铅浓度。

二、砷

砷（As）的原子量为 74.9，相对密度为 5.73，熔点为 814℃，不溶于水，可溶于硝酸。三氧化二砷（As_2O_3）俗称砒霜，是一种银灰色半金属，在自然界分布很广，地壳中含砷量为 1～2mg/kg，土壤中含砷量为 10～500mg/kg。砷多以重金属的砷化合物和硫砷化物的形式混存于金属矿石中，如雌黄（As_2S_3）、雄黄（As_2S_2）等。自然界中的砷多为五价，污染环境的砷多为三价的无机化合物，三价砷的毒性大于五价砷。元素砷不溶于水，毒性低，而砷的氧化物绝大部分毒性很强，无机砷的毒性较有机砷大，动物体内的砷多为有机砷化合物。

随着采矿、金属冶炼、煤炭燃烧、含砷工业品（陶瓷、制革、玻璃等）和含砷农药的生产和使用，砷化合物能以粉尘、烟尘、废气和废水等形式污染环境。各种煤含砷量为 3～45mg/kg，以平均值 5mg/kg 计算，在燃烧过程中若挥发一半的砷，则每年因燃煤进入大气的砷为 1500t。自然现象（如岩石风化、含砷火山岩浆的喷发等）也可释放一定量的砷，有些地区的地下水和泉水中的砷含量很高。据估计，自然界向环境释放的砷量为 8×10^6kg/年，而人为释放的砷量约为 24×10^6kg/年。

砷在工农业生产中有广泛应用，主要用于染料、合金、纺织、玻璃、半导体材料等工业中，在农业上用作除草剂、杀菌剂、防腐剂等。有机砷可用作药物，作为促生长剂仍在饲料中广泛应用。

（一）砷对饲料的污染

1）植物在生长过程中可以从环境中吸收砷，有机态砷被植物吸收后，可在体内逐渐降解为无机态砷，砷主要从根、叶吸收，植物的根系可从土壤中吸收砷，然后在植株内迁移转运到各个部位。喷施到叶片上的砷化合物也可被叶吸收，从叶鞘向根、茎和其他叶片转移。例如，水稻各部位含砷量是根>茎>叶>稻谷。稻谷中的砷分布也不均匀，谷壳占 20%，糙米粒占 80%。

植物对砷的吸收蓄积量取决于土壤中的含砷量，在砷污染的土壤中生长的植物能吸收富集大量的砷。例如，稻谷中砷的平均含量一般少于 1mg/kg，当用含砷农药喷洒后，其残留量可达 3～10mg/kg，已有报道表明，炼铜厂附近被排放烟尘污染的草地，牧草的含砷量可高达 50mg/kg，曾引起羊群中毒。

2）某些地区由于地质条件特殊，地下水含砷量较高，用来加工调制饲料或饮用，均会增加动物对砷的摄入量。

3）水生生物，特别是海洋生物中的贝类，对砷具有很强的富集能力，其中某些生物的富集系数可达 3300 倍。一般鱼类含砷量为 1～2mg/kg；砷浓度较高的养殖区贝类含砷量可高达 100mg/kg。因此，用被砷污染的海产品作为动物饲料时，要注意其中的砷含量。

4）使用含砷量超过卫生标准的饲料添加剂或饲料加工辅料，均会增加饲料中的含砷量。

5）目前所用的饲料添加剂阿散酸和洛克沙生等有机砷制剂，如使用不当可使饲料中的砷含量增加，也可能导致动物慢性中毒。另外，若饲料中使用的一些载体、稀释剂或添加物等原料中的砷化物量较高，则饲料中的含砷量也会增加。

砷在各种饲料中的存在形式有所不同，有的是毒性作用大的无机砷，有的是毒性低而高度稳定的有机砷化合物，因此，在评价饲料中砷对机体的影响时，不能仅依据砷的总量，还应区分其存在的形式。

（二）砷的体内过程

砷主要在消化道吸收，无机砷化合物以可溶性砷化物的形式在胃肠道中被迅速吸收，其吸收程度取决于其溶解度和物理性状，溶解度大、粒度小的砷化合物易吸收；有机砷化合物主要通过肠壁的扩散进行吸收。吸收后的砷可在血液中聚集，95%～99%的砷与血红蛋白中的珠蛋白结合，随后迅速随血液分布到全身，但主要蓄积在肝脏、肾脏、脾脏、肺脏、骨骼、皮肤、毛发、蹄甲等组织器官，特别是表皮组织的角蛋白中含有丰富的巯基，易与砷牢固结合使其长期蓄积。长期摄入时，砷以无活性的形式蓄积在毛发、骨骼和蹄甲中，停止摄入后，砷的残留仍可达数年之久。砷从体内排出较缓慢。砷与硒在体内有拮抗作用，同时摄入硒与砷，可阻碍砷在体内的蓄积，促进其排泄。

动物摄入砷酸盐或亚砷酸盐后，尿中甲基砷排泄量增加，显示出甲基化为其代谢解毒过程。进入体内的砷经代谢后主要经肾脏随尿液排出，少量可从汗液、乳汁和呼吸气体排出。某些有机砷化合物在动物体内几乎不经过任何变化就可通过肾脏直接排出体外。尿砷常作为急性砷中毒的监测指标之一。

（三）砷对动物的危害

目前从人类营养学角度认为砷不是人体的必需营养元素，只认为是人体的构成元素。但动物营养学认为，砷与硒、钼等元素一样既是动物必需的微量元素，又是剧毒物质，正常情况下，动物从饲料、饮水、空气中摄入的砷量与随粪、尿、汗、乳汁排出的砷量基本相等，因此不会引起中毒。但当机体的摄入量超过排出量时，即可引起不同程度的危害。

1）砷及其化合物的毒作用机制主要是影响机体内酶的功能。三价砷可与体内酶蛋白分子上的巯基结合，特别是与含双巯基结构的酶如丙酮酸氧化酶结合，形成稳定的复合体，使酶失去活性，阻碍细胞的正常呼吸和代谢，导致细胞死亡。五价砷也可与酶结合，抑制α-甘油磷酸脱氢酶和细胞色素氧化酶，但与巯基的亲和力不强，与酶形成的复合物不稳定，能自然水解，使酶的活性恢复，故对组织生物氧化作用不强，毒性较小。

2）砷引起的细胞代谢障碍首先危及最敏感的神经细胞，引起中枢神经及外周神经的功能紊乱，出现神经衰弱征候群及多发性神经炎等一系列神经症状。在砷的作用下，维生素 B_1 消耗量增加，而维生素 B_1 的不足又加重了砷对神经系统的损害。

3）砷吸收入血后，可直接损害毛细血管，也可作用于血管运动中枢，引起血管壁的通透性发生改变，导致脏器严重充血，阻碍组织营养过程，引起实质器官的损伤，胃肠道和其他脏器受损均与此有关。

4）砷在细胞 DNA 复制过程中可从 DNA 链上取代磷酸盐而致染色体畸变，并可抑制 DNA 的正常修复过程，导致染色体畸变率升高。砷化合物在低浓度时促进 DNA、RNA 及蛋白质的合成，在高浓度时则抑制这些生物大分子的合成；其中对 DNA 合成的刺激作用较强，砷化合物对 DNA 的抑制可能是由于砷与 DNA 聚合酶的巯基结合，降低了酶的活性，但对 DNA 合成的促进作用机制尚未阐明。砷可诱导细胞氧化损伤，无机砷化合物能诱导热应激蛋白的表达。

5）通过饲料长期少量摄入砷主要引起慢性中毒。砷化合物对消化道黏膜有腐蚀作用，对上呼吸道和皮肤也有刺激和损伤作用。慢性砷中毒进展缓慢，开始时不易察觉，主要表现为神经系统和消化机能衰弱和紊乱，出现精神沉郁，皮肤痛觉和触觉减退，四肢肌肉软弱无力和麻痹、消瘦，被毛粗乱无光泽，脱毛或脱蹄，食欲减退，消化不良，腹痛、持续性下痢。母猪不孕或流产。猪每日摄入 2～3mg 不致引起死亡，但其被毛中含砷量增加，并影响其生长发育。

（四）砷的饲料卫生标准及砷污染预防

我国《饲料卫生标准》（GB 13078—2001）规定了砷的最高允许量，可具体参阅表 11-1 饲料、饲料添加剂卫生标准。

我国食品安全国家标准（GB 2762—2012）中规定，肉及肉制品中总砷（以 As 计）含量≤0.5mg/kg；生乳、巴氏杀菌乳、灭菌乳、调制乳、发酵乳≤0.1mg/kg，乳粉≤0.5mg/kg。

对工矿企业的“三废”排放进行积极有效的监控可以减少砷对环境的污染及对饲料、食品的污染。

在土壤中施用各种铁、铝、钙、镁的化合物可使砷生成不溶性物质而加以固定，从而减少植物从土壤中吸收砷。在旱田土壤中大量施用堆肥，可降低可溶性砷的浓度，合理使用含砷农药，尤其注意含砷农药的使用量和收获前的安全间隔期，以减少含砷农药在作物中的残留。

少用或限用砷制剂。据测算，一个万头养猪场如在饲料中按允许使用的砷制剂添加量进行添加。若连续使用砷制剂，则 16 年后将使土壤中的含砷量翻一番。

二巯基丙磺酸钠、二巯基丁二酸钠和硫代硫酸钠可作为动物砷化合物中毒的解毒剂，葡萄糖和维生素 C 联用也有一定的缓解毒性作用。

三、镉

镉（Cd）的原子量为 112.41，熔点为 321.0℃，沸点为 765℃，有延展性，可弯曲，有光泽，呈灰色，不溶于水，溶于乙酸和硝酸。自然界中不存在单纯的镉矿石，镉与锌、铜、铅伴生沉积成矿。锌矿含镉量一般为 0.0015%～0.5%，高者可达 2%～5%。土壤环境中的镉随区域性工业活动强度的不同而差异很大，冶炼厂附近可高达 135.6g/hm^2。镉以化合物的形式存在，有硝酸镉[$Cd(NO_3)_2$]、硫化镉（CdS）、氯化镉（$CdCl_2$）、氧化镉（CdO）、硫酸镉（$CdSO_4$）等，以氧化镉的毒性最大。

镉在地壳中的平均含量为 0.18mg/kg，土壤中的镉为 0.07～0.4mg/kg，天然水中均含有一定量的镉。环境中镉污染的主要来源是有色金属矿开发和冶炼排出的废气、废水和废渣，煤和石油燃烧排出的烟气，含镉肥料的施用等。此外，镉在电池、电镀、制造合金、焊料、颜料、电视机屏、半导体元件、杀虫剂、餐饮具、食品包装等许多生产中用作原料或催化剂，在生产过程中都有可能产生镉废料，向环境中排放出含镉废物。有些镉化合物也可用作农药和医药。镉的面源（全球性）污染较轻，而点源（区域性）污染很严重。

（一）镉对饲料的污染

镉的工农业用途广泛，故环境污染较为普遍，而且在环境中稳定，因此，环境污染问题较严重。饲料中镉的来源主要有以下 5 个方面。

1）工业“三废”的排放，以及施用磷肥、污泥等可直接污染土壤，磷肥中镉含量较高。土壤对镉有很强的吸附力，特别是黏土和有机质多的土壤吸附镉的能力较强，容易造成镉的积累，饲料作物从受污染的土壤中吸收镉，并把它富集于机体内；生长于镉污染水体中的水生饲用植物机体各组织可富集镉。

2）含镉废水排入水体，可使水中的镉含量升高。水中镉化合物处于碱性环境时，可析出沉降于底质中，水中的镉能被水生生物富集，藻类可富集 11～20 倍，鱼类为 10^2～10^5 倍，贝类则可达 10^5～10^6 倍，在非污染区贝类镉含量为 0.05mg/kg，而污染区的贝类中镉含量可高达 420mg/kg，鱼粉中的镉含量通常为 1.2mg/kg，污染区的鱼粉镉含量高达 25mg/kg。

3）矿物饲料原料中含有镉。因锌矿常与镉伴生，加工不合理的含锌矿物饲料原料可能含有高浓度的镉，由此导致饲料产品中的镉含量升高。

4）在配合饲料生产过程中，使用表面镀镉处理的饲料加工设备、器皿时，因酸性饲料可将镉溶出，也可造成饲料镉的污染。

5）含镉药物污染，如部分猪用驱虫药、含镉杀真菌剂的使用等。

（二）镉的体内过程

镉在动物体内吸收的主要部位是十二指肠，尽管在空肠和回肠也有吸收，但十二指肠的吸收率为空肠和回肠的 2 倍。食入的镉吸收性较差，吸收率一般在 10%以下，对人来说仅有 3%～8%，家畜摄入的镉仅有少量被吸收，其余大部分（约 95%）经由粪便排出体外。动物体内的镉含量主要受摄入饲料中镉含量的影响。饲料中镉含量在非污染条件下一般是比较低的，但在镉污染区饲养畜禽或给畜禽饲喂高镉的饲料时，可导致动物体内及畜产品中较高的镉残留量。例如，日本牡蛎和墨鱼中镉含量高达 100mg/kg。

吸收进入血液的镉 95%以上与血细胞中的蛋白质结合而存在，进入机体后主要分布于肝脏和肾脏。肌肉、卵巢、子宫、胃肠系统、心脏、睾丸、胰脏、骨骼和肺脏也会有少量分布；但日粮中的镉向鸡蛋、牛奶中迁移的量较少。进入机体的镉首先贮存于肝脏，然后与肝脏的金属硫蛋白（MT）结合成镉金属硫蛋白（Cd-MT）复合物向肾脏转移，通过这种方式将具有很强毒性的镉束缚成相对稳定的形式。Cd-MT 是镉在体内蓄积的主要形式，并使镉能长期滞留在动物体内。随着接触镉时间的延长，镉在体内的分布逐渐集中于肾脏，肾脏是镉的主要靶器官，蓄积最多。镉与高分子蛋白结合也是体内的一种重要存在形式，此外，镉也可与小分子物质结合或以游离的形式存在。若饲料中含有微量镉，动物随着接触时间的延长，体内镉将不断增加，由于体内缺乏超量控制及有效保持平衡的机制，镉不能自动排泄，仍将在体内蓄积。进入体内的镉 80%以上从粪便排出，其余约 20%随尿液排出；镉还可以经毛发、蹄甲、乳汁及汗液排出至体外。

（三）镉对动物的危害

进入动物体内的镉将对肾、肺、肝、脑、骨等产生一系列的损伤。镉对动物的毒性受其化学形态、摄入量、作用部位、镉与其他元素间的相互作用等的影响。镉引起动物细胞氧化损伤、DNA 单链断裂及基因表达异常是镉产生毒性作用的主要机制。

1）镉进入血液细胞后作用于线粒体，与抗血红素结合，导致肌红蛋白生成受阻，红细胞变形、渗透脆性增大，并与 Cu、Zn、Fe、Se 等微量元素相拮抗，从而抑制骨髓造血机能而引起贫血和肌肉苍白。镉可破坏血管内皮细胞结构，促使内皮细胞死亡，抑制内皮细胞的增殖和迁移，且有剂量-效应关系。引起血管平滑肌水疱变性，严重时甚至坏死。

2）猪镉中毒后脾脏明显肿大，胃黏膜溃疡及坏死性肠炎，心脏明显肥大，心肌纤维及肝脏细胞、肾小管上皮细胞浊肿，肺泡气肿、充血、出血，肾呈土黄色，肾盂苍白。镉会影响 Ca、P 代谢，出现骨质疏松症，并使肾脏对 Ca、P 的重吸收率下降。镉可影响动物巨噬细胞，诱导细胞凋亡。

3）免疫毒性。低剂量摄入镉即可导致动物淋巴细胞增殖功能下降，细胞免疫功能受损，这与镉对 DNA 损伤和诱导细胞凋亡密切相关。

4）镉能对动物产生“三致”作用，这三类不同效应的产生与毒物作用于不同靶细胞有关，对生殖细胞 DNA 的损害引起突变，对体细胞 DNA 的损害引起肿瘤，对胎儿未分化细胞 DNA 的损害可以致畸。

5）镉对畜禽等动物生殖系统和功能有较强的毒性作用，可引起雄性动物睾丸和附睾在组织、形态甚至细胞上发生明显的改变，主要表现为精子数量减少、活性下降、畸形率上升及干扰其他微量元素的吸收等。镉还可通过破坏生殖器官的完整性，进而能影响部分生殖激素的合成与释放。另外，镉还能通过影响妊娠的哺乳动物而引起胚胎吸收、死亡和畸变。镉也能明显降低畜禽的生产性能。

（四）镉的饲料卫生标准及镉污染预防

我国《饲料卫生标准》（GB 13078—2001）规定了镉的最高允许量，可具体参阅表 11-1。

我国食品安全国家标准（GB 2762—2012）中规定，肉类（畜禽内脏除外）中镉含量（以 Cd 计）≤0.1mg/kg，畜禽肝脏≤0.5mg/kg，畜禽肾脏≤1.0mg/kg；鲜、冻水产动物：鱼类≤0.1mg/kg，甲壳类≤0.5mg/kg，双壳类、腹足类、头足类、棘皮类≤2.0mg/kg（去除内脏）；水产制品：鱼类罐头（凤尾鱼、旗鱼罐头除外）≤0.2mg/kg，凤尾鱼、旗鱼罐头≤0.3mg/kg，其他鱼类制品（凤尾鱼、旗鱼制品除外）≤0.1mg/kg，凤尾鱼、旗鱼制品≤0.3mg/kg；蛋及蛋制品≤0.05mg/kg。

对工矿企业的“三废”排放进行监控，严格执行排放标准，有效进行“三废”治理。对已被镉污染的土壤进行修复，如施用磷酸盐类肥料。采用石灰等调节土壤的 pH 升高至 7.0 以上，可减少植物对镉的吸收。

加强饲料检测，严格执行饲料卫生标准。根据元素的互作关系，在高镉饲料中适度提高 Ca、Zn、Se、Fe 等元素的供给水平，对降低镉的吸收和毒性有一定作用。

四、汞

汞（Hg）的原子量为200.6，沸点为356.9℃，20℃时的相对密度为13.54。汞俗称水银，是唯一的液体金属，常温下呈银白色而有金属光泽。汞在常温中即能蒸发而污染空气，且随温度升高蒸发量增加。汞蒸气密度为空气密度的7倍，汞几乎不溶于水，但溶于硝酸、硫酸等，一般不与碱性溶液发生反应。汞可以溶解Na、K、Au、Ag、Zn、Cd、Sn、Pb等许多金属而形成汞气，汞气加温时又产生汞蒸气。在室温下汞能与硫和氯结合生成硫化汞和氯化汞。汞在自然界以金属汞、无机汞和有机汞的形式存在。有机汞化合物均为脂溶性，也有不同程度的水溶性和挥发性。有机汞的毒性较金属汞和无机汞大。

汞及其化合物广泛应用于工业、农业和医药中。全世界每年进入环境中的汞约有5000t，鸟类羽毛汞浓度的升高明显反映汞污染的严重性，近百年来，鸟类羽毛的汞浓度提高了10～60倍。由于汞污染引起的中毒事件时有发生，已引起了广泛重视。

（一）汞对饲料的污染

植物中都含有微量汞，其天然含量一般为 1～100μg/kg。根据对我国部分植物中汞的自然含量的调查，以木本植物汞含量最高，其次是粮食作物和叶菜类，块根、块茎类含汞较少，汞在植物各部的含量依次为根>茎、叶>籽实。

1）生长在普通土壤中的植物一般不富集汞，甲基汞也很少。但如用含汞废水灌溉农田或作物施用含汞农药，可使农作物中的汞含量升高。尤其是用含汞农药进行种子消毒或作物生长期杀菌时，粮食中汞的污染可达到较为严重的程度。例如，日本大米中汞含量在1965年高达0.1mg/kg，我国曾出现施用有机汞农药导致大田作物中汞含量升高、并引起中毒的事例。

被污染的粮食、饲料，加工时很难将汞去除。

2）水体的汞含量通常较低，但水生生物具有较强的富集能力，汞可在鱼、虾、贝类的体内蓄积，有些鱼类和贝类可富集汞10^3～10^5倍和10^5～10^6倍。在一些污染严重的水域中，鱼、贝类等的汞含量甚高。例如，我国渤海湾某海域所产鱼类的汞含量达 1.5mg/kg，蟹高达2.15mg/kg，大大超过我国水产品卫生标准的规定。而日本受汞污染严重的水俣湾地区，鱼中汞含量曾高达20～24mg/kg。因此，在利用鱼、虾等水产品作动物性饲料原料时，要注意避免含汞的工业废水污染水体后通过汞的生物迁移过程危害畜禽。

3）水体中的无机汞在微生物作用下，可逐步转化形成毒性更强的甲基汞或二甲基汞等有机汞化合物。鱼体除经食物链富集甲基汞外，还能在肝脏将无机汞转化为甲基汞，且鱼体表黏液中的微生物甲基化能力也很强。因此，鱼体中所含的汞主要是甲基汞。汞在鱼体内与巯基结合后难以分解和破坏。曾有人测得鱼粉中平均汞含量为0.18mg/kg。

（二）汞的体内过程

无机汞在消化道中的吸收率很低，约为15%；脂溶性的有机汞吸收率较高，几乎可完全吸收；而水溶性或与蛋白质结合的甲基汞在小肠内的吸收率约为90%。汞被吸收后随血液迅速分布到全身各组织器官。体内的金属汞在肝细胞和红细胞内氧化成汞离子，再产生毒性作用。二价汞离子大部分与血液中血浆蛋白的巯基结合形成结合型汞，也可与含巯基的低分子化合物（如半胱氨酸、还原型谷胱甘肽、辅酶 A、硫辛酸和血液中的阴离子等）结合形成扩散型汞。这两种形式的汞先分布于全身各组织器官，随后逐渐转移到肾。汞在体内的分布依次为肾>肝>血液>脑>末梢神经，不同汞化合物在体内的分布有较大差异，在体内无机汞离子可以发生甲基化转变为有机形式。金属硫蛋白是肾组织中与汞结合的主要成分，随着与汞的接触，肾内汞和金属硫蛋白含量均增加，当此类蛋白质耗尽时，即出现肾脏损伤。

汞主要经肾随尿液排泄，可占总排出量的 70%；经肝由胆汁随粪便排出体外的汞约占 20%，此外，也可从汗液、乳汁、蛋、毛发和蹄甲排出。甲基汞排泄缓慢，主要通过胆汁随粪便排出，在胆汁中以与半胱氨酸络合物形式存在，但大部分能被重吸收进入肠肝循环，因此，肾也是甲基汞排泄的主要途径，经尿液排出的汞一般小于总排出量的 10%。甲基汞也可在体内转化为无机汞再排出。毛发中的汞含量与血汞成正比，毛发中的汞含量可反映动物和人摄入汞的状况，毛发中汞浓度不超过 200μg/kg 时一般无可见症状，而大于 400μg/kg 时将呈现中毒的神经症状。

汞在生物体内的半衰期有所不同，甲基汞在血液中为 50 天左右，在脑组织中则为 240 天左右；无机汞盐的半衰期为 40 天左右。

（三）汞对动物的危害

饲料无机汞污染引起的急性中毒较为罕见，无机汞的慢性中毒常由于长期低剂量摄入而引起。环境与饲料汞污染中值得重视的是有机汞，特别是甲基汞引起的慢性中毒。

1）汞离子进入机体后易与蛋白质和其他活性物质中的巯基结合，形成稳定的硫汞键（—SHg—），破坏了蛋白质的结构，特别是对酶的结构破坏尤为严重，从而使多种具有重要功能的含巯基活性中心的酶失去活性，导致机体内一系列代谢过程发生障碍。例如，汞干扰大脑中丙酮酸的代谢，其表现与维生素 B_1 缺乏时相似。汞可作用于细胞膜的巯基、磷酰基，改变其结构和正常功能，进而损害整个细胞。

2）汞对脑的损伤先于肾脏，慢性汞中毒首先表现为神经症状。这主要是因进入脑组织的金属汞能被氧化形成二价汞离子，其脂溶性降低，水溶性升高，难以逆向通过血脑屏障返回血液中，从而造成汞在脑组织中的蓄积，产生毒性作用，损伤脑组织。

3）汞可耗竭细胞内的谷胱甘肽，导致细胞脂质过氧化，造成细胞膜结构损伤，功能降低，引起器官氧化损伤。汞作用于血管及内脏感受器，不断使大脑皮层兴奋并转为抑制，从而出现一系列神经症状；因运动中枢功能障碍，反射活动的协调紊乱，表现出称为“汞毒性震颤”的肌肉纤维震颤。

4）长期摄入汞化合物，由于汞经唾液腺排泄，形成汞的硫化物，对黏膜有刺激、腐蚀作用，可引起齿龈红肿及出血，口腔黏膜充血、上皮细胞坏死以至形成溃疡。有时齿龈可见排列成线状的蓝黑色硫化汞细小颗粒沉着，称为汞线，是机体吸收汞的标志之一。

5）有机汞的毒性作用机制与无机汞基本相同，但对神经系统的损害更甚。各种有机汞化合物由于化学结构不同，引起中毒的病理变化也有所差异。甲基汞化合物对神经系统造成的损伤最为严重，主要是由于甲基汞可通过影响乙酰胆碱的合成，抑制神经兴奋传导；同时，甲基汞的亲脂性强，易对神经系统细胞膜产生溶解作用，并结合脑组织中的缩醛磷脂。甲基汞吸收入血后，在体内分布较均匀，易通过细胞膜和血脑屏障，除能蓄积于肝脏和肾脏外，更重要的是可蓄积于脑中。慢性甲基汞中毒主要引起严重的中枢神经系统症状，可导致不可逆的永久性损伤。甲基汞也易通过胎盘屏障，进入胎儿体内，影响胎儿发育，对胎儿造成伤害，即先天性汞中毒，表现为胎儿发育不良、畸形，甚至发生麻痹而死亡。

各种动物对汞的敏感性有所不同，以牛、羊最为敏感。

（四）汞的饲料卫生标准及汞污染预防

1. 汞的卫生标准　我国《饲料卫生标准》（GB 13078—2001）规定了汞的最高允许量，鸡、猪配合饲料≤0.1mg/kg，石粉≤0.1mg/kg，鱼粉≤0.5mg/kg。

我国食品安全国家标准（GB 2762—2012）中规定，肉类中总汞含量（以Hg计）≤0.05mg/kg；生乳、巴氏杀菌乳、灭菌乳、调制乳、发酵乳≤0.01mg/kg；鲜蛋≤0.05mg/kg。水产动物及其制品（肉食性鱼类及其制品除外）中甲基汞含量≤0.5mg/kg，肉食性鱼类及其制品≤1.0mg/kg。

2. 汞污染预防　首先必须加强对含汞的工业废气、废水和废渣的管理和治理，严格执行排放标准，控制排放量。对用污水灌溉和施用污泥、废渣的农田应加强汞的监测，制定并严格执行防污管理制度。对已受汞污染的农田适当多施有机肥料，以降低汞的活性；施用氮肥时，最好施用硫酸铵肥，以利于生成HgS而固定于土壤中，减少作物对汞的吸收量。如果土壤受污染范围不大，采用客土、淋洗等有利于降低汞含量。近年来发展的利用超量累积植物富集提取、微生物转化等生物修复技术控制土壤的汞污染已有一定进展。对水体中的汞可采用各种吸附剂进行处理。

饲料中适量的硒可减少汞与细胞及组织的结合，防止甲基汞引起的神经中毒。汞中毒的解毒剂有二巯基丙磺酸钠、二巯基丁二酸钠、依地酸钙和青霉胺，它们的结构中均具有巯基，可与体内的汞结合形成络合物，降低汞的毒性作用，甚至可夺取与体内巯基酶结合的汞，由此可恢复受汞影响而失活的酶的活性。

五、铬

铬（Cr）的原子量为52.0，相对密度为7.19，熔点为1860℃，沸点为2482℃，不溶于水和硝酸，但溶于稀盐酸和硫酸并形成相应的盐类。铬有二价、三价和六价三种化合物，二价铬不稳定，易氧化；三价铬最稳定，如三氧化二铬（Cr_2O_3）等；六价铬化合物中铬酸盐易溶于水，在一定条件下，六价铬可还原成三价铬。三价铬具有生物活性作用，是体内葡萄糖耐量因子的活性部分。六价铬化合物是强氧化剂，对动物有毒性作用。

铬广泛存在于自然环境中，有铬铁矿、铬铅矿和硫酸铬矿。全世界铬的年产量约为7.5×10^6t，主要用于铁铬、硅铬的冶炼；化工上以铬酸盐的用途最广泛，在电镀、皮革、制药、防腐剂、染料及合成催化剂等方面有广泛应用，这些工业生产中均可产生含铬“三废”。土壤平均含铬量约为100mg/kg，但不同地区差异较大。地面水含铬量平均约9.7μg/L，河水含铬量可因水体污染相差甚大，如上海的苏州河由于长期受纳含铬废水，水中检出六价铬最高达1.3mg/L，严重超标。含铬废水的排放、废渣的随意堆放都会污染环境。

（一）铬对饲料的污染

植物中均含有微量铬，大多数陆生植物的含铬量在0.5mg/kg以下。

1）植物在生长发育过程中可从外界环境中吸收铬。铬能通过根和叶进入植物体内，吸收的铬在植物体内的迁移能力很弱，无论是三价铬还是六价铬，绝大部分积累在根部，其次转移到茎、叶中，籽粒中积累最少。植物中的含铬量与土壤 pH 有关，pH 高时可促进铬氧化成易溶的铬酸盐，有利于植物的吸收。

2）用含铬废水灌溉农田时使灌区土壤累积大量铬，从而使作物中含铬量显著增加，用含铬工业废水灌溉可使胡萝卜和甘蓝中的含铬量比用河水灌溉提高 10 倍和 3 倍。

3）用制革工业的革渣生产蛋白质饲料原料时，由于革渣中含有大量的铬化物，则可能造成饲料铬污染，因此，我国已禁止制革下脚料——皮革蛋白粉用作饲料原料。若酸性饲料接触含铬的器械、管道或容器时，也可使饲料中的含铬量升高。

（二）铬的体内过程

铬在消化道的吸收率因其来源和化合物种类不同而异，胃肠道吸收三价铬的能力很低，小于 3%，六价铬比三价铬易吸收，在胃中六价铬与胃酸作用被还原成三价铬，导致其吸收率明显降低。铬吸收入血液后，逐渐与血浆内输铁蛋白、白蛋白等结合，输铁蛋白有两个结合铁的部位可与三价铬结合。六价铬通过红细胞膜的能力很强，但三价铬不能进入红细胞，只有当血红蛋白从红细胞中游离出来后才与之结合。血液中的铬代谢较快，可迅速从血液中消失。

铬以与输铁蛋白结合的形式主要分布于肝脏、肾脏、脾脏和骨骼中，肺、胰腺、脑、心脏等组织中也有存在。铬从各组织器官的清除较慢，有蓄积作用。进入体内的铬经过短时间贮存后，80%经肾脏由尿排出，仅有一小部分随粪便排出，乳汁和毛发也可检出铬。血铬和尿铬可作为判断铬环境污染程度的指标。

（三）铬对动物的危害

铬是动物机体分泌腺的成分，具有生理作用。铬吸收后影响体内氧化、还原和水解过程，并可使蛋白质变性，使核酸、核蛋白沉淀，干扰酶系统。六价铬进入红细胞后，在六价铬还原成三价铬的过程中，谷胱甘肽还原酶活性受抑制，可使血红蛋白转变为高铁蛋白，引起缺氧现象。铬化合物还具有致突变作用和细胞遗传毒性。当饲料中混入过量的铬化合物时，有可能引起急性中毒，主要表现为胃肠道刺激症状，如呕吐、流涎，呼吸和心跳加快等，并可引起肝脏、肾脏损伤。但由于饲料中天然铬含量一般不高，故动物铬中毒的病例较少见。

（四）铬的饲料卫生标准及铬污染预防

1. 铬的卫生标准 我国《饲料卫生标准》（GB 13078—2001）规定了铬的最高允许量，鸡、猪配合饲料≤10mg/kg，皮革蛋白粉≤200mg/kg。但应注意，2013 年 1 月 1 日起，皮革蛋白粉不得作为饲料原料使用。

我国食品安全国家标准（GB 2762—2012）中规定，肉及肉制品中含铬量（以 Cr 计）≤1.0mg/kg；水产动物及其制品≤2.0mg/kg；生乳、巴氏杀菌乳、灭菌乳、调制乳、发酵乳≤0.3mg/kg，乳粉≤2.0mg/kg。

2. 铬污染预防 预防铬污染首先要控制含铬“三废”的排放，并对农田浇灌用水中的六价铬进行必要的监测，以防止超过相关标准。长期用含铬废水污灌的土壤，由于大部分铬积存于表土耕作层中，且污水多呈酸性，铬的活性较强，因此，应施用适量的石灰、石灰石、硅酸钙、磷肥等土壤改良剂，调节土壤至呈微碱性，以使铬形成$Cr(OH)_3$而固定于土壤中，减少作物对铬的吸收。

六、硒

硒（Se）的原子量为79.0，属半金属元素。硒绝大部分分散在硫化物的晶格中，在自然界中以无机和有机两种形态存在。无机形态的硒主要有单质硒、硒的金属化合物、硒酸盐及亚硒酸盐，常见的有 Na_2SeO_3、Na_2SeO_4 等；有机形态的硒化物以络合态存在；生物体中的硒主要为低相对分子质量有机硒化物，如硒代半胱氨酸、硒代胱氨酸、硒代蛋氨酸等。此外，动植物体还含有多种较高相对分子质量的硒化物，如谷胱甘肽过氧化物酶、脱碘酶、硫氧还蛋白还原酶、硒酸酯多糖、硒蛋白等。硒是动物体必需的微量元素，动物体缺硒可引起营养性肝坏死、白肌病、雏鸡渗出性素质病，以及生长停滞、繁殖机能扰乱等。但饲料中硒过多可引起动物急性及慢性中毒，硒中毒主要发生在世界上许多干旱与半干旱地区，这些地区的土壤与植物中常含有较多量的硒。我国湖北省西部和陕西省北部存在自然的高硒地区，并有引起人畜硒中毒的报道。

硒有硒铅矿、硒铜矿等多种矿物。硒主要用于电子和电器工业，制作光电管和硒整流器。在硒及其化合物的冶炼和使用过程中，硒的烟尘、含硒废水可污染周围环境，导致饲草和饲料中硒含量过高，使动物受到危害。

（一）硒对饲料的污染

植物都含有硒，一般作物（谷物、叶菜类）的含硒量为0.05～0.20mg/kg。在富硒地区生长的作物与牧草含硒量也相应升高，可达数mg/kg。某些植物如豆科紫云英属（*Astragalus* L.）在含硒量高的土壤上生长，已成为对硒适应的植物，能吸收积累大量的硒，使之超过正常需要的1000倍以上。这类植物称为聚硒或富硒植物（selenium accumulator）。它们对硒具有很强的耐受力，可将硒以可溶性或非可溶性的无机或有机硒化合物积累于植物体内，并使其成为氨基酸的组成部分，即合成为非蛋白氨基酸——硒氨酸。目前已发现4种硒氨酸，即甲基硒半胱氨酸、硒代蛋氨酸、硒代胱氨酸和胱硒醚。

1）富硒地区的土壤含硒量高，导致产地粮食或牧草含硒量高，引起动物中毒。硒以硒酸盐、亚硒酸盐或有机态硒形式被植物吸收。被植物吸收的硒主要结合在蛋白质中，且以硒代蛋氨酸的形式为主。硒在植物体内的含量分布是根>茎、叶>籽实。

2）土壤的pH对饲料植物的硒含量有较大影响。在碱性土壤中，硒呈水溶性化合物，易被植物吸收；而在酸性土壤中，硒和铁等元素结合形成不易被植物吸收的化合物。

3）植物体内硫与硒的含量有一定的关系。植物体内的硫含量低时硒的含量也低，反之亦然。在自然条件下，土壤中硫与硒含量成一定比例时，可以大大减少植物对硒的吸收。

（二）硒的体内过程

动物胃肠道对可溶性硒酸盐、亚硒酸盐或有机态硒化合物吸收很快（主要在小肠后段吸收）。吸收入血液后很快分布于全身各组织，尤以肝、肾、骨、蹄及毛发等为多。硒能通过胎盘进入胎儿体内。硒主要从尿中排出，小部分随粪、呼气、汗液及乳汁排出。

（三）硒对动物的危害

硒及其化合物对动物的毒性主要是硒可通过氧化作用取代含硫氨基酸中的硫，从而抑制了体内许多含硫氨基酸酶的活性，如琥珀酸脱氢酶等，使机体氧化过程失调，干扰细胞中间代谢。硒还能与动物体内游离的氨基酸及含巯基蛋白结合，使血液中半胱氨酸、蛋氨酸、谷胱甘肽等含硫物减少，影响蛋白质合成。硒还影响维生素 C 及维生素 K 的代谢，造成血管系统损伤。硒中毒可影响胚胎发育，造成先天性畸形。动物硒中毒可表现为脱毛、脱蹄，皮肤皱褶，腹泻、腹痛等症状。

（四）硒的饲料卫生标准及硒污染预防

1. 硒的卫生标准　欧盟规定动物配合饲料中硒最高允许量为 0.5mg/kg，我国国家标准（GB 26418—2010）及农业部 1224 号公告规定猪、禽、牛、羊配合饲料中硒的最高允许量为 0.5mg/kg。

2. 硒污染预防　为预防硒污染，对富硒土壤可施用硫酸钙，由此可使植物对硒的吸收量降低 90%以上；多施酸性肥料也可减少植物对硒的吸收。

提高饲料中的蛋白质水平，可缓解动物硒中毒；饲料中添加硫酸盐、维生素 B_1、维生素 E 及含硫氨基酸也能减轻或预防慢性硒中毒，而饲料中添加对氨基苯胂酸（阿散酸）或 3-硝基-4-羟基苯砷酸（洛克沙生）对硒中毒也有预防作用。

七、钼

钼（Mo）的原子量为 95.94，相对密度为 10.2，熔点为 2620℃，沸点为 4800℃。钼粉末呈浅灰色，不溶于水或稀酸，但可溶于浓硝酸和热浓硫酸及盐酸；常温下钼有很好的稳定性和耐腐蚀性。钼在土壤中的分布很不均匀，为 1～1.5mg/kg。

钼属于高熔点稀有元素。化合价有二、三、四、五、六价 5 种，其中六价钼较为稳定，主要化合物有三氧化钼（MoO_3）、二硫化钼（MoS_2）、正钼酸（H_2MoO_4）、钼酸钙（$CaMoO_4$）、钼酸铵［$(NH_4)_2MoO_4$］等。水溶性化合物毒性较大。

（一）钼对饲料的污染

通常饲料和牧草中的钼含量为 1～3mg/kg，且随饲料种类及土壤中钼含量的不同而有差异。

1）植物可以大量吸收钼，在钼矿分布地区，土壤中（尤其是腐殖质土和泥炭土）钼含量较高，从而使饲料植物中的钼含量也相应升高。植物中的钼含量与土壤的 pH 也有关，在酸性土壤中钼较难被植物吸收，但在中性或碱性土壤中易被植物吸收。

2）冶炼厂及其他工厂排放的含钼“三废”对饲料及饲草的污染。例如，江西省某钨钼矿选厂附近的稻草中钼含量高达 182mg/kg，耕牛采食 2～3 天即可出现钼中毒症状。

3）植物中的钼含量随季节而异，一般在 9～10 月含量最高，冬季最少。生长旺盛的青草及割后再生的青草钼含量较高。

4）不同作物对钼的吸收和累积的能力有很大差异。豆科作物吸收累积钼的能力最强，其次为叶菜类，而禾本科作物富集能力较弱。各种作物富集钼的能力依次为：大豆>白菜>小麦>

粟>玉米及水稻。

一般认为，土壤中钼含量为10～100mg/kg，饲草中钼含量为3～10mg/kg，即可引起动物钼中毒。

（二）钼的体内过程

钼是动物机体必需的微量元素，是形成黄嘌呤氧化酶、醛氧化酶和亚硫酸盐氧化酶三种重要酶的成分，参与体内氧化还原反应。但长期摄入过量的钼可引起钼中毒。钼大多以水溶性化合物钼酸盐的形式存在，饲料及牧草中的钼多为六价水溶性化合物，能迅速由肠道吸收。反刍动物主要在瘤胃吸收钼，小肠也有一定的吸收；单胃动物主要在小肠吸收钼，且吸收钼的速度比反刍动物更快。吸收后的钼随血液循环分布于动物的所有组织器官和体液中，其中以骨髓、肾及肝含量最高，肌肉、皮肤组织、被毛及乳汁中钼含量也较高。进入机体的钼可迅速随尿液排出，部分钼从胆汁进入肠道随粪便排出，乳汁也能排出少量钼。由于钼排泄迅速、充分，故不会造成蓄积过多。

（三）钼对动物的危害

1）饲料中的钼过多时，能阻碍肠道内铜的吸收，同时干扰组织内铜的利用，表现为明显的铜缺乏症状。用^{64}Cu研究证明，钼可使铜滞留在肝、脾及红骨髓内，使之不能运输利用。这主要是过多的钼可降低肝内硫化物氧化酶的活性，进而导致组织内硫化物蓄积，与铜形成难溶性的硫化铜而不能被利用；钼还可促进铜与白蛋白结合，降低肝脏铜利用率，并能促进肝脏铜的排出，引起铜缺乏症。因此，钼过多症经常与缺铜同时发生。

饲料中的铜钼比对中毒的发生有重要影响，反刍动物饲粮中铜和钼的适宜比例为（6～10）：1。当饲料中的铜钼比低于2：1时，可引起钼中毒和继发性铜缺乏症。

2）过量钼可抑制动物体内琥珀酸氧化酶、谷氨酰胺酶、胆碱酯酶及细胞色素氧化酶等活性物质的活性，从而影响细胞的正常代谢。

3）钼与磷在机体内代谢存在拮抗作用，饲料中含钼高将影响磷代谢，也影响钙代谢，出现佝偻病及软骨症、繁殖机能减退、腹泻、脱毛、碱性磷酸酶活性降低等。

4）过量钼易引起胃肠道微生物菌群失调，导致动物腹泻；引起动物精液质量下降，影响动物的繁殖性能。

5）动物对钼的耐受性明显存在种间差异，牛最敏感，以泌乳牛和青年牛为最甚，其次是绵羊，家禽和兔有一定的耐受力，而猪的耐受力较强，这主要取决于反刍动物和单胃动物在钼代谢上的差异和它们对铜敏感性的不同。

（四）钼的饲料卫生标准及污染预防

我国尚无饲料卫生标准对钼的最高允许量进行规定，也尚无食品卫生标准。

钼污染预防：改良土壤是预防钼污染和中毒的根本措施。含钼“三废”应经回收处理，严格执行排放标准。对含钼量高的土壤，可施用含硫肥料，以减少对钼的吸收。

由于钼与铜存在拮抗作用，故用铜制剂来防治钼中毒是十分有效的方法。可采用通过饲料或饮水中加入硫酸铜的方法进行防治。也可在皮下注射甘氨酸铜，另外，口服硫酸钾、硫酸钠等硫酸盐，可促进钼的排泄，有较好的效果，也可在饲料中加入适量的含硫氨基酸。铜的用量视饲料中钼的含量多少而定。

八、钒

钒（V）的原子量为 50.9，熔点为 1910℃，相对密度为 6.11，质地很软、可塑，呈银白色，不溶于水、碱溶液、稀硫酸及盐酸，但溶于硝酸和王水。钒在空气中较稳定，当加热至高温，易在空气中燃烧，但在 300℃以下不会被氧化，高于 660℃时则很快氧化。自然界中的钒可以阳离子状态存在，也可以阴离子状态存在，可以是−1、0、+2、+3、+4 和+5 价，其中以+4 和+5 价化合物最为稳定。常见的钒化合物有五氧化二钒（V_2O_5）、三氧化二钒（V_2O_3）、偏钒酸铵（NH_4VO_3）和三氯化钒（VCl_3）。钒化合物多带有不同的颜色特征，+5 价钒化合物常呈褐色或红色；+4 价、+3 价和+2 价钒化物分别呈蓝、绿和紫色；钒的低氧化态化合物呈碱性，高氧化态化合物呈酸性。

钒在地壳中分布广泛，在地壳中的含量为 140mg/kg，超过铜、铁和锌等金属元素，主要以相对不溶的+3 价或+5 价钒的形式存在，极少单独存在，常与铁矿和铝矿共生。海水中钒的浓度仅为 5mg/L，有的海水中含量高达 6000mg/L，动植物中钒的含量与其所生长的环境（土壤、饲料、饮水等）中的钒含量密切相关。我国土壤中钒的背景值为 86mg/kg。

（一）钒对饲料的污染

钒的污染主要来自于煤和石油的燃烧、钒冶炼厂和钒合金厂产生的废气。土壤中的钒浓度主要取决于形成土壤的母岩中的钒含量，当土壤被飞灰污染时，钒浓度升高，由于工业生产和人为排放的影响，环境中的钒浓度仍在不断提高，由此可能造成饲料原料中的钒含量升高。饲料原料中磷酸盐产品的钒含量较高，为 26～796mg/kg，其中大部分为 50～200mg/kg，最高可达 6000mg/kg，饲料中添加钒含量高的磷酸盐产品，则可能使饲料中的钒含量达到较高水平，从而污染饲料。

（二）钒的体内过程

动物主要经消化道和呼吸道吸收钒，表皮也可吸收钒。因自然界中存在的钒化合物大多不溶于水，钒经消化道的吸收较少，约占 10%，远低于经呼吸道的吸收率。钒被吸收后在动物体内能与转铁蛋白、铁蛋白等铁结合蛋白结合，然后迅速通过血液被运输到全身各组织。有 90%以上的钒贮存于脂肪组织中，少量贮存于骨骼、肾脏和肝脏之中，而血液中钒的含量甚微。钒主要通过粪排出体外，也经尿排出，但随尿排出的量很少。

（三）钒对动物的危害

钒是动物机体必需的微量元素之一，与动物的生长、发育、免疫和遗传等密切相关，钒缺乏可使动物代谢紊乱，生长发育受阻，死亡率增加；导致反刍动物母畜生殖机能紊乱，受胎率下降，流产率增多。适量的钒有助于改善动物健康和生产性能，一旦过量则可能产生毒性。

金属钒毒性很低，但其化合物对动物有中度或高度毒性。钒的毒性与其价态、溶解度、摄入途径等有关。价态越高，毒性越大，+5 价钒的毒性比+3 价钒的毒性大 3～5 倍；对动物毒性最大的摄入途径是注射，其次为呼吸道摄入，经口摄入毒性最小。

钒对动物的毒性除明显的急性中毒外，主要具有肝脏、肾脏、生殖和神经发育毒性及致癌作用，引起呼吸系统、消化系统、神经系统、造血系统、皮肤损伤和新陈代谢改变。钒能与巯基蛋白结合成金属硫蛋白，并能使血清蛋白下降，球蛋白升高；钒可能抑制胱氨酸及半胱氨酸的合成或促进其分解，造成血清胱氨酸升高和半胱氨酸降低；过量的钒能够抑制胆碱酯酶的活性；钒易残留于输卵管各个部位，对鸡蛋品质的影响较大，特别是蛋清和蛋壳，饲料中 20mg/kg 和 30mg/kg 钒能显著降低蛋重和蛋壳重，同时对鸡蛋的蛋白质品质也有不利影响。钒通过核因子 E2 相关因子 2（Nrf2）-抗氧化反应元件（ARE）通路，降低 Nrf2 的活性和其核转位，降低Ⅱ相解毒酶的产生，造成自由基清除障碍，影响机体的抗氧化平衡，导致氧化应激，从而引起器官病变和机体功能紊乱。饲料中的钒水平在 30mg/kg 及以上时，通过降低抗氧化物含量及抗氧化酶活性，使脂质过氧化水平升高，导致雏鸡的肝脏、肾脏、十二指肠、空肠、回肠和盲肠扁桃体产生氧化损伤，引起雏鸡肝脏、肾脏细胞凋亡，肠道功能受损。一旦过高就会对细胞 DNA 产生氧化损伤，影响其合成及有丝分裂，阻碍免疫器官细胞增殖。过量的钒会对动物肠道产生氧化损伤，肠道长期处于氧化应激条件下，会产生过量的自由基，可能引起蛋白质结构的损伤，破坏细胞结构和功能，阻碍小肠发育，影响小肠上皮细胞的吸收能力，损害肠道黏膜屏障，降低其免疫功能，并且引起肠道菌群失调，从而引发各种疾病，降低动物的生产性能。此外，饲料中的锌浓度升高能增加钒的毒性。一般认为饲料中添加 0.05～0.5μg/kg 的钒酸铵便能满足动物对钒的生理需求。各种动物对钒的耐受量不同。鸡对钒的毒性最为敏感，其次为牛和羊。30mg/kg 的钒就能明显降低小鸡的生长速度。生长羊为 200mg/kg，牛为 50mg/kg，鸭为 10mg/kg。综合考虑钒对仔鸡的致毒作用，推荐仔鸡饲料中钒的安全水平为 5mg/kg，产蛋鸡饲料中为 10mg/kg，反刍动物饲料中为 20mg/kg。

（四）钒的饲料卫生标准及污染预防

有关钒对动物的毒性、毒理、安全范围等问题尚未完全阐明和明确，我国于 2011 年发布了钒工业污染物排放标准，规定空气中钒的最高允许浓度为：五氧化二钒烟尘 0.1mg/m^3，五氧化二钒粉尘 0.5mg/m^3，钒铁合金 1mg/m^3。目前，《饲料卫生标准》（GB 13078—2001）中暂无钒的限量标准，需尽快研究制定。

基于钒对动物的毒性作用机制，具有抗氧化作用的成分可减轻钒的毒性，如维生素 C、维生素 E 等。

第九章 农药污染

农药残留问题是随着农药大量生产和广泛使用而产生的。饲料中农药残留主要来源于饲料原料，其次是加工、储存等过程中的污染。农药残留是指农药使用后，其母体、衍生物、代谢物、降解物等在农作物土壤、水体中的残留。其中，卫生学意义最大的是农药在食品与饲料中的残留。农药残效是指农药除在使用时直接作用于害虫、病菌发挥药效外，当其在环境中消失或降解以前，仍可能继续杀虫、杀菌，这种现象称为残效。农药残留毒性，可表现为急性毒性、慢性毒性、诱变、致畸作用、致癌作用和繁殖的影响等。畜禽产品农药残留主要来源于饲料中的农药残留，长期大量使用化学农药，则会使其随着食品、饲料进入人、畜禽机体，从而导致其在机体内不断积累，最终危害人体健康和降低畜禽的生产性能。近年来，我国各种农副产品的农药残留问题越来越突出，饲料安全问题日益受到人们的重视。因此，在农药使用范围和使用量不断扩大的情况下，控制农药残留，保证人、畜安全、健康，已成为急需解决的问题。

第一节 农药污染饲料的途径及防控措施

一、农药在作物中的残留

农药残留是指残存在环境及生物体内的微量农药，包括农药原体、有毒代谢物、降解物和杂质。施用于作物上的农药，其中一部分附着于作物上，另一部分散落在土壤、大气和水等环境中，环境中残存农药中的一部分又会被植物吸收。因此，农药污染饲料的主要途径有两种：一是来自施用农药对饲用作物的直接污染；二是来自作物从污染环境（土壤、水、空气）中对农药的吸收。

（一）农田施用农药对饲用作物的污染

农药施于作物后，部分能残留在作物上。它可能黏附在作物体表，也可能渗透到作物表皮蜡质层或组织内部，也可能被作物吸收、输导分布到植株各部分及汁液中。这些农药虽然可受到外界环境条件的影响或作物体内酶系的作用逐渐被降解消失，但降解速度差别很大。性质稳定的农药，降解消失速度缓慢。例如，0.04%浓度的对硫磷在水稻叶上的半衰期为 46.2h；同样浓度的甲基对硫磷为 27h；滴滴涕为 76.6h，林丹（高丙体六六六）为 24.5h。所以作物在收获时往往还有一定量的残留农药。

农药对作物的残留程度取决于农药的性质、剂型、施药方式等。此外，也与作物的种类有关。

内吸性农药能被植物的根、茎、叶吸收，并随作物体内水分、养分的输导而传播，所以它们在植物体内的残留问题较为突出。尤其是消失缓慢的内转毒性内吸剂如乙拌磷、内吸磷，或性质稳定的内吸剂如氟乙酰胺等，造成的残留问题更为严重。穿透性强的农药如对硫磷、甲基对硫磷等也可对作物造成持久的污染。含重金属汞的有机农药如西力生、赛力散和有机氯农药如六六六等在作物中残留长期不消失，故此类农药已被其他农药所替代。

不同的农药加工剂型对农药在作物中的残留量有很大影响。例如，农药加工成乳油后配成乳液使用，它对作物表皮组织的穿透力要比湿性粉剂配成的悬浊液或粉剂大。由于穿透到植物组织内部的药剂的消失比残留在植物表面上的逸失缓慢，相对地说它的残留时间也较长。

施药方式不同造成的农药污染程度也不同，如用农药拌种比直接施于植株在作物中的残留量要少；浇泼可造成农药在作物局部有较高量的残留；苗前施用除草剂一般对作物的污染较小。

作物种类不同，对农药的吸收情况差别很大，污染程度也不同。作物的不同部位对农药的吸收程度也表现有差异。

（二）饲用作物从污染的环境中吸收农药

在农业生产中，人们在田间经常喷洒化学农药以防治作物病虫害的发生，由于某些农药及其代谢物的理化性质稳定，在土壤中积累而引起环境污染问题。农药在土壤中长期残留累积，致使农作物吸收残留农药，污染饲料，通过畜产品中介危害人类的身体健康。

农药一旦进入土壤生态系统，残留是不可避免的，尽管残留的时间有长有短，数量有大有小，但有残留并不等于有残毒，只有当土壤中的农药残留积累到一定程度，与土壤的自净效应产生脱节、失调，危及农业环境生物，包括农药的靶生物与非靶环境生物的安全，间接危害人畜健康，才称为具有残留积累毒害。一般来说，土壤化学农药的残留积累毒害主要表现在两方面：残留农药的转移产生的危害；残留农药对靶生物的直接毒害。

一般来说，水溶性农药易随降水、灌溉水淋溶、渗滤、沿土壤体纵向进入地下水，或由地表径流、排灌水流失，沿横向迁移、扩散至周围水源（体）进而构成对水生环境中自养型、异养型生物的污染危害。脂溶性或内吸传导型农药易被土壤吸附，移动性差，而被作物根系吸收或经茎、叶传输、分布、蓄积在当季作物体内，甚至构成对后季作物的二次药害和再污染，引起陆生环境中自养型、异养型生物及食物链高位次生物的慢性危害。其中残留农药积累量可能以前者居多，有人曾对各种不同的鸟类胸部肌肉的农药含量（DDT，狄氏剂）和其他有机氯杀虫剂进行研究，发现以鱼为主食的苍鹭体内的残留物比以陆栖动物为主食的鹰类体内的残留物多得多，而以陆栖动物为主食的鹰类的残留物又比食草鸟类多得多。

进入动物体内的农药，在肝等内脏器官内分解排泄。但是较难分解的农药，如果继续被动物摄取，则不能分解排泄，从而在体内积累下来，特别是DDT和狄氏剂等脂溶性农药，因溶入体内脂肪而能长期残留于体内，使动物体内受到污染危害。积累于动物体内的农药还会转移至蛋和奶中，由此造成各种禽兽产品的污染。人类以动、植物的一定部位为食，由于动、植物体受污染，必然引起食物的污染。可见，残留农药的转移及生物浓缩的作用，使农药污染问题变得更为严重。

残留农药的转移主要与食物有关，生物体内残留农药的转移主要有三条路线：第一，土壤→陆生植物→食草动物；第二，土壤→土壤中无脊椎动物→脊椎动物→食肉动物；第三，土壤→水系（浮游生物）→鱼和水生生物→食鱼动物。

长期大量使用农药，使农药在环境中逐渐积累，尤其是在土壤中，产生了农药污染环境问题。农药被农作物吸收、进入动物体内，经过生物富集浓缩，使其毒性更大，这就不仅使害虫的天敌更易受到毒害作用，还会通过食物链威胁人体的健康。

二、其他来源的污染

饲料的农药污染，除来自作物中的农药残留外，还有其他多种来源的污染，包括以下几种。

1. 库存不慎污染　粮库或饲料库内用农药防虫，使粮食或饲料残留农药。

2. 运输和贮存过程中受污染　饲料在运输中由于运输工具、车船等装运过农药未予清洗及饲料与农药混运，可引起农药的污染。另外，饲料在贮存中与农药混放，尤其是粮仓中使用的熏蒸剂没有按规定存放，则也可导致污染。

3. “三废”污染　含农药的废水、废气、废渣未经处理随便排放，污染农作物和饲料。

4. 事故性污染　如拌过农药的种子误当饲料饲喂畜禽或保管不当被畜禽偷食；在农田中错用农药品种或剂量而造成农药在饲用作物中高浓度残留。

5. 食物链富集　农药对水体造成污染后，使水生生物长期生活在低浓度的农药中，水生生物通过多种途径吸收农药，通过食物链可逐级浓缩，尤其是一些有机氯农药和有机汞农药等。这种食物链的生物浓缩作用，可使水体中微小的污染而导致食物的严重污染。

三、饲料中农药残留的防控措施

农药喷洒到作物或土壤中，经过一段时间，由于光照、自然降解、雨淋、高温挥发、微生物分解和植物代谢等作用，绝大部分已消失，但还会有微量的农药残留。残留农药对病、虫和杂草无效，但对人畜和有益生物却会造成危害。在农药使用范围和使用量不断扩大的情况下，控制农药残留，保证人畜安全、健康，已成为亟待解决的问题。那么，如何最大限度地控制农药残留呢?

（一）合理使用农药

应根据农药的性质，病虫草害的发生、发展规律，辩证地施用农药，力争以最少的用量获得最大的防治效果。合理用药一般应注意以下几个问题。

1）对症用药，掌握用药的关键期与最有效的施药方法；

2）注意用药的浓度与用量，掌握正确的施药量；

3）改进农药性能，如加入表面活性剂以改善药液的黏着性能；

4）合理混用农药。

（二）安全使用农药

应严格遵守《农药安全使用规定》《农药安全使用标准》等规定，预防为主、综合防治。高毒、高残留农药不得用于果树、蔬菜、中药材、烟草等作物，禁止利用农药毒杀鱼、虾、青蛙和有益的鸟兽等，施用农药要保证一定的安全间隔期。

（三）采取避毒措施

在遭受农药污染较严重的地区，一定时期内不栽种易吸收农药的作物，可栽培抗病、抗虫作物新品种，减少农药的施用。

（四）综合防治

积极开展农业防治、生物防治，实行农作物的合理轮作和倒茬。

（五）禁用高毒农药

积极发展高效、低毒、低残留的农药品种，禁止使用淘汰的高毒、高残留农药品种。

（六）掌握收获期

不允许在安全间隔期内收获和利用栽培作物。各种药剂因其分解、消失的速度不同，作物的生长趋势和季节也不同，因而具有不同的安全间隔期，收获时该作物离最后喷药的时间越远越好。农药的安全间隔期，是指最后一次施药至收获农作物前所需要的最短时间，即自喷药到残留量降至允许残留量所需的时间。

（七）进行去污处理

对残留在作物、果蔬表面的农药可作去污处理。如通过曝晒、清洗等方法，可减少或去除农药残留污染。

第二节　常用农药在饲料中的残留

一、有机氯杀虫剂

有机氯农药曾广泛用于杀灭农业、林业、牧业和卫生害虫。有机氯类杀虫剂（organochloride）是以碳氢化合物为基本架构，并有氯原子连接在碳原子上，同时又有杀虫效果的有机化合物。常见类型有 DDT、虫必死（HCH 或 BHC）、阿特灵（aldrin）、地特灵（dieldrin）、安特灵（endrin）、安杀番（endosulfan）、氯丹（chlordane）、飞布达（heptachlor）、毒杀芬（toxaphene）、灭蚁乐（mirex）等。大多数有机氯杀虫剂具有生产成本低廉、在动植物体内及环境中长期残留的特性，并具有一定的致癌活性而被禁止使用。目前仅有少数有机氯农药用于疾病（如疟疾）的预防。但由于这类农药在环境中具有很强的稳定性，不易降解，在环境中的残留期长，可在动物体内长时间蓄积。很多国家由于长期和大量使用这种农药，已造成环境、食品与饲料的污染，使之在动物和人体内有较多的蓄积，是食品中最重要的农药残留物质。

我国使用 DDT 和 BHC 已有 30 多年的历史，于 1983 年停止生产和使用。该农药具有高度的选择性，多贮存在动植物体脂肪组织或含脂肪多的部位，在各类食品中普遍存在，但含量在逐步减少，2000 年初已基本处在μg/kg 的水平。

（一）在农作物中的残留

以有机氯杀虫剂湿性粉剂的水悬液喷洒农作物，一般情况下 4～12 周后方可消失。饲料中有机氯农药残留的一般情况是：动物性饲料中的残留量高于植物性饲料；谷物种子中的残留量比粗饲料少。

（二）对动物的毒性

经口摄入的有机氯杀虫剂可被肠道吸收，除部分经粪、尿和乳汁排出外，主要蓄积于脂肪组织，其次为肝、肾、脾及脑组织。有机氯杀虫剂对动物的急性毒性属于中等毒性。蓄积在脂肪组织中的有机氯杀虫剂不影响脂肪代谢，但仍保持其毒性。当饥饿、疾病造成动物体重下降时，脂肪中的农药可被动员出来，产生毒性作用。有机氯杀虫剂属神经毒素和细胞毒素，可以通过血脑屏障侵入大脑和通过胎盘传递给胚胎，主要损害中枢神经系统的运动中枢、小脑、脑干和肝、肾、生殖系统，有机氯杀虫剂对神经系统具有刺激作用，使中枢神经系统的应激能力显著提高，因而中毒时表现为中枢神经兴奋、骨骼肌震颤等。

有机氯杀虫剂蓄积在实质脏器的脂肪组织中，能影响这些器官组织细胞的氧化磷酸化过程。尤其对肝脏有较大的损害，可引起肝脏营养性失调，发生变性以至坏死。

有机氯杀虫剂对生殖机能的影响主要表现在引起性周期紊乱，胚胎在子宫内的发育发生障碍，子代发育不良等。

有机氯杀虫剂急性中毒的特征是明显的中枢神经症状，中毒动物初期表现为强烈兴奋，肌肉震颤，继之出现阵发性及强直性痉挛，最后常因呼吸衰竭而死亡。中毒死亡的动物可见肝大，肝细胞脂肪变性和坏死。其慢性毒性主要表现为肝的损害，出现肝大，肝细胞脂肪变性和坏死，并常有不同程度的贫血和中枢神经系统病变。由于有机氯杀虫剂能在人体及动物体内长期蓄积，因而它的蓄积毒性及远期毒性作用逐渐引起了人们的注意。

（三）饲料中的允许残留量

由于有机氯杀虫剂对人畜有巨大毒害作用并在动物组织中具有严重蓄积性，因此，我国《饲料卫生标准》（GB 13078—2001）对饲料中六六六、DDT 的允许残留量作了明确规定（表 11-1）。

二、有机磷杀虫剂

有机磷杀虫剂（organophosphorus insecticide）是酯类（或酰胺类）化合物，传统的有机磷杀虫剂分子结构中的烃基多为脂肪烃基和取代苯芳烃基，是人类最早合成而且仍在广泛使用的一类杀虫剂，也是目前我国使用最主要的农药之一，被广泛应用于各类食用作物。早期发展的有机磷农药大部分是高效高毒品种，如对硫磷（parathion）、甲胺磷（methamidophos）、毒死蜱（chlorpyrifos）和甲拌磷（phorate）等；而后逐步发展了许多高效低毒低残留品种，如乐果（dimethoate）、敌百虫（trichlorfon）、马拉硫磷（malathion）、二嗪磷（diazinon）和杀螟松（cyanophos）等。

有机磷杀虫剂的化学性质较不稳定，在外界环境和动植物组织中能迅速进行氧化和加水分解，故残留时间比有机氯杀虫剂短。但多数有机磷杀虫剂对哺乳动物的急性毒性较强，故污染饲料后易引起动物急性中毒。

（一）在农作物中的残留

与有机氯杀虫剂相比，有机磷杀虫剂在农作物中的残留甚微，残留时间也较短。因品种不同，有机磷杀虫剂在农作物上的残留时间差异甚大，有的施药后数小时至 2～3 天可完全分解失效，如敌敌畏等。而内吸性农药品种，由于对作物的穿透性强，易产生残留，可维持较长时间的药效，有的甚至能达 1～2 个月甚至更长时间，如甲拌磷。

有机磷杀虫剂在室温下的半衰期一般为 7～10 天，低温时分解较为缓慢。作物水分含量较高，农药也易于降解。农药完全分解所需的时间，一般触杀性农药为 2～3 周，内吸性农药需 3～4 个月。

某些有机磷杀虫剂，尤其是含硫醚基的内吸性杀虫剂，进入植物体后有一转毒过程。例如，内吸磷的两种异构体（硫酮式和硫醇式）被植物吸收后，先氧化为相应的亚砜、砜和磷酸酯，以后逐渐水解为二乙基磷酸，最终水解为磷酸。其中硫醇式代谢物（如硫醇式亚砜、硫醇式砜等）对哺乳动物经口急性毒性比母体化合物还大。因此，内吸磷施用在作物上后，它的残留期就比一般有机磷长得多，内吸磷的一些类似物如甲拌磷、乙拌磷、甲基内吸磷、异吸磷、二甲硫吸磷等的代谢情况也是如此。

有机磷杀虫剂在作物不同部位的残留情况有所差异。例如，有机磷杀虫剂在根类或块茎类作物比在叶菜类或豆类豆荚部分的残留时间长。

与有机氯杀虫剂相似，有机磷杀虫剂主要残留在谷粒和叶菜类的外皮部分。故粮食经加工后，残留农药可大幅度下降。叶菜类经过洗涤，块根块茎类经过削皮，都能减少残留的有机磷农药。一般来说，除内吸性很强的有机磷杀虫剂外，饲料经过洗涤、加工等处理，其中残留的农药都在不同程度上有所减少。

（二）对动物的毒性

有机磷杀虫剂被机体吸收后，经血液循环运输到全身各组织器官，其分布以肝脏最多，其次为肾、肺、骨等。排泄以肾为主，少量可随粪便排出。

有机磷杀虫剂的主要毒性作用是其与体内的胆碱酯酶结合，形成不易水解的磷酰化胆碱酯酶，使胆碱酯酶活性受抑制，降低或丧失其分解乙酰胆碱的能力，以致胆碱能神经末梢所释放的乙酰胆碱在体内大量蓄积，从而出现与胆碱能神经机能亢进相似的一系列中毒症状，故通常将有机磷杀虫剂归属于神经毒素。临床表现为 3 类：①毒蕈碱样症状，即瞳孔缩小、流涎、出汗、呼吸困难、肺水肿、呕吐、腹痛、腹泻、尿失禁等；②烟碱样症状，即肌肉纤维颤动、痉挛、四肢僵硬等；③乙酰胆碱在脑内积累而表现的中枢神经系统症状，即乏力、不安、先兴奋后抑制，重者发生昏迷。

有些有机磷杀虫剂如敌敌畏和马拉硫磷，对雄性大鼠精子的发生有损害作用；敌百虫和甲基对硫磷可降低大鼠的受孕率；内吸磷和二嗪农等对实验动物有轻度致畸作用。近来发现，某些有机磷农药在哺乳动物体内使核酸烷基化，损伤 DNA，从而具有诱变作用。

（三）对动物解毒

有机磷杀虫剂中毒后，体内的磷酰化胆碱酯酶可自行水解，脱下磷酰基部分，恢复胆碱酯酶的活性，但是这种自然水解的速率非常缓慢，因此必须应用胆碱酯酶复活剂。肟类化合物如解磷定（又称碘磷定）、氯磷定、双复磷、双解磷等胆碱酯酶复活剂能从磷酰化胆碱酯酶的活性中心夺取磷酰基团，从而解除有机磷对胆碱酯酶的抑制作用，恢复其活性。有机磷杀虫剂中毒时，除应用上述特效解毒剂外，还可应用生理解毒剂或称生理拮抗剂。例如，阿托品是 M 型胆碱受体（毒蕈碱样受体）阻断剂，与乙酰胆碱竞争受体，从而阻断乙酰胆碱的作用，并且还有兴奋呼吸中枢的作用，故可解除中毒时的症状。

三、氨基甲酸酯类杀虫剂

氨基甲酸酯（carbamate）是氨基或胺基直接与甲酸酯的羰基相连的化合物，也可看成是碳酸的单酯单酰胺。氨基甲酸酯可由氯代甲酸酯与氨或胺反应制得，也可由氨基甲酰氯与醇或酚反应制得。氨基甲酸酯类杀虫剂是 20 世纪 40 年代美国加州大学的科学家研究卡立巴豆时发现的毒性生物碱——毒扁豆碱（physostigimine）的合成类似物，是人类针对有机氯和有机磷农药的缺点而开发出的一类新的杀虫剂。氨基甲酸酯杀虫剂具有选择性强、高效、广谱、对人畜低毒、易分解和残毒少的特点，在农业、林业和牧业等方面得到了广泛的应用。

（一）在农作物中的残留

氨基甲酸酯类农药已有 1000 多种，其使用量已超过有机磷农药，销售额仅次于除虫菊酯类农药位居第二。氨基甲酸酯类杀虫剂使用量较大的有速灭威（metolcarb）、西维因（carbaryl）、涕灭威（aldicarb）、克百威（carbofuran）、叶蝉散（isoprocarb）和抗蚜威（pirimicarb）等。氨基甲酸酯类杀虫剂在酸性条件下较稳定，遇碱易分解，暴露在空气和阳光下易分解，在土壤中的半衰期为数天至数周。

不同品种的氨基甲酸酯类杀虫剂的急性毒性悬殊，一般多属中等毒或低毒类。与有机磷农药相比，毒性一般较低。

氨基甲酸酯类杀虫剂在体内易分解，排泄较快。一部分经水解、氧化或与葡糖醛酸结合而解毒，一部分以还原或代谢物形式迅速经肾排出。代谢产物的毒性一般较母体化合物小。

氨基甲酸酯类杀虫剂的毒性作用与有机磷杀虫剂相似，即抑制胆碱酯酶活性，造成乙酰胆碱在体内积聚，出现类似胆碱能神经机能亢进的症状，症状与酶的抑制程度平行。但此种抑制作用与有机磷杀虫剂不同。氨基甲酸酯类的作用在于此类化合物在立体构型上与乙酰胆碱相似，可与胆碱酯酶活性中心的负矩部位和酯解部位结合，形成复合物进一步成为氨基甲酰化酶，使其失去水解乙酰胆碱的活性。但大多数氨基甲酰化酶较磷酰化胆碱酯酶易水解，胆碱酯酶很快（一般经数小时左右）恢复原有活性，因此这类农药属可逆性胆碱酯酶抑制剂。由于其对胆碱酯酶的抑制速度及复能速度几乎接近，而复能速度较磷酰化胆碱酯酶快，故与有机磷杀虫剂中毒相比，其临床症状较轻，消失也较快。

（二）对动物的毒性

过去认为氨基甲酸酯类杀虫剂的残留毒性问题不大，但近年研究认为它是否存在严重的残毒问题还有待探索。据研究资料，氨基甲酸酯类因含氨基，随饲料进入哺乳动物胃内，在酸性条件下易与饲料中亚硝酸盐类反应生成 *N*-亚硝基化合物。后者酷似亚硝胺，具有极强的诱变性。例如，西维因在胃内酸性条件下与饲料中亚硝酸基团起反应而形成 *N*-亚硝基西维因，是一种碱基取代性诱变物，在某些诱变实验中呈阳性反应，它也是一个弱致畸物。

（三）解　毒

动物氨基甲酸酯类杀虫剂中毒时，可用硫酸阿托品解毒，但胆碱酯酶复活剂的解毒效果不佳。

四、拟除虫菊酯类杀虫剂

早在19世纪时，欧洲人已认识到从菊属植物的花中挤压出的物质（除虫菊粉）可杀灭昆虫害虫。1953年，Schechter合成了第一个商业上使用的拟除虫菊酯——丙烯菊酯。拟除虫菊酯杀虫剂主要的品种有氯氰菊酯（兴棉宝）（cypermethrin）、氰戊菊酯（速灭杀丁）（fenvalerate）、溴氰菊酯（敌杀死）（deltamethrin）和甲氰菊酯（cyhalotrin）等。拟除虫菊酯杀虫剂菊粉对人和哺乳动物的毒性均很低，同时也具有低残留和低污染的优势，许多以这些天然酯为模型的合成已得到广泛使用。目前，有近20种拟除虫菊酯杀虫剂投入使用，约占世界杀虫剂市场总份额的25%。

（一）在农作物中的残留

除虫菊酯和拟除虫菊酯杀虫剂在光和土壤微生物作用下易转化为极性化合物，不易造成污染。例如，天然除虫菊酯在土壤中的残留期不足一天，拟除虫菊酯在农作物中的残留期为7～30天。拟除虫菊酯在喷施时与果实、谷物直接接触，是造成其污染的主要原因。

（二）对动物的毒性

拟除虫菊酯在生物体内基本不产生蓄积效应，对哺乳动物的毒性不强。除虫菊酯对大鼠的经口LD_{50}为420mg/kg BW，胺菊酯的LD_{50}为4640mg/kg BW，溴灭菊酯的LD_{50}甚至高达710g/kg BW。拟除虫菊酯主要为中枢神经毒素，毒性作用机制目前尚不清楚，但有资料显示拟除虫菊酯能改变神经细胞膜的钠离子通道功能，使神经传导受阻，动物表现过度兴奋、恶心、呕吐、腹痛、腹泻、四肢震颤，严重者全身抽搐、运动失调、外周血管破裂、血尿、血便，最后呼吸麻痹而死亡。

（三）解　毒

由于拟除虫菊酯类杀虫剂施药量小，因而在饲用作物上产生的残留量低，一般不会对动物造成危害。

一旦发生急性中毒，可用2%碳酸氢钠洗胃；对神经高度兴奋患畜，可静脉或肌肉注射苯巴比妥钠等镇静药，也可应用抗惊厥药。

五、熏　蒸　剂

在适当的气温下，利用有毒的气体、液体或固体挥发所产生的蒸气毒杀害虫或病菌称为熏蒸。用于熏蒸的药剂叫作熏蒸剂。当前主要有仓库熏蒸法、帐幕熏蒸法、减压熏蒸法和土壤熏蒸法4种。在农业上使用较多的是仓库熏蒸法和土壤熏蒸法，仓库熏蒸法用于作物收获后的处理，而土壤熏蒸法是在作物种植前的处理。

粮食中熏蒸剂残留的消失受气温、相对湿度及粮仓内通风条件的影响。粮食湿度下降，熏蒸剂消失也慢。

熏蒸剂因制剂种类不同，其毒性作用各异。它们一般对人、畜均有较大的毒性。但因具有易挥发的特点，在储存过程中容易从粮食中挥发散失，残留量较低，故以往多主张不制定其在食品中的允许残留量。近年来，由于检测技术的发展，证明熏蒸剂在储粮中仍有少量存在，因此，应定期监测粮食中熏蒸剂的残留量。

六、杀　菌　剂

用于防治农作物病害的杀菌剂种类很多。不同种类与品种的杀菌剂，其在作物上的残留特性和对动物的毒性差别甚大。总的来说，一般杀菌剂对人、畜的急性毒性比杀虫剂低得多，但在慢性毒性方面，由于杀菌剂要求有较长的残效期，残毒问题就更重要一些。

（一）常见农用杀菌剂类型

1. 无机杀菌剂　如硫黄粉、石硫合剂、硫酸铜、升汞、石灰波尔多液、氢氧化铜、氧化亚铜等。

2. 有机硫杀菌剂　如代森铵、敌锈钠、福美锌、代森锌、代森锰锌、福美双等。

3. 有机磷、砷杀菌剂　如稻瘟净、克瘟散、乙膦铝、甲基立枯磷、退菌特、稻脚青等。

4. 取代苯类杀菌剂　如甲基托布津、百菌清、敌克松、五氯硝基苯等。

5. 唑类杀菌剂　如粉锈宁、多菌灵、恶霉灵、苯菌灵、噻菌灵等。

6. 抗生素类杀菌剂　如井冈霉素、多抗霉素、春雷霉素、农用链霉素、抗霉菌素120等。

7. 复配杀菌剂　如灭病威、双效灵、炭疽福美、杀毒矾M8、甲霜铜、DT杀菌剂、拌种灵、甲基硫菌灵、广灭菌乳粉、甲霜灵-福美双可湿性粉剂等。

8. 其他杀菌剂　如甲霜灵、菌核利、腐霉利、扑海因、灭菌丹、克菌丹、特富灵、敌菌灵、瑞枯霉、甲醛、高脂膜、菌毒清、霜霉威、喹菌酮、烯酰吗啉、锰锌等。

（二）对动物的毒性

有机硫杀菌剂对人、畜毒性低。但家畜偶然大量偷食用过有机磷杀菌剂不久的作物，也可引起中毒。中毒后主要侵害神经系统，先兴奋，后转为抑制，重者可发生呼吸和循环衰竭。此外，对肝、肾等组织也有一定的损害。

动物实验提示此类农药的某些代谢产物有致癌和致畸作用，但所需剂量都很大，可认为没有实际意义。

多以粉剂拌种，也有少数的液用可溶性制剂供作浸种。由于有机汞杀菌剂在外界环境中残留时间长，且易在体内蓄积，毒性大，因此20世纪70年代后，世界各国都已禁止或限制使用。事实上，仍有不少国家在使用有机汞杀菌剂，但大多限制用作种子消毒剂。

有机汞杀菌剂属剧毒类。有机汞化合物进入机体后，主要蓄积在肾、肝、脑等组织，排泄缓慢，每天仅排出贮存总量的1%左右。有机汞可通过胎盘进入胎儿体内，引起先天性有机汞中毒。它可通过乳汁危害幼畜。有机汞化合物易溶于脂质和类脂中，因此可通过膜进入细胞内，与蛋白质或其他活性物质中的巯基结合，抑制各种含巯基的酶，导致许多功能障碍和广泛病变。有机汞的毒理作用与无机汞基本相同，但对神经系统有更明显的毒害作用。实验证明，有机汞化合物有诱变作用，可使动植物细胞染色体断裂。

有机砷杀菌剂主要用于防治水稻纹枯病。当农田使用砷过多或次数频繁时，易造成水稻药害及土壤、稻谷中砷残留量增加，影响人、畜安全，砷在稻谷中主要残留在外壳和糠麸中，经加工后可去除大部分。

有机砷杀菌剂多属中等毒或低毒类。有机砷化合物被动物吸收后，需经转化为无机的三价砷及其衍生物而起作用。有机砷在体内转化缓慢，故毒性较无机的三氧化二砷小，临床中毒程度一般较轻。其作用机制与砷的无机化合物相同。

由于砷在人、畜体内有积累毒性，且砷在土壤中积累时可破坏土壤的理化性质，故此类农药已逐渐被禁用或限制使用。

内吸性杀菌剂一般对恒温动物的毒性低。近年来发现多菌灵在哺乳动物胃内能发生亚硝化反应，形成亚硝基化合物。托布津的代谢产物除具有杀菌作用的多菌灵外，尚有乙烯双硫代氨基甲酸酯，后者又能代谢为乙烯硫脲，对甲状腺有致癌作用。因此，对这类农药及其代谢物的慢性毒性值得进一步研究。

有机磷杀菌剂是近期出现的品种。它们在植物体内容易降解成无毒物质。

七、除 草 剂

除草剂（herbicide）是指可使杂草彻底地或选择性地发生枯死的药剂，又称除莠剂，是用以消灭或抑制杂草生长的一类物质。常用的品种为有机化合物，可广泛用于防治农田、果园、花卉苗圃、草原及非耕地、铁路线、河道、水库、仓库等地杂草、杂灌、杂树等的消灭或抑制。除草剂按作用方式分为 3 类：①茎、叶处理剂。将除草剂溶液兑水，以细小的雾滴均匀地喷洒在植株上，这种喷洒法使用的除草剂称茎叶处理剂，如盖草能、草甘膦等。②土壤处理剂。将除草剂均匀地喷洒到土壤上形成一定厚度的药层，当杂草种子的幼芽、幼苗及其根系被接触吸收而起到杀草作用，这种作用的除草剂，称土壤处理剂，如西玛津、扑草净、氟乐灵等，可采用喷雾法、浇洒法、毒土法施用。③茎、叶、土壤处理剂。可作茎、叶处理，也可作土壤处理，如阿特拉津等。

（一）在农作物中的残留

除草剂在土壤中的残留影响到除草剂的持效性和对环境的安全性。从防除杂草的角度，除草剂应具有一定的残留期，残留期太短，除草效果不好，残留期太长，又会造成对下茬作物的药害。但从环境的角度，除草剂的残留期越短越好，除草剂太稳定，不易降解，在环境中的残留量大，污染环境。例如，莠去津在环境中较稳定，对地下水的污染严重。

除草剂在环境中的稳定性主要由它本身的化学结构和理化性质所决定，同时也受到环境条件的影响。不同除草剂在土壤中的稳定性相差甚远。例如，敌稗在土壤中极易被降解，无残留活性，而有的除草剂如甲磺隆、绿磺隆、广灭灵、普施特和莠去津在土壤中的残效期极长，被称为长残效除草剂。这些长残效除草剂易造成对下茬敏感作物的药害。

化学除草剂的生物富集是农药对生物间接危害的最严重形式，植物中的除草剂可经过食物链逐级传递并不断蓄积，对人和动物构成潜在威胁，并影响生态系统。

（二）对动物的毒性

随着我国农业科技的不断发展，除草剂在农业生产中的应用越来越广泛，除草剂的药害也呈逐年扩大和加重的趋势。

1. 急性中毒 动物急性中毒较少见。根据世界卫生组织和联合国环境署报道，全世界每年有 100 多万人除草剂中毒，其中 10 万人死亡。在发展中国家情况更为严重，我国每年除草剂中毒事故达近百万人次，死亡 2 万多人。

2. 慢性危害　长期接触化学除草剂可产生慢性危害，如破坏神经系统的正常功能，干扰体内激素的平衡，影响免疫力等。

3. 致癌、致畸、致突变　国际癌症研究机构根据动物实验确证，广泛使用的除草剂具有明显的致癌性。据估计，美国与化学除草剂有关的癌症患者数约占全国癌症患者总数的 20%。

关于除草剂本身的毒性及其代谢物与所含杂质的毒性，特别是致突变性、致癌性及致畸性，尚需进一步研究。

第十章　其他化学污染物及非法添加物

第一节　氟　化　物

氟的原子量为 19.0，室温下为一种淡黄色气体，具有强烈的刺激性臭味。氟的化学性质非常活泼，几乎能与所有元素发生作用，因此氟在自然界中以化合物形式存在。在酸性条件下与铝、钙、镁等形成氟化物；在碱性条件下主要以离子形式存在，导致氟化物在环境中能迁移和蓄积，所以在土壤、大气、水、植物及动物体内都含有氟。

一、污 染 途 径

饲料中氟的污染途径主要有以下几方面。

1. 地质环境　氟在地壳中的平均含量为 0.078%（0.06%～0.09%），是地壳中平均含量较高的一种元素。由于氟在地壳表面分布不均匀，世界上许多国家和我国都有一些自然高氟地区，我国有一条从东北经华北至西北的高氟带，另外也存在一些小范围高氟区。常见的高氟地区多为干旱地区、盐碱地、温泉地区及富氟岩矿区等，生长于高氟地区的饲用植物可从土壤中吸收可溶性氟，因而含氟量较高。

2. 工业污染　钢铁冶炼、磷肥生产、电解铝、制陶业、含氟农药生产、制冷剂（氟利昂）、氟塑料、氟橡胶、水泥、砖瓦等许多工业行业都会产生大量的氟，工业上常用萤石（CaF_2，含 F 48.7%）和氟磷灰石[$3Ca_3(PO_4)_2 \cdot CaF_2$，含 F 4.2%]等作为工业原料也将造成氟污染，煤的燃烧会释放大量的氟排入大气中，这些均将对环境与饲料造成污染。以铝工业、磷酸工业及燃煤发电厂等最为严重，全世界仅磷矿加工每年的排氟量就达 40 万 t，故可形成一定范围的次生氟污染区。大气中的氟可进入附近的水体、土壤和动植物体内，甚至可污染距离较远的环境，可达 50km 以上。植物不仅通过根部从污染的土壤中吸收氟，且植物叶面可将大气中的氟（主要是 HF、SiF_4）及粉尘中的氟吸收入体内。因此，工业氟污染区的饲用植物中的氟含量显著高于自然富氟地区。

3. 矿物质饲料中含氟杂质　以含氟量高的磷灰石为原料制成的饲用磷酸盐中常含有较多量的氟，如脱氟加工处理不彻底，则可能使动物过量摄入氟，引起慢性氟中毒。

饲用植物中的氟含量和土壤中可溶性氟的含量有关，有随土壤中水溶性氟含量的升高而升高的趋势。在非污染的土壤中生长的植物，氟含量一般为 1～5mg/kg。而在自然高氟地区或工业污染区，植物中氟含量可达数十 mg/kg，甚至高达数百 mg/kg。植物中氟含量存在明显的种间差异，谷类和叶菜类饲料的含氟量较低，牧草的含氟量较高。同种植物的不同部位氟含量也有差异，其含量顺序依次为根>叶>茎>果实（种子）。动物性饲料中的氟含量较高，为植物性饲料的几倍。

二、危　害

（一）氟在动物体内的代谢

氟对牙齿和骨骼的形态和结构、维持机体中钙和磷的正常代谢、改善机体的免疫反应性、生长发育及神经兴奋性与传导等均具有重要作用。缺氟易发生龋齿。

动物主要从饮水和饲料中摄入氟，从空气中吸入氟量甚微，可忽略不计。氟极易被吸收，90min内可全部被吸收。消化道中的氟主要在胃及小肠上段通过被动扩散而被吸收进入机体。影响消化道中氟吸收的因素很多，饮水中的氟化物几乎可被完全吸收（86%～97%）；饲料中的氟吸收率在 80%左右。无机氟化物主要以离子形式被吸收，有机氟化物则以分子形式被吸收，其吸收程度随溶解度而异。溶解度高、易解离的氟化物如 NaF、HF、H_2SiF_6 等易被吸收。而溶解度低的氟化物如 CaF_2、磷灰石等则吸收率低。例如，骨粉中只有 37%～50%的氟被吸收。氟的吸收受饲料中的成分影响较大，饲料中较多的钙、镁和铝在胃肠道中能与氟结合成难溶性的氟化物，从而可降低氟的吸收，尤其是以铝的作用更为显著，可使氟的吸收率降低30%～40%。胃酸能增加某些氟化物的溶解度，可提高氟的吸收率；脂肪也可促进氟的吸收。

机体吸收氟的速度很快，摄入后数分钟内即被吸收，10min 就进入血液，大约 60min 在血液内可达最高浓度。氟化物进入血液后被转运至全身各组织，仅小部分存留于血液中，血中的氟 75%在血浆中，25%渗入血细胞中。血浆中的氟有 75%与血浆白蛋白结合，25%呈离子状态。只有离子状态的氟才能参与生理反应，它可以不断地从结合态的氟中释放出来，进入其他组织和器官，满足需要。当细胞外液及血液中的氟含量降低时，组织中的氟可以再释放到血液中。吸收入血的氟，在 24h 内有 50%被排泄出体外，所余部分进入组织，其中绝大部分（约 90%）贮存于骨骼和牙齿，只有少量存在于其他组织和内脏中。

氟主要通过肾脏排泄，由尿排出的氟占总排泄量的 75%～85%。尿氟排泄的速度快，在摄入氟 15min 后，氟在肾脏的浓度就比血液中的浓度高两倍。在摄入氟后的最初 4h 排出速度最快，3～4h 可排出摄入量的 20%～30%，以后逐渐下降。长期摄入一定量的氟，尿氟排泄量和骨骼中氟的浓度可达到稳定的平衡状态。这时尿氟的日排出量基本上可以反映氟的总摄入情况，因此可用尿氟排泄量作为衡量氟总摄入量的指标，特别是用于群体评价时更有意义。此外，还有一部分氟可随粪（12.6%～19.5%）和汗（7%～10%）排出，微量的氟可进入乳、毛、蹄甲及爪。一些报道认为毛氟、蹄氟和爪氟都可作为慢性氟接触的指标。

（二）氟对动物的危害

动物摄入氟量过多可引起氟中毒（fluorosis）。动物发生急性中毒的事例极为少见，一般表现出慢性中毒。氟对机体的作用是非特异性，氟中毒可导致多器官受损。

1. 对牙齿的损害　表现为氟斑牙，发生于牙齿发育期间，主要是氟与釉质层晶体结构结合，增加了釉质层的多孔性所致，这是慢性氟中毒表现出的最早和最初期的体征。氟斑牙多发生于生长中的恒牙，以门齿最显著。氟直接损害成釉细胞，可造成其结构异常、破裂和变形，导致釉质层不规则，使牙齿失去釉质特有的光泽，表面变粗糙，出现白垩状的斑点、斑纹或斑块。若釉柱间隙有外源色素渗入，或附着在齿斑中的有机物氧化，则可形成色素沉着而使齿斑呈现黄色、褐色或黑色。严重中毒时，造成成釉细胞坏死，造釉停止，则出现釉面缺损。氟对牙本质也有损害，可使牙本质发生矿化不全，因而牙齿变脆、易磨损和断裂，严重时形成波状齿、锐齿。牙齿的上述变化常左右对称。氟斑牙很少见于乳齿，主要是因为乳齿的钙化始于胚胎期，出生后短期内即已完全发育成熟，同时因胎盘对氟能起到一定的屏障作用，以及氟经乳汁的排泄量甚微。但当母体摄氟量过高时，部分氟也可透过胎盘影响胎儿而形成乳齿氟斑牙，但这仅出现较轻的白垩状变化。恒齿萌出后的健康成年家畜迁入高氟区时，一般不出现氟斑牙。

2. 对骨骼及骨周软组织的损害 表现为氟骨症。氟骨症中骨的基本改变为骨质硬化、骨质疏松和骨周软组织钙化与骨化。其发病机制极其复杂，目前尚无统一的解释。一般认为，过量的氟进入体内，即与大量血钙结合成难溶性的氟化钙，引起低血钙，使类骨组织钙化不足，造成骨软化；血钙的减少又能引起甲状旁腺功能增强，使甲状旁腺素分泌增多，从而使骨质溶解加速，导致骨质疏松。大量氟离子可以置换出羟基磷灰石中的羟基而形成溶解度低的氟磷灰石结晶，同时氟通过刺激一些酶而作用于成骨细胞，使成骨细胞增生活跃，骨的生成增多，因而造成骨质硬化。而一部分氟化钙则沉积在骨旁软组织内，使肌腱、韧带、关节囊及骨膜钙化与骨化。因骨内膜贴近骨质表面的部分也含有骨原细胞，当成骨活跃时，骨原细胞能分裂分化为成骨细胞，也可导致新骨形成，在骨表面产生各种形状的白色粗糙、致密坚硬的外骨瘤，或引起骨皮质肥厚、硬化、髓腔变窄。此外，氟还能抑制骨磷酸化酶的活性，使骨中钙盐的吸收与蓄积过程减慢，引起骨脱钙，这也是造成骨质疏松的原因。因此，临床中毒的氟骨症表现为骨质硬化型与骨质疏松型，而且两种变化可同时存在。

通常幼年动物表现为骨质疏松型，老年动物多表现为骨质硬化型。小剂量的氟化物可引起人的骨硬化，大剂量则导致骨质疏松及骨软化。由于广泛性骨质增生、硬化及骨周软组织的钙化与骨化，故引起关节僵硬及运动障碍，常出现跛行，甚至起立困难。同时也能引起脊椎、骨盆及四肢变形，下颌骨对称性增厚，家畜易发生骨折，尤其是后部肋骨（卧地时承受压力大）常见两侧对称性骨折，肋骨折断处发生骨质增生而呈圆形硬性隆起。

3. 非骨相损害 氟除引起骨相损害外，其非骨相损害也日益引起人们的注意。氟化物进入胃中形成具有强烈腐蚀性和穿透性的氢氟酸，可引起胃和十二指肠非特异性炎症，表现为食欲减退、恶心、呕吐、腹痛和腹泻等。氟对许多酶的活性有抑制作用。过多的氟可影响中枢神经系统的正常活动；氟对心肌和骨骼肌均有直接的毒害作用，氟可引起肾脏功能不全，由于肾脏功能不全，肾排泄能力下降，造成机体内存留更多的氟，从而加重机体中毒。在高氟区，泌尿道结石的发生率较高。氟中毒能引起继发性甲状旁腺功能亢进。

长期摄入过量的氟会使机体免疫器官在形态上发生一系列的病理变化，引起免疫器官功能障碍，降低机体的细胞免疫和体液免疫功能，影响体内各类免疫分子（细胞因子、免疫球蛋白、补体等）的分泌及活性。

4. 氟中毒的作用机制 过量的氟可导致机体脂质过氧化，损害抗氧化系统，造成自由基代谢紊乱，提高体内自由基水平，从而造成对机体各组织器官结构和功能的损伤。过量的氟化物摄入可干扰胶原的正常代谢，使胶原的生物合成减少，并使分解代谢增强。氟中毒时胶原分解代谢产物尿羟脯氨酸（HYP）的排出量增多，有人提出尿羟脯氨酸排出量可作为氟对机体损害程度的指标之一。

动物对氟的耐受性：动物对氟的耐受性因动物种类及年龄而异，与氟的化学形态、摄入时间和连续性有关。禽类对氟的耐受性较家畜强。家畜中牛较为敏感，成年动物的耐受性大于幼龄动物。动物对氟的耐受性依次为：家禽>马>猪>绵羊>其他牛>乳牛>犊牛。动物每日摄入氟的最大安全量为：牛 2mg/kg BW，猪 8mg/kg BW，兔 11mg/kg BW，禽 35mg/kg BW。

三、控 制 措 施

鉴于含氟工业“三废”的排放对环境的污染日益严重，氟污染源增多，空气、水、牧草和饲料污染加重，造成动物通过水、饲料及空气等途径摄入氟的总量日趋增加。因此，有必要对不同地区家畜的氟总摄入量进行调研，采取综合措施，减少氟的摄入，预防过量氟对家畜的危害。

（一）氟的卫生标准

严格执行我国《饲料卫生标准》（GB 13078—2001）对饲料中氟的限量规定，可具体参阅表 11-1。

（二）自然高氟地区的防控措施

1. 划分放牧并实行轮牧　一般认为，牧草中含氟量的安全限量为 30～40mg/kg 干基。牧草中含氟量超过此值应划为危险区，在此区连续放牧一般不得超过 3 个月，最多也不得超过半年。可在低氟安全区和危险区实行轮牧。牧草含氟量平均超过 60mg/kg 者，应划为高氟禁牧区，禁止放牧，不得已时放牧持续时间不得超过 1 个月。

2. 改良草场　利用低氟水源浇灌受氟污染的草场，以降低牧草的含氟量，同时广泛种植优质牧草，逐渐缩小高氟草场面积。

3. 控制氟的排放　回收处理好含氟工业“三废”，将氟排放量控制在安全范围内，从而减少对饲料和牧草的直接污染或通过污染土壤而间接污染饲料和牧草。轻度污染的草场可作为短期放牧，或与非污染区的草场实行轮牧，也可从非污染区运入必需的饲草饲料，以此降低动物的氟摄入量。

4. 选择无氟或含氟少的矿物质饲料　在选用各种矿物质饲料原料时，应注意选择无氟或低氟产品，以确保饲料中的总含氟量处于安全水平范围内。例如，在高氟区和工业氟污染区，可在饲料中添加适量的铝化合物，如氧化铝、氯化铝和硫酸铝等，以减少机体对氟的吸收。在饲料中应补充充足的钙和磷，并注意改善营养，以提高机体的抗病能力。另外，在制订畜牧业发展规划时，在自然高氟地区和工业氟污染区应以饲养生活周期短的畜禽如鸡、鸭、猪、兔为宜。

5. 控制饮水的含氟量　在自然高氟地区，应寻找低氟水源（含氟量≤2mg/L），如无低氟水源，则利用化学制剂除氟，以降低饮水中的含氟量。除氟制剂可用氯化铝、碱式氯化铝、硫酸铝、活性氧化铝等，也可用壳聚糖、茶叶质铁吸附剂、木质素吸附剂和活性炭等。

加强含氟废水的处理，严格执行排放标准（含氟量≤10mg/L），以防污染水源。在污水灌溉区，应严格执行农田灌溉用水水质标准（含氟量≤3.0mg/L）。

第二节　N-亚硝基化合物

N-亚硝基化合物（N-nitroso compound）在环境中、人与动物体内、食品中均可由其前体物质合成，是一类致癌性很强的化合物。

一、N-亚硝基化合物的种类及来源

（一）种　类

N-亚硝基化合物是含有 $>N-N=O$ 的化合物，按其结构可分为 N-亚硝胺（图 10-1）和 N-亚硝酰胺（图 10-2）两类。

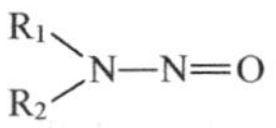

图 10-1　N-亚硝胺

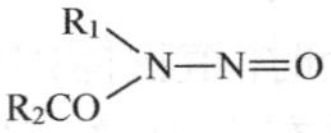

图 10-2　N-亚硝酰胺

在 N-亚硝胺的结构通式中，R_1 和 R_2 为烷基或芳香基。R_1 和 R_2 相同者为对称的亚硝胺，如二甲基亚硝胺（图 10-3）；R_1 和 R_2 不同者为不对称亚硝胺，如甲基苯基亚硝胺（图 10-4）。

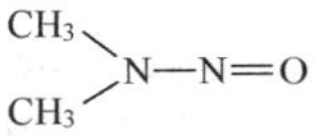

图 10-3　二甲基亚硝胺

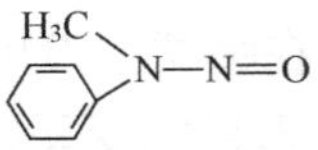

图 10-4　甲基苯基亚硝胺

在 N-亚硝酰胺的结构通式中，R_1 为烷基或芳香基，R_2CO 为酰胺基。

N-亚硝胺的化学性质较稳定，不易水解，在中性及碱性环境较稳定，但在酸性溶液可缓慢分解；N-亚硝酰胺的化学性质活泼，易分解，二者在紫外线作用下均可发生分解反应。

（二）来　源

N-亚硝基化合物在工业生产中应用并不多，主要用于染料、橡胶、皮革、制药和电气工业。在其生产与应用过程中，N-亚硝基化合物可以“三废”污染环境和饲料。N-亚硝基化合物的主要来源由亚硝酸和胺或酰胺在环境（包括饲料）或动物体内合成产生。其反应过程如下。

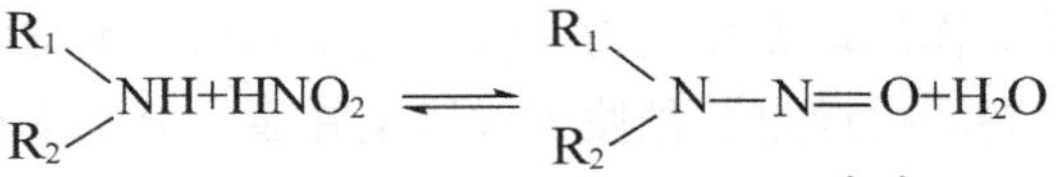

（仲胺）　　（亚硝胺）

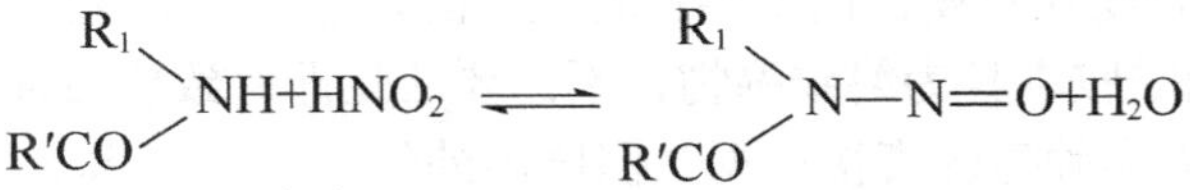

（酰胺）　　（亚硝酰胺）

凡含有“ >N—”结构的化合物均有可能参与上述反应。除上式所列仲胺、酰胺外，伯胺、叔胺、季胺、氨基甲酸酯、胍类、氨基酸、肌酸和磷脂等均可参与上述反应。亚硝基化合物除亚硝酸盐之外，还有硝酸盐、氮氧化物（N_2O_3、NO_2、NO）等。上述物质都是*N*-亚硝基化合物的前体物质。其中 NO_2^-、NO_3^-广泛存在于土壤、水及植物中，当大量施用含氮化肥、除草剂、土壤中缺钼或干旱时，均可使农作物中大量蓄积 NO_3^-，在具还原性微生物存在下，NO_3^-很易于转变为 NO_2^-。它们可在各种饲料中出现，尤其极易在不新鲜的青绿饲料及霉变腐败的饲料中产生。

影响*N*-亚硝基化合物合成的因素，除反应物浓度外，氢离子浓度有重要的影响。一般在酸性条件下最容易发生合成反应。例如，仲胺亚硝基化的最适 pH 为 2.5～3.4。催化剂的存在也有一定的影响，如硫氰酸盐及卤族离子可使反应加速；甲醛在中性及碱性条件下也有一定的催化作用，而抗坏血酸则能抑制反应的进行。大肠杆菌、普通变形杆菌、黏质沙雷氏菌等细菌也可将仲胺及硝酸盐合成亚硝胺，某些霉菌如黄曲霉、黑曲霉等也可促进亚硝胺的合成。光合作用不完全时，植物体内会蓄积残留的硝酸盐。

饲料中天然存在的*N*-亚硝基化合物的含量极微，一般在 10μg/kg 以下，或者不存在。但在某些加工或贮存不当的饲料中，有时亚硝基化合物含量较高。例如，用亚硝酸钠作防腐剂的鲱鱼粉中含有二甲基亚硝胺 30～100mg/kg，曾引起牛、羊急性中毒死亡。曾发现用含有亚硝胺的青贮饲料饲喂乳牛后，在牛乳中含有亚硝胺。霉变饲料与食品中也存在着亚硝基化合物。

近年，人们在啤酒中检出二甲基亚硝胺，个别啤酒样品中的含量高达 68μg/kg。啤酒中二甲基亚硝胺主要来自大麦芽，其含量与大麦芽的烘干方法有关，如果直接用火烘干则麦芽中亚硝胺含量较高，如果间接烘烤则亚硝胺含量较低。因此，在利用啤酒糟作为饲料原料时，应注意检测其中的亚硝胺含量及其存在的潜在危害。

二、*N*-亚硝基化合物的致癌性及一般毒性

（一）致　癌　性

N-亚硝基化合物为强致癌物。目前已知的 200 多种*N*-亚硝基化合物中，80%以上有致癌性，但致癌强度可相差约 1000 倍。一次给予大剂量或长期多次小剂量给予皆可诱发肿瘤。*N*-亚硝基化合物所诱发的肿瘤多有明显的器官亲和性，这可能与亚硝基化合物的化学结构有关。例如，二甲基亚硝胺等对称的衍生物常引起肝癌，不对称的亚硝胺常引起食管癌。用大鼠、小鼠、地鼠、豚鼠、兔、狗、猪、猴、鸟类、鱼类、蛙、貂等动物进行的诱癌实验，几乎所有实验动物对亚硝胺的致癌作用均无抵抗力，包括对化学物不敏感的家兔和豚鼠。妊娠动物摄入一定量的亚硝基化合物后可通过胎盘使子代发生肿瘤。亚硝基化合物还可通过乳汁使子代诱发肿瘤。

两类*N*-亚硝基化合物在致癌作用上存在着较大的差别，即*N*-亚硝胺需经体内活化后才有致癌活性，而*N*-亚硝酰胺本身为终致癌物，不需要活化即有致癌活性。但目前尚未发现*N*-亚硝基化合物有引起人类肿瘤的直接证据，但国内外的一些流行病学调查资料证明，人类的某些癌症可能与*N*-亚硝基化合物有密切关系。

除致癌作用外，*N*-亚硝基化合物具有致突变作用，它可通过胎盘导致子代发生肿瘤，还

可引起胎儿畸形。

（二）一般毒性

N-亚硝基化合物对动物的一般毒性作用与动物的种类有关，牛、羊较一般实验动物对二甲基亚硝胺敏感，貂类更敏感。

亚硝胺的急性毒性作用主要引起肝小叶中心性坏死和出血等肝脏损伤。长期低剂量摄入可引起肝胆管增生、纤维化，肝实质细胞结节状增生和出现大核仁的巨肝细胞等变化。亚硝酰胺引起的肝中毒病变相对较轻，如肝坏死多为小叶周边性坏死。亚硝酰胺可引起胃的局部损伤，这可能是由亚硝酰胺的分解产物（亚硝酰胺不稳定）具有直接刺激作用而引起的。

N-亚硝基化合物可通过乳汁排出，被鸡摄入后在鸡蛋中也可检出，因此，饲料中的*N*-亚硝基化合物可通过食物链危害人体健康。

三、预防*N*-亚硝基化合物危害的措施

我国《饲料卫生标准》暂未规定饲料中各种*N*-亚硝基化合物的最高允许量。我国食品安全国家标准（GB 2762—2012）中规定，肉制品（肉类罐头除外）中*N*-二甲基亚硝胺含量≤3.0μg/kg，水产制品（水产品罐头除外）≤4.0μg/kg。

（一）减少*N*-亚硝基化合物前体物质的摄入量

首先，要减少硝酸盐在饲料作物中的累积。为此，要合理地使用氮肥。在土壤缺钼的地区应适当施用钼肥，既能防止植物体缺钼，又可减少硝酸盐在作物中蓄积。同时，应注意含硝酸盐较多的青绿饲料的加工调制及贮存方法，以减少亚硝酸盐的形成。

其次，要减少胺类在饲料中的形成。为此，对含蛋白质高的饲料，尤其是容易发生腐败的动物性蛋白质原料，应低温贮存，防止腐败霉变，以减少胺类的形成。

（二）阻断*N*-亚硝基化合物在体内的合成

研究证明，维生素C可阻断体内亚硝基化合物的合成，防止动物出现肿瘤。流行病学调查也发现，食管癌及胃癌高发区居民的维生素C摄入量都较低。维生素C抑制亚硝基化合物形成的机制可能是使亚硝酸还原为一氧化氮，从而降低亚硝酸根离子的浓度，阻断亚硝基化合物的合成。因此，增加饲料中维生素C的含量，可能有一定的预防意义。此外，维生素E、酚类等也能抑制亚硝基化过程，而大蒜和大蒜素可抑制胃内硝酸盐还原菌，明显降低胃内亚硝酸盐的含量。

（三）防止或减少*N*-亚硝基化合物对饲料的污染

在生产和应用*N*-亚硝基化合物时应加强管理，防止污染环境和饲料。对实验用的含亚硝胺的废弃液应采用铝镍合金粉和碱性水溶液进行处理，使亚硝胺还原成相应的胺。

（四）防止饲料霉变及其他微生物的污染

某些微生物可将蛋白质分解转化为胺类化合物，将硝酸盐还原为亚硝酸盐，因此，保持饲料原料新鲜，可减少微生物的污染，减少*N*-亚硝基化合物的形成；对贮存的饲料与粮食进

行曝晒，可使已形成的亚硝基化合物光解破坏，且由于减少了霉菌与细菌数量，还可减少促进亚硝基化合物合成的因素。

第三节　多环芳烃类

由两个或两个以上的苯环组成的芳烃称为多环芳烃或多核芳烃（polycyclic aromatic compound，PHA）。苯环连接的方式有多种，其中以两个邻位碳原子并连在一起的化合物称为稠环芳烃或稠苯芳烃，如萘、蒽、菲等。多种蒽和菲的衍生物具有致癌性，常称为致癌烃。在研究饲料污染问题时所说的多环芳烃即指稠环芳烃。其中最具代表性的是苯并（a）芘[benzo（a）pyrene ，B（a）P]。

一、苯 并（a）芘

（一）理化特性和来源

苯并（a）芘由 5 个苯环构成，分子式为 $C_{20}H_{12}$，相对分子质量为 252，结构式见图 10-5。在常温下为黄色针状结晶，熔点为 178～179℃，沸点为 310～312℃。在水中的溶解度极小，仅为 0.5～6μg/L。稍溶于甲醇和乙醇，但溶于苯、甲苯、二甲苯、丙酮及环己烷等。阳光可使之发生氧化，臭氧也可使之氧化，也极易卤化。与 NO 或 NO_2 作用可发生硝基化。B（a）P 的针状结晶产生的荧光呈黄绿色，而片状结晶呈深蓝色。B（a）P 能被带正电荷的吸附剂如活性炭、木炭或氢氧化铁所吸附，被吸附后即失去荧光，但不能被带负电荷的吸附剂所吸附。

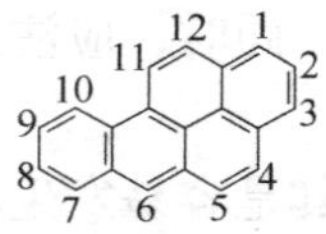

图 10-5　苯并（a）芘

B（a）P 等多环芳烃类是各种燃料（煤炭、石油、木柴等）的不完全燃烧过程的产物。在饲料中 B（a）P 的来源比较复杂，主要有下列几种途径。

1）工业生产（特别是炼焦、石油化工等）、交通运输及日常生活中使用的燃料都可产生一定量的 B（a）P，并使周围的空气、土壤、水受到污染，进而引起饲料和牧草的污染。带有 B（a）P 的大气飘尘落于饲用植物的叶面，可由叶面进入植物体。土壤及水中的 B（a）P 可由植物根部吸收。

2）利用燃料对饲料进行烘干及热加工处理时，也可形成 B（a）P，使饲料直接受到污染。在柏油路面或场地上翻晒粮食及饲料，也可受到 B（a）P 的污染。

3）用受 B（a）P 污染水域的水产品制成的动物性饲料中也含有 B（a）P。

4）以石油工业产品（如正烷烃等）作基质培养生产的单细胞蛋白质饲料——石油酵母中存在少量的 B（a）P。

5）油料作物种子采用有机溶剂浸出法制油时，如果溶剂质量不符合要求，如溶剂油（石油的低沸点馏分）常含有多量 B（a）P，可使饼粕受到污染。

6）很多细菌、藻类及高等植物体内可合成微量 B（a）P。

（二）对动物的危害

B（a）P 是一种强致癌物。每天给大鼠口服 2.5mg 可诱发食道癌及胃癌；一次经口给予 100mg B（a）P，9 只动物中有 8 只发生乳腺癌。将 B（a）P 给小鼠灌胃，总剂量为 1mg 时，胃扁平细胞癌发生率为 76.7%；总剂量为 10mg 时为 85.2%。小鼠及兔可经胎盘使子代发生肿瘤。在各种多环芳烃化合物中，B（a）P 的致癌作用最强。它是间接致癌物，当其进入机体后必须先经代谢活化才呈现致癌作用。

B（a）P 的致突变作用已经多种实验证实。它是间接致突变物，其致突变作用需经肝微粒体酶激活。

经饲料摄入的 B（a）P，很快被肠道吸收入血并分布于全身，摄入后几分钟或几小时内在多数脏器就可测出 B（a）P 或其代谢物。脂肪组织及乳腺中的 B（a）P 排出较慢，并可蓄积，但在血中很快被清除。B（a）P 可通过胎盘到达胎儿体内呈现毒性及致癌作用。进入机体的 B（a）P 最初由细胞的微粒体细胞色素 P450 所代谢，然后再经过一系列代谢过程形成 B（a）P 的终致癌物，可能是 7,8-二羟-9,10-环氧苯并（a）芘。其活性很强，能与 DNA 结合。B（a）P 的排泄途径主要经肝胆由粪便排出，少量由尿排出。由胆排泄的绝大部分为其代谢产物，极少量（小于 1%）为未经代谢的 B（a）P。

（三）污染控制及去毒处理

1. 防止污染　加强环境污染的管理和监测工作，做好工业“三废”的治理，减少对作物和水产品的污染；改进粮食烘干方式，避免与炭火直接接触，不在柏油地面上翻晒粮食及饲料。实际饲料生产中石油酵母应用极少，关于石油酵母 B（a）P 污染问题，尚待证实。

2. 去毒处理　谷实类饲料采用碾磨加工，除去表皮，有助于减少 B（a）P 的污染，可使麦粒中的 B（a）P 含量降低 40%～60%；用日光或紫外线照射饲料，也能使 B（a）P 含量降低，采用吸附法可脱除油脂中的 B（a）P。

我国食品安全国家标准（GB 2762—2012）中规定，熏、烧、烤肉类中苯并（a）芘含量 ≤5.0μg/kg；熏、烤水产品≤5.0μg/kg。

二、其他多环芳烃类

除苯并(a)芘外，动物实验证明可经口致癌的多环芳烃中，还有二苯并(a，h)蒽(DBA)、苯并（a）蒽（BA）、3-甲基胆蒽（3-MCA）及 7,12-二甲基苯并（a）蒽（7,12-DMBA）等。但 3-MCA 和 7,12-DMBA 是人工合成的化合物，不存在于饲料和食品中。此外，芴(fluorene)类经口给大鼠也可诱发肿瘤。许多种多环芳烃可以皮肤涂抹、注射、吸入等途径使动物致癌。

第四节　二噁英与多氯联苯

二噁英［包括多氯代二苯并-对-二噁英（PCDD）和多氯代二苯并呋喃（PCDF）］和多氯联苯（PCB）是两类重要的持久性有机污染物（POP）。由于其具有持久性、毒性、生物蓄积性和远距离迁移性，对人体健康和生态系统具有严重威胁。《关于持久性有机污染物的斯德哥尔摩公约》（简称 POP 公约）将二噁英和多氯联苯列为首批控制消除的重要污染物。

一、二　噁　英

二噁英（dioxin）是一类广泛存在于环境中的超痕量有机污染物，难降解，易于生物富集，且产生各种毒性效应，目前已被列为最具毒性的物质之一。1999 年，比利时因饲料中使用含有二噁英的脂肪，使肉鸡饲料中的二噁英高达 741×10^{-6}mg/kg，造成鸡蛋中也含有

高达 250×10^{-6}～680×10^{-6}mg/kg 的二噁英；而鸡肉中二噁英允许含量为 4×10^{-6}mg/kg，鸡蛋中为 7×10^{-6} mg/kg。这一事件导致比利时 400 家养鸡场和 500 家养猪场关闭，造成了巨大的经济损失。二噁英污染问题在世界范围内引起了广泛重视。

（一）来　　源

二噁英是多氯代二苯并2-对-2-二噁英和多氯代二苯并呋喃的总称，共包含有223种化合物，其中有 17 种 2,3,7,8-氯代物毒性机制相似。在 17 种毒性同类物中，2,3,7,8-四氯代二苯并-对-二噁英（2,3,7,8-tetrachlorodibenzo-*p*-dioxin，TCDD）的毒性最强，所以常以 TCDD 作为二噁英类化合物的代称。

二噁英多以微小的颗粒存在于空气、土壤和水中，主要的污染源是冶金工业、垃圾焚烧及生产杀虫剂、除草剂、造纸的企业，塑料和纸张的城市固体废物焚烧、有机氯化工生产中的副产品和杂质，以及纸浆漂白过程、森林燃烧和火山爆发等，目前环境中的二噁英 90%来源于城市和工业垃圾焚烧。由燃烧产生的二噁英可分布于空气、水、土壤、沉积物和食品中。二噁英一旦进入水体和沉积的有机物，如果没有生物扰动等因素，则很难发生移动。

城市垃圾焚烧产生二噁英的途径有：二噁英类物质混入垃圾和焚烧垃圾过程中产生二噁英。一般认为，焚烧垃圾时，垃圾进入焚烧炉内的起始阶段，低沸点含碳氢有机物挥发后与空气中的氧反应生成水和二氧化碳，当出现暂时性缺氧时，部分有机物同氯化氢反应，生成 PCDD。

二噁英非常稳定，许多化学性质仍未完全了解，目前只知其在 750℃以上的高温下才会快速分解，在环境中有很长的持久性。二噁英类化合物常温下为白色固体，具有高亲脂性，容易在生物体的脂肪层产生蓄积，且难以排出，一般在男性体内积累的浓度较高；在水中的溶解度低，但极易溶于有机溶剂，其溶解度为水中的 10^6～10^8 倍；稳定性高，难以受热分解、挥发，难以被酸、碱分解，也难以进行生物转化或降解。二噁英的生物富集效应非常强，存在于天然水体中的二噁英，以河川淤泥中最为丰富，藻类和鱼类均易富集；其他动物可经过牧草或饲料而摄入体内。二噁英由食物链进入人体，由于人体内无法分解二噁英，其体内最长可存留 7 年以上。

（二）体 内 过 程

二噁英性质稳定，对理化因素和生物降解都有抵抗作用，具有高度亲脂性，进入机体后主要分布在肝脏及脂肪组织中，难以被肝脏的微粒体酶所代谢。牛、猪、鸡等动物摄入二噁英后，主要分布在肝、脂肪、肾、肌肉组织、乳汁和蛋内。

（三）毒　　性

二噁英毒性极强，有很高的致死率，其毒性是氰化钠的 130 倍、砒霜的 900 倍，有“世纪之毒”之称。二噁英可通过食物链进入人体，导致激素分泌失调，影响生育、免疫力和甲状腺功能，婴儿神经系统也会受到侵害。1997 年，WTO 把二噁英列为第一类致癌物质。1998 年，WHO 规定二噁英的致癌风险剂量为 1～4pg/（kg · d）。

1. 一般毒性　二噁英类毒性作用的主要靶组织和器官是皮肤和肝脏。暴露于高浓度的二噁英类可在实验动物和人诱发氯痤疮，表现为皮肤发生过度角化、色素沉着及出现痤疮。

二噁英可引起动物肝实质细胞的增生与肥大，导致肝大，严重时可引起肝脏的变性、坏死及肝功能异常。引起动物卟啉合成异常，表现为尿卟啉原脱羧酶活性降低及 δ-ALA 合成酶活性增加，动物粪卟啉和尿卟啉排泄增加。二噁英引起急性中毒时，动物表现为染毒后几天内出现严重的体重丢失，伴有肌肉和脂肪组织的急剧减少，称为废物综合征（wasting syndrome）。二噁英慢性中毒表现为动物的甲状腺素（T_4）降低，垂体甲状腺刺激激素（TSH）分泌增多，甲状腺滤泡细胞肥大和增生，最终出现甲状腺肿瘤。不同动物对二噁英类毒性的易感性差异较大。

2. 生殖毒性　二噁英能损害雌性动物的卵巢功能，抑制雌激素的作用，引起动物不孕、胎仔数减少、流产等。实验证明，给予小鼠毒性剂量以下的二噁英，可使胎鼠产生腭裂、肾盂积水、胸腺和脾脏萎缩、皮下水肿及生长迟缓等。二噁英对雄性动物生殖系统的影响也很大，可导致前列腺变小，精细胞减少、成熟精子退化等。2,3,7,8-TCDD 可使接触的男性人群血清睾酮水平降低，而促卵泡素和黄体素增加。有资料显示，30 年前有二噁英接触史的男性与同龄人相比，精子数下降约 50%，说明二噁英可能有抗雄激素和使男性雌性化的作用。

3. 致癌性　二噁英在绝大多数体内和体外致突变试验中都呈现阴性，也未能证实二噁英对 DNA 有直接的损伤作用。然而，2,3,7,8-TCDD 有极强的致癌途径，可在实验动物的多个部位诱发肿瘤，1997 年国际癌症研究机构将 2,3,7,8-TCDD 定为明确的人类致癌物。

4. 免疫毒性　非致死剂量的二噁英可引起动物胸腺萎缩，主要表现为胸腺皮质中淋巴细胞减少。二噁英对于正在发育的婴幼儿和幼龄动物的免疫毒性更强。

（四）污染控制及去毒处理

对二噁英污染控制的关键是控制其产生，根据二噁英产生的途径，已发展了一些有效的技术措施。

1. 改进焚烧技术　通过改进焚烧炉的结构，采用二级燃烧室联用，延长燃烧时间，并提高炉温（>850℃），使垃圾充分燃烧，从而抑制二噁英的产生。在对垃圾进行焚烧前，有必要对垃圾进行分选。

2. 采用垃圾处理新技术　垃圾热解气化技术是通过高温、非燃烧的方法使垃圾气化。由于不进行燃烧，故不会产生烟及二噁英排放。即使产生合成气体也可经过清洗处理，十分干净。此法产生的二噁英量仅为焚烧处理的 1/10。热解气化过程中产生的固体也非常稳定，完全无毒，并可循环利用。

3. 采用生物降解和光催化剂分解技术　生物降解和光催化剂分解技术具有反应条件温和、过程容易控制等特点，是目前研究的热点。

二、多 氯 联 苯

多氯联苯（polychlorinated biphenyl, PCB）也叫氯化联苯，是由一些氯置换联苯（C_6H_5-C_6H_5）分子中的氢原子而形成的化合物。常用的多氯联苯有三氯联苯（含氯 42%）和五氯联苯（含氯 54%），其商业产品多为它们的混合物。纯的多氯联苯化合物为结晶态，混合物为透明黏稠液体。PCB 的化学性质稳定，易溶于油脂和有机溶剂，难溶于水，常温下水中溶解度仅约 12μg/L，沸点为 278～415℃。多氯联苯不易燃烧，热传导性优良，绝缘性好，电解常数较高；广泛应用于工业中，如用作变压器、电容器等电气的绝缘油、塑料及橡胶的软化剂、油漆及油墨的添加剂、染料分散剂、农药延效剂及化学工业上的热载体。

（一）来　源

生产和使用 PCB 的工厂“三废”的任意排放是其主要污染来源。其次，PCB 的固体废物及塑料、涂料、生活污水与工业废水的挥发也能造成环境污染。PCB 的污染是全球性的，PCB 一旦进入环境，由于水溶性低，首先污染大气并依靠大气运动而扩散；在大气中经雨水冲洗和干、湿沉降，PCB 污染物从大气向水体或土壤的转移，由于其相当稳定，最终主要贮存于土壤、水体及其底泥中，并参与再循环过程。随废水进入水体的 PCB 吸附于悬浮颗粒物中，并缓慢沉积至底泥中。土壤中的 PCB 主要来源于颗粒沉降，有少量来源于污泥作肥料时、填埋场的渗漏及在农药中使用的 PCB 等，土壤中的 PCB 含量通常比空气中要高出 10 倍以上。因此，在海水、河水、水生生物、水底质、土壤、大气、野生动植物及人乳和脂肪中都发现有 PCB 的污染。水体受污染后，PCB 可被水生生物吸收、富集、放大，通过食物链产生多次转移、富集和残留量增大作用。其中海藻类的富集能力为 1000 倍左右，虾、蟹类则达 4000～6000 倍，鱼类可高达数万倍甚至十余万倍。因此，用被 PCB 污染的水域中的水产品作动物性饲料原料时尤其要注意。

PCB 在环境中的转化大致与 DDT 类似。大气中的 PCB 多随尘粒和雨水降至地面，在大气中的滞留时间平均为 2～3 天。土壤中的 PCB 可通过挥发和生物分解转化而减少。水中的 PCB 多沉积于水底，也可转移至食物链中。由于其长期的残留性、生物蓄积性、半挥发性和高毒性，能够在大气环境中长期存在，对环境产生严重的污染。

（二）毒　性

PCB 被机体吸收后，由于其具有亲脂性，故主要蓄积在脂肪组织及各脏器中。它还可通过胎盘、母乳转入胎儿或哺乳仔畜体内。它在体内的代谢转化和排泄速度缓慢，在动物组织中可长期存留；其代谢速率随含氯原子数的增加而降低。PCB 或其代谢产物主要由粪便排出，尿、乳排出较少。

PCB 对哺乳动物的急性毒性作用很低，家兔的 LD_{50} 为 3～11g/kg，小鼠为 2g/kg，大鼠为 4～11.3g/kg。反复给予动物时，可产生蓄积毒性作用。长期低剂量接触后可产生慢性毒害。其中毒表现为体重减轻、眼睑浮肿、脱毛、痤疮样皮肤损害、腹泻、共济失调、中枢神经系统抑制、全身衰弱等。病理变化可见肝细胞肿大，中央小叶区出现脂肪滴及滑面内质网大量增生，还可见心包积水及全身性水肿。生化测定表明，PCB 对肝微粒体酶有明显的诱导作用，含氯原子数多的 PCB 的此种作用更为显著。PCB 可明显降低免疫球蛋白，并影响动物的生殖能力。

海洋哺乳动物对 PCB 极为敏感，它们可将 PCB 生物放大到 1000 万倍，PCB 对以高脂肪为食的动物和人类特别危险。例如，PCB 对水貂的毒性作用大于大鼠、小鼠和家禽。饲料中含 PCB 30mg/kg 时，可引起水貂厌食、便血、出血性胃溃疡、肝及肾变性、脂肪变性等。连续饲喂 3～6 个月，可使其繁殖能力完全丧失，并可导致死亡。

PCB 对禽类也有毒害作用，而且对禽类有致突变作用，一定剂量（10mg/kg）的 PCB 可使斑尾林鸽第二代胚胎的染色体畸变率和胚胎死亡率升高。1968 年，在日本一些地区曾发生肉用仔鸡和产蛋鸡原因不明的中毒事故，受害者超过 200 万只。症状表现为呼吸困难、腹部及皮下普遍水肿、精神不振、昏睡等，尤其以雏鸡最为严重且死亡率高。产蛋鸡死亡虽少，但产蛋率下降。后经调查及试验证明，其原因是配合饲料中使用了某些企业制造的米糠油或黑油（dark oil），而在制造此类食用油的脱臭工艺中使用过PCB。因此，该事故是由于饲喂被PCB污染的配合饲料而引起的，日本称此疾病为“油症”（yusho）或鸡黑油中毒。同年，日本也发生过PCB对人的毒害，称为“米糠油中毒事件”。受害者食用了被PCB污染的米糠油（含 2000～3000mg/kg）而中毒。患者的临床表现为痤疮样皮疹，眼睑浮肿与眼分泌物增多，皮肤、黏膜色素沉着，四肢麻木及胃肠道功能紊乱，严重者导致肝损害，出现黄疸、肝昏迷，甚至死亡。

PCB的中毒机制尚不十分清楚。有人认为PCB能提高细胞的通透性，从而引起中毒动物泛发性水肿。有人则认为PCB最先作用于心脏，引起心包积水，并由于心脏功能减退，从而继发肺水肿及全身性水肿。有些PCB虽本身无直接毒性，但它们可以通过对生物体的酶系统产生诱导作用而引起间接毒性。PCB对肝脏、神经系统损害的机制也有待进一步阐明。

（三）污染控制及去毒处理

多氯联苯的污染控制和去毒方法主要有物理法、化学脱除法、微生物降解修复法、植物修复法等。

1. 物理法　溶解法主要是用有机醇、富里酸等溶解特性清洗土壤中的PCB；或者用兼有亲水亲油基团的表面活性剂增加PCB的溶解度，达到降低其含量的目的。填埋封存法是把含有PCB的材料封存在专门的仓库里，深埋在水泥池子里或者储藏在偏僻的山洞里，以待集中处理，但均不能从根本上解决降低PCB的污染问题，环境隐患依旧存在。超声波法可以降低水体中低浓度的PCB，是一项有研究前途的治理技术。热处理法是目前广泛使用的治理含有PCB废物的一种方法，主要手段分为简单焚烧法、熔融介质法、等离子体法、水泥转窑法、超热蒸气脱氯法及流化床汽化法等。简单焚烧是指加入大量的燃料和溶剂，将含有PCB的废变压器油等在几秒钟内升温至1200～1600℃高温焚烧，使之转化为其他的化合物。然而焚烧条件比较苛刻，只适用于处理大量、高浓度的PCB，若温度不够极易生成二噁英，造成二次污染，有可能再生成毒性更大的副产物。利用等离子体作为热源的降解技术也有应用，这种方法使电流通过低压气体流，产生等离子体，产生高达 5000～15 000℃的高温，使有机物彻底分解为原子态，但此法投资和处理成本较高。其他多数热处理法还处在实验室研究的层面。

2. 化学脱除法　是指在一定的条件下用一些特殊的化学试剂和PCB混合，反应后脱除氯生成联苯化合物或者其他无毒或者低毒的物质，而且脱除比较彻底、设备简单、高低浓度的脱除都可以进行。常见的方法主要有金属还原法、金属或者非金属硫化物还原法、氢化法、氧化法、氯化法及光化学和电化学降解的方法等。

3. 微生物降解修复法　指在特殊菌种作用下，微生物在适宜的环境下氯化或者氧化PCB，以降低或者减少PCB的含量；该方法速度较慢，且仅适宜PCB浓度比较低的废物或者废水。微生物降解修复法经济、环保，虽然具有非常广阔的发展前景，但是还未取得重大的进展。

4. 植物修复法　利用植物的生长吸收、转化、转移污染物而达到修复PCB污染的土壤的目的，是一种经济有效的技术。植物修复主要是利用植物直接吸收并在植物组织中积累非植物毒性的代谢产物；植物还可释放酶到土壤中，促进土壤中的生物化学反应。

在饲料加工生产过程中，应注意 PCB 的污染。在利用鱼粉及其他水产品作饲料时尤应注意 PCB 的污染问题。关于 PCB 的允许量标准，我国尚未制定。日本暂定的允许量标准为：鱼粉及其他动物性饲料 5mg/kg，配合饲料 0.5mg/kg。我国食品安全国家标准（GB 2762—2012）规定水产动物及其制品中 PCB 含量≤0.5mg/kg。

第五节　非法添加物

饲料非法添加物是指我国法规规定禁止在饲料中添加使用的物质，在已被我国批准的新饲料和新饲料添加剂、饲料原料目录、饲料添加剂品种目录和药物饲料添加剂品种目录以外的任何物质，均属非法添加物，是危及我国饲料及畜产品安全的重大隐患。人类食用含有违禁药物的动物性食品后，一般不表现急性毒性作用，但长期摄入这种动物性食品，可造成人体生理机能紊乱，免疫功能异常和组织器官损伤，甚至癌变。

农业部〔2002〕第 176 号公告规定，禁止在饲料和动物饮用水中使用肾上腺素受体激动剂[盐酸克仑特罗（clenbuterol hydrochloride）、沙丁胺醇（salbutamol）、硫酸沙丁胺醇（salbutamolSulfate）、莱克多巴胺（ractopamine）、盐酸多巴胺（dopamine hydrochloride）、西马特罗（cimaterol）、硫酸特布他林（terbutaline sulfate）]；性激素[己烯雌酚（diethylstibestrol）、雌二醇（estradiol）、戊酸雌二醇（estradiol valerate）、苯甲酸雌二醇（estradiol benzoate）、氯烯雌醚（chlorotrianisene）、炔诺醇（ethinylestradiol）、炔诺醚（quinestrol）、乙酸氯地孕酮（chlormadinone acetate）、左炔诺孕酮（levonorgestrel）、炔诺酮（norethisterone）、绒毛膜促性腺激素（绒促性素）（chorionic gonadotrophin）、卵泡刺激素（menotropins）]；蛋白同化激素[碘化酪蛋白（iodinated casein）、苯丙酸诺龙及苯丙酸诺龙注射液（nandrolone phenylpropionate]；精神药品[（盐酸）氯丙嗪（chlorpromazine hydrochloride）、盐酸异丙嗪（promethazine hydrochloride）、安定（地西泮）（diazepam）、苯巴比妥（phenobarbital）、苯巴比妥钠（phenobarbital sodium）、巴比妥（barbital）、异戊巴比妥（amobarbital）、异戊巴比妥钠（amobarbital sodium）、利血平（reserpine）、艾司唑仑（estazolam）、甲丙氨脂（meprobamate）、咪达唑仑（midazolam）、硝西泮（nitrazepam）、奥沙西泮（oxazepam）、匹莫林（pemoline）、三唑仑（triazolam）、唑吡旦（zolpidem）、其他国家管制的精神药品]；各种抗生素滤渣。

农业部〔2010〕第 1519 号公告规定，禁止在饲料和动物饮水中使用苯乙醇胺 A（phenylethanolamine A）、班布特罗（bambuterol）、盐酸齐帕特罗（zilpaterol hydrochloride）、盐酸氯丙那林（clorprenaline hydrochloride）、马布特罗（mabuterol）、西布特罗（cimbuterol）、溴布特罗（brombuterol）、酒石酸阿福特罗（arformoterol tartrate）、富马酸福莫特罗（formoterol fumatrate）、盐酸可乐定（clonidine hydrochloride）、盐酸赛庚啶（cyproheptadine hydrochloride）。

实际生产中，影响饲料和畜产品安全的非法添加物常见的有以下几类。

一、苏　丹　红

（一）来　　源

由于苏丹红（Sudan red）等非饲料用化学合成着色剂颜色鲜亮、着色力强、不易褪色、价格低廉，被非法添加于饲料中用于改善禽蛋蛋黄颜色。但因为这些着色剂多以苯、甲苯、萘等芳烃类化工产品为原料，经过磺化、硝化、卤化、偶氮化等一系列有机反应化合而成，且多数属偶氮化合物，对人体危害较大。

（二）体内过程

着色剂通常为脂溶性成分，其体内过程类似于脂类物质，在肠道中经胆汁乳化、皂化或脂酶水解，并形成乳糜微粒而被吸收，进入血液后通过脂蛋白转运到脂肪、皮肤、卵巢等各靶组织并沉积。苏丹红进入动物体内后主要通过胃肠道微生物还原酶、肝脏和肝外组织微粒体和细胞质的还原酶进行代谢，生成相应的胺类和萘酚类物质。

（三）毒性

苏丹红的毒性与代谢生成的胺类和萘酚类物质有关。苯胺接触人体皮肤或进入消化系统以后，可直接作用于肝细胞，引起中毒性肝病，并可能增加癌变概率，其代谢物硝基苯衍生物等可将血红蛋白中的 Fe（Ⅱ）氧化为 Fe（Ⅲ），导致血红蛋白无法结合氧而患高铁血红蛋白症，长期摄入苯胺还可损害神经系统。萘酚具有致癌、致畸、致敏、致突变的潜在毒性，对眼睛、皮肤、黏膜有强烈的刺激作用，大量吸收可引起出血性肾炎。国际癌症研究机构将苏丹红Ⅰ、Ⅲ、Ⅳ归为三级致癌物，苏丹红Ⅱ归为二级致癌物，其他工业染色剂在机体内经生物转化，也可形成致癌物，严重影响人类健康。

（四）污染控制及去毒处理

控制苏丹红等非法着色剂污染的关键在于加强对饲料和禽蛋的检测和监督，加大对非法添加的打击力度。目前尚无有效的去毒手段处理禽蛋中的苏丹红残留。

二、β-受体兴奋剂

（一）来源

β-受体兴奋剂是一类化学结构和生理功能类似于肾上腺素和去甲肾上腺素的化学合成的苯乙醇胺类衍生物，包括盐酸克伦特罗、莱克多巴胺、沙丁胺醇等，在临床上主要用作平喘药、强心药等，同时具有减少脂肪沉积、增加蛋白质合成的作用。目前这一类可提高动物瘦肉率的β-受体兴奋剂统称为瘦肉精，我国和世界上大多数国家禁止在饲料中使用β-受体兴奋剂，但也有一些国家如美国允许部分使用。

（二）体内过程

β-受体兴奋剂的生理活性取决于其受体亲和力、吸收水平、代谢和排泄速度及在靶组织上的分布。β-受体兴奋剂能选择性地与细胞膜上的受体结合，激活 Gs 蛋白，从而使机体发生一系列生理生化反应。动物摄入含有苯酚基、间苯二酚基、邻苯二酚基和水杨酸基的β-受体兴奋剂，通过与巯基或葡萄糖醛基结合，经尿和胆汁排出。β-受体兴奋剂主要积累于眼和肝、肺、肾等内脏器官，毛发、脂肪和肌肉中也有积累。沙丁胺醇和克喘素可残留于牛奶中。

（三）毒　性

β-受体兴奋剂属拟交感神经作用物质，能使动物心率加快、血压升高、血糖升高、呼吸加剧、体温上升、加重心脏和肾脏负担、引起代谢紊乱、出现肌肉震颤等现象；使动物对环境的适应能力降低，适温带变窄；并造成动物肌肉苍白、松软，口感变差，严重影响品质。β-受体兴奋剂可残留于动物可食组织，烹饪过程难以将其降解，可使人出现血压升高、心跳过快、心悸、头痛、晕眩、双脚站立不稳、四肢肌肉颤动、神经过敏、恶心等症状，对心血管患者、老年人和儿童影响尤为严重。

（四）污染控制及去毒处理

主要通过严格执法、加大打击力度、建立畜产品中 β-受体兴奋剂残留的常规检测制度，提高公众认识，抵制使用 β-受体兴奋剂的违法行为来控制 β-受体兴奋剂的非法添加。

三、激　素　类

（一）来　源

激素是一类由动物性腺产生的甾族化合物，分为雄激素、雌激素和孕激素三大类。激素具有提高动物生产性能、控制生殖周期及提高繁殖性能等作用，但激素及代谢产物可残留于动物产品中而对人类健康造成危害。激素的来源主要为人工合成产品，此外，霉变的谷物中可能含有类雌激素玉米赤霉烯酮。我国禁止在饲料及饮水中添加雌二醇、己烯雌酚等性激素，以及玉米赤霉醇和碘化酪蛋白等激素类物质。

（二）体内过程

正常生理条件下，激素经分子合成、活化、释放、转运、与受体结合及与靶细胞作用后被灭活或降解排出体外。人工添加的外源激素经吸收进入血液后运输到靶细胞，类固醇激素在血液中与特异性蛋白质结合而使其半衰期变长。类固醇激素主要经肝脏代谢，在肝脏和肠黏膜中形成磺酸和葡糖醛酸共轭物，最后大部分由尿液排出，少部分经胆汁随粪便排出。

（三）毒　性

饲料中非法添加的激素会打破动物机体内源激素的平衡，并在动物体内残留、累积并经食物链转移至人体，严重影响动物和人类生殖及发育；干扰神经内分泌系统，导致记忆力、注意力下降等神经系统受损症状；引起儿童的性早熟和肥胖等问题，并具有致癌作用。玉米赤霉烯酮具有生殖毒性，严重时可导致不孕；造成免疫系统和肝、肾损伤。碘化酪氨酸具有甲状腺毒性，动物甲状腺会发生萎缩，使其功能受到抑制。

（四）污染控制及去毒处理

控制激素污染主要是加强饲料中的激素检测，严格管理和执法。

四、三 聚 氰 胺

（一）来　　源

三聚氰胺（melamine）是一种三嗪类含氮杂环有机化合物，简称三胺，分子式为 $C_3N_6H_6$，相对分子质量为 126.12，常温下为白色晶体，无味，是一种用途广泛的化工原料。因三聚氰胺含氮量达 66%左右，俗称蛋白精，添加后可提高粗蛋白质含量，因而被非法添加到饲料和牛奶等产品中。此外，聚合树脂中三聚氰胺的迁移、环丙氨嗪药物的使用及代谢等也可导致环境、食品中三聚氰胺污染。

（二）体 内 过 程

三聚氰胺在动物体内的代谢为不活跃代谢或惰性代谢，主要通过肾脏以原型或同系物的形式从尿中排出体外，在血浆中的半衰期为 3h。当三聚氰胺进入哺乳动物体内后，极少量的三聚氰胺可被动物体内的微生物经 3 步连续脱氨基作用依次水解为三聚氰酸二酰胺、三聚氰酸一酰胺和三聚氰酸，最终以三聚氰酸的形式排出体外。三聚氰胺可能会蓄积于肉、蛋、奶等产品中，残留量依次为血浆>肾脏>肝脏>胸肌。

（三）毒　　性

三聚氰胺在动物体内消除慢，易蓄积，具有慢性毒性。三聚氰胺低剂量单独存在时毒性较小，但可与三聚氰酸等在动物体内结合为不可溶的化合物，与三聚氰酸等同时存在时则毒性较大。动物长期摄入三聚氰胺会损害泌尿系统，引起膀胱及肾结石，最终导致肾衰竭，严重者可致死。三聚氰胺还可引起动物胃肠黏膜发生急性弥漫性坏死，肝脏淤血、坏死，高浓度三聚氰胺可在胃、小肠和肝间质中形成结晶体。

（四）污染控制及去毒处理

加强生产监管，重点审查限制三聚氰胺使用；建立各类介质中三聚氰胺的检测方法，满足控制三聚氰胺污染检测要求；建立三聚氰胺污染数据库，制订动态控制策略，提高控制三聚氰胺的有效性。摄入少量三聚氰胺时可通过提高饮水量使其尽快代谢排出。在治疗方面，目前没有针对三聚氰胺毒性作用的特效解毒剂。

农业部〔2009〕第 1218 号公告规定，饲料原料和饲料产品中三聚氰胺限量值为 2.5mg/kg，高于 2.5mg/kg 的饲料原料和饲料产品一律不得销售。

第十一章　饲料安全与卫生质量的监督管理

饲料安全与食品安全密切相关，因饲料质量问题引起的动物性食品中毒事件引发各界对动物源性食品安全的关注和忧虑，加强饲料质量的安全管理有迫切的现实意义。

第一节　饲料安全的重要意义及监督管理

一、饲料安全的重要意义

所谓“饲料安全性”，是指某种饲料在规定的处理、使用方式和用量条件下，其所含的某种有毒有害物质对动物机体不致产生任何损害，即不引起急性、慢性中毒，也不至对摄入该饲料的动物及其后代产生潜在的危害，不应通过动物性食品而危害人类健康，也不应通过粪污排泄对生态环境造成破坏。饲料安全在保证动物健康的同时，既涉及动物源食品安全，也影响到环境生态安全。我国国家标准《饲料工业通用术语》中对饲料做了如下定义：“能提供饲养动物所需养分，保证健康，促进生长和生产，且在合理使用下不发生有害作用的可饲物质”，可见，在饲料的定义中就包含了对安全的要求。

饲料安全与人类健康息息相关。饲料是动物的食物，而动物产品是人类的食物，所以饲料是人类的间接食品，与人们的健康息息相关。

饲料安全是畜产品出口的基本保证。我国加入 WTO 以后，遇到许多非关税壁垒，如绿色贸易壁垒，即绿色技术标准、绿色检疫、绿色进口附加税等问题，导致出口受阻，不少企业因此蒙受了很大的损失。欧美等国对我国出口畜产品的安全与卫生指标日益重视，要求也越来越高。特别是 2002 年 1 月 25 日，欧盟通过决议，以我国出口禽肉、兔肉、龙虾制品中农药、兽药残留或微生物的超标为由，全面禁止从我国进口动物性食品。因此，我国畜产品在国际市场上的竞争力与饲料的安全性紧密相关。

二、饲料安全的现状与发展趋势

饲料安全问题一直是社会各界关注的热点，通过相关部门的共同努力，饲料产品质量已得到了极大的提高，但也存在一些不容忽视的问题。

1. 卫生质量不合格的饲料时有出现　　农业部组织的全国饲料质量监督抽检结果表明，我国饲料产品合格率一直稳定在 97%左右，仍有 3%左右的饲料产品不合格。相对于我国约 1.8 亿 t 的总产量，3%的不合格产品是一个巨大的数字，其中有毒有害的物质如铅、砷、铬及致癌的黄曲霉毒素等卫生指标不合格品几乎占一半。饲料卫生质量的好坏不仅关系到动物健康，还会影响畜产品的质量，危及人类健康。

2. 饲料添加剂使用不规范　　农业部 1997 年公布了《允许用作饲料药物添加剂的兽药品种及使用规定》，明确了对饲料药物添加剂的适用动物、最低用量、最高用量、停药期、注意事项和配伍禁忌等。1998 年公布了《关于严禁非法使用兽药的通知》和具体的禁用药品品种的通知，强调严禁在饲料及饲料产品中添加未经农业部批准使用的品种。2001 年 7 月发布第 168 号公告《关于发布饲料药物添加剂使用规范的通知》，进一步规范和指导饲料药物添加剂的合理使用，防止滥用饲料药物添加剂。同期，农业部还不断修改了饲料原料目录和添加剂品种目录。这些规定对保证饲料安全起到了积极作用。

但是，总有少数企业不遵守这些法规，表现为超范围添加、超剂量添加，不遵守停药期要求和禁用规定，导致畜产品中出现违禁物质和药物残留超标问题，并对生态环境构成危害，严重影响人体健康和生态安全。抗生素的滥用和违禁物的添加，也严重影响了我国饲料和养殖产品的出口创汇。

饲料安全是一个系统工程，要真正实现饲料安全，必须从系统的高度研究这一问题，采取综合有效的措施给予解决。研究与开发无毒性作用、无残留、安全型饲料添加剂成为目前饲料和饲料添加剂研究应用的方向。

三、饲料安全的监督管理工作

国务院多次就加强饲料安全管理工作做出重要批示，要求加强饲料安全管理工作，建立健全饲料监测体系，制定、完善饲料标准和检测方法，加大对饲料中使用违禁药品的查处力度，确保饲料安全。

1. 完善管理体系　管理和监督是保证饲料安全的关键环节。我国对饲料和饲料添加剂管理实行分级管理，而不是垂直管理。虽然这种模式符合我国实际情况，但也存在不足。一是饲料管理机构不健全。很多地区市、县级不设立专门的饲料管理机构，只是划归农业部门兼管，人员和经费不足，监管不到位。二是饲料安全涉及生产、流动和使用等各环节，以及工业、运输等多个行业，需要工商、化工、公安等部门配合管理，仅靠农业部门很难协调管理。三是管理工作不协调。一些地区管理或是工作能力不强，或是具有狭隘的地方保护主义倾向，不能充分履行职责。随着饲料工业的快速发展，我国应参照发达国家的经验，加快完善饲料监管体系。全国自上而下建立专门的饲料监管队伍，落实人员和经费，提高监管效率，提高饲料安全水平。

2. 加强法规建设　饲料法规是我国饲料工业健康发展的保障，是完善饲料质量监督管理、保证饲料安全的法律措施。国务院颁布了《饲料和饲料添加剂管理条例》（以下简称《条例》），农业部也颁布了生产许可证管理办法、产品批准文号管理办法等管理制度。但《条例》中管理和处罚的饲料和饲料添加剂的覆盖面不全，有的条款不包括对配合饲料和浓缩饲料的管理和查处；对饲料安全问题的规定不详细，未把饲料安全问题摆到足够的高度。为做到有法可依，宜适时出台《饲料安全法》，从法律层面解决饲料安全监管问题。

3. 加大监测力度　我国对饲料产品质量和安全性监督检查力度较大，但对饲料原料监督检测不够。管理部门应加强对大宗饲料原料、饲料添加剂的监控，对饲料原料安全风险及时向社会预警预报；对饲料生产过程进行监控，不定期地对饲料生产企业和养殖企业的生产过程进行检查，坚决查处使用违禁药物的行为，杜绝企业添加违禁药物、超量使用添加剂。

4. 完善饲料行业标准化体系　我国饲料工业标准化体系已基本健全，但仍不完善，表现为覆盖面不够，有些检验方法标准可操作性不高，结果准确性不高，重复性低，标准之间缺乏有效的协调性和接口。

5. 引进先进管理经验和检测技术　加拿大、美国、欧盟、日本等的饲料安全监管制度比较配套，体制比较完善，机制比较健全，技术手段先进。我国应及时研究和借鉴发达国家的管理经验，跟踪和引进吸收先进检测技术，努力提高饲料安全的监管水平。

第二节　饲料法规

我国现行饲料法规体系包括国家法律、国务院行政法规、国家强制标准、农业部部令公告、与饲料执法有关的国务院部门公告、地方性法规或规章，其中国务院颁布的《饲料和饲料添加剂管理条例》和农业部颁布的一系列部令公告构成了我国饲料法规体系的主体框架。

一、现行饲料管理法规体系的构成

为了保证动物性食品的安全，国家十分重视饲料安全工作，制定了一系列法规、标准，投入了大量人力、物力支持饲料安全的研究项目，有力地促进了环保型畜牧业的发展。我国饲料法规体系初步形成了以《饲料和饲料添加剂管理条例》为核心，相关管理规定和规范性文件为辅助，地方性管理规定为补充三位一体的较为完善的饲料行政法规体系。

1. 基本法　《饲料和饲料添加剂管理条例》是我国饲料行业管理的最高法规，是饲料法规体系的核心。

2. 配套规章　主要是农业部令，即《饲料和饲料添加剂生产许可管理办法》（农业部令〔2012〕3 号）、《饲料添加剂和添加剂预混合饲料产品批准文号管理办法》（农业部令〔2012〕5 号）、《新饲料和新饲料添加剂管理办法》（农业部令〔2012〕4 号）、《饲料质量安全管理规范》（农业部令〔2014〕1 号）、《进口饲料和饲料添加剂登记管理办法》（农业部令〔2014〕2 号）等。

其中《饲料质量安全管理规范》于 2015 年 7 月 1 日开始实施，要求企业按该规范组织生产，实现从原料采购到产品销售的全程质量安全控制，其对保证饲料质量安全将起到积极作用。

3. 规范性文件　主要是农业部以公告形式发布的《饲料原料目录》（农业部〔2012〕第 1773 号公告）、《饲料添加剂品种目录》（农业部〔2013〕第 2045 号公告）、《饲料药物添加剂使用规范》（农业部〔2001〕第 168 号公告）、《饲料生产企业许可条件》和《混合型饲料添加剂生产企业许可条件》（农业部〔2012〕第 1849 号公告）、《饲料添加剂安全使用规范》（农业部〔2009〕第 1224 号公告）等。

4. 强制性国家标准　主要是《饲料标签》和《饲料卫生标准》。

5. 其他相关法律法规　主要有《中华人民共和国农产品质量安全法》《中华人民共和国畜牧法》《中华人民共和国标准化法》，国家质量监督检验检疫总局发布的《饲料和饲料添加剂进出口检验检疫监督管理办法》和最高人民法院、最高人民检察院《关于办理非法生产、销售、使用禁止在饲料和动物饮用水中使用的药品等刑事案件具体应用法律若干问题的解释》。

其中《中华人民共和国畜牧法》于 2006 年 7 月 1 日起正式实施。《中华人民共和国畜牧法》的制定，既是我国畜牧业法制建设的一件大事，也是畜牧业发展史上的重要里程碑，为新时期我国现代畜牧业的发展奠定了重要的法律基础。

二、饲料和饲料添加剂管理条例

1999 年 5 月 18 日，国务院第 17 次常务会议讨论并原则通过《饲料和饲料添加剂管理条例（草案）》，就饲料的管理范围、对象、制度进行明确规定。其核心是管理制度。管理的重点是饲料添加剂。2001 年对该条例进行了修订。2011 年 10 月 26 日国务院第 177 次常务会议通过了修订的《饲料和饲料添加剂管理条例》，2011 年 11 月 3 日，国务院第 609 号令公布了修订后的《饲料和饲料添加剂管理条例》，自 2012 年 5 月 1 日起施行，并分别于 2013 年 12 月 7 日（国务院令第 645 号公告）、2016 年 2 月 6 日（国务院令第 666 号公告）对部分条文做了修改。

该条例对我国饲料及饲料添加剂的生产、经营、使用、管理、法律责任等做了详细的规定和要求，是保证我国饲料安全的基本法规，具体内容可参见《饲料和饲料添加剂管理条例》（中华人民共和国国务院令〔2011〕第 609 号公告）。

第三节　饲料卫生标准

一、饲料工业标准化体系

（一）饲料工业标准概述

1. 标准的概念　为了在一定的范围内获得最佳秩序，经协商一致制定并由公认机构批准，共同使用的和重复使用的一种规范性文件。

2. 饲料工业标准　为保证饲用安全、资源合理利用及工业生产安全，对饲料工业产品某些参数等提出的具体要求，由相关机构发布。

3. 标准编号　每个标准的编号都是唯一的。我国国家标准和行业标准的编号是根据 1964 年国家科委的规定编制的，即标准的编号是由标准代号、标准顺序号和发布年份三部分组成的。其中顺序号和发布年份均为阿拉伯数字，两者之间用一个连字符连接。标准代号与标准顺序号之间要空半个字的间隙。例如，GB/T 18823—2010《饲料检测结果判定的允许误差》，其中“GB/T”为标准的代号，其性质为推荐性标准（下面将会提到标准的性质），“18823”为标准的顺序号，“2010”为标准发布的年份。

在一般情况下，要针对每个标准对象编制一项单独的标准并作为一个整体出版。在个别情况下，可在相同的标准顺序号下将一项标准分成若干个单独的部分，每个部分的编号用阿拉伯数字表示，放在标准顺序号之后，并用圆点隔开。例如，GB/T 1.1—2009 这个标准编号的标准名称是《标准化工作导则第 1 部分：标准的结构和编写》。

（二）饲料工业标准的分类

1. 按使用范围划分　《中华人民共和国标准化法》将标准划分为国家标准、行业标准、地方标准、企业标准 4 个级别。国家标准的代码为“国标”汉语拼音第一个字母并大写，即 GB；行业标准的代码一般为行业主管部门简称的汉语拼音第一个字母并大写，如农业行业标准，“农业”即 NY，但也有例外；地方标准为省级标准，其代码为“地标”的汉语拼音第一个字母并大写，即 DB，不同省份以其省级行政区划代码区分，如 DB42 表示湖北省地方标准；

企业标准的代码以“Q/×××”表示，其中“×××”可为企业名称简称的汉语拼音第一个字母并大写。

国家鼓励企业制订自己的企业标准，但要严于国家标准、行业标准。

2. 按标准的性质划分　根据标准的法律效力，我国把标准分为强制性标准和推荐性标准。推荐性标准用标准代码“推荐”中“推”的第 1 个拼音字母大写“T”表示，如“GB”为强制性国家标准，“GB/T”为推荐性国家标准。行业标准和地方标准均有强制性和推荐性之分。

根据世界贸易组织相关协议规定和国际通行惯例，技术法规是强制性的，而标准都是自愿性的。1949～1989 年，我国的标准化工作都是学习和借鉴苏联的模式，所有标准均为强制性的，也就是说某项标准一经发布就必须无条件地执行。但随着改革开放特别是经济贸易的频繁往来和发展，强制性标准干预性过强的性质已不能适应社会的需要，因此，在 1989 年发布并实施了《中华人民共和国标准化法》，其中作了一些修改，将我国的国家标准和行业标准分为推荐性标准和强制性标准两种，规定强制性标准必须强制执行并具有法律的属性，这也与国际上所指技术法规的地位相当（但范围不完全一致）。推荐性标准则与国际标准相一致。对于推荐性国家标准和行业标准，国家鼓励企业自愿采用。

为与世界接轨，回归标准自然属性，我国将逐步减少强制性标准。但应注意，不论是强制性标准还是推荐性标准，一旦被企业采用，就应严格执行。

3. 按标准的功能分类　根据标准的功能，可将饲料工业标准分为通用标准（饲料标签、饲料工业术语等）、原料标准、产品标准、检验方法标准、机械加工标准等。

二、饲料卫生标准的重要意义和制定原则

饲料卫生标准（standard of feed hygiene）是从保证饲料和动物性食品的安全性出发，对饲料中有毒有害物质及有害微生物以法律形式做出的统一规定，对保障饲料安全与卫生、畜禽产品安全、人类健康和保护环境发挥着积极作用。

饲料卫生标准是饲料行业各项标准中最关键的标准之一，既是企业组织生产和检验评审产品卫生质量的依据和准则，又是国家、行业或地方有关部门进行饲料产品质量监测和仲裁检验的重要判定依据。因此，在制定饲料卫生标准时应遵循一定的原则。

（一）实 践 原 则

饲料卫生标准的制订是一项技术性和政策性很强的工作。在制、修订饲料卫生标准时，要进行大量的实际调查，掌握生产实际情况，根据实际情况掌握制、修订饲料卫生标准的适宜尺度。制、修订的饲料卫生标准要符合当时的生产水平和实际情况，要求既不能太严也不能太宽，要求过严会造成不必要的经济损失，甚至在生产中无法执行，达不到监督的作用。要求过宽又会使家畜健康与生产性能受到损失，影响畜牧业的发展。

（二）科 学 原 则

饲料卫生标准关系到养殖业生产安全和人体健康，必须以最新的科学技术成果作为依据。在制、修订饲料卫生标准时，在科学原则下应注意以下 4 个方面：第一，应进行有关有毒有害物质的理化特性测定、毒理学实验、对各类家畜进行试验观察等。第二，应根据当代的科

学技术发展水平来制、修订饲料卫生标准，以保障畜牧业健康发展，保证动物和人类健康。第三，应随着科学技术和经济的不断发展，对已制定的饲料卫生标准不断地加以修订和补充。第四，随着科技的发展，科技含量更高的新仪器、新方法不断涌现，应及时了解、研究、采纳检测领域的最新研究成果并用于检测方法标准的制定。

（三）技术配套原则

每项卫生指标必须制定相对应的检测方法，而且其灵敏度、精确度和采样条件等也应进行统一规定。统一的检验方法是执行统一的饲料卫生标准所必需的，否则饲料卫生质量的评价就会失去一致性和权威性。如果没有成熟统一的检验方法，就不必制定某个卫生指标的标准。

FAO / WHO 近年提倡以危险性分析（risk analysis）作为制定标准的重要原则。我国在过去制定标准工作中虽也部分应用了危险性分析，但尚未全面采用危险性分析系统，这将是今后制定标准工作的方向。另外，我国是养殖生产大国，养殖动物种类众多，至今还有多种动物的饲料卫生标准尚是空白或不完善。例如，我国鸭的饲养量大，鸭饲料的卫生标准虽在近年修订的标准版本中有所补充，但仍很不齐全。这主要是由于相关技术资料缺乏，因而较难全面制定相应的卫生标准。近年，国内少数单位开展了部分有毒有害物质（如氟、镉、亚硝酸盐等）对鸭的毒理学研究，其实验资料对我国饲料卫生标准的制、修订有很好的参考价值。饲料卫生标准的制、修订难度大，国家有关部门要重视和大力支持有关饲料卫生标准的研究工作，并且在制定标准的经费预算上适当倾斜，增加制定标准工作的投入。

三、饲料卫生标准制定的一般步骤与方法

在制定饲料卫生标准时必须从科学实验和调查研究两个方面进行。其制定程序如下。

动物毒性试验
↓
确定动物最大无作用剂量（MNL）
↓根据实验动物的实验结果，考虑应用于家畜的安全系数
确定家畜每日允许摄入量（ADI）
↓根据来源与饲料中该物质在机体总摄入量中所占比例
确定日粮中的总允许量
↓根据含有该物质的饲料的种类和家畜每日摄入量
确定该物质在每种饲料中的最高允许量
↓考虑各方面的实际情况
制定饲料中的允许量标准

现将上述各主要步骤的内容简要说明如下。

（一）确定动物最大无作用剂量

某种有毒物质对动物的最大无作用剂量是评定毒物毒性的重要依据，是制定允许量标准的基础。某种毒物对动物的最大无作用剂量（maximum no-effect level, MNL），有时也用无明显作用水平（NOEL）或无明显损害作用水平（NOAEL）表示。在制定允许量标准的过程中确定最大无作用剂量时，一般应采用机体最敏感的观察指标，亦即该毒性指标 MNL 中数值

最小或最安全的。但一般认为致癌、致畸、致突变等效应的物质，只有剂量为零时才是安全的，虽然致癌、致畸、致突变作用也可以有 MNL，但对此类物质必须更为慎重。此外，还应了解该物质在机体内的蓄积作用、代谢过程、与其他化学物质的联合作用及形成的有害降解产物等。

（二）确定家畜每日允许摄入量

各种家畜每日允许摄入量（acceptable daily intake，ADI）是指在家畜的生活周期中每日摄取该毒物不会对机体产生已知的任何有害影响的剂量，以 mg/kg BW 表示。制定的家畜每日允许量一般不是来自家畜本身（尤其是牛、马等大动物）的实验毒理数据，而主要是根据大鼠或其他实验动物进行慢性毒性试验所得的实验结果换算而来的。

因家畜种类、年龄、性别、体重、反应性上的差别，在换算时必须考虑家畜和实验动物具有种间差异，它们对毒物的敏感性存在差异。因此，制定家畜每日允许摄入量标准时，需要考虑一定的安全系数，一般种间差异和个体差异各为 10 倍，即安全系数为 $10\times10=100$。100 倍的安全系数只是一个概略的估计，并非十分精确，可以适当调整。一些毒理学家和生物统计学家对此仍在讨论之中。如果毒性作用的资料直接来自该种家畜的实验结果，不必由别的动物资料来推算，安全系数可以缩小（一般 2～5 倍即可），如果该毒物毒性作用极为严重，则安全系数可以加大。

ADI 的计算公式如下。

ADI（mg/kg BW）=实验动物最大无作用剂量（mg/kg BW）× 1/100（采用 100 倍的安全系数）

例如，某毒物的动物最大无作用剂量为 6mg/kg BW，则此毒物的家畜 ADI 为 6mg/kg × 1/100=0.06mg/kg BW。如果一般成年乳牛体重以 550kg 计，则此毒物成年乳牛每日最高允许摄入量不应超过 0.06 × 550=33[mg/（头 · 天）]。

（三）日粮中的最高允许量

日粮中的最高允许量一般以 mg/kg 表示。这一数值是根据家畜 ADI 推算而来的。家畜 ADI 是正常家畜每日由外环境允许进入体内的某物质的总量，其来源并不仅限于饲料，还可能来于自来水和空气。因此，在按 ADI 考虑该物质在饲料中的最高允许量时，应先确定在家畜摄入该物质的总量中来源于饲料的该物质所占的比例。一般情况下，农药、金属毒物等环境污染物通过饲料进入家畜体内的比例可达 80%～85%，而来自饮水、空气及其他途径者，总共不超过 20%。如果某物质（如饲料中的天然有毒物质）除饲料外，并无其他进入家畜体内的来源，则 ADI 为每日摄取的各种饲料中该物质含量的总和。

以农药为例，已知某农药的家畜 ADI 为 33mg/（头 · 天），根据调查，此农药进入畜体总量的 80%来自饲料，则每日摄取的日粮中含该农药的总量不应超过 33mg × 80%=26.4mg。此即该农药在日粮中的最高允许量。

（四）各种饲料中最高允许量

为了确定一种化学物质如农药在家畜所摄取的各种饲料中最高允许量各为多少，首先要对畜群的日粮进行调查、了解日粮的组成、含有该物质的饲料种类，以及各种饲料的每日摄取量。假如，日粮组分中只有精料补充料含有上述农药，成年乳牛对此料的摄入量为8kg/天，则该精料补充料中的该种农药的最高允许含量为 26.4 ÷ 8=3.3（mg/kg）。但如果不仅精料补充料含有该种农药，干草中也含有，若牛每日摄取精料补充料和干草的量分别为8kg 和 15kg，则精料补充料与干草中该农药最高允许含量平均为 26.4 ÷（8+15）=1.2（mg/kg）。如果还有第三种、第四种饲料也含有该农药，不论含有该种农药的饲料有多少种，均可以此推算。至于多少种饲料的最高允许含量之间是否应相同或有差别，则可根据具体情况而定。

（五）各种饲料中的允许量标准

按照上述方法计算得出的各种饲料中该农药的最高允许量，虽然可以作为卫生标准公布执行，但为了更符合实际情况，对家畜安全更有保证，还应根据实际情况作适当调整，如果该农药已经正式生产使用，而且含量低于上述计算出来的标准，则应将实际含量作为允许量标准；如果实际含量高于最高允许量，则应找出原因，设法降低。原则上，允许量标准不能超过最高允许量。必要时也可以允许以略高于最高允许量的饲料中实际含量为暂定的允许量标准。但必须明确，是“略高”而不是超过很多，即在暂时执行过程中不至于对家畜机体造成明显损害。实际上，这种做法等于适当降低安全系数。这种标准只是一种临时应急措施，必须在暂行期间内设法加以彻底解决。

在具体制定允许量标准的界限值时，应适当掌握严和宽的尺度，主要应根据该农药的毒性特点和家畜实际摄入情况而定。例如，要了解该农药在家畜体内是易于排泄解毒，还是蓄积性甚强或在代谢过程中可能形成毒性更强的物质；该农药是仅具有一般的毒性，还是能严重地损害重要器官或具致癌、致畸、致突变等严重后果。凡属于各项的前种情况者，可略予放宽，属于后种情况者则应从严掌握。含有该农药的饲料是季节性供应的饲料，或仅偶尔饲用，或长年大量饲用；是供一般成年家畜饲用，还是专供幼畜、幼禽饲用；该农药在饲料加工调剂过程中是易于挥发破坏，还是性质极为稳定。凡属各项的前种情况者，可略加放宽；属于后种情况者则严加掌握。

按上述方法制定的饲料中某种物质（如农药）的允许量标准，可能受很多因素的影响，故带有一定的相对性，因此，标准制定之后尚需进行验证，包括进行畜群健康调查和重复必要的动物毒性试验等。同时还应指出，饲料卫生标准制定后不是一成不变的，应根据科学技术与生产的发展，不断地进行相应的修订。

四、我国的饲料卫生标准

我国首部《饲料卫生标准》（GB 13078—1991）由国家技术监督局（现国家质量监督检验检疫总局）于 1991 年 7 月 16 日发布，1992 年 4 月 1 日起实施。现行的《饲料卫生标准》（GB 13078—2001）于 2001 年 10 月 1 日实施，该标准已历经数年，其间经过了修改和多次补充，其具体内容（GB 13078—2001 及其后的修改单及增补）见表 11-1。现行《饲料卫生标准》（GB 13078—2001）中未包含对水产动物饲料的要求，对于水产动物配合饲料可参照《无公害食品渔用配合饲料安全限量》（NY 5072—2002，表 11-2）执行。

《饲料卫生标准》不属于法规，但由于其涉及动物和人类安全，我国将其定为强制性标准，具有法规的性质，是我国饲料法规体系的组成部分。凡是在中华人民共和国境内从事饲料生产、销售和使用的企业和个人都必须执行我国制定的《饲料卫生标准》。

现行《饲料卫生标准》（GB 13078—2001）的适用范围、技术水平等已不能完全满足我国饲料工业需要，至 2016 年，农业部饲料工业标准化管理部门已组织专家进行了数次研讨与评审，修订版将会很快发布实施。

表 11-1　饲料、饲料添加剂卫生标准

序号	卫生指标项目	产品名称		指标	试验方法	引用卫生标准编号
1	砷（以总砷计）的允许量/（mg/kg 产品）	矿物饲料	石粉	≤2.0	GB/T 13079—2006	GB 13078—2001 有机砷制剂是指国家主管部门批准允许使用的有机砷制剂，其用法与用量遵循相关文件的规定。添加有机砷制剂的产品应在标签上标示出有机砷准确含量（按实际添加量计算）
			磷酸盐	≤20.0		
			沸石粉、膨润土、麦饭石	≤10.0		
		饲料添加剂	硫酸亚铁、硫酸镁	≤2.0		
			硫酸铜、硫酸锰、硫酸锌、碘化钾、碘酸钙、氯化钴	≤5.0		
			氧化锌	≤10.0		
		动物性饲料原料	鱼粉、肉粉、肉骨粉	≤10.0		
		饲料产品	猪、家禽配合饲料	≤2.0		
			牛、羊精料补充料	≤10.0		
			猪、家禽浓缩饲料			
			猪、家禽添加剂预混合饲料			
		添加有机砷的饲料产品	猪、家禽配合饲料	有机砷添加量（以砷计）之和不大于 2mg		
			猪、家禽浓缩饲料	按添加比例折算后，应不大于相应猪、家禽配合饲料的允许量		
			猪、家禽添加剂预混合饲料			
2	铅（以 Pb 计）的允许量/（mg/kg 产品）	生长鸭、产蛋鸭、肉鸭配合饲料		≤5	GB/T 13080—2004	GB 13078—2001
		鸡、猪配合饲料				
		奶牛、肉牛精料补充料		≤8		
		产蛋鸡、肉用仔鸡浓缩饲料		≤13		
		仔猪、生长肥育猪浓缩饲料				
		骨粉、肉骨粉、鱼粉、石粉		≤10		

续表

序号	卫生指标项目	产品名称	指标	试验方法	引用卫生标准编号
2	铅（以 Pb 计）的允许量/（mg/kg 产品）	磷酸盐	≤30	GB/T 13080—2004	GB 13078—2001
		产蛋鸡、肉用仔鸡复合预混合饲料	≤40		
		仔猪、生长肥育猪复合预混合饲料			
3	氟（以 F 计）的允许量/（mg/kg 产品）	鱼粉	≤500	GB/T 13083—2002	GB 13078—2001
		石粉	≤2000		
		磷酸盐	≤1800		
		肉用仔鸡、生长鸡配合饲料	≤250		
		产蛋鸡配合饲料	≤350		
		猪配合饲料	≤100		
		骨粉、肉骨粉	≤1800		
		生长鸭、肉鸭配合饲料	≤200		
		产蛋鸭配合饲料	≤250		
		牛（奶牛、肉牛）精料补充料	≤50		
		猪、禽添加剂预混合饲料	≤1000		
		猪、禽浓缩饲料	按添加比例折算后，应不大于相应猪、禽配合饲料的允许量		
4	霉菌的允许量/（霉菌数×10^3个/kg 产品）	玉米	<40 限量饲用：40～100 禁用：>100	GB/T 13092—2006	GB 13078—2001
		小麦麸、米糠	<40 限量饲用：40～80 禁用：>80		
		豆饼（粕）、棉籽饼（粕）、菜籽饼（粕）	<50 限量饲用：50~100 禁用：>100		
		鱼粉、肉骨粉	<20 限量饲用：20～50 禁用：>50		
		鸭配合饲料	<35		
		猪、鸡配合饲料 猪、鸡浓缩饲料	<45		
		奶、肉牛精料补充料			
5	黄曲霉毒素 B_1 允许量/（μg/kg 产品）	玉米	≤50	GB/T 17480—2008 或 GB/T 8381—2008	GB 13078—2001
		花生饼（粕）、棉籽饼（粕）、菜籽饼（粕）			
		豆粕	≤30		
		仔猪配合饲料及浓缩饲料	≤10		
		生长肥育猪、种猪配合饲料及浓缩饲料	≤20		

续表

序号	卫生指标项目	产品名称	指标	试验方法	引用卫生标准编号
5	黄曲霉毒素 B_1 允许量/(μg/kg 产品)	肉用仔鸡前期、雏鸡配合饲料及浓缩饲料	≤10	GB/T 17480—2008 或 GB/T 8381—2008	GB 13078—2001
		肉用仔鸡后期、生长鸡、产蛋鸡配合饲料及浓缩饲料	≤20		
		肉用仔鸭前期、雏鸭配合饲料及浓缩饲料	≤10		
		肉用仔鸭后期、生长鸭、产蛋鸭配合饲料及浓缩饲料	≤15		
		鹌鹑配合饲料及浓缩饲料	≤20		
		奶牛精料补充料	≤10		
		肉牛精料补充料	≤50		
6	铬(以 Cr 计)的允许量/(mg/kg 产品)	鱼粉(以 Cr^{6+} 计)	≤8	GB/T 13088—2006	GB/T 19164—2003
		鸡、猪配合饲料	≤10		GB 13078—2001
7	汞(以 Hg 计)的允许量/(mg/kg 产品)	鱼粉	≤0.5	GB/T 13081—2006	GB 13078—2001
		石粉	≤0.1		
		鸡、猪配合饲料			
8	镉(以 Cd 计)的允许量/(mg/kg 产品)	米糠	≤1.0	GB/T 13082—2002	GB 13078—2001
		鱼粉	≤2.0		
		石粉	≤0.75		
		鸡、猪配合饲料	≤0.5		
9	氰化物(以 HCN 计)的允许量/(mg/kg 产品)	木薯干	≤100	GB/T 13084—2006	GB 13078—2001
		胡麻饼、粕	≤350		
		鸡、猪配合饲料	≤50		
10	亚硝酸盐(以 $NaNO_2$ 计)的允许量/(mg/kg 产品)	鸭配合饲料	≤15	GB/T 13085—2005	GB 13078—2006
		鸡、鸭、猪浓缩饲料	≤20		
		牛(奶牛、肉牛)精料补充料	≤20		
		玉米	≤10		
		饼粕类、麦麸、次粉、米糠	≤20		
		草粉	≤25		
		鱼粉、肉粉、肉骨粉	≤30		
11	游离棉酚的允许量/(mg/kg 产品)	棉籽饼、粕	≤1200	GB/T 13086—1991	GB 13078—2001
		肉用仔鸡、生长鸡配合饲料	≤100		
		产蛋鸡配合饲料	≤20		
		生长肥育猪配合饲料	≤60		

续表

序号	卫生指标项目	产品名称	指标	试验方法	引用卫生标准编号
12	异硫氰酸酯（以丙烯基异硫氰酸酯计）的允许量/(mg /kg 产品）	菜籽饼、粕	≤4000	GB/T 13087—1991	GB 13078—2001
		鸡配合饲料	≤500		
		生长肥育猪配合饲料			
13	恶唑烷硫酮的允许量/（mg /kg 产品）	肉用仔鸡、生长鸡配合饲料	≤1000	GB/T 13089—1991	GB 13078—2001
		产蛋鸡配合饲料	≤500		
14	六六六的允许量/（mg /kg 产品）	米糠	≤0.05	GB/T 13090—2006	GB 13078—2001
		小麦麸			
		大豆饼、粕			
		鱼粉			
		肉用仔鸡、生长鸡配合饲料	≤0.3		
		产蛋鸡配合饲料			
		生长肥育猪配合饲料	≤0.4		
15	滴滴涕的允许量/（mg /kg 产品）	米糠	≤0.02	GB/T 13090—2006	GB 13078—2001
		小麦麸			
		大豆饼、粕			
		鱼粉			
		鸡、猪配合饲料	≤0.2		
16	沙门杆菌	饲料	不得检出	GB/T 13091—2002	GB 13078—2001
17	细菌总数的允许量/（细菌总数×10^6个/kg 产品）	鱼粉	<2 限量饲用：2～5 禁用：>5	GB/T 13093—2006	GB 13078—2001
18	赭曲霉毒素的允许量/（μg/kg 产品）	配合饲料、玉米	≤100	GB/T 19539—2004	GB 13078.2—2006
19	玉米赤霉烯酮的允许量/（μg/kg 产品）	配合饲料、玉米	≤500	GB/T 19540—2004	

续表

序号	卫生指标项目	产品名称	指标	试验方法	引用卫生标准编号
20	呕吐毒素的允许量/（mg/kg 产品）	猪配合饲料	≤1	GB/T 8381.6—2005	GB 13078.3—2007
		犊牛配合饲料	≤1		
		泌乳期动物配合饲料	≤1		
		牛配合饲料	≤5		
		家禽配合饲料	≤5		
21	T-2 毒素的允许量/（mg/kg 产品）	猪配合饲料	≤1	GB/T 8381.4—2005	GB 21693—2008
		禽配合饲料	≤1		

表 11-2　渔用配合饲料的安全指标限量（NY 5072—2002）

项目	限量	适用范围
铅（以 Pb 计）/（mg/kg）	≤5.0	各类渔用配合饲料
汞（以 Hg 计）/（mg/kg）	≤0.5	各类渔用配合饲料
无机砷（以 As 计）/（mg/kg）	≤3	各类渔用配合饲料
镉（以 Cd 计）/（mg/kg）	≤3	海水鱼类、虾类配合饲料
	≤0.5	其他渔用配合饲料
铬（以 Cr 计）/（mg/kg）	≤10	各类渔用配合饲料
氟（以 F 计）/（mg/kg）	≤350	各类渔用配合饲料
游离棉酚/（mg/kg）	≤300	温水杂食性鱼类、虾类配合饲料
	≤150	冷水性鱼类、海水鱼类配合饲料
氰化物/（mg/kg）	≤50	各类渔用配合饲料
多氯联苯/（mg/kg）	≤0.3	各类渔用配合饲料
异硫氰酸酯/（mg/kg）	≤500	各类渔用配合饲料
噁唑烷硫酮/（mg/kg）	≤500	各类渔用配合饲料
油脂酸价（KOH）/（mg/g）	≤2	渔用育苗配合饲料
	≤6	渔用育成配合饲料
	≤3	鳗鲡育成配合饲料
黄曲霉毒素 B_1/（mg/kg）	≤0.01	各类渔用配合饲料
六六六/（mg/kg）	≤0.3	各类渔用配合饲料
滴滴涕/（mg/kg）	≤0.2	各类渔用配合饲料
沙门菌/（cfu/25g）	不得检出	各类渔用配合饲料
霉菌/（cfu/g）	$\leqslant 3\times10^4$	各类渔用配合饲料

第十二章　饲料毒物的毒性试验方法

第一节　饲料安全性毒理学评价

一、饲料安全性毒理学评价的意义

为确定饲料中出现的某种化学物质对机体是否有损害作用及损害作用的性质及程度，必须进行各项毒性试验，并进行评价。

饲料安全性毒理学评价是通过系统的动物毒性试验，阐明饲料中某种有毒有害物质（天然存在的或外来污染的）的毒性及其潜在危害，对生产中利用这类饲料时的安全性做出评价。

饲料安全性毒理学评价的目的是维护家畜健康和生产性能，并避免人类因长期食用含有化学物质残留的动物性食品而危害健康。对可能在饲料中出现的各种有毒有害物质，特别是对新开发的饲料资源、饲料添加剂、饲料包装材料及新出现的饲料污染物等，都要进行安全性毒理学评价，确认其饲用安全后才能投入生产和使用。

二、饲料安全性毒理学评价的程序、内容、方法和要求

（一）饲料安全性毒理学评价程序和内容

目前，我国还没有专门的饲料安全性毒理学评价程序和方法，虽然已有《饲料添加剂安全毒理学评价》，但不够全面。饲料安全性毒理学评价程序可参考国家卫生和计划生育委员会发布的《食品安全国家标准　食品安全性毒理评价程序》（GB 15193.1—2014）进行。

我国食品安全性毒理学评价试验包括 10 类（GB 15193.1—2014）：①急性经口毒性试验；②遗传毒性试验；③28 天经口毒性试验；④90 天经口毒性试验；⑤致畸试验；⑥生殖毒性试验和生殖发育毒性试验；⑦毒物动力学试验；⑧慢性毒性试验；⑨致癌试验；⑩慢性毒性和致癌合并试验。

（二）饲料安全性毒理学评价的方法与要求

1. 对不同受试物选择毒性试验的原则　针对不同受试物的安全性评价，需要进行的毒性试验内容不同，在饲料安全性毒理学评价方面，我国尚无具体规定。在食品安全性毒理学评价方面，凡属我国首创的物质，特别是化学结构提示有潜在慢性毒性、遗传毒性或致癌性，或者该受试物产量大、使用范围广、人体摄入量大，应进行系统的毒性试验，包括急性经口毒性试验、遗传毒性试验、90 天经口毒性试验、致畸试验、生殖发育毒性试验、毒物动力学试验、慢性毒性试验、致癌试验（或慢性毒性和致癌合并试验）。其他受试物的试验原则可参考《食品安全国家标准　食品安全性毒理评价程序》（GB 15193. 1—2014）。

农业部 2011 年 6 月发布了《饲料和饲料添加剂畜禽靶动物耐受性评价试验指南（试行）》。

该指南规定了饲料原料和饲料添加剂畜禽靶动物耐受性评价试验的基本原则、试验方案、试验方法和试验报告等要求，适用于为新饲料和饲料添加剂、进口饲料和饲料添加剂申报及已经批准使用的饲料和饲料添加剂再评价而进行的畜禽靶动物耐受性评价试验。饲料及饲料添加剂产品的靶动物体内耐受性评价试验可参照该指南的要求进行。

2. 实验动物的选择　与普通毒理学试验不同，饲料毒理学试验的结果是用于评价外来化学物质对家畜、家禽的影响，由于不同种属的动物生理特点、结构、机能迥异，因此实验动物最好选择靶动物或相近的动物。例如，对家禽的毒性评价可选择鸡、鸭作实验动物；对猪的毒性试验可选择猪或啮齿类动物为实验动物；对反刍动物的毒性试验可选择羊为实验动物；对鱼的毒性试验可选择相应的鱼种为实验动物等。试验结束或试验期间需要处死动物时，应充分考虑到动物福利，尽可能减轻动物痛苦。

农业部办公厅于 2012 年 1 月发布了关于印发《饲料和饲料添加剂评价数据由主要畜禽物种向次要畜禽物种外推的技术指南（试行）》《饲料和饲料添加剂水产靶动物有效性评价试验指南（试行）》《饲料和饲料添加剂水产靶动物耐受性评价试验指南（试行）》的通知（农办牧〔2012〕1 号），可根据《饲料和饲料添加剂评价数据由主要畜禽物种向次要畜禽物种外推的技术指南（试行）》确定的原则将动物实验数据外推到其他动物。

3. 试验结果的综合评价　在根据试验结果进行最后评价时，必须综合考虑受试物的理化性质、毒性大小、代谢特点、蓄积性、饲料中的使用量与使用范围、动物的可能摄入量等因素，在受试物可能对动物健康造成的危害及其可能的有益作用之间进行权衡。评价的依据不仅是科学试验的结果，还与当时的科学水平、技术条件及社会因素有关。因此，随着时间的推移，很可能结论也不同，随着情况的不断改变、科学技术的进步和研究工作不断取得进展，有必要对已通过评价的化学物质进行重新评价，做出新的结论。

对于已在饲料中应用了相当长时间的物质，流行病学调查具有重大意义，但往往难以获得剂量-反应关系方面的可靠资料；对于新的受试物质，则只能依靠动物实验和其他试验研究资料。然而，即使有了完整和详尽的动物实验资料和流行病学研究资料，由于个体差异，也很难保证绝对安全，所谓绝对的安全实际上是不存在的。进行最终评价时，应全面权衡和考虑实际可能，从确保发挥该受试物的最大效益，以及对动物健康、动物性产品安全和环境造成最小危害的前提下做出结论。

第二节　一般毒性试验

一、急性毒性试验

（一）基本概念

急性毒性试验是指经口一次性给予或 24h 内多次给予受试物后，在短时间内观察动物所产生的毒性反应的试验。其包括致死的和非致死的指标参数，致死剂量通常用半数致死剂量（LD_{50}）来表示。

（二）实验动物

一般均分别用两种性别的成年小鼠或（和）大鼠。小鼠体重为 18～22g，大鼠体重为 180～

220g。如果对受试物的毒性已有所了解，还应选择对其敏感的动物进行试验，如对黄曲霉毒素选择雏鸭，对氰化物选择鸟类。动物购买后适应环境 3～5 天。

（三）操作步骤

1. 受试物的处理　受试物应溶解或悬浮于适宜的介质中。一般采用水或食用植物油作溶剂，可以考虑用羧甲基纤维素、明胶、淀粉等配成混悬液。不能配制成混悬液时，可配制成其他形式（如糊状物等）。必要时可采用二甲基亚砜，但不能采用具有明显毒性的有机化学溶剂。如果采用有毒性的溶剂应单设溶剂对照组观察。

2. 受试物的给予

1）途径：经口。

2）试验前空腹：动物应隔夜空腹（一般禁食 16h 左右，不限制饮水）。

3）容量：各剂量组的灌胃容量相同（mL/kg BW），小鼠常用容量为 0.4mL/20g BW；大鼠常用容量为 2.0mL/200g BW。

4）方式：一般一次性给予受试物，也可一日内多次给予（每次间隔 4～6h，24h 内不超过 3 次，尽可能达到最大剂量，合并作为一次剂量计算）。

3. 几种常用的急性毒性试验设计方法

（1）霍恩氏（Horn）法

1）预试验：可根据受试物的性质和已知资料，选用下述方法：一般多采用 10mg/kg BW，100 mg/kg BW 和 1000mg/kg BW 的剂量，各以 2～3 只动物预试。根据 24h 内死亡情况，估计 LD_{50} 的可能范围，确定正式试验的剂量组。也可简单地采用一个剂量，如 215mg/kg BW，用 5 只动物预试。观察 2h 内动物的中毒表现。如症状严重，估计多数动物可能死亡，即可采用低于 215mg/kg BW 的剂量系列，反之，症状较轻，则可采用高于此剂量的剂量系列。如有相应的文献资料时可不进行预试。

2）动物数：一般每组用 5 只。

3）常用数量系列如下。

$$\left.\begin{matrix}1.0\\2.15\\4.64\end{matrix}\right\}\times10^{t}\ (t=0,\ \pm1,\ \pm2,\ \pm3)$$

因为剂量间距较 $\frac{1.0}{3.16}\times10^{t}$（$t=0$，±1，±2，±3）为小，所以结果较为精确。一般试验时，可根据上述剂量系列设计 5 个组，即较原来的方法在最低剂量组以下或最高剂量组以上各增设一组，这样在查表时容易得出结果。

4）正式试验：将动物在实验动物房饲养观察 3～5 天，使其适应环境，证明其确为健康动物后，进行随机分组。给予受试物后一般观察 7 天或 14 天，若给予后的第 4 天继续有死亡时，需观察 14 天。必要时延长到 28 天。记录死亡数，查表求得 LD_{50}，并记录死亡时间及中毒表现等。

5）该方法的优缺点：优点是简单易行，节省动物；缺点是所得 LD_{50} 的可信限范围较大，不够精确。但经多年来的实际应用与验证，同一受试物与寇氏法所得结果极为相近。因此对其测定的结果应认为是可信与有效的。

（2）寇氏（Korbor）法

1）预试验：除另有要求外，一般应在预试验中求得动物全死亡或 90%以上死亡的剂量和动物不死亡或 10%以下死亡的剂量，分别作为正式试验的最高与最低剂量。

2）动物数：除另有要求外,一般设 5～10 个剂量组，每组以 6～10 只动物为宜。

3）剂量：将由预试验得出的最高、最低剂量换算为常用对数，然后将最高、最低剂量的对数差按所需要的组数分为几个对数等距（或不等距）的剂量组。

4）试验结果的计算与统计。

A. 列试验数据及其计算表：包括各组剂量（mg/kg BW，g/kg BW）、剂量对数（X）、动物数（n）、动物死亡数（r）、动物死亡百分比（P，以小数表示），以及统计公式中要求的其他计算数据项。

B. LD_{50}的计算公式：根据试验条件及试验结果，可分别选用下列三个公式中的一个，求出 $\log LD_{50}$，再查其自然数，即 LD_{50}（mg/kg BW，g/kg BW）。

a. 按本试验设计得出的任何结果，均可用式（12-1）计算。

$$\log LD_{50}=\sum\frac{1}{2}(X_1+X_{i+1})(P_{i+1}-P_i) \tag{12-1}$$

式中，X_i 与 X_{i+1} 及 P_i 与 P_{i+1} 分别为相邻两组的剂量对数及动物死亡百分比。

b. 按本试验设计且各组间剂量对数等距时，可用式（12-2）计算。

$$\log LD_{50}=X_K-\frac{d}{2}(P_i+P_{i-1}) \tag{12-2}$$

式中，X_K 为最高剂量对数；d 为组间距的对数值；其他同式（12-1）。

c. 若试验条件同 b 且最高、最低剂量组动物死亡百分比分别为 100（全死）和 0（全不死）时，则可用式（12-3）计算。

$$\log LD_{50}=X_K-d(\sum P-0.5) \tag{12-3}$$

式中，$\sum P$ 为各组动物死亡百分比之和，其他同式（12-2）。

C. 标准误与 95%可信限。

a.$\log LD_{50}$的标准误（S）按式（12-4）计算。

$$S_{\log LD_{50}}=d\sqrt{\frac{\sum P_i(1-P_i)}{n}} \tag{12-4}$$

b.95%可信限（W）按式（12-5）计算。

$$W=\log^{-1}(\log LD_{50}\pm 1.96\cdot S_{\log LD_{50}}) \tag{12-5}$$

此法计算简便，可信限不大，结果可靠，特别是在试验前对受试物的急性毒性程度了解不多时，尤为适用。

（3）急性联合毒性试验

1）原理：两种或两种以上的受试物同时存在时，可能发生作用之间的拮抗、相加或协同三种不同的联合方式，可以根据一定的公式计算和判定标准来确定这三种不同的作用。

2）步骤：①分别测定单个受试物的 LD_{50}，方法同前。②根据各受试物的 LD_{50} 按比例配制等毒性的混合受试物。③测定混合物的 LD_{50}，用其他 LD_{50} 测定方法时，可以按各个受试物的 LD_{50} 的 1/2 之和作为中组，然后按等比级数向上、下推算几组，与单个受试物 LD_{50} 测定的设计相同，如估计是相加作用，可从中组向上、下各推算两组，如可能为协同作用，则可向下多设几组，如可能为拮抗作用，则可向上多设几组。

3）计算。

A. 混合物中各个受试物是以等毒比例混合的，因此求出的 LD_{50} 乘以各受试物的比例，即可求得各受试物的剂量。

B. 用式（12-6）计算混合物的预期 LD_{50} 的比值，按比值判定作用的方式。

$$\frac{1}{\text{混合物的预期}LD_{50}\text{值}}=\frac{a}{\text{受试物}A\text{的}LD_{50}\text{值}}+\frac{b}{\text{受试物}B\text{的}LD_{50}\text{值}}+\cdots+\frac{n}{\text{受试物}N\text{的}LD_{50}\text{值}} \tag{12-6}$$

式中，a，b，…，n 分别为受试物 A，B，…，N 在混合物中所占的质量比例，$a+b+\cdots+n=1$。

C. 判定受试物联合作用方式的比值采用 H. F. Smith 的规定，即小于 0.4 为拮抗作用，0.4～2.7 为有相加作用，大于 2.7 为有协同作用。

4. 中毒反应观察　给予受试物后，即应观察并记录实验动物的中毒表现和死亡情况。观察记录应尽量准确、具体、完整，包括出现的程度与时间。对死亡动物可做大体解剖。

5. 结果评价　根据 LD_{50} 数值，判定受试物的毒性分级。由中毒表现初步提示毒性作用特征。

我国目前除参考使用国际上几种分级标准外，又提出了相应的暂行标准。我国或国际上的急性毒性分级标准均还存在不少缺点，因为它们主要是根据经验确定，客观性还不足。表 12-1 为化学物质急性毒性分级（国际分级法）。

表 12-1　化学物质急性毒性分级（国际分级法）

毒性分级	大鼠一次经口 LD_{50}/（mg/kg BW）
6 级，极毒	<1
5 级，剧毒	1～50
4 级，中等毒	51～500
3 级，低毒	501～5 000
2 级，实际无毒	5 001～15 000
1 级，无毒	>15 000

二、亚慢性毒性试验

（一）基 本 概 念

亚慢性毒性试验（subchronic toxicity test）又称亚急性毒性试验（subacute toxicity test），是指观察实验动物连续多次摄入受试物后所引起的毒性作用的试验。试验（染毒）期限相当于实验动物寿命的 1/10 左右，啮齿动物一般为 3 个月左右（2～6 个月）。

该试验的目的主要是探讨亚慢性毒性的阈剂量或阈浓度和在亚慢性试验期间未观察到毒效应的剂量水平，且为慢性试验寻找接触剂量及观察指标。

本部分介绍《饲料毒理学评价　亚急性毒性试验》（GB/T 23179—2008）。

（二）试 验 方 法

1. 实验动物　用啮齿类和非啮齿类两种实验动物。啮齿类动物，首选为大鼠，雌雄各半，6～8 周龄，体重 80～120g，试验前至少观察 1 周，试验开始时，个体实验动物体重差异不得超过平均体重的 20%。必要时使用非啮齿类动物，可选用犬或生产实际应用受试物的饲喂对象。使用清洁级小鼠、大鼠和普通级犬均应符合 GB 14922.1—2001、GB 14922.2—2011 的规定。各种实验动物均需注明实验动物品系及实验动物生产合格证、供应单位及地址和邮政编码。

2. 实验动物饲养管理　饲养环境应符合 GB/T 14925—2010 的规定，并注明实验动物饲养室的光照和通风条件，每天记录温度、湿度。笼养大鼠每笼不超过 5 只。饲料应符合 GB 14924.1—2001、GB 14924.2—2001、GB 14924.3—2010、GB 14924.7—2001 的规定。

3. 给予受试物的周期　应用受试物 1～7 天，实验动物接受受试物的周期为 30 天；应用受试物 8 天或 8 天以上的，实验动物接受受试物的周期为 90 天。

4. 剂量分组　试验一般设 5 个剂量组，即高、中、低剂量组，溶媒或赋形剂对照组，以及正常对照组。剂量以 mg（mL、IU）/kg BW 表示。每组啮齿类动物不少于 24 只，非啮齿类动物不少于 12 只。雌雄各半，特殊情况另行说明，分笼饲养，分为 6 个重复。分组后对每个实验动物进行编号。如果在试验期间需要定期剖检部分实验动物，则应相应增加每组实验动物数。

5. 剂量要求　高剂量一般应使实验动物产生明显的或严重的毒性反应，或个别实验动物死亡；低剂量应高于预计实际应用时的每日用量且实验动物不出现可观察到的毒性反应。高剂量和低剂量之间设中剂量。剂量通常为 LD_{50} 的 1/100～1/10。

6. 给予受试物的途径　给予受试物的途径与应用途径相同，口服给予受试物试验时可采用灌胃给予受试物，也可将受试物混入饲料或饮水中口服，但必须保证受试物分布均匀，在饲料或饮水中稳定，摄入受试物剂量准确。

7. 恢复期观察　最后一次给予受试物 24h，每组断颈处死，剖检 1/2～2/3 的实验动物，检测各项指标，剩余实验动物继续观察 2～4 周后剖检，观察毒性反应的可逆程度和可能出现的迟发性毒性反应。在此期间，除不给予受试物外，其他观察内容与给予受试物期间相同。

8. 检测指标

（1）一般观察　每天观察外观体征、行为活动和粪便性状及颜色，如被毛贴身或稀疏竖散，神态萎靡，蜷缩不动，过度兴奋，跳动惊跳，肌肉麻痹或震颤，步态异常。群养时应将出现中毒反应的动物取出单笼饲养，发现死亡或濒死实验动物应及时尸检，一般在 1h 之内进行。

（2）体重　应设定能掌握体重变化的测定次数，给予受试物前 1 周测定一次体重，实验期间，至少每周测定一次体重。测定体重时间应前后相同，一般在给予受试物前且在断饲不断水隔夜条件下进行。如每日灌胃给予受试物时，应每天测定体重，并按新的体重给予受试物。

（3）摄食量　测定体重时应同时测定摄食量，以每个重复为单位，计算摄食效率[增加的体重（g）/摄食量（g）]。

（4）血液学指标　各组实验动物在开始给予受试物前、给予受试物期间、停止给予受试物时和恢复期结束时进行红细胞和网织红细胞计数，检测血红蛋白（Hb）、血小板、白细胞总数及分类、凝血时间等。

（5）血液生化指标　各组实验动物在开始给予受试物前、给予受试物期间、停止给予受试物时和恢复期结束时，检测天冬氨酸氨基转氨酶（AST或SGOT）、丙氨酸氨基转氨酶（ALT或SGBT）、碱性磷酸酶（ALP或AKP）、尿素氮（BUN）、总蛋白（TP）、白蛋白（Alb）、血糖（GIU）、总胆红素（Tbill）、肌酐（Cr）、总胆固醇（TcH）等血液生化指标。

9. 实验动物器官检查

（1）系统尸检　应全面细致地用肉眼观察各器官，为组织学检查提供依据。

（2）脏器系数　为脏器质量与实验动物体重的比值。称量脏器前用滤纸吸干表面水分。受检的脏器为心、肝、脾、肺、肾，必要时也检查肾上腺、甲状腺、睾丸、子宫、脑和前列腺。

（3）组织学检查　对照组和高剂量组的实验动物及尸检异常的动物要详细检查，其他剂量组的实验动物在高剂量组检查有异常时检查。受检的脏器为心、肝、脾、肺、肾，必要时也检查肾上腺、胰腺、胃、十二指肠、回肠、结肠、垂体、前列腺、脊髓、胸骨（骨和骨髓）、淋巴结、膀胱、甲状腺、胸腺、睾丸（含附睾）、子宫（含卵巢）、脑和视神经。

10. 数据处理　详细记录观察到的结果，无论是计数资料还是计量资料，均应以统计学方法给予评价，进行差异性检验。

三、慢性毒性试验

（一）基本概念

慢性毒性是指实验动物每日重复暴露于受试物出现的有害作用。慢性毒性试验（chronic toxicity test）是观察实验动物长期摄入受试物所产生的生物学效应的试验。

（二）试验目的

慢性毒性试验是确定外来化合物的毒性下限，即长期接触该化合物可以引起机体危害的阈剂量和无作用剂量。为进行该化合物的危险性评价与制定接触该化合物的安全限量标准提供毒理学依据，如最高允许浓度和每日允许摄入量等。

（三）慢性毒性试验方法

1. 慢性毒性试验期限　一般认为工业毒理学慢性实验动物染毒6个月或更长时间；而环境毒理学与食品毒理学则要求实验动物染毒1年以上或2年。也有学者主张动物终生接触外来化合物才能全面反映外来化合物的慢性毒性效应，以及求出阈剂量或无作用剂量。

但是，也有学者认为大鼠为进行慢性毒性实验动物，接触受试化合物1年以上不一定必要。多次经验证明延长接触1年以上，大鼠也不再出现新的毒性效应（致癌试验除外）。例如，有报道在122种化合物中，大鼠连续接触3个月之后才出现毒性效应的只有3种（占2.46%），其他化合物均在3个月内已出现毒性效应。因此认为以大鼠为试验对象时连续接触外来化合物90天，即可确定受试化合物的长期无作用水平。但是，这种观点还存有争论。因此在食品及环境毒理学中进行慢性毒性试验，接触外来化合物的时间仍以2年为好。

2. 实验动物与饲养环境

（1）实验动物　慢性毒性试验选择实验动物的条件与亚慢性毒性试验相同。但实验动物最好为纯系甚至同窝动物均匀分布于各剂量组。

实验动物年龄应较小，大鼠和小鼠应为初断奶者，即小鼠出生后 3 周，体重 10~12g；大鼠出生后 3~4 周，体重 50~70g。雌雄各半。

（2）饲养环境　慢性毒性试验中实验动物的饲养条件和饲养环境与亚慢性毒性试验相同。

3. 接触途径　慢性毒性试验多为经口与经呼吸道接触。经呼吸道接触的每日接触时间依试验要求而定。工业毒物的试验通常每日吸入 4～6h。环境污染物一般要求每日吸入 8h 或更长。

4. 剂量的选择与分组　为制定外来化合物卫生标准而进行慢性毒性试验时，一般设 3 个染毒剂量组和 1 个对照组，必要时另设 1 个溶剂对照组，3 个染毒剂量组分别为无作用剂量组、阈剂量组、发生比较轻微毒性效应的剂量组（此为最高剂量组）。以求出明确的剂量-反应关系。

染毒组剂量可以从以下两种方式选择相应的三个剂量水平。一是以亚慢性阈剂量为出发点，即以亚慢性阈剂量或其 1/5～1/2 剂量为慢性毒性试验的最高剂量，以这一阈剂量的 1/50～1/10 为慢性毒性试验的预计阈剂量组，并以其 1/100 为预计的慢性无作用剂量组。二是以急性毒性的 LD_{50} 剂量为出发点，即以 LD_{50} 的 1/10 剂量为慢性试验的最高剂量。以 LD_{50} 的 1/100 为预计慢性阈剂量，以 LD_{50} 的 1/1000 为预计的无作用剂量组。各染毒剂量组之间的剂量间距应当大些，有利于求出剂量-反应关系，也有助于排除实验动物个体敏感性差异。组间剂量差一般以 5～10 倍为宜，最低不小于两倍。

5. 观察指标　观察指标的选择，应以亚慢性毒性试验的观察指标为基础。其中包括体重、食物摄取、临床症状、行为、血象和血液化学、尿的性状及生化成分，以及重点观察在亚慢性毒性试验中已经显现的阳性指标。一些观察指标变化甚微，为此应注意三点：一是试验前应对一些预计观察指标，尤其是血、尿常规及重点测定的生化指标进行正常值测定，废弃个体差异过大的动物；二是在接触外来化合物期间进行动态观察的各项指标，应与对照组同步测定；三是各化验测定方法应精确、可靠，且进行质量控制。

应重视病理组织学的检查。凡试验期间死亡的动物，都应做病理组织学检查。

四、蓄积性毒性试验

（一）基本概念

外来化合物一次性进入机体之后，可经代谢或原型排出体外，但当化合物与机体发生亚慢性接触，将小剂量反复多次进入机体，而且进入的速度（或总量）超过代谢转化与排出的速度（或总量）时，化合物就有可能在机体内逐渐增加并潴留，这种现象称为化合物的蓄积作用（accumulation）。蓄积量超过最小作用剂量时，即呈现毒性作用，称蓄积性毒性作用。评价化合物是否具有蓄积性毒性作用的动物试验，称为蓄积性试验（cumulative toxicity test）。

（二）蓄积作用的研究方法

现仍认为外来化合物的蓄积作用是发生慢性中毒的物质基础。一种外来化合物有无蓄积作用是评定该化合物是否可能引起潜在慢性中毒的论据之一，也是制定卫生限量标准时安全系数的一种依据。

依蓄积作用的概念，实验动物亚慢性或亚急性接触外来化合物之后，当用化学分析方法能够测得机体内存在该化合物或其代谢产物时，称为物质蓄积。但是有的化合物在机体内虽不能被测出，却在长期接触下出现了慢性中毒现象，此时习惯上称为功能（机能）蓄积。功能蓄积可能是由于贮存体内的化合物或其代谢产物的数量极微，不能检出物质的蓄积或者是由于每次机体接触化合物之后所引起的损害累积所致。

蓄积作用的研究方法有多种，现仅介绍两种常用的方法。

1. 蓄积系数试验法　该方法原理是，在一定期限之内，以低于致死剂量（小于 LD_{50} 剂量）的受试物，反复多次给予实验动物，直至出现预计的毒性效应（通常以 LD_{50} 表示）。计算达到预期效应的总累积剂量，求出此累积剂量与一次接触该化合物产生相同效应剂量的比值，此比值即蓄积系数（K）。在卫生毒理学实际工作中，蓄积作用试验多用小鼠或大鼠为实验动物，一般以死亡为指标，其 K 按式（12-7）计算。

$$K = \frac{LD_{50(n)}}{LD_{50(1)}} \tag{12-7}$$

式中，$LD_{50(n)}$表示引起一半动物死亡的累积总剂量（mg/kg BW）；$LD_{50(1)}$表示引起一半动物死亡的一次剂量（mg/kg BW）。

K 愈大，说明蓄积作用愈弱或蓄积毒性愈小，反之则蓄积毒性愈大。蓄积作用根据蓄积系数大小可分为 4 级（表 12-2）。

表 12-2　蓄积系数评价标准

蓄积系数	蓄积作用分级	蓄积系数	蓄积作用分级
<1	高度蓄积	3～5	中等蓄积
1～3	明显蓄积	>5	轻度蓄积

从理论上，K 不应小于 1，但实际测定中偶尔可出现 K 小于 1，可能由实验动物对受试化合物发生过敏现象所致。

虽然蓄积系数试验法具有一定的使用价值，但是某些外来化合物的慢性中毒效应，无法用 K 表示。例如，多数有机磷化合物属于轻度蓄积（K>5），但当小剂量反复与机体接触后，红细胞与脑组织的乙酰胆碱酯酶可以持续降低，而且伴有一定程度的中枢神经系统症候。

2. 生物半衰期法　生物半衰期法是用毒物动力学原理阐明外来化合物在机体内的蓄积作用特征。

外来化合物在机体内蓄积的速度和量与单位时间内吸收该化合物的速度和量及清除速度和量有关。任何化合物如果以相等的时间间距恒速地吸收入血液，则一定剂量范围内的化合物在机体中的蓄积量不是直线地无限增加，而是有一定的极限。这是因为受试化合物在吸收进入机体的同时存在着该化合物在体内代谢转化与清除的过程。当受试化合物的吸收过程与代谢转化、清除过程达到动态平衡时，化合物的蓄积量就基本上不再增加。$T_{1/2}$ 较短的化合物达到蓄积极限所需的时间也短，但是一旦机体停止接触该化合物，也易于很快从机体内清除完毕。

第三节　动物饲喂试验

在畜牧生产中，动物因各种原因出现死亡的现象常有发生，其中可疑饲料是一个重要因素，生产中也最容易出现纠纷。但是否为饲料因素所引起，因能引起畜禽中毒的物质多种多样，饲料成分十分复杂，判定比较困难。在对有害成分不明确或不能确定是否由可疑物引起的中毒时，采用动物实验复制病例，以确证饲料的安全性往往是简单、有效的方法，并容易为争议各方所接受。

实验前，争议双方应签订文字协议，明确“异常现象”的界定、实验用饲料的选择、实验期限、实验费用分担方法、鉴定机构选择等。

一、试验材料

最好采集饲喂病畜剩下的饲料、饲草及可疑物质。饲槽内剩余物成分复杂，可能含有可疑饲料以外的成分，不宜代表可疑饲料。

二、动物的选择

最好选择与自然中毒病例相同的健康动物。实验动物的数量不宜过少。

如果靶动物过于贵重，或饲养困难，也可选用家兔、小鼠、大鼠、豚鼠等，但解读结果时应特别慎重。

对可疑饲料最好采用自然饲喂，不得已时才可采用强饲、灌胃。

饲喂时间应与中毒动物采食可疑物（可疑饲料）的时间相同或略长。

三、试验分组

试验应设对照组、可疑饲料组，每组至少设 2 个以上的重复。对照组、可疑饲料组的重复栏应交叉排列，以排除传染性疾病的干扰。

对照组饲料应采用经证实为安全的饲料（如著名品牌饲料且已饲喂过的动物未出现异常现象），或自配饲料（应对所用原料及成品进行质量检测）。

可疑饲料组饲料应采用中毒动物采食过的可疑饲料。如欲证实或排除饲源性疾病，可将饲槽内剩余物另设一组参与试验。

四、结果判定

1）可疑饲料组动物出现异常现象，对照组无异常表现：可判定可疑饲料有问题。

2）可疑饲料组和对照组动物均出现异常现象：不能判定可疑饲料有问题。实验过程中可能存在传染性疾病、饲养管理不善等问题，也可能存在对照组饲料选择不当问题，应重新安排实验。

3）可疑饲料组和对照组动物均无异常表现：可判定可疑饲料没问题。

4）对照组动物出现异常现象，可疑饲料组无异常表现：可判定可疑饲料没问题。

第十三章　饲料毒物分析概述

第一节　毒物分析样本的采集与制备

从待测饲料原料或产品中获取一定数量、具有代表性的部分作为样品的过程称为采样。将样品经过干燥、磨碎和混合处理，以便进行理化分析的过程称为样品的制备。饲料样品的采样和制备是饲料分析中两个极为重要的步骤，决定分析结果的准确性，从而影响饲料企业的各种决策。对用于微生物指标测定的样品，在采集和制备过程中应特别注意无菌操作。

一、样品的采集

（一）采样的要求

1. 样品必须具有代表性　受检饲料容积和质量往往都很大，而分析时所用样品仅为其中的很小一部分，所以，样本采集的正确与否决定分析样品的代表性。因此，在采样时，应根据分析要求，遵循正确的采样技术，并详细注明饲料样品的情况，使采集的样品具有足够的代表性，使采样引起的误差减至最低限度，使所得分析结果能为生产实际所参考和应用。否则，如果样品不具有代表性，即使一系列分析工作非常精密、准确，无论分析了多少个样品的数据，其意义都不大，有时甚至会得出错误结论。

2. 样品必须有一定的数量　不同的饲料原料和产品要求采集的样品数量不同，主要取决于以下几个因素。

1）饲料原料和产品的水分含量。水分含量高，则采集的样品应多，以便干燥后的样品数量能够满足各项分析测定要求。反之，水分含量少，则采集的样品可相应减少。

2）原料或产品的颗粒大小和均匀度。原料颗粒大、均匀度差，则采集的样品应多。

3）平行样品的数量。同一样品的平行样品数量越多，则采集的样品数量就越多。

3. 采样人员应有高度责任心和熟练的采样技能　采样人员应具有高度的责任心，在采样时，认真按操作规程进行，不弄虚作假和谋取私利，及时发现和报告一切异常的情况。

采样人员应通过专门培训，具备相应技能，经考核合格后方能上岗。

（二）采样工具

采样工具种类很多，但必须符合要求，即能够采集饲料中任何粒度的颗粒，无选择性，且对饲料样品无污染。目前使用的采样工具主要有以下几种：普通铲子、手柄勺、柱状取样器（如取样钎、管状取样器、套筒取样器）、圆锥取样器、机械采样器等。

（三）样品的盛放容器

盛放样品的容器能确保样品特性不发生改变，可以密封，必要时可起到避光作用等。

（四）采 样 步 骤

1. 采样前记录　采样前，必须记录与原料或产品相关的资料，如生产厂家，生产日期，批号，种类，总量，包装堆积形式，运输情况，贮存条件和时间，有关单据和证明，包装是否完整，有无变形、破损、霉变等。

2. 原始样品采集　原始样品也叫初级样品，是在生产现场如田间、牧地、仓库、青贮窖、试验场等受检的一批饲料或原料中最初采取的样品。原始样品应尽量从大批（或大数量）饲料或大面积牧地上，按照不同的部位即深度和广度来分别采取一部分，然后混合而成。原始样品一般不得少于 2kg。

3. 次级样品　也叫平均样品，是将原始样品混合均匀或简单地剪碎混匀，从中取出的样品。平均样品一般不少于 1kg。

4. 分析样品　也叫试验样品。次级样品经过粉碎、混匀等制备处理后，从中取出的一部分即分析样品，用作样品分析用。分析样品的数量根据分析指标和测定方法要求而定。

（五）采样基本方法

虽然采样的方法随不同的物品而不同，但一般来说，采样的基本方法有两种：几何法和四分法。

1. 几何法　指把整个一堆物品看成一种具有规则的几何立体，如立方体、圆柱体、圆锥体等。取样时首先把这个立体分成若干体积相等的部分（虽然不便实际去做，但至少可以在想象中将其分开），这些部分必须在全体中分布均匀，即不只是在表面或只是在一面。从这些部分中取出体积相等的样品，这些部分的样品称为支样，再把这些支样混合即得样品。几何法常用于采集原始样品和批量不大的原料。

2. 四分法　是指将样品平铺在一张平坦而光滑的方形纸或塑料布、帆布、漆布等上（大小视样品的多少而定），提起一角，使饲料流向对角，随即提起对角使其流回。如此，将四角轮流反复提起，使饲料反复移动以混合均匀。然后将饲料堆成等厚的正四方形体，用药铲、刀子或其他适当器具，在饲料样品上划一“十”字，将样品分成 4 等份，任意弃去对角的 2 份，将剩余的 2 份混合。继续按前述方法混合均匀、缩分，直至剩余样品数量与测定所需要的用量相接近时为止。四分法常用于小批量样品和均匀样品的采样或从原始样品中获取次级样品和分析样品。

（六）不同类型饲料样品的采集

1. 粉状和颗粒饲料

（1）散装　散装的原料应在机械运输过程中的不同场所（如传送带等处）取样。如果在机械运输过程中未能取样，则可用探棒取样，但应避免因饲料原料不匀而造成的错误取样。

取样时，用探针从距边缘 0.5m 的不同部位分别取样，然后混合即得原始样品。取样点的分布和数目取决于装载的数量。也可在卸车时用长柄勺、自动选样器或机器选样器等间隔相等时间，截断落下的料流取样，然后混合得原始样品。

（2）袋装　用抽样锥随意从不同袋中分别取样，然后混合得原始样品。每批采样的袋数取决于总袋数、颗粒大小和均匀度，有不同的方案，取样袋数至少为总袋数的 10%，也可以按 $\sqrt{总袋数/2}$ 计算得出。中小颗粒饲料如玉米、大麦等取样的袋数不少于总袋数的 3%。粉状饲料取样袋数不少于总袋数的 3%。总袋数在 100 袋以下，取样不少于 10 袋，每增加 100 袋需增加 3 袋。取样时，用口袋探针从口袋的上下两个部位采样，或将袋平放，将探针的槽口向下，从袋口的一角按对角线方向插入袋中，然后转动器柄使槽口向上，抽出探针，取出样品。

2. 液体或半固体饲料

（1）液体饲料　　桶或瓶装的植物油等液体饲料应从不同的包装单位（桶或瓶）中分别取样，然后混合。取样的桶数为：0～5 桶，全选；6～7 桶，取样桶数不少于 5 桶；8～10 桶，取样桶数不少于 7 桶；11～50 桶，取样桶数不少于 10 桶；51～100 桶，取样桶数不少于 15 桶；101 桶以上，按不少于总桶数的 15%扦取。

取样时，将桶内饲料搅拌均匀（或摇匀），然后将空心探针缓慢地自桶口插至桶底，然后堵压上口提出探针，将液体饲料注入样品瓶内混匀。对散装（大池或大桶）的液体饲料按散装液体高度分上、中、下三层分层布点取样。上层距液面约 40cm 处，中层设在液体中间，下层距池底 40cm 处，三层采样数量的比例为 1∶3∶1（卧式液池、车槽为 1∶8∶1）。采样时，将探针关闭，插入采样部位后，打开探针让饲料进入筒内，提出探针即得料样。原始样品的数量取决于总量，总量为 500t 以下，应不少于 1.5kg；501～1000t，应不少于 2.0kg；1001t 以上，应不少于 4.0kg。原始样品混匀后，再采集 1kg 作次级样品备用。

（2）固体油脂　　对在常温下呈固体的动物性油脂的采样，可参照固体饲料采样方法，但原始样品应通过加热熔化混匀后，才能采集次级样品。

（3）黏性液体　　黏性浓稠饲料如糖蜜，可在卸料过程中采用抓取法，即定时用勺等器具随机采样。原始样品数量应为，总量 1t 至少采集 1L。原始样品充分混匀后，即可采集次级样品。

3. 块饼类　　块饼类饲料的采样依块饼的大小而异。

大块状饲料从不同的堆积部位选取不少于五大块，然后从每块中切取对角的小三角形，将全部小三角形块捶碎混合后得原始样品，然后再用四分法取分析样品 200g 左右。小块的油粕，要选取具有代表性的数十片（25～30 片），粉碎后充分混合得原始样品，再用四分法取分析样 200g 左右。

4. 块根、块茎类　　这类饲料的特点是含水量大，由不均匀的大体积单位组成。采样时，通过采集多个单独样品来消除每个个体间的差异。样品个数的多少，根据样品的种类和成熟的均匀与否，以及所需测定的营养成分而定，见表 13-1。

表 13-1　块根、块茎取样数量

种类	数量/个	种类	数量/个
一般块根、块茎饲料	10～20	胡萝卜	20
马铃薯	50	南瓜	10

5. 新鲜青绿饲料　　新鲜青绿饲料包括天然牧草、蔬菜类、作物的茎叶和藤蔓等。一般取样是在天然牧地或田间，在大面积的牧地上应根据牧地类型划区分点采样。每区选 5 个以

上的点，每点为 $1m^2$ 的范围，在此范围内离地面 3～4cm 处割取牧草，除去不可食草，将各点原始样品剪碎，混合均匀得原始样品。然后，按"四分法"取分析样品 500～1000g，取 300～500g 用于测定初水分，一部分立即用于测定胡萝卜素等，其余在 60～65℃的恒温干燥箱中烘干备用。

栽培的青绿饲料应视田块的大小，按上述方法等距离分点，每点采一至数株，切碎混合后取分析样品。该方法也适用于水生饲料，但注意采样后应晾干样品外表游离水分，然后切碎取分析样品。

6. 粗饲料　这类饲料包括秸秆及干草类。取样方法为在存放秸秆或干草的堆垛中选取 5 个以上不同部位的点采样，每点采样 200g 左右，采样时应注意由于干草的叶子极易脱落，影响其营养成分的含量，故应尽量避免叶子的脱落，采取完整或具有代表性的样品，保持原料中茎、叶的比例。然后将采取的原始样品放在纸或塑料布上，剪成 1～2cm 长度，充分混合后取分析样品约 300g，粉碎过筛。少量难粉碎的秸秆渣应尽量捶碎弄细，并混入全部分析样品中，充分混合均匀后装入样品瓶中，切记不能丢弃。

二、样品的制备

样品的制备指将原始样品或次级样品经过一定的处理成为分析样品的过程。样品制备方法包括烘干、粉碎和混匀，制备成的样品可分为半干样品和风干样品。

（一）风干样品的制备

风干饲料是指自然含水量不高的饲料，一般含水量在 15%以下，如玉米、小麦等作物的籽实、糠麸、青干草、蒿秕、配合饲料等。

原始样品的采集按照几何法和四分法进行。对不均匀的原始样品如干草、秸秆等，可经过一定处理如剪碎或捶碎等，混匀，按四分法采得次级样品。对均匀的样品如玉米、粉料等，可直接用四分法采得次级样品。然后用植物样本粉碎机、旋风磨、咖啡磨和滚筒式样品粉碎机粉碎至适宜粒度，制备成分析样品。

（二）半干样品的制备

半干样品是由新鲜的青饲料、青贮饲料等制备而成。这些新鲜样品含水分高，占样品重的 70%～90%，不易粉碎和保存。除少数指标如胡萝卜素的测定可直接使用新鲜样品外，一般在测定饲料的初水分含量后制成半干样品，以便保存，供其余指标分析备用。

初水分是指新鲜样品在 60～65℃的恒温干燥箱中烘 8～12h，除去部分水分，然后回潮使其与周围环境的空气湿度保持平衡，在这种条件下所失去的水分称为初水分。去掉初水分之后的样品称为半干样品。

半干样品的制备包括烘干、回潮和称恒重三个过程。最后，半干样品经粉碎机磨细，通过 1.00～2.5mm 孔筛，即得分析样品。将分析样品装入广口磨口瓶中，在瓶上贴上标签，注明样品名称、采样地点、采样日期、制样日期、分析日期和制样人，然后保存备用。

第二节　毒物分析项目与方法的确定

要对饲料中毒物进行分析，最关键的两点是分析项目和检测方法的确定。

一、毒物分析项目的确定

对于一种饲料或产品是否需要对其进行毒物分析，需要进行哪些项目的检测，主要是根据原料特性或产品组成的特点等来决定。确定毒物分析项目的重要依据有以下两点。

1. 毒物的分布和种类　不同种类的毒物分布特点不同，如棉酚主要存在于棉籽饼（粕）中，尿素酶主要存在于大豆粕中，黄曲霉毒素 B_1 在玉米、花生粕中容易产生。因此对于单一饲料，要根据其自身的特点，确定其需要检测的毒物项目，对于配合饲料等产品，要根据其可能使用的原料种类和特点，确定其需要检测的项目。

对于有些饲料，不仅要对其中所含的毒物本身进行分析，还需要对其降解产物进行分析，如菜籽粕，不仅要分析其硫葡萄糖苷含量，还要对其降解产生的有毒产物噁唑烷硫酮和异硫氰酸酯进行分析。

2. 毒物存在的形态　毒物在饲料中可能以游离态和结合态存在。不同形态存在的有毒物质，其毒性或有害作用大小不同，如棉籽饼（粕）中存在的棉酚就有两种形态：结合棉酚和游离棉酚。对于单胃动物，结合棉酚几乎无毒，而游离棉酚危害比较大，影响生殖功能，且能使蛋黄变色，因此在检测时一般只测定游离棉酚的含量。另外，草酸的测定也分为游离草酸和总草酸的测定。因此要根据具体情况选择测定项目。

二、毒物分析方法的确定

饲料中毒物含量分析结果是饲料卫生安全监测控制和安全饲料生产的重要依据，必须确保结果准确可靠。

（一）分析方法确定的原则

检验方法是开展饲料中毒物分析工作的重要依据，检验方法的可靠性直接影响检验结果的准确性和可靠性。检验方法有很多来源途径，主要包括国家或行业颁布的标准测定方法、国际权威组织机构如国际标准化组织（ISO）、美国公职化学家协会（AOAC），以及其他国家和地区颁布的官方方法、教科书、权威学术刊物、企业标准等。在饲料毒物分析工作中，选择检验方法一般应遵循以下原则。

1）同一检验项目如果有两种或两种以上检验方法时，应首选国家或行业标准，且国家标准高于行业标准。其次考虑国际标准。目前我国颁布的很多国家标准都是等同或修改采用 ISO 标准。

2）由于受实验室条件限制而需要采用别的方法测定时，必须首先考察方法的性能指标，看是否能满足分析的需要。

3）在方法性能指标达到要求的基础上，尽量选择操作简便、省时、省力和试剂消耗量少的测定方法。

4）如果同一标准中，同时包含 2 种以上的方法，测定结果出现争议时，应以仲裁法的结果为准。

5）对所开展的分析项目的检测方法标准要进行跟踪，及时采用新颁布的方法，确保方法的有效性。

（二）分析方法的主要性能指标

对于一个方法，需要考察以下几个主要性能指标。

1. 专一性　指一个方法区分和排除样品中其他组分对待测物质检测的干扰能力。影响专一性的因素很多，主要是方法基于的原理，但也受待测物质的类别和样品基质的影响。干扰物可能是待测物质的类似物和异构体等。

2. 准确度　指测定值与真值的接近程度，一般情况下，真值无法知道，所以一般以指定的参比物质数值代替真值来衡量，或以添加回收率来衡量。

回收率一般采用在空白样品中添加一定量的待测物质，然后测定其含量或浓度，除以添加量即可计算出回收率，一般用百分比表示。

3. 精密度　精密度采用方法的重复性和重现性来表示。重复性为实验室内的变异，而重现性为实验室间的变异。

4. 检测限和定量限　检测限为方法对待测物质的最低可检测浓度，一般要求信噪比为 3∶1。定量限为方法对待测物质的最低准确定量检测浓度，一般要求信噪比为 10∶1。对定量限的确定还要考虑回收率，即定量限处的回收率一般宜在 80%以上。

在实际工作中，除了考察上述主要性能指标外，还要着重考虑方法的实用性、适用性、经济性、安全性和分析效率等，如方法所用试剂、仪器、设备和其他消耗品是否经济、易得，是否适合所分析样品的基质，是否需要训练有素的专门人才，分析时间是否过长，欧盟规定一个方法的分析时间一般不超过 2 天。

第三节　毒物分析结果的判定和报告

一、毒物分析结果的判定

（一）分析结果表示的基础

在饲料毒物分析中，人们所碰到的样品主要是水分含量比较高的新鲜样品如新鲜牧草、糟渣等，以及风干样品如谷物、饼粕类饲料和配合饲料等饲料产品。在样本的采集与制备一节中已经讲过，对于水分含量比较高的新鲜样品由于难以直接进行样品制备，通常需要先 65℃左右烘干至恒重，计算初水分测定结果，然后制样，再进行分析，样品的分析结果要求以原样基础表示。另外，有些样品的分析结果，为了便于与同类产品进行比较，要求报告结果以干物质基础表示。

鉴于上述情况，分析结果表示基础有两种情况：原样基础和干物质基础。

原样基础表示又分两种情况。对于上面提到的风干样品直接按照实际分析结果进行报告即可，对于新鲜样品需要进行换算，换算方法为：测定结果×（1−初水分含量）×100。

干物质基础表示结果时，换算方法为：风干基础测定结果÷（1−105℃水分含量）×100。

（二）分析结果的判断依据

在实际毒物分析工作中，分析化验不仅要出据准确可靠的分析数据，还要对分析结果做出合格或不合格的判定。做判定时，主要依据产品、原料标准及饲料卫生标准（GB 13078—2001）的有关规定，以及采购合同和饲料检测结果判定的允许误差标准（GB/T 18823—2010）等。因此，要求从事检验、化验的人员必须熟悉各种原料和产品的特性，甚至加工工艺、国家的相关法律法规及颁布的各种产品标准。

对于判定为不合格品的样品和一些异常结果，如比常规值过高或过低，要进行复检，有条件的可以安排另外一名有资质的化验员同时测定，最大限度地排除分析过程导致的误差。

二、毒物分析报告

分析报告是检验工作的最终产品，为了确保其客观、公正和科学，必须做到以下几个方面。

（一）报告编号要求

要求对检验报告进行唯一性编号，为了便于管理，检验报告编号通常与样品编号一致，检验报告编号在右上角。编号由检验样品类别、年份、检验室和样品顺序号组成。检验样品类别即指委托检验、仲裁检验和监督检验等。

（二）检验报告封背内容要求

要求检验报告封背应清晰简洁地列出“复制报告未重新加盖检验报告专用章或检验单位公章无效”的声明；列出注意事项及检验机构地址、邮编、电话、传真等。

（三）检验报告内容与附页要求

1. 检验报告内容基本栏目

（1）产品名称　即样品通用名称，应按包装上的品名（中文名或外文名）填写。

（2）型号规格、注册商标　没有不填者，划横线“—”。

（3）受检单位　指检品的直接提供者，应写单位的全称。

（4）检验类别　填写“监督检验”“仲裁检验”“委托检验”“其他”。

（5）生产单位　按样品包装实样填写。

（6）样品等级　按标签填写。没有不填者，划横线“—”。

（7）抽样地点　没有不填者，划横线“—”。

（8）样品数量　即送检样品质量。按收到样品的实际质量填写，如50g等。

（9）样品外观　送检样品的颜色、形状。

（10）抽样基数　可供抽取样品的产品总量。

（11）抽（送）样日期、抽（供）样人　填写样品接收日期和供样人姓名。

（12）批号或生产日期　按样品包装实样上的批号或生产日期填写。

（13）联系电话/传真　填写供样人的联系电话/传真。

（14）所用主要仪器　按实际情况填写。

（15）检验项目　有“全检”、“部分检验”或“单项检验”。“部分检验”和“单项检验”应直接填写检验项目名称，如“鉴别”“含量”“活菌数”等。

（16）依据标准　按国家质量监督检验检疫总局和有关部门正式批准发布的饲料工业现行国家标准和行业标准，以及备案标准或客户指定方法填写。

（17）检验结论　内容应包括检验依据和检验结论。

（18）签发日期　填写实际签发日期。

（19）编制、审核、批准　检验报告要有编制人、审核人、批准人签字并注明日期。

（20）检验专用章　在检验报告封面检验单位处及报告首页的“检验结论”栏的日期处加盖检验专用章，并加盖骑缝章后有效。检验报告页码：检验报告满首页后，可续页，首页最后一行行尾注明“（转下页）”，续页行首注明“（接上页）”。检验报告未满页，应在最后一项检验项目的下一行加盖“以下空白”印章。

2. 检验报告附页要求　检验报告附页应列出所检验项目的技术要求，其内容如下。

（1）检验项目　“全检”、“部分检验”或“单项检验”中的具体检验项目。

（2）计量单位　填写法定计量单位。

（3）技术要求（判定合格界限）　标准值。

（4）检验结果　检验值。

（5）单项结论　单项判定，如“合格”“不合格”。

（四）检验报告的编制与审核

1）检验结束后，原始数据经过三级审核后，按照报告格式填写（三）中规定的相关内容编制报告。

2）送样检验的检验报告应有“仅对样品负责”的字样；对分包的检验项目，则应在检验报告中注明。

3）检验结果的综合判定结论。

A. 监督检验。①若样品全项检测，分为两种情况：一种是所检验项目全部合格，结论为 “经检验，所有参数均符合××标准，该产品（样品）合格”。另一种情况是所检项目中有不合格项，结论为“经检验，所检参数中有××不符合××标准要求，该产品（样品）不合格”。②若样品部分项目检测，但需要作判定时，分为两种情况：一种是所检验项目全部合格，结论为“经检验，所检参数均符合××标准要求”；另一种情况是所检项目中有不合格项，结论为“经检验，所检参数中有××不符合××标准要求，其余参数符合××标准要求”。③有判定细则的按细则要求判定。

B. 委托检验和仲裁检验。用户提出判定要求，有判定标准依据的，参照监督检验的判定结论进行判定。用户提出判定要求，依照明示标签（包装、合同）判定的，也参照监督检验的判定结论进行判定，但需将结论中的“××标准”改为“明示标签（包装、合同）”。用户提出判定要求，无判定标准依据，也无明示标签（包装、合同），或用户未提出判定要求的，结论为“只进行参数检验，不予判定”。

4）分析报告的审核。①报告编制人负责数据转移和文字等的正确性。②报告审核人员主要负责审查产品检验所用技术标准是否合适，检测方法是否正确，检验报告所附检验数据与检验记录是否相符，检验记录签字是否完整，检验结论是否规范正确。③报告由授权签字人审批，应重点审查判定结论是否正确和符合规定要求，抽查部分检验报告的数据是否与检验记录相符。④在报告审查审批过程中，任何人无权更改检验数据。即使发现错误，也应由检验人员按照实际检验情况更改，重新履行审批手续。⑤批准人、审核人和编制人用签字笔或钢笔在检验报告上签字。

（五）检验报告的盖章及发送

1）检验报告经三级审核后，在检验报告封面及首页的检验结论处加盖检验机构印章，在检验结论页及各页的骑缝处加盖“检验专用章”。

2）检验报告分“正本”和“副本”，分别在右上角加盖正本和副本印章，正本检验报告交给委托方或受检方，副本检验报告与检验记录归档保存，保存期一般要求 3～5 年。

第十四章　饲料中天然有害物质的检测

本章着重介绍了棉籽饼（粕）中游离棉酚，菜籽饼（粕）中硫葡萄糖苷、噁唑烷硫酮和异硫氰酸酯，大豆饼（粕）中尿素酶活性，饲料中亚硝酸盐和硝酸盐、氢氰酸、植酸和单宁等天然有毒物质的含量测定。

第一节　棉籽饼（粕）中游离棉酚含量的检测

目前，测定游离棉酚的方法有比色法和液相色谱法。常用的比色法为苯胺比色法和间苯三酚法。苯胺比色法准确度高、精密度好，也是国家标准方法（GB/T 13086—1991）；间苯三酚法为快速方法，简便、灵敏度高，但精密度比苯胺比色法差。液相色谱法准确度高，干扰少，是比较理想的方法，《食品安全国家标准植物性食品中游离棉酚的测定》（GB/T 5009.148—2014）为液相色谱法。液相色谱法所测得的游离棉酚含量结果比比色法结果低，其原因主要是比色法测定的结果除了游离棉酚外，还包括棉酚的磷脂衍生物和亲水棉酚衍生物。苯胺比色法（GB/T 13086—1991）不需要标准品，便于推广应用，此处着重介绍该方法。

一、适 用 范 围

本方法适用于棉籽粉、棉籽饼（粕）和含有这些物质的配合饲料（包括混合饲料）中游离棉酚的测定。

二、测 定 原 理

在3-氨基-1-丙醇存在的条件下，用异丙醇与正己烷的混合溶剂提取游离棉酚，用苯胺使棉酚转化为苯胺棉酚，在最大吸收波长440nm处进行比色测定。

三、试剂和溶液

除特殊规定外，本方法所用试剂均为分析纯，水为蒸馏水或相应纯度的水。

1）异丙醇。

2）正己烷。

3）冰醋酸。

4）苯胺（$C_6H_5NH_2$）：如果测定的空白试验吸光值超过0.022时，应在苯胺中加入锌粉进行蒸馏，弃去开始和最后的10%蒸馏部分，放入棕色的玻璃瓶内贮存在0～4℃冰箱中，该试剂可稳定几个月。

5）3-氨基-1-丙醇（$H_2NCH_2CH_2CH_2OH$）。

6）异丙醇-正己烷（6+4）混合溶剂。

7）溶剂A：量取约500mL异丙醇-正己烷混合溶剂、2mL 3-氨基-1-丙醇、8mL冰醋酸和

50mL 水于 1000mL 的容量瓶中，再用异丙醇-正己烷混合试剂定容至刻度。

四、仪器和设备

1）分光光度计：有 10mm 比色池，可在 440nm 处测量吸光度。

2）振荡器：振荡频率 120～130 次/min，往复。

3）恒温水浴锅。

4）具塞锥形瓶：100mL、250mL。

5）容量瓶：25mL，棕色。

6）吸量管：1mL、3mL、10mL。

7）移液管：10mL、50mL。

8）漏斗：直径 50mm。

9）表面皿：直径 60mm。

五、试样的选取与制备

采集具有代表性的棉籽饼（粕）样品至少 2kg，用四分法缩分至约 250g，磨碎，过 2.8mm 孔筛，混匀，装入密闭容器，防止试样变质，低温保存备用。

六、测 定 步 骤

1）称取 1～2g 试样（精确到 0.001g），置于 250mL 具塞锥形瓶中，加入 20 粒玻璃珠，用移液管准确加入 50mL 溶剂 A，塞紧瓶塞，放入振荡器内振荡 1h（120 次/min 左右）。用干燥的定量滤纸过滤，过滤时在漏斗上加盖一表面皿以减少溶剂挥发，弃去最初几滴滤液，收集滤液于 100mL 具塞锥形瓶中。

2）用吸量管吸取等量双份滤液 5～10mL（每份含 50～100μg 的棉酚）分别至 2 个 25mL 棕色容量瓶 a 和 b 中，如果需要，用溶剂 A 补充至 10mL。

3）用异丙醇-正己烷混合溶剂稀释 a 至刻度，摇匀，该溶液用作试样测定液的参比溶液。

4）用移液管吸取 2 份 10mL 的溶剂 A 分别至两个 25mL 棕色容量瓶 a_0 和 b_0 中。

5）用异丙醇-正己烷混合溶剂补充容量瓶 a_0 至刻度，摇匀，该溶液用作空白测定液的参比溶液。

6）加 2.0mL 苯胺于容量瓶 b 和 b_0 中，在沸水浴上加热 30min 显色。

7）冷却至室温，用异丙醇-正己烷混合溶剂定容，摇匀并静置 1h。

8）用 10mm 比色池在波长 440nm 处，用分光光度计以 a_0 为参比溶液测定空白测定液 b_0 的吸光度，以 a 为参比溶液测定试样测定液 b 的吸光度，从试样测定液的吸光度中减去空白测定液的吸光度，得到校正吸光度 A。

七、结 果 计 算

试样中游离棉酚的质量分数 X（mg/kg）按式（14-1）计算。

$$X=\frac{A\times1250\times1000}{K\times m\times V}=\frac{A\times1.25}{K\times m\times V}\times10^{6} \tag{14-1}$$

式中，A 为校正吸光度；m 为试样质量，g；V 为测定用滤液的体积，mL；K 为质量吸收系数，游离棉酚为 62.5L/（cm · g）。

八、结果表示与重复性

每个试样取 2 个平行样进行测定，以其算术平均值作为结果。结果表示到 20mg/kg。

同一分析者对同一试样同时或快速连续地进行 2 次测定，所得结果之间的差值：游离棉酚含量<500mg/kg 时，不得超过平均值的 15%；游离棉酚含量为 500～750mg/kg 时，绝对相差不得超过 75mg/kg；游离棉酚含量>750mg/kg 时，不得超过平均值的 10%。

第二节　菜籽饼（粕）中硫葡萄糖苷含量的检测

菜籽饼（粕）中硫葡萄糖苷的测定分总量和分量测定。总量的测定方法有三类：第一类是直接测定硫葡萄糖苷，代表性方法为氯化钯法。该方法的缺点是各种硫葡萄糖苷与钯形成的络合物最大吸收和吸收系数稍有差异，易于发生沉淀，且显色时间长，难于准确定量；优点是简单、快速，适合大批量样品的分析。因此该方法仍是目前国内最常采用的分析方法。第二类是通过测定硫葡萄糖苷水解后产生的硫酸根间接测定其含量。例如，利用钡盐沉淀硫酸根的质量法或钡盐沉淀后，用 EDTA 或原子吸收光谱法测定过量钡离子，从而实现对硫葡萄糖苷的定量测定。这类方法存在游离硫酸根和含硫化合物干扰的扣除问题，影响了其推广应用。第三类是通过测定硫葡萄糖苷水解后产生的葡萄糖而间接测定其含量，主要包括葡萄糖氧化酶-过氧化物酶-安替比林比色法（简称酶比色法）、二硝基水杨酸法、麝香草酚蓝法等。酶比色法和二硝基水杨酸法存在游离葡萄糖干扰和芥子酶酶解是否完全等问题。麝香草酚蓝法尽管克服了游离葡萄糖干扰，灵敏度高，但重现性差，且由于测定操作过程中涉及用浓硫酸比色，存在安全隐患。

硫葡萄糖苷的分量测定需要借助仪器分析来实现，其分析方法主要包括液相色谱法和气相色谱法。液相色谱法简单、快速，准确度和重现性都比较好。气相色谱法对环状硫葡萄糖苷、吲哚类硫葡萄糖苷、受热而分解的硫葡萄糖苷的测定还不够完善，有待进一步改进。本节介绍酶解-葡萄糖显色法（SN/T 1868—2007）。

一、适 用 范 围

本方法适用于油菜籽及其饼（粕）中硫代葡萄糖苷总量的测定。油菜籽及其饼（粕）中硫代葡萄糖苷总量的测定低限为 1μmol/g。

二、测 定 方 法

（一）测 定 原 理

样品加热使自然态酶灭活，经沸水提取后，用弱阴离子交换树脂柱层析净化，添加黑芥子硫苷酸酶水解硫代葡萄糖苷，得到葡萄糖并用水洗脱。加入葡萄糖显色试剂，使样品溶液呈红色，在 505nm 波长条件下测吸光度，根据葡萄糖标准曲线校正，计算样品中硫代葡萄糖苷总量。

（二）试剂和材料

除另有规定外，试剂为分析纯，水为蒸馏水。

1）无水磷酸氢二钠。

2）氯化钠。

3）钨酸钠。

4）苯酚。

5）浓盐酸。

6）弱阴离子交换树脂，DEAE，Sephadex A-25。

7）氢氧化钠。

8）冰醋酸。

9）无水乙酸钠。

10）三羟甲基氨基甲烷。

11）黑芥子硫苷酸酶（EC 3.2.1.147），活力单位为200U/g。

12）4-氨基安替吡啉。

13）葡萄糖氧化酶（EC 1.1.3.4），活力单位为20 000U/66.67mg。

14）过氧化物酶（EC 1.11.1.7），活力单位为10 000U/52.6mg。

15）盐酸溶液（2mol/L）：量取17.2mL浓盐酸倒入100mL水中。

16）苯酚-钨酸溶液：称取5.0g钨酸钠、5.0g无水磷酸氢二钠和9.0g氯化钠于500mL容量瓶中，用约350mL水溶解，用2mol/L盐酸溶液调节pH至3.0，加入2.0g苯酚，用水定容至500mL。

17）氢氧化钠溶液（0.5mol/L）：称取20g氢氧化钠溶解于约800mL水中，以水定容至1L。

18）乙酸钠缓冲液（0.2mol/L）：称取16.5g无水乙酸钠和11.5mL冰醋酸溶解于约950mL水中，用2mol/L盐酸溶液调节pH至4.9，用水定容至1L。

19）Tris-HCl缓冲液：称取1.6g三羟氨基甲基甲烷溶解于约900mL水中，用2mol/L盐酸溶液调节pH至7.0，用水定容至1L。

20）黑芥子硫苷酸酶溶液：称取500mg黑芥子硫苷酸酶于10mL容量瓶中，加水溶解并定容，试验当日制备。

21）葡萄糖显色溶液：称取10g无水磷酸氢二钠于盛有约750mL水的1L容量瓶中，加入131.7mg葡萄糖氧化酶于容量瓶中并摇匀；称取16.7mg过氧化物酶和333mg 4-氨基安替吡啉于盛有约10mL水的烧杯中并搅拌使其溶解，移入容量瓶并用水定容；溶液保存在棕色瓶中并于4℃冷藏。

22）苯甲酸。

23）无水葡萄糖标准品：纯度≥99%。

24）葡萄糖标准储备液：将无水葡萄糖于40℃真空烘箱中干燥4h。冷却后称取1.0000g葡萄糖于烧杯内，加入1g苯甲酸防腐剂，用水溶解并转移至1L容量瓶内，用水稀释定容。葡萄糖储备液中葡萄糖浓度为5.56μmol/mL。

25）试管：13mm × 100mm，具有螺旋盖。

26）Poly-prep 层析柱：称取 0.1g（准确至 0.001g）DEAE Sephadex A-25 树脂装填入 Poly-prep 层析柱。柱下装好活塞，使活塞处于关闭状态。在每支层析柱上沿柱壁加入 10mL 水，打开活塞，使约 2mL 水流过柱的填充料部分。关上活塞，将层析柱加盖，放置过夜，使层析柱内填充物膨润。打开活塞，依次用下列溶液淋洗层析柱使其活化：5mL 0.5mol/L 氢氧化钠溶液、10mL 水、5mL 乙酸钠缓冲液、10mL 水，并使其排干。关上活塞，将柱加盖准备加入样品。

27）Poly-prep 柱双向活塞。

28）层析柱盖帽。

29）容量瓶，10mL。

（三）仪器和设备

1）电子天平：感量 0.0001g 和 0.001g。

2）真空烘箱。

3）恒温水浴锅。

4）紫外/可见分光光度计。

5）粉碎机或相当的设备。

6）试管加热器或相当的设备。

7）离心机：转速 5000r/min。

（四）测 定 步 骤

1）样品制备：油菜籽样品经除去杂质后，用粉碎机粉碎并通过Φ1mm 圆孔筛，混匀。

油菜籽饼（粕）样品直接用粉碎机粉碎并通过Φ1mm 圆孔筛，混匀。

2）灭酶和提取：称取 0.2g 样品（准确至 0.001g）于 13mm × 100mm 具螺旋盖试管中。不加盖，将试管置于加热器中于 100～120℃条件下加热灭酶 1h。在试管中加入 2mL 沸水，加盖混匀，再置于加热器中于 100～120℃条件下提取 1h。将试管取出于室温下冷却，加入 2mL 常温的水，混匀并在 3000r/min 条件下离心 10min。将上清液移入 10mL 容量瓶内，样品再各以 2mL 水提取 2 次。将上清液合并至同一容量瓶内，用水稀释并定容至 10.0mL，混匀。

3）水解：准确移取适量样品提取溶液（1.0～5.0mL）于已制备好的层析柱中，使柱排干。用 3mL Tris-HCl 缓冲液沿柱壁淋洗层析柱，并使柱排干。向层析柱中加入 1.0mL 黑芥子硫苷酸酶溶液，使黑芥子硫苷酸酶溶液进入柱的填充料部分，并确保使填充料的顶部仍处于酶溶液的凹液面之下。关闭活塞，在柱上加盖，置于 37℃恒温水浴中水解 1h。

4）洗脱：取出层析柱，用 6mL 水分 6 次洗脱层析柱，将洗脱液收集于 10.0mL 容量瓶中。加入 2.0mL 苯酚-钨酸溶液，用水定容到 10.0mL，混匀。

5）测定：将上述洗脱液移入离心管并于 3000r/min 条件下离心 10min。准确移取上清液 1.0mL 于 13mm × 100mm 试管中，加入 3.0mL 葡萄糖显色溶液，加盖混匀，置于 37℃恒温水浴中保温 30min，取出，冷却至室温，用紫外/可见分光光度计在 505nm 波长下测定吸光度。

6）标准曲线制作：准确移取 0mL、0.10mL、0.20mL、0.40mL、0.60mL、1.00mL、1.50mL、2.00mL 葡萄糖储备液于 10mL 容量瓶中，在每个容量瓶中加入 2mL 苯酚-钨酸试剂并用水定容。分别准确移取葡萄糖标准工作溶液 1.0mL 于 13mm×100mm 试管。在每个试管中加入 3.0mL 葡萄糖显色溶液并混匀，置于 37℃恒温水浴中保温 30min。将试管取出，冷却至室温，用紫外/可见分光光度计在 505nm 波长下测定吸光度。以 0mL 葡萄糖管作为空白校正。用葡萄糖系列标准工作溶液的校正吸光度数值作为 *Y* 轴，对应葡萄糖系列标准工作溶液中葡萄糖的量（μmol）为 *X* 轴，绘制标准曲线或计算直线回归方程。

7）空白试验：称取 0.2g 样品（准确至 0.001g）于 13mm×100mm 具螺旋盖试管中，加入 2mL 常温的水，混匀，并在 3000r/min 条件下离心 10min，将上清液移入 10mL 容量瓶内。同样再提取三次，将上清液合并并用水稀释定容至 10.0mL，混匀。以下除不加黑芥子硫苷酸酶溶液酶解外，按照上述步骤 3）～5）操作。

8）结果计算与表述：样品中硫代葡萄糖苷总量按式（14-2）计算。

$$W = \frac{X \times 100}{m \times V} \tag{14-2}$$

式中，*W* 为样品中硫代葡萄糖苷总量，μmol/g；*X* 为由标准曲线查得或由回归方程算得的测定溶液中的葡萄糖量，μmol；*m* 为样品质量，g；*V* 为用于上柱样品提取液的体积，mL；100 为样品提取液总体积，mL。

第三节　菜籽饼（粕）中噁唑烷硫酮和异硫氰酸酯含量的检测

硫葡萄糖苷本身无毒性，但在硫葡萄糖苷酶（芥子酶）或胃肠道细菌酶的催化作用下，产生异硫氰酸酯（ITC）和噁唑烷硫酮（OZT）等有毒化合物。目前我国及许多国家都以异硫氰酸酯和噁唑烷硫酮作为衡量菜子饼（粕）含毒量的重要指标。噁唑烷硫酮不易挥发，并在 245nm 处有最大吸收，因此一般采用紫外分光光度法测定（GB/T 13089—1991）；异硫氰酸酯的测定可采用气相色谱法和银量法。

一、噁唑烷硫酮的测定（紫外分光光度法）

（一）适 用 范 围

本方法适用于菜籽饼（粕）和配合饲料中噁唑烷硫酮的测定。

（二）测 定 原 理

饲料中的硫葡萄糖苷被硫葡萄糖苷酶（芥子酶 EC 3.2.3.1）水解，再用乙醚萃取生成噁唑烷硫酮，用紫外分光光度计测定。

（三）试剂和溶液

除特殊规定外，本方法所用试剂均为分析纯，水为蒸馏水或相应纯度的水。

1）乙醚：光谱纯或分析纯。

2）去泡剂：正辛醇。

3）pH7 缓冲液：量取 0.1mol/L（21.01g/L）柠檬酸（$C_6H_8O_7 \cdot H_2O$）溶液 35.3mL 于 200mL 容量瓶中，再用 0.2mo/L 磷酸氢二钠（$Na_2HPO_4 \cdot 12H_2O$）溶液调节 pH 至 7.0。

4）酶源：用白芥（*Sinapis alba* L.）种子（72h 内发芽率必须大于 85%，保存期不得超过 2 年）制备。将白芥籽磨细，使 80%通过 0.28mm 孔径筛子，用正己烷或石油醚（沸程 40～60℃）提取其中的脂肪，使残油不大于 2%，操作温度保持在 30℃以下，放通风橱于室温下使溶剂挥发。此酶源置于具塞玻璃瓶中在 4℃条件下保存，可用 6 周。

（四）仪器和设备

1）分析天平：感量 0.0001g。

2）样品筛：孔径 0.28mm。

3）样品磨。

4）玻璃干燥器。

5）恒温干燥箱：（103±2）℃。

6）三角烧瓶：25mL、100mL、250mL。

7）容量瓶：25mL、100mL。

8）烧杯：50mL。

9）分液漏斗：50mL。

10）移液管：2mL。

11）振荡器：振荡频率 100r/min（往复）。

12）分光光度计：有 10mm 石英比色池，可在 200～300nm 处测量吸光度。

（五）试样选取与制备

采集具有代表性的样品至少 500g，用四分法缩分至 50g，再磨细，使其 80%能通过 0.28mm 分析筛。

（六）测定步骤

1）称取试样[菜籽饼（粕）1.1g，配合饲料 5.5g]于事先干燥称重（精确到 0.001g）的烧杯中，放入恒温干燥箱，在（103±2）℃条件下烘烤至少 8h，取出置于干燥器中冷却至室温，再称重，精确到 0.001g。

2）试样的酶解：将干燥称重的试样全部倒入 250mL 的三角烧瓶中，加入 70mL 沸缓冲液，并用少许冲洗烧杯；使冷却至 30℃，然后加入 0.5g 酶源和几滴去泡剂，于室温条件下振荡 2h。立即将内容物定量转移至 100mL 容量瓶中，用水洗涤三角烧瓶，并稀释至刻度。过滤至 100mL 三角烧瓶中，滤液备用。

3）试样测定：取上述滤液[菜籽饼（粕）1.0mL，配合饲料 2.0mL]至 50mL 分液漏斗中，每次用 10mL 乙醚提取 2 次，每次小心从上面取出上层乙醚。合并乙醚层于 25mL 容量瓶中，用乙醚定容至刻度。在 200～280nm 条件下测定其吸光度，用最大吸光度减去 280nm 处的吸光度得试样测定吸光度 A_E。

4）试样空白测定[菜籽饼（粕）此项免去，A_B 为零]：按 1）～3）同样操作，只加试样不加酶源，测得值为试样空白吸光度 A_B。

5）酶源空白测定：按 1）～3）同样操作，不加试样只加酶源，测得值为酶源空白吸光度 A_C。

（七）计算和结果表示

试样中噁唑烷硫酮的质量分数（X）（mg/g）按式（14-3）计算。

$$X = \frac{(A_E - A_B - A_C) \times C_P \times V_2 \times V}{1000 \times m \times V_1} \qquad (14\text{-}3)$$

式中，A_E为试样测定吸光度；A_B为试样空白吸光度；A_C为酶源空白吸光度；C_P为转换因素，吸光度为1时，每升溶液中噁唑烷硫酮的毫克数，其值为8.2；V为试样的滤液总体积，mL；V_1为试样测定用的滤液体积，mL；V_2为试样测定液的乙醚相总体积，mL；1000为毫升转化为升时的转换系数；m为试样绝干质量，g。

若试样测定液经过稀释，计算时应予考虑。

（八）结果表示与重复性

每个试样取2个平行样进行测定，以其算术平均值作为结果。结果表示到0.01mg/g。

同一分析者对同一试样同时或快速连续地进行两次测定，所得结果之间的差值：噁唑烷硫酮≤0.20mg/g时，不得超过平均值的20%；噁唑烷硫酮含量为0.20～0.50mg/g时，不得超过平均值的15%；噁唑烷硫酮含量>0.50mg/g时，不得超过平均值的10%。

二、异硫氰酸酯的测定

异硫氰酸酯的测定方法主要有气相色谱法和银量法（GB 13087—1991）。异硫氰酸酯在高温下易挥发，因此可采用气相色谱法测定，该法的准确度和精密度均较好。

（一）气相色谱法

1. 适用范围　本方法适用于配合饲料（包括混合饲料）和菜籽饼（粕）中异硫氰酸酯的测定。

2. 原理　配合饲料或菜籽饼（粕）中存在的硫葡萄糖苷，在芥子酶作用下生成相应的异硫氰酸酯，用二氯甲烷提取后再用气相色谱进行测定。

3. 试剂和溶液　除特殊规定外，本方法所用试剂均为分析纯，水为蒸馏水或相应纯度的水。

1）二氯甲烷或三氯甲烷。

2）丙酮。

3）pH7缓冲液：市售或按下法配制。量取0.1mol/L（21.01g/L）柠檬酸（$C_6H_8O_7 \cdot H_2O$）溶液35.3mL于200mL容量瓶中，用0.2mol/L磷酸氢二钠（$Na_2HPO_4 \cdot 12H_2O$）稀释至刻度，配制后检查pH。

4）无水硫酸钠。

5）酶制剂：将白芥（*Sinapis alba* L.）种子（72h内发芽率必须大于85%，保存期不超过2年）粉碎后，称取100g，用300mL丙酮分10次脱脂，滤纸过滤，得真空干燥脱脂的白芥子粉，然后用400mL水分2次提取脱脂粉中的芥子酶，离心，取上层混悬液体，合并，于合并混悬液中加入400mL丙酮沉淀芥子酶，弃去上清液，用丙酮洗沉淀5次，离心，真空干燥下层沉淀物，研磨成粉状，装入密闭容器中，低温保存备用，此制剂应不含异硫氰酸酯。

6）丁基异硫氰酸酯内标溶液：配制 0.100mg/mL 丁基异硫氰酸酯［$CH_3(CH_2)_3NCS$］二氯甲烷或三氯甲烷溶液，贮于 4℃，如试样中异硫氰酸酯含量较低，可将上述溶液稀释，使内标丁基异硫氰酸酯峰面积和试样中异硫氰酸酯峰面积相接近。

4. 仪器和设备

1）气相色谱仪：具有氢焰检测器。

2）氮气钢瓶：其中氮气纯度为 99.99%。

3）微量注射器：5μL。

4）分析天平：感量 0.0001g。

5）实验室用样品粉碎机。

6）振荡器：往复，200r/min。

7）具塞锥形瓶：25mL。

8）离心机。

9）离心试管：10mL。

5. 试样选取和制备　采集具有代表性的饲料样品至少 2kg，用四分法缩分至约 250g，磨碎，过 1mm 孔筛，混匀，装入密闭容器，防止试样变质，低温保存备用。

6. 测定步骤

（1）试样的酶解　称取约 2.2g 试样于具塞锥形瓶中，精确到 0.001g，加入 pH7 缓冲液 5mL、30mg 酶制剂、10mL 丁基异硫氰酸酯内标溶液，用振荡器振荡 2h，将具塞锥形瓶中内容物转入离心试管中，离心机离心，用滴管吸取少量离心试管下层有机相溶液，通过铺有少量无水硫酸钠层和脱脂棉的漏斗过滤，得澄清滤液备用。

（2）色谱条件

1）色谱柱：玻璃，内径 3mm，长 2m。

2）固定液：20% 聚苯醚（或其他效果相同的固定液）。

3）载体：Chromosorb W、红色硅藻土色谱载体 W/HP，80～100 目（或其他效果相同的载体）。

4）柱温：100℃。

5）进样口及检测器温度：150℃。

6）载气（氮气）流速：65mL/min。

（3）测定　用微量注射器吸取 1～2μL 上述澄清滤液，注入色谱仪，测量各异硫氰酸酯峰面积。

7. 结果计算

试样中异硫氰酸酯的质量分数按式（14-4）计算。

$$X=\frac{m_e}{115.19\times S_e\times m}\left[\left(\frac{4}{3}\times 99.15\times S_a\right)+\left(\frac{4}{4}\times 113.18\times S_b\right)+\left(\frac{4}{5}\times 127.21\times S_p\right)\right]\times 1000$$

即

$$X=\frac{m_e}{S_e\times m}\left(1.15S_a+0.98S_b+0.88S_p\right)\times 1000 \tag{14-4}$$

式中，X 为试样中异硫氰酸酯的含量，mg/kg；m 为试样质量，g；m_e 为 10mL 丁基异硫氰酸酯内标溶液中丁基异硫氰酸酯的质量，mg；S_e 为丁基异硫氰酸酯的峰面积；S_a 为丙烯基异硫氰酸酯的峰面积；S_b 为丁烯基异硫氰酸酯的峰面积；S_p 为戊烯基异硫氰酸酯的峰面积。

8. 结果表示与重复性　每个试样取 2 个平行样进行测定，以其算术平均值作为结果。结果表示到 1mg/kg。

同一分析者对同一试样同时或快速连续地进行两次测定，所得结果之间的差值：异硫氰酸酯含量≤100mg/kg 时，不超过平均值的 15%；异硫氰酸酯含量>100mg/kg 时，不超过平均值的 10%。

（二）银　量　法

1. 适用范围　本方法适用于配合饲料（包括混合饲料）和菜籽饼（粕）中异硫氰酸酯的测定。

2. 原理　菜籽饼（粕）中存在的硫葡萄糖苷，在芥子酶作用下可生成相应的异硫氰酸酯。用水汽蒸出后再用硝酸银-氢氧化铵溶液吸收而生成相应的衍生硫脲。过量的硝酸银在酸性条件下，以硫酸铁铵为指示剂，用硫氰酸铵回滴，再计算出异硫氰酸酯的含量。

3. 试剂和溶液　除特殊规定外，本方法所用试剂均为分析纯，水为蒸馏水或相应纯度的水。

1）95%乙醇。

2）去泡剂：正辛醇。

3）6mol/L 硝酸溶液：量取 195mL 浓硝酸，加水稀释至 500mL。

4）10%氢氧化铵溶液：取氨水（30%）100mL，加 200mL 水混匀。

5）硫酸铁铵溶液：称取 100g 硫酸铁铵[$NH_4Fe(SO_4)_2 \cdot 12H_2O$]，溶于 500mL 水中。

6）0.1mol/L 硝酸银标准溶液：准确称取在硫酸干燥器中干燥至恒重的基准硝酸银 16.987g，用水溶解后加水定容至 1000mL。置棕色瓶中避光保存。

7）0.1mol/L 硫氰酸铵标准储备液：称取 76g 硫氰酸铵，溶于 1000mL 水中。

8）0.01mol/L 硫氰酸铵标准工作液：临用前将 0.1 mol/L 硫氰酸铵标准储备液用水稀释 10 倍，摇匀。

9）pH4 缓冲液：称取 42g 柠檬酸（$C_6H_8O_7 \cdot H_2O$），溶于 1L 水中，用浓氢氧化钠溶液调节 pH 至 4。

10）粗酶制剂：取白芥（*Sinapis alba* L.）种子（72h 内发芽率必须大于 85%，保存期不得超过 2 年），粉碎后用冷石油醚（沸程 40～60℃）或正己烷脱脂，使脂肪含量不大于 2%，然后再粉碎一次使全部通过 0.28mm 筛；放 4℃冰箱可使用 6 周。

4. 仪器和设备

1）分析天平：感量 0.0001g。

2）恒温箱：可调温度 30～60℃，精度 ±1℃。

3）异硫氰酸酯蒸馏装置（图 14-1），其中 a 为 500mL 三角烧瓶（具塞），b 为 250mL 圆底烧瓶（在 70mL 处有一刻度）。

4）冰水浴装置。

5）沸水浴装置。

6）三角烧瓶：100mL、500mL，具塞。

7）容量瓶：100mL。

8）移液管：10mL、25mL。

9）吸量管：5mL、10mL。

10）半自动滴定管：5mL，最小分度为 0.02mL。

11）滤纸。

12）回流冷凝器，可与瓶 b 相配。

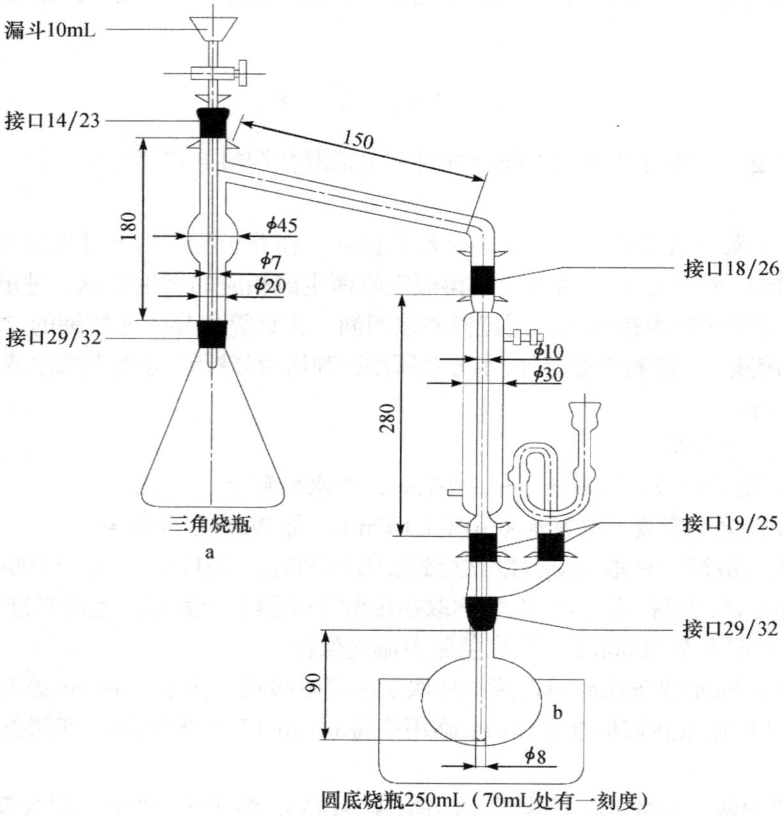

图 14-1　异硫氰酸酯蒸馏装置（单位：mm）

5. 试样选取与制备　采集具有代表性的样品至少 250g，用四分法缩分至 50g。若样品含脂率大于 5%时，需要事先脱脂，测定脂肪含量；若含脂率小于 5%时，则进一步磨碎使其 80%能通过 0.28mm 筛，混匀，装入密闭容器中，置−15℃保存备用。

6. 测定步骤

1）称取试样 2.2g 于事先烘烤并精确称重至 0.001g 的烧杯中，（103±2）℃烘烤至少 8h，在干燥器中冷却至室温后精确称重至 0.001g。

2）试样的酶解：将上述烘烤过的试样全部转移至 500mL 三角烧瓶 a 中，加入 100mL pH4 缓冲液，同时加入 0.5g 粗酶制剂。另取 1 个 500mL 三角烧瓶加入 pH4 缓冲液 100mL 和 0.5g 粗酶制剂。将三角烧瓶塞好塞子，置 40℃恒温箱中保温 3h，中间不时轻摇几次。

3）蒸馏接收瓶准备：准确量取 10.00mL 硝酸银标准溶液至 250mL 圆底烧瓶 b 中，并加入 2.5mL 氢氧化铵溶液。将此瓶 b 与蒸馏装置相连并置于冰水浴中，冷凝器末端必须没于硝酸银-氢氧化铵溶液中。

4）蒸馏：将盛试样的三角烧瓶 a 冷至室温，加入几粒玻璃珠和几滴去泡剂，然后与蒸馏装置相连，从上面漏斗中加入 95%乙醇 10mL，另加 95%乙醇 3mL 于接收瓶上的安全管中。缓慢加热蒸馏，至馏出液达到接收瓶 b 70mL 刻度处。

5）试样测定：取下接收瓶 b，将安全管中的乙醇倒入此瓶中，将它与回流冷凝器连接，于沸水中加热瓶中内容物 30min，然后取下冷却至室温。将内容物定量地转至 100mL 容量瓶中，用水洗接收瓶 b 2～3 次，用水稀释至刻度，摇匀后过滤于 100mL 三角烧瓶中，用移液管取 25mL 滤液于另一 100mL 三角烧瓶中，加 6mol/L 硝酸溶液 1mL 和 0.5mL 硫酸铁铵指示剂，用 0.01 mol/L 硫氰酸铵标准工作液滴定过量的硝酸银，直到稳定的淡红色出现为终点。

6）空白测定：按同样测定步骤操作，但不加试样，得到空白测定值。

7. 结果计算　试样中异硫氰酸酯的质量分数（X，mg/g）按式（14-5）计算。

$$X=\frac{4\times(V_1-V_2)\times c\times 56.59}{m}=\frac{c\times(V_1-V_2)}{m}\times 226.36 \tag{14-5}$$

式中，V_1 为空白测定所耗硫氰酸铵标准工作液的体积，mL；V_2 为试样测定所耗硫氰酸铵标准工作液的体积，mL；c 为硫氰酸铵标准工作液的浓度，mol/L；m 为干试样的绝干质量，g。

8. 结果表示与重复性　每个试样取 2 个平行样进行测定，以其算术平均值作为结果。结果表示到 0.01mg/g。

同一分析者对同一试样同时或快速连续地进行两次测定，所得结果之间的差值：异硫氰酸酯含量≤0.50mg/g 时，不得超过平均值的 20%；异硫氰酸酯含量为 0.50～1.00mg/g 时，不得超过平均值的 15%；异硫氰酸酯含量>1.00mg/g 时，不得超过平均值的 10%。

第四节　大豆饼（粕）中尿素酶活性的检测

尿素酶（简称脲酶）活性的测定有定性法和定量法。定性法简单、快速，可迅速地检测大豆制品的尿素酶活性，从而判断大豆制品的加热程度和抗营养因子的水平，因此易于在生产中应用，但不宜用作仲裁法。其中，酚红法是目前常用的定性测定方法。定量法又包括比色法、滴定法和 pH 增值法。比色法简单、快速，干扰较小，也是常用的测定方法；滴定法原理严谨，对酶活性的表示方式直观、准确，操作容易，是国际标准法，也是我国现行的推荐性国家标准方法（GB/T 8622—2006）。

一、滴定-pH 计法

1. 适用范围　本法适用于大豆、由大豆制得的产品和副产品中尿素酶活性的测定。用此方法可了解大豆制品的湿热处理程度。

2. 大豆制品中尿素酶活性的定义　尿素酶活性是指在（30±0.5）℃和 pH7.0 的情况下，每克大豆制品每分钟分解尿素释放的氨态氮的质量。尿素酶活性用每克样品每分钟分解尿素释放氨态氮的毫克数[mg/（g · min）]表示。

3. 测定原理　大豆制品中的尿素酶在一定条件下（pH、温度），可以将尿素水解为氨，用过量的盐酸溶液吸收后生成氯化铵，再用氢氧化钠标准滴定溶液滴定剩余的盐酸，根据消耗的氢氧化钠标准滴定溶液量，即可计算出由尿素酶水解放出的氨氮量，从而计算得出尿素酶活性。0.1mol/L 氯化铵溶液的 pH 为 4.7 左右。

4. 试剂和溶液　　除特殊规定外，本方法所用试剂均为分析纯，水为蒸馏水或相应纯度的水。

1）尿素缓冲溶液（pH7.0 ± 0.1）：准确称取 8.95g 磷酸氢二钠（$Na_2HPO_4 \cdot 12H_2O$）、3.40g 磷酸二氢钾（KH_2PO_4），用水溶解后定容至 1000mL；再将 30g 尿素溶解在此缓冲液中，有效期 1 个月。

2）盐酸溶液[c（HCl）=0.1mol/L]：移取 8.4mL 浓盐酸，用水稀释至 1000mL。

3）氢氧化钠标准溶液[c（NaOH）=0.1mol/L]：称取 4g 氢氧化钠溶于水，并稀释至 1000mL。

4）甲基红、溴甲酚绿混合乙醇溶液：称取 0.1g 甲基红，溶于 95%乙醇并稀释至 100mL；另称取 0.5g 溴甲酚绿溶于 95%乙醇并稀释至 100mL。将两种溶液等体积混合，储存于棕色瓶中。

5. 仪器和设备

1）粉碎机：粉碎时应不生强热（如球磨机）。

2）样品筛：孔径 200μm。

3）分析天平：感量 0.0001g。

4）恒温水浴锅：可控温（30 ± 0.5）℃。

5）计时器。

6）酸度计：精度为 0.02 的 pH 计，附有磁力搅拌器和滴定装置。

7）试管：直径 18mm，长 150mm，有磨口塞子。

8）移液管：10mL。

6. 试样选取和制备　　用粉碎机将 10g 试样粉碎，使之全部通过孔径 200μm 的样品筛。对特殊试样（水分或挥发物含量较高而无法粉碎的产品）应先在室温或 65℃条件下进行预干燥，再进行粉碎。当计算结果时，干燥失重计算在内。

7. 测定步骤

1）样品中尿素酶活性的测定：准确称取试样约 0.2g（精确至 0.1mg），置于玻璃试管中（如果活性很高，可称 0.05g 试样）。加入 10mL 尿素缓冲溶液，立即盖好试管盖剧烈振摇后，将试管马上置于（30 ± 0.5）℃恒温水浴中，准确计时保持 30min ± 10s。取下后立即加入 0.1mol/L 盐酸溶液 10mL，振摇后迅速冷却至 20℃以下。将试管中内容物无损全部移入 50mL 烧杯中，用 20mL 水冲洗试管 3～4 次，以 0.1mol/L 的氢氧化钠标准滴定溶液，用酸度计滴定至 pH4.70。记录氢氧化钠滴定溶液的消耗量。

如果选用指示剂，试管中内容物全部移入 250mL 锥形瓶中，滴加 8～10 滴混合指示剂，以 0.1mol/L 的氢氧化钠标准滴定溶液滴定至呈蓝绿色，记录氢氧化钠滴定溶液的消耗量。

2）空白测定：另取试管作空白试验。准确称取试样约 0.2g（精确至 0.1mg），置于玻璃试管中（如果活性很高，可称 0.05g 试样）。加入 10mL 盐酸溶液，振摇后加入 10mL 尿素缓冲溶液，立即盖好试管盖剧烈振摇后，将试管马上置于（30 ± 0.5）℃恒温水浴中，准确计时保持 30min ± 10s。取下后迅速冷却至 20℃以下。将试管中内容物无损全部移入 50mL 烧杯中，用 20mL 水冲洗试管 3～4 次，以 0.1mol/L 的氢氧化钠标准滴定溶液用酸度计滴定至 pH4.70。记录氢氧化钠滴定溶液的消耗量。

如果选用指示剂，试管中内容物全部移入 250mL 锥形瓶中，滴加 8～10 滴混合指示剂，以 0.1mol/L 的氢氧化钠标准滴定溶液滴定至呈蓝绿色，记录氢氧化钠滴定溶液的消耗量。

8. 结果的计算与表示　大豆制品中尿素酶活性 X[mg/（g · min）]按式（14-6）计算。若试样在粉碎前经预干燥处理时，按式（14-7）计算。

$$X=\frac{(V_0-V)\times c\times 0.014\times 1000}{m\times 30} \tag{14-6}$$

$$X=\frac{(V_0-V)\times c\times 0.014\times 1000}{m\times 30}\times(1-S) \tag{14-7}$$

式中，c 为氢氧化钠标准滴定溶液的浓度，mol/L；V_0 为滴定空白反应液消耗的氢氧化钠标准滴定溶液的体积，mL；V 为滴定样品反应液消耗的氢氧化钠标准滴定溶液的体积，mL；m 为试样质量，g；0.014 为 1mol 氢氧化钠相当于 0.014g 氮；30 为反应时间，min；S 为预干燥时试样失重的百分率；1000 为 g 换算为 mg 的系数。

每个试样取 2 个平行样进行测定，以其算术平均值作为结果。计算结果表示到小数点后两位。

重复性：同一分析者对同一试样同时或快速连续地测定两次，活性≤0.2mg/（g · min）时，结果之差不超过平均值的 20%；活性>0.2mg/（g · min）时，结果之差不超过平均值的 10%。

9. 注意事项

1）若样品粗脂肪含量高于 10%，则应先进行不加热的脱脂处理后，再测定尿素酶活性。

2）若测得样品的尿素酶活性大于 1 mg/（g · min），则称样量应减少到 0.05g。

二、定性法（酚红法）

1. 适用范围　本方法适用于大豆制品中尿素酶活性的快速测定，定性判断大豆制品的生熟程度，但不能作为仲裁法。

2. 测定原理　酚红指示剂在 pH6.4～8.2 时由黄变红，大豆制品中所含的尿素酶在室温下可将尿素水解产生氨。释放的氨可使酚红指示剂变红，根据变红的时间长短来判断尿素酶活性的大小。

3. 溶液和试剂　除特殊规定外，本方法所用试剂均为分析纯，水为蒸馏水或相应纯度的水。

1）尿素。

2）酚红指示剂：1g/L 乙醇（20%）溶液。

4. 仪器和设备

1）粉碎装置：粉碎时应不生强热（如研钵、球磨机）。

2）天平：感量 0.01g。

3）具塞试管：直径 1.8mm，长 150mm。

5. 试样制备　用粉碎机将试样粉碎。对特殊试样（水分或挥发物含量较高而无法粉碎的产品）应先在室温下进行预干燥，再进行粉碎。

6. 测定步骤　称取 0.02g 试样（准确至 0.01g），转入试管中。加入 0.02g 尿素及两滴酚红指示剂，加 20～30mL 水，摇动 10s。观察溶液颜色，并记下呈粉红色的时间。

7. 测定结果表示

1min 内呈粉红色：活性很强；

1～5min 呈粉红色：活性强；

5～15min 呈粉红色：有点活性；

15～30min 呈粉红色：没有活性。

一般认为，10min 以上不显粉红色或红色的大豆制品，其生熟度适中。尿素酶活性与呈色时间对照表见表 14-1。

表 14-1　尿素酶活性与呈色时间对照表

时间/min	尿素酶活性/[mg/（g · min）]	时间/min	尿素酶活性/[mg/（g · min）]
0～1	0.9 以上	5～6	0.2～0.15
1～2	0.9～0.7	6～7	0.15～0.1
2～3	0.7～0.5	7～9	0.1～0.05
3～4	0.5～0.3	>15 无色	0
4～5	0.3～0.2		

三、pH 增值法

1. 测定原理　大豆制品与中性尿素缓冲溶液混合，尿素酶催化尿素水解产生的氨是碱性的，可使溶液 pH 升高。试样反应 30min 后与空白溶液的 pH 之差值可间接表示产生氨量的多少。

2. 试剂与溶液　除特殊规定外，本方法所用试剂均为分析纯，水为蒸馏水或相应纯度的水。

1）尿素。

2）磷酸氢二钠。

3）磷酸二氢钾。

4）磷酸盐缓冲溶液（pH6.9～7.0）：准确称取 3.40g 磷酸二氢钾和 4.45g 磷酸氢二钠，用水溶解后定容至 1000mL。

5）尿素缓冲溶液（pH6.9～7.0）：准确称取 3.40g 磷酸二氢钾和 4.45g 磷酸氢二钠，用水溶解后定容至 1000mL；再将 30.0g 尿素溶解在此缓冲液中，可保存 1 个月。

3. 仪器和设备

1）样品筛：孔径 200μm。

2）酸度计：精度 0.02pH 计，附有磁力搅拌器和滴定装置。

3）恒温水浴锅：可控温（30 ± 0.5）℃。

4）试管：直径 18mm，长 150mm，有磨口塞子。

5）精密计时器。

6）粉碎机：粉碎时应不生强热（如球磨机）。

7）分析天平：感量 0.0001g。

4. 试样制备　用粉碎机将 10g 试样粉碎，使之全部通过孔径 200μm 样品筛。对特殊试样（水分或挥发物含量较高而无法粉碎的产品）应先在室温下进行预干燥，再进行粉碎。当计算结果时，干燥失重计算在内。

5. 测定步骤 准确称取（0.200±0.001）g 试样于试管中，加入 10mL 尿素缓冲溶液，立即盖好试管并剧烈摇动，马上置于（30±0.5）℃恒温水浴中。

空白试验需准确称取（0.200±0.001）g 试样于试管中，加入 10mL 磷酸盐缓冲溶液（不含尿素），立即盖好试管并剧烈摇动，马上置于（30±0.5）℃恒温水浴中。

以上每项试验须间隔 5min，每 5min 振摇试管内容物一次。

准确保持 30min 后，间隔 5min 将试管从水浴中取出，将上层液体移入 5mL 烧杯中，在自水浴中取出刚达 5min 时，分别测定其 pH。

6. 测定结果计算与表示 试样与空白试验的 pH 之差，即尿素酶活性的指数。

第五节 饲料中亚硝酸盐含量的检测

饲料中亚硝酸盐含量的测定常采用重氮偶合比色法。根据使用的试剂不同，又分为α-萘胺法和盐酸萘乙二胺法，α-萘胺具有致癌性和强烈异臭，目前α-萘胺法已很少使用，此处介绍国家标准方法——盐酸萘乙二胺法（GB/T 13085—2005）。

一、适 用 范 围

本方法适用于饲料原料、配合饲料、浓缩饲料及精料补充料中亚硝酸盐的测定。

二、测 定 原 理

样品在弱碱性条件下除去蛋白质，在弱酸性条件下试样中的亚硝酸盐与对氨基苯磺酸反应，生成重氮化合物，再与 *N*-1-萘基乙二胺偶合形成紫红色化合物，进行比色测定。

三、试 剂

试剂不加说明者，均为分析纯试剂，水应符合 GB/T 6682—2008 三级用水。

1）氯化铵缓冲液：在 1000mL 容量瓶中加入 500mL 水、20mL 盐酸，混匀，再加入 50mL 氢氧化铵，用水稀释至刻度。用稀盐酸和稀氢氧化铵调节 pH 至 9.6～9.7。

2）硫酸锌溶液（0.42mol/L）：称取 120g 硫酸锌（$ZnSO_4 \cdot 7H_2O$），用水溶解，并稀释至 1000mL。

3）氢氧化钠溶液（20g/L）：称取 20g 氢氧化钠，用水溶解，并稀释至 1000mL。

4）60%乙酸溶液：量取 600mL 乙酸于 1000mL 容量瓶中，用水稀释至刻度。

5）对氨基苯磺酸溶液：称取 5g 对氨基苯磺酸，溶于 700mL 水和 300mL 冰醋酸中，置棕色瓶保存，1 周内有效。

6）*N*-1-萘基乙二胺溶液（1g/L）：称取 0.1g *N*-1-萘基乙二胺，加 60%乙酸溶解并稀释至 100mL，混匀后置棕色瓶中，在冰箱内保存，1 周内有效。

7）显色剂：临用前将 *N*-1-萘基乙二胺溶液和对氨基苯磺酸溶液等体积混合。

8）亚硝酸钠标准溶液：称取 250.0mg 经（115 ± 5）℃烘至恒重的亚硝酸钠，加水溶解，移入 500mL 容量瓶中，加 100mL 氯化铵缓冲液，加水稀释至刻度，混匀，在 4℃避光保存。此溶液每毫升相当于 500μg 亚硝酸钠。

9）亚硝酸钠标准工作液：临用前，吸取亚硝酸钠标准溶液 1.00mL，置于 100mL 容量瓶中，加水稀释至刻度，此溶液每毫升相当于 5.0μg 亚硝酸钠。

四、仪器和设备

1）分光光度计：有 1cm 比色杯，可在 550nm 处测量。

2）小型粉碎机。

3）分析天平：感量 0.0001g。

4）恒温水浴锅。

5）容量瓶：100mL、200mL、500mL、1000mL。

6）烧杯：100mL、200mL、500mL。

7）吸量管：1mL、2mL、5mL、10mL。

8）移液管：10mL。

9）容量瓶：25mL。

10）长颈漏斗：直径 75～90mm。

五、试样的制备

采集有代表性的样品，用四分法缩分至约 250g，粉碎，过 1mm 孔筛，混匀，装入密闭容器中，低温保存备用。

六、测 定 步 骤

1）试液制备：称取约 5g 试样，精确到 0.001g，置于 200mL 烧杯中，加 70mL 水和 1.2mL 氢氧化钠溶液，混匀。用氢氧化钠溶液调节 pH 至 8～9，全部转移至 200mL 容量瓶中，加 10mL 硫酸锌溶液，混匀。如不产生白色沉淀，再补滴氢氧化钠溶液，直至产生沉淀为止，混匀。置 60℃水浴中加热 10min，取出后冷却至室温，加水至刻度，混匀。放置 0.5h，用滤纸过滤，弃去初滤液 20mL，收集滤液备用。

2）亚硝酸盐标准曲线的制作：吸取 0mL、0.5mL、1.0mL、2.0mL、3.0mL、4.0mL、5.0mL 亚硝酸钠标准工作液（相当于 0μg、2.5μg、5μg、10μg、15μg、20μg、25μg 亚硝酸钠），分别置于 25mL 容量瓶中。于各瓶中分别加入 4.5mL 氯化铵缓冲液，加 2.5mL 60%乙酸后立即加入 5.0mL 显色剂，加水至刻度，混匀，在避光处静置 25min，用 1cm 比色杯（灵敏度低时可换 2cm 比色杯），以零管调节零点，于波长 538nm 处测吸光度，以吸光度为纵坐标、各溶液中所含亚硝酸钠质量为横坐标，绘制标准曲线或计算回归方程。

标准系列为：吸取 0mL、0.4mL、0.8mL、1.2mL、1.6mL、2.0mL 亚硝酸钠标准工作液（相当于 0μg、2μg、4μg、6μg、8μg、10μg 亚硝酸钠）。

3）测定：吸取 10.0mL 上述试液 1）于 25mL 容量瓶中，按 2）自“分别加入 4.5mL 氯化铵缓冲液”起，进行显色和测量试液的吸光度（A_1）。

另取 10.0mL 试液 1）于 25mL 容量瓶中，用水定容至刻度，以水调节零点，测定其吸光度（A_0）。从试液吸光度 A_1 中扣除吸光度 A_0 后得吸光度 A，即 $A=A_1-A_0$，再将 A 代入回归方程进行计算。

七、结果计算

1. 计算公式　试样中亚硝酸盐的质量分数（X）(mg/kg）按式（14-8）计算。

$$X=\frac{m_2\times V_1}{m_1\times V_2} \tag{14-8}$$

式中，m_1 为样品质量，g；m_2 为测定用样液中亚硝酸盐（以亚硝酸钠计）的质量，μg；V_1 为样品处理液总体积，mL；V_2 为测定用样液体积，mL。

2. 结果表示　每个试样取 2 个平行样进行测定，以其算术平均值作为结果，精确到 0.1mg/kg。

3. 重复性　同一分析者对同一试样同时或快速连续地测定两次，所得结果之间的相对偏差：在亚硝酸盐（以亚硝酸钠计）含量小于或等于 20mg/kg 时，不得大于 10%；在亚硝酸盐（以亚硝酸钠计）含量大于 20mg/kg 时，不得大于 5%。

第六节　饲料中硝酸盐含量的检测

硝酸盐含量的测定方法主要包括酚二磺酸比色法、铬变酸比色法和镉柱法等。其中，镉柱法被较普遍采用。该方法是将硝酸盐转化为亚硝酸盐，然后进行比色测定。该方法准确度高、重复性好，但其缺点是操作比较麻烦、费时，且操作条件需要严格控制。目前我国食品中硝酸盐的含量测定采用该方法。本节介绍镉柱法。

一、适用范围

该方法适合饲料中硝酸盐含量的测定。

二、测定原理

试样经沉淀蛋白质、除去脂肪后，溶液通过镉柱，使其中的硝酸根离子还原为亚硝酸根离子，在弱酸性条件下亚硝酸根与对氨基苯磺酸反应，生成重氮化合物，再与盐酸萘乙二胺偶合形成紫红色物质，测定亚硝酸盐总量，由总量减去亚硝酸盐含量即得硝酸盐含量。

三、仪器和设备

1）分光光度计：有 10mm 比色池，可在 538nm 处测量吸光度。

2）分析天平：感量 0.0001g。

3）恒温水浴锅。

4）实验室用样品粉碎机或研钵。

5）容量瓶：50mL、100mL、150mL、500mL，棕色。

6）烧杯：100mL、200mL、500mL。

7）量筒：100mL、200mL、1000mL。

8）长颈漏斗：直径 75～90mm。

9）吸量管：1mL、2mL、5mL。

10）移液管：5mL、10mL、15mL、20mL。

11）镉柱。

A. 海绵状镉的制备：投入足够的锌皮或锌棒于 500mL 硫酸镉溶液（200g/L）中，经 3～4h，当其中镉全部被锌置换后，用玻璃棒轻轻刮下，取出残余锌棒，使镉沉底，倾去上层清液，以水用倾泻法多次洗涤，然后移入组织捣碎机中，加 500mL 水，捣碎约 2s，用水将海绵状镉洗至标准筛上，取 20～40 目部分。

B. 镉柱的装填与维护：镉柱的装填如图 14-2 所示。用水装满镉柱玻璃管，并装入 2cm 高的玻璃棉做垫，将玻璃棉压向柱底时，应将其中所包含的空气全部排出，在轻轻敲打下加入海绵状镉至 8～10cm 高，上面用 1cm 高的玻璃棉覆盖，上置一个贮液漏斗，末端要穿过橡皮塞与镉柱玻璃管紧密连接。

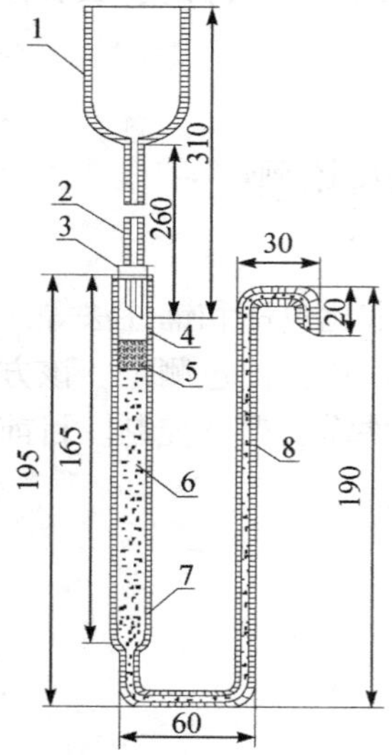

图 14-2　镉柱（单位：mm）

1. 储藏漏斗，内径 35mm，外径 37mm；
2. 进液毛细管，内径 0.4mm，外径 6mm；3. 橡皮塞；
4. 镉柱玻璃管，内径 12mm，外径 16mm；5，7. 玻璃栓；
6. 海绵状镉；8. 出液毛细管，内径 2mm，外径 8mm

如果无上述镉柱玻璃管时，可以用酸式滴定管代替。

当镉柱填好后，先用 25mL 0.1mol/L 盐酸溶液洗涤，再用水洗涤两次，每次 25mL，镉柱不用时用水封盖，随时都要保持水平面在镉层之上，不得使镉层夹有气泡。

镉柱每次使用完毕后，应先以 25mL 0.1mol/L 盐酸溶液洗涤，再用水洗涤两次，每次 25mL，最后用水覆盖镉柱。

C. 镉柱还原效率的测定与计算：吸取 20mL 硝酸钠标准工作液，加入 5mL 稀氨缓冲液，混合均匀后，依照下面六、测定步骤中 2. 测定的 2）和 3）进行操作。取 10mL 还原后溶液（相当于 10μg 亚硝酸钠）于 50mL 比色管中，加水 20mL，依次加入对氨基苯磺酸溶液 2mL、5.0mol/L 盐酸溶液 2mL，混匀，在避光处放置 3～5min，加入 *N*-1-萘乙二胺盐酸盐溶液 2mL，加水稀释至刻度，混匀，在避光处放置 15min，以 0mL 亚硝酸钠标准工作液为参比，用 10mm 比色池，在波长 538nm 处，用分光光度计测其溶液的吸光度，根据标准曲线计算所测得结果，与加入量一致，还原效率应大于 98%。还原效率可按照式（14-9）计算。

$$X = \frac{A}{10} \times 100 \qquad (14\text{-}9)$$

式中，X 为还原效率，%；A 为测得亚硝酸盐的质量，μg；10 为测定用溶液相当亚硝酸盐的质量，μg。

四、试剂与溶液

本方法所用试剂均为分析纯，水为蒸馏水或相应纯度的水。

1）四硼酸钠饱和溶液：称取 25g 四硼酸钠（$Na_2B_4O_7 \cdot 10H_2O$），溶于 500mL 温水中，冷却后备用。

2）亚铁氰化钾溶液（106g/L）：称取 53g 亚铁氰化钾[$K_4Fe(CN)_6 \cdot 3H_2O$]，溶于水，加水稀释至 500mL。

3）乙酸锌溶液（220g/L）：称取 110g 乙酸锌[$Zn(CH_3COO)_2 \cdot 2H_2O$]，溶于适量水和 15mL 冰醋酸中，加水稀释至 500mL。

4）对氨基苯磺酸溶液（5g/L）：称取 0.5g 对氨基苯磺酸（$NH_2C_6H_4SO_3H \cdot H_2O$），溶于 10%盐酸溶液中，边加边搅拌，再加 10%盐酸溶液稀释至 100mL，贮于暗棕色试剂瓶中，密闭保存，1 周内有效。

5）盐酸萘乙二胺溶液（1g/L）：称取 0.1g *N*-1-萘乙二胺盐酸盐（$C_{10}H_7NHCH_2NH_2 \cdot 2HCl$），用少量水研磨溶解，加水稀释至 100mL，贮于暗棕色试剂瓶中密闭保存，1 周内有效。

6）盐酸溶液（5mol/L）：量取 445mL 浓盐酸，加水稀释至 1000mL。

7）亚硝酸钠标准储备液：称取经（115 ± 5）℃烘至恒重的亚硝酸钠 0.3000g，用水溶解，移入 500mL 容量瓶中，加水稀释至刻度，此溶液每毫升相当于 400μg 亚硝酸根离子。

8）亚硝酸钠标准工作液：吸取 5.00mL 亚硝酸钠标准储备液，置于 200mL 容量瓶中，加水稀释至刻度，此溶液每毫升相当于 10μg 亚硝酸根离子。

9）氨缓冲溶液（pH9.6～9.7）：量取 20mL 盐酸，加水 50mL，混匀后加 50mL 氨水，再加水稀释至 1000mL。

10）稀氨缓冲溶液：量取 50mL 氨缓冲溶液，加水稀释至 500mL，混匀。

11）盐酸溶液（0.1mol/L）：吸取 5mL 盐酸，用水稀释至 600mL。

12）硝酸钠标准溶液：准确称取 0.1232g 于 110～120℃干燥恒重的硝酸钠，加水溶解，转移至 500mL 容量瓶中，用水稀释至刻度。此溶液每毫升相当于 200μg 亚硝酸钠。

13）硝酸钠标准工作液：临用时吸取硝酸钠标准溶液 2.5mL，置于 100mL 容量瓶中，用水稀释至刻度。此溶液每毫升相当于 5μg 亚硝酸钠。

五、试样的选取与制备

采集具有代表性的饲料样品至少 2kg，用四分法缩分至约 250g，磨碎，过 1mm 孔筛，混匀，装入密闭容器，防止试样变质，低温保存备用。

六、测 定 步 骤

1. 试液制备　称取约 5g 试样，精确到 0.001g，置于 200mL 烧杯中，加约 70mL 温水[（60 ± 5）℃]和 5mL 四硼酸钠饱和溶液，在（85 ± 5）℃水浴上加热 15min，取出，待稍凉，依次加入亚铁氰化钾溶液 2mL、乙酸锌溶液 2mL，每一步须充分搅拌，将烧杯内溶液全部转移至 150mL 容量瓶中，用水洗涤烧杯数次，并入容量瓶中，加水稀释至刻度，摇匀，静置澄清，用滤纸过滤，滤液为试液备用。

2. 测定

1）先以 25mL 稀氨缓冲液冲洗镉柱，流速控制在 3～5mL/min（以滴定管代替的可控制在 2～3mL/min）。

2）吸取 20mL 处理过的试样溶液于 50mL 烧杯中，加 5mL 氨缓冲溶液，混合后注入贮液漏斗，使流经镉柱还原，用原烧杯收集流出液，当贮液漏斗中样液流完后，再加 5mL 水置换柱内留存的样液。

3）将全部收集液如 2）再经镉柱还原一次，第二次流出的溶液收集于 100mL 容量瓶中，继续用水流经镉柱洗涤 3 次，每次 20mL，洗液一并收集于同一个容量瓶中，加水至刻度，混匀。

4）亚硝酸盐总量的测定：吸取 10mL 还原后溶液于 50mL 比色管中，加水 20mL，依次加入对氨基苯磺酸溶液 2mL、5.0mol/ L 盐酸溶液 2mL，混匀，在避光处放置 3～5min，加入 *N*-1-萘乙二胺盐酸盐溶液 2mL，加水稀释至刻度，混匀，在避光处放置 15min。以 0mL 亚硝酸钠标准工作液为参比，用 10mm 比色池，在波长 538nm 处，用分光光度计测其溶液的吸光度，根据标准曲线计算测得结果。

5）亚硝酸盐的测定：吸取 30mL 未经过还原的试样溶液，依次加入对氨基苯磺酸溶液 2mL、5.0mol/ L 盐酸溶液 2mL，混匀，在避光处放置 3～5min，加入 *N*-1-萘乙二胺盐酸盐溶液 2mL，加水稀释至刻度，混匀，在避光处放置 15min。以 0mL 亚硝酸钠标准工作液为参比，用 10mm 比色池，在波长 538m 处，用分光光度计测其溶液的吸光度，根据标准曲线计算测得结果。

七、结果计算与表示

1）试样中亚硝酸盐（以亚硝酸钠计）总量质量分数（X_1）（mg/kg）按式（14-10）计算。

$$X_1 = \frac{A_1 \times V_2 \times V_3}{V_1 \times V_4 \times m} \tag{14-10}$$

式中，V_1 为测定总亚硝酸钠的试样处理液总体积，mL；V_2 为测定总亚硝酸钠的试样溶液用量，mL；V_3 为经镉柱还原后样液总体积，mL；V_4 为经镉柱还原后样液测定用量，mL；A_1 为经镉粉还原后测得亚硝酸钠的质量，μg；m 为试样质量，g。

2）试样中亚硝酸盐（以亚硝酸钠计）质量分数（X_2）（mg/kg）按式（14-11）计算。

$$X_2 = \frac{A_2 \times V_5}{V_6 \times m} \tag{14-11}$$

式中，V_5 为测定亚硝酸钠的试样处理液总体积，mL；V_6 为测定亚硝酸钠的试样溶液用量，mL；A_2 为直接测得亚硝酸钠的质量，μg；m 为试样质量，g。

3）试样中硝酸钠质量分数（X_3）（mg/kg）按式（14-12）计算。

$$X_3 = (X_1 - X_2) \times 1.232 \tag{14-12}$$

式中，X_1 为试样中亚硝酸钠总量质量分数，mg/kg；X_2 为试样中亚硝酸钠质量分数，mg/kg；1.232 为亚硝酸钠转化为硝酸钠的系数。

计算结果保留两位有效数字。

八、重　复　性

在重复条件下，获得的两次独立测定结果的绝对差值不得超过算术平均值的 10%。

第七节　饲料中氰化物含量的检测

氰化物的测定方法主要有比色法、硝酸银滴定法和氰离子选择电极法。干扰氰化物测定的物质比较多，金属离子、脂肪酸、硫化物、还原剂或氧化剂等均会影响测定。因此，一般都采用蒸馏预处理方法除去干扰物质再进行测定。

常用的比色法为吡啶盐酸联苯胺比色法和异烟酸-吡唑酮比色法。吡啶盐酸联苯胺比色法的原理为蒸馏预处理后，在酸性条件下，氰化物与溴生成溴化氰，以亚砷酸钠除去多余的溴后，可与吡啶盐酸联苯胺作用，生成红色戊醛衍生物，颜色强度与氰化物含量成正比，与标准比较定量测定。异烟酸-吡唑酮比色法为现行国家标准《饲料中氰化物的测定》（GB/T 13084—2006）的仲裁法，其原理为经蒸馏预处理得到的氰化物在 pH7.0 的溶液中，用氯胺 T 将氰化物转化为氯化氰，再与异烟酸-吡唑酮反应生成蓝色化合物，与标准比较定量。这两种比色方法均涉及氰化钾或氰化钠等剧毒物品，存在操作安全隐患。因此，本节仅介绍硝酸银滴定法，该方法也是现行的国家标准方法之一。

一、适 用 范 围

本方法适用于饲料原料（木薯、胡麻饼和豆类）、配合饲料（包括混合饲料）中氰化物的测定。

二、测 定 原 理

以氰苷形式存在于植物体内的氰化物经水浸泡水解后，进行水蒸气蒸馏，蒸出的氢氰酸被碱液吸收。在碱性条件下，以碘化钾为指标，用硝酸银标准溶液滴定定量。

三、试剂和溶液

除特殊规定外，本方法所用试剂均为分析纯，水为蒸馏水或相应纯度的水。

1）氢氧化钠溶液（5%）：称取 5g 氢氧化钠溶于水，加水稀释至 100mL。

2）氨水（6mol/L）：量取 400mL 浓氨水，加水稀释至 1000mL。

3）硝酸铅溶液（0.5%）：称取 0.5g 硝酸铅溶于水，加水稀释至 100mL。

4）硝酸银标准储备液（0.1mol/L）。

制备：称取 17.5g 硝酸银，溶于 1000mL 水中，混匀，置暗处，密闭保存于玻塞棕色瓶中。

标定：称取经 500～600℃灼烧至恒重的基准氯化钠 1.5g，准确至 0.002g。用水溶解，移入 250mL 容量瓶中，加水稀释至刻度，摇匀。准确移取此溶液 25mL 于 250mL 锥形瓶中，加入 25mL 水及 1mL 5%铬酸钾溶液，再用 0.1mol/L 硝酸银标准储备液滴定至溶液呈微红色为终点。

硝酸银标准储备液的物质的量浓度按式（14-13）计算。

$$c_0 = \frac{m_0 \times 25}{V_1 \times 0.05845 \times 250} = \frac{m_0}{V_1} \times 1.7109 \qquad (14\text{-}13)$$

式中，c_0 为硝酸银标准储备液的物质的量浓度，mol/L；m_0 为基准氯化钠的质量，g；V_1 为硝酸银标准储备液的用量，mL；0.058 45 为每毫摩尔氯化钠的质量，g。

5）硝酸银标准工作液（0.01mol/L）：于临用前将 0.1mol/L 硝酸银标准储备液用煮沸并冷却的水稀释 10 倍，必要时应重新标定。

6）碘化钾溶液（5%）：称取 5g 碘化钾，溶于水，加水稀释至 100mL。

7）铬酸钾溶液（5%）：称取 5g 铬酸钾，溶于水，加水稀释至 100mL。

四、仪器和设备

1）水蒸气蒸馏装置：2500～3000mL 蒸馏烧瓶。

2）微量滴定管：2mL。

3）分析天平：感量 0.0001g。

4）凯氏烧瓶：500mL。

5）容量瓶：250mL（棕色）。

6）锥形瓶：250mL。

7）吸量管：2mL、10mL。

8）移液管：100mL。

五、试 样 制 备

采集具有代表性的饲料样品至少 2kg，用四分法缩分至约 250g，磨碎，过 1mm 孔筛，混匀，装入密闭容器，防止试样变质，低温保存备用。

六、测 定 步 骤

1）试样水解：称取 10～20g 试样于凯氏烧瓶中，精确到 0.001g，加水约 200mL，塞严瓶口，在室温下放置 2～4h，使其水解。

2）试样蒸馏：将盛有水解试样的凯氏烧瓶迅速连接于水蒸气蒸馏装置，使冷凝管下端浸入盛有 20mL 5%氢氧化钠溶液的锥形瓶的液面下，通水蒸气进行蒸馏，收集蒸馏液 150～160mL，取下锥形瓶，加入 10mL 0.5%硝酸铅溶液，混匀，静置 15min，经滤纸过滤于 250mL 容量瓶中，用水洗涤沉淀物和锥形瓶 3 次，每次 10mL，并入滤液中，加水稀释至刻度，混匀。

3）测定：准确移取 100mL 滤液置于另一锥形瓶中，加入 8mL 6mol/L 氨水和 2mL 5%碘化钾溶液，混匀，在黑色背景衬托下，用微量滴定管以硝酸银标准工作液滴定至出现混浊时为终点，记录硝酸银标准工作液消耗的体积。

在和试样测定相同的条件下，做试剂空白试验，即以蒸馏水代替蒸馏液，用硝酸银标准工作液滴定，记录其消耗体积。

七、结果计算与表示

试样中质量分数（X）（mg/kg）按式（14-14）计算。

$$X = c \times (V - V_0) \times 54 \times \frac{250}{100} \times \frac{1000}{m} = \frac{c(V - V_0)}{m} \times 135\,000 \tag{14-14}$$

式中，m 为试样质量，g；c 为硝酸银标准工作液的物质的量浓度，mol/L；V 为试样测定硝酸银标准工作液消耗的体积，mL；V_0 为空白试验硝酸银标准工作液消耗的体积，mL；54 为 1mL 1mol/L 硝酸银相当于氢氰酸的质量，mg；250 为试样蒸馏后定容体积，mL；100 为测定用取样体积；1000 为 g 换算为 kg 的系数。

每个试样取 2 个平行样进行测定，以其算术平均值作为结果。结果表示到 1mg/kg。

八、重　复　性

同一分析者对同一试样同时或快速连续地测定两次，所得结果之间的差值：在氰化物含量小于或等于 50mg/kg 时，不得超过平均值的 20%；在氰化物含量大于 50mg/kg 时，不得超过平均值的 10%。

第八节　饲料中植酸含量的检测

饲料中植酸的测定主要有两种方法：一种是通过植酸与三氯化铁-磺基水杨酸混合液作用，产生褪色反应，植酸含量与褪色程度成正比，用分光光度法进行定量测定。另一种是通过测定出植酸磷含量，然后根据植酸中磷含量，折算成植酸的含量。无论采用哪一种方法，都需要首先将饲料中的植酸和植酸盐与无机磷分开，然后再进行植酸的直接或间接测定。本节主要介绍离子交换法和三氯乙酸法。

一、离子交换法

1. 适用范围　本方法适用于谷类、豆类、坚果及块茎样品中植酸含量的测定。本方法最低检出限为 8.27μg/mL。

2. 测定原理　用阴离子交换树脂将植酸和植酸盐吸附，使之与无机磷及其盐类等杂质分离，用氯化钠溶液洗脱，洗脱液中的植酸与三氯化铁-磺基水杨酸混合液作用，产生褪色反应，植酸含量与褪色程度成正比，用分光光度计在波长 500nm 处测定吸光度，计算试样中植酸含量。

3. 试剂与溶液　本方法所用试剂纯度均为分析纯，实验用水为蒸馏水，以下简称为水。

1）氢氧化钠溶液（30g/L）。

2）氯化钠洗脱溶液（0.7mol/L）。

3）氯化钠洗涤溶液（0.05mol/L）。

4）硫酸钠-盐酸提取溶液（100g/L）：称取 50g 无水硫酸钠溶于 1.2% 盐酸溶液，并定容至 500mL。

5）三氯化铁-磺基水杨酸反应溶液：称取 1.5g 三氯化铁和 15g 磺基水杨酸，加水溶解并定容至 500mL。使用前以水稀释 10 倍。

6）植酸标准溶液：称取 1.7374g 植酸钠标准品（纯度 98%），精确至 0.0001g。加水溶解并定容至 100mL。使用前，吸取 5mL 用水定容至 500mL，其浓度为 0.1mg/mL。

7）阴离子交换树脂：AG1-X4（100～200 目）。

4. 仪器和设备

1）分光光度计：500nm。

2）离子交换柱：ϕ0.8cm×10cm。

5. 测定步骤

（1）试液的制备

1）提取：称取经干燥粉碎的均质样品 0.5～2.0g（约含植酸 8mg），精确至 0.01g，置于具塞锥形瓶中，加入 50mL 硫酸钠-盐酸提取溶液 50mL，振荡提取 2h，过滤，收集滤液备用。

2）分离：将 0.5g 阴离子树脂湿法填装于交换柱中，用氯化钠溶液洗脱交换柱，再用水洗涤交换柱至无氯离子。取 5～10mL 样品提取液，加 1mL 氢氧化钠溶液，补加水至总体积 30mL，混匀后倒入离子交换柱中。然后分别用 15mL 水和氯化钠洗涤溶液，以 1mL/min 的流速洗涤交换柱，弃去洗涤液。最后用氯化钠洗脱溶液洗脱交换柱，收集于 25mL 刻度具塞试管中，并定容至刻度。

（2）测定

1）工作曲线的制作：精确吸取植酸标准溶液 0.0mL、1.0mL、2.0mL、3.0mL、4.0mL、5.0mL 于 6 只 10mL 比色管中，用水补足至 5mL，加入反应溶液 4mL，摇匀，以 3000r/min 转速离心 10min。放置 10～20min 后，将上层液倒入 1cm 比色皿中，于 500nm 处测定吸光度，以吸光度为纵坐标、植酸含量为横坐标，绘制工作曲线或计算回归方程。

2）试液测定：取洗脱液 5mL（约含植酸 0.3mg）于 10mL 比色管中，加入反应溶液 4mL，摇匀，其余步骤同 1），测其吸光度值，并在工作曲线上查得或从回归方程计算出试液中植酸含量。

6. 结果计算与表示　试样中植酸质量分数（X）（mg/g）按式（14-15）计算。

$$X=\frac{c\times V_1\times V_3}{m\times V_2\times V_4} \tag{14-15}$$

式中，c 为样液含植酸量，mg；m 为试样的质量，g；V_1 为提取液定容后的体积，mL；V_2 为分离后取提取液的体积，mL；V_3 为分离液定容后的体积，mL；V_4 为试液测定时取分离液的体积，mL。

7. 允许差　同一实验室，同一试样的两次测定结果的相对偏差小于 5%。

二、三氯乙酸法

1. 适用范围　三氯乙酸法（TAC 法）适用于配合饲料、浓缩饲料和单一饲料中植酸的测定。

2. 测定原理　用 30g/L 三氯乙酸作浸提液提取植酸盐，然后加入铁盐使植酸盐生成植酸铁沉淀，与氢氧化钠反应转化为可溶性植酸钠和棕色氢氧化铁沉淀，用钼黄法直接测出植酸磷含量，然后根据植酸磷含量计算植酸含量。

3. 仪器和设备

1）实验室用样品粉碎机或研钵。

2）分析筛：孔径 0.45mm（40 目）。

3）分析天平：感量 0.0001g。

4）分光光度计：有 10mm 比色池，可在 420nm 条件下进行比色测定。

5）容量瓶：50mL、100mL。

6）移液管：10mL、50mL。

7）吸量管：5mL、10mL。

8）卧式振荡机。

9）凯氏烧瓶：100mL。

10）具塞锥形瓶：250mL。

11）离心机。

12）具塞离心管：50mL。

4. 试剂

1）三氯乙酸溶液（30g/L）。

2）三氯化铁溶液（1mL 相当于 2mg 铁）：称取三氯化铁（$FeCl_3 \cdot 6H_2O$）0.97g，用 30g/L 三氯乙酸溶液溶解至 100mL，混匀。

3）氢氧化钠溶液（60g/L）。

4）浓硝酸：煮沸赶去游离 NO_2，使其成为无色。

5）硝酸溶液：1+1，*V*+*V*。

6）硝酸溶液：1+3，*V*+*V*。

7）混合酸：硝酸：高氯酸=2：1，*V*/*V*。

8）显色剂。

A. 100g/L 钼酸铵溶液：称取钼酸铵[（NH_4）$_6Mo_7O_{24} \cdot 4H_2O$]10g，加入少量水，加热至 50～60℃，使溶解。冷却后，再用水稀释至 100mL，混匀。

B. 3g/L 偏钒酸铵溶液：称取偏钒酸铵（NH_4VO_3）0.3g，溶于 50 mL 水中，再加 50mL 硝酸溶液（1+3，*V*+*V*）溶解,混匀。

使用时，将溶液 A 徐徐倒入溶液 B 中，应边加边搅拌，然后再加入已赶尽 NO_2 的浓硝酸 18mL，混匀。

9）标准磷溶液（1mL 相当于 100μg 磷）：准确称取 0.4349g 经 105～110℃烘干 1～2h 的优级纯磷酸二氢钾，用水溶解后移入 1000mL 容量瓶中，并用水稀释至刻度，摇匀。

5. 测定步骤

（1）磷标准曲线的绘制　准确吸取磷的标准溶液 0mL、0.5mL、1.0mL、2.0mL、3.0mL、4.0mL、5.0mL、6.0mL、7.0mL，分别盛入 50mL 容量瓶中，用水稀释至 20mL 左右，各加 4mL 硝酸溶液（1+1，*V*+*V*），加显色剂 10mL，再用水稀释至刻度，混匀。此系列每 50mL 中磷含量分别为：0μg、50μg、100μg、200μg、300μg、400μg、500μg、600μg、700μg，静置 20min，在分光光度计波长 420nm 处，用 10mm 比色池，测定其吸光度。最后，以 50mL 中磷含量（μg）为横坐标、相应的吸光度为纵坐标，绘制出磷的标准曲线。

（2）试样的测定

1） 称取试样 3～6g（含植酸磷在 5～30mg）于干燥的 250mL 具塞锥形瓶中，准确加入 30g/L 三氯乙酸溶液 50mL，浸泡 2h，机械振荡浸提 30min，用干漏斗、干滤纸和干烧杯进行过滤。

2）准确吸取上层清液 10mL 于 50mL 离心管中，迅速加入 4mL 三氯化铁溶液（1mL 相当于 2mg Fe^{3+}），置于沸水浴中加热 45min，冷却后，3000r/min 离心 10min，除去上层清液，加入 30g/L 三氯乙酸溶液 20～25mL 进行洗涤（沉淀必须搅散），水浴加热煮沸 10min，冷却后 3000 r/min 离心 10 min，除去上层清液，如此重复 2 次，再用 20～25mL 水洗涤 1 次。

3）洗涤后的沉淀加入 3～5mL 水及 60g/L 氢氧化钠溶液 3mL，摇匀，用水稀释至 30mL 左右，置于沸水中煮沸 30min，趁热用中速定量滤纸过滤，滤液用 100mL 容量瓶盛接，再用热水 60～70mL，分数次洗涤沉淀。滤液经冷却至室温后，稀释至刻度。

4）准确吸取 5～10mL 滤液（含植酸磷 0.1～0.4mg）于 100mL 凯氏烧瓶中，加入混合酸 3mL，于电炉上低温消化至冒白烟，使剩余 0.5mL 左右溶液为止（切忌蒸干）。

5）冷却后用 30mL 水，分数次洗入 50mL 容量瓶中，加入 3mL 硝酸溶液（1+1，$V+V$），加显色剂 10mL，用水稀释至刻度，混匀，静置 20min 后，在分光光度计波长 420nm 处测定吸光度。查对磷标准曲线，并计算植酸磷的含量。

6. 结果计算

1）试样中植酸磷的质量分数（X，%）按式（14-16）计算。

$$X = \frac{a \times 50 \times 10^{-6}}{m} \tag{14-16}$$

式中，a 为由磷标准曲线查得的含磷量（即比色时 50mL 容量瓶中所含磷的质量），μg/50mL；50 为试样溶液的稀释倍数；m 为试样质量，g；10^{-6} 为从μg 转化为 g 的系数。

所得结果应精确到两位小数。

2）试样中植酸的质量分数（X_1，%）按式（14-17）计算。

$$X_1 = X \div 28.18\% \tag{14-17}$$

式中，X 为试样中植酸磷的质量分数，%；28.18%为植酸中磷的含量。

每个试样称取两个平行样进行测定，以其算术平均值作为结果。

第九节　饲料中草酸含量的检测

草酸的测定方法主要有经典的高锰酸钾滴定法和色谱分析方法。色谱分析方法又分为液相色谱法和气相色谱法。本节介绍高锰酸钾滴定法。

一、测 定 原 理

消化样品，使草酸从试样中释放出来。在酸性条件下，用氯化钙沉淀草酸，然后用硫酸溶液溶解沉淀，用高锰酸钾溶液滴定，测定草酸含量。

二、仪器和设备

1）酸式滴定管：50mL，棕色。

2）烧杯：300mL。

3）漏斗：直径 65mm，带槽。

4）定性滤纸：125mm，中速。

三、试剂与溶液

1）乙酸。

2）氯化钙溶液（50g/L）。

3）硫酸溶液：1+3，$V+V$。

4）高锰酸钾标准滴定溶液：c（$1/5KMnO_4$）= 0.1mol/L。

四、测 定 步 骤

1）样品处理：称取样品 2～5g（精确至 0.0001g），置于 100mL 凯氏烧瓶中，加浓硝酸 10mL，摇匀，加热煮沸至二氧化氮黄烟逸尽，取下冷却，加高氯酸 10mL，加热，小心消化至液体清澈透明为止，不得蒸干（危险）。冷却后加 50mL 蒸馏水，煮沸驱逐二氧化氮，冷却后将此分解溶液无损转移到 100mL 容量瓶中，用水稀释刻度，摇匀，为试样分解液。

2）测定：移取试样分解液 20mL，用乙酸调成酸性（pH2.5～3.0），煮沸后加 50g/L 氯化钙溶液 10mL，生成草酸钙沉淀，过滤，用热水洗涤干净，用硫酸溶液 10mL 溶解沉淀，加水 50mL，加热至 75～85℃，用高锰酸钾标准滴定溶液滴定至呈粉红色半分钟不褪色。

五、结 果 计 算

试样中草酸含量质量分数（X）（mg/kg）按照式（14-18）计算。

$$X = \frac{c \times V_2 \times 4.5}{m} \times \frac{V}{V_1} \tag{14-18}$$

式中，c 为高锰酸钾标准滴定溶液的浓度，mol/L；4.5 为 c（$1/5KMnO_4$）= 0.1mol/L 高锰酸钾标准滴定溶液 1mL 相当于草酸 4.5mg；V_2 为消耗的高锰酸钾标准溶液的体积，mL；V 为试样溶液总体积，mL；V_1 为测定移取的试样溶液体积，mL；m 为称样质量，g。

第十节　饲料中单宁含量的检测

单宁的测定方法很多，如香草醛法、普鲁士蓝法、蛋白沉淀法和磷钨钼酸比色法。与其他方法相比较，磷钨钼酸比色法更简单、准确、重复性好，并适合批量样品分析。目前现行的中华人民共和国出入境检验检疫局行业标准《进出口粮食、饲料单宁含量检验方法》SN/T 0800.9—1999 也是采用的该方法，鉴于此，本节仅介绍磷钨钼酸比色法。

一、适 用 范 围

本方法适合高粱和饲料中单宁的测定。

二、测 定 原 理

用乙醇溶液振荡提取样品中的单宁，在碱性条件下与磷钨钼酸反应呈现深蓝色，蓝色的深浅与单宁含量呈正相关，用分光光度计进行比色测定。

三、试剂与溶液

所有试剂均为分析纯，水为蒸馏水。

1）单宁标准溶液：准确称取单宁 50mg 于 100mL 烧杯中，用少量水溶解，移入 500mL 容量瓶中定容。现用现配。

2）碳酸钠饱和溶液：100mL 水中加入无水碳酸钠 30g，加热溶解，待溶液冷却晶体析出后用快速滤纸过滤。

3）F-D 试剂：将钨酸钠（$Na_2WO_4 \cdot 2H_2O$）100g、磷钼酸（$20MoO_3 \cdot 2H_3PO_4 \cdot 48H_2O$）20g 溶于约 750mL 水中，移入 1000mL 烧瓶内，加入 50mL 磷酸，摇匀，接上冷凝管，在沸水浴中加热回流 2h，冷却后用水稀释至 1000mL。

4）乙醇溶液：1+5，$V+V$。

四、仪器和设备

1）分光光度计。

2）电热水浴锅。

3）振荡机。

4）具塞锥形瓶：250mL。

5）容量瓶：1000mL、500mL、50mL。

6）移液管：50mL、10mL、5mL、1mL。

7）快速滤纸。

五、测 定 步 骤

1）提取：称取试样约 1g，精确至 0.0001g，置于 250mL 具塞锥形瓶中，准确加入 50mL 乙醇溶液（1+5，$V+V$），加塞子密封，在振荡机上振荡 60min，然后用双层滤纸过滤，弃去前面少部分滤液，其余滤液供测定用。

2）测定：吸取 1）所得滤液 1.0mL，置于盛有约 30mL 水的 50mL 容量瓶中，摇匀，加入 F-D 试剂 2.5mL，摇匀；加入饱和碳酸钠溶液 5.0mL，摇匀。用水稀释到刻度，放置 30min 后在 760nm 波长处用 10mm 比色皿测定吸光度。

吸取乙醇溶液（1+5，$V+V$）1.0mL，按上述步骤进行空白实验。

3）标准曲线制作：吸取单宁标准溶液 0mL、0.5mL、1.0mL、1.5mL、2.0mL、2.5mL、3.0mL、3.5mL，分别置于盛有约 30mL 水的 50mL 容量瓶中，摇匀；按上述步骤测定吸光度。以吸光度作纵坐标，以 50mL 溶液中的单宁含量（mg）作横坐标，绘制标准曲线。

六、结 果 计 算

试样中单宁含量以质量分数（X）（mg/kg）来表示，按式（14-19）计算。

$$X = \frac{B \times 50}{m} \tag{14-19}$$

式中，B 为根据吸光度在标准曲线上查出的相应 50mL 溶液中的单宁含量，mg；m 为试样质量，g；50 为试样提取液总体积，mL。

取平行测定值的算术平均值作为测定结果，保留小数点后两位。

七、重 复 性

同一样品进行平行测定，平行测定结果允许误差为 0.1%。

第十五章　饲料中金属毒物的检测

第一节　饲料中总砷含量的检测

饲料中总砷的测定方法有砷斑法、二乙基二硫代氨基甲酸盐法（银量法）、原子荧光光度法及硼氰化物还原光度法。

砷斑法是半定量法，操作简单，可测定痕量砷，最低检出量为 0.5μg；银量法为仲裁法，其检出限为 0.04mg/kg；硼氢化物还原光度法为快速法，检出限为 0.04mg/kg；原子荧光光度法为快速方法，其检出限为 0.010mg/kg。本节着重介绍生产中常用的银量法和砷斑法。

一、银量法（摘自 GB/T 13079—2006）

（一）测定原理

样品经酸消解或干灰化破坏有机物，使砷呈离子状态，经碘化钾、氯化亚锡将高价砷还原为三价砷，然后被锌粒和酸产生的新生态氢还原为砷化氢。在密闭装置中，被二乙氨基二硫代甲酸银（AgDDTC）的三氯甲烷溶液吸收，形成黄色或棕红色银溶胶，其颜色深浅与砷含量成正比，用分光光度计比色测定。形成胶体银的反应如下。

$$AsH_3 + 6AgDDTC = 6Ag + 3HDDTC + As(DDTC)_3$$

（二）试剂和溶液

以下试剂除特别说明外，所用试剂均为分析纯，水应符合 GB/T 6682—2008 二级用水的规定。

1）硝酸。

2）硫酸。

3）高氯酸。

4）盐酸。

5）乙酸。

6）碘化钾。

7）L-抗坏血酸。

8）无砷锌粒，粒径（3.0 ± 0.2）mm。

9）混合酸溶液：$HNO_3 : H_2SO_4 : HClO_4$=23：3：4。

10）盐酸溶液[c（HCl）=1mol/L]：量取 84.0mL 盐酸倒入适量水中，用水稀释至 1L。

11）盐酸溶液[c（HCl）=3mol/L]：量取 250.0mL 盐酸倒入适量水中，用水稀释至 1L。

12）乙酸铅溶液：200g/L。

13）硝酸镁溶液（150g/L）：称取 30g 硝酸镁［$Mg(NO_3)_2 \cdot 6H_2O$］溶于水中，并稀释至 200mL。

14）碘化钾溶液（150g/L）：取 75g 碘化钾溶于水中，定容至 500mL。贮存于棕色瓶中。

15）酸性氯化亚锡溶液（400g/L）：称取 20g 氯化亚锡（$SnCl_2 \cdot 2H_2O$）溶于 50mL 盐酸中，加入数颗金属锡粒，可用一周。

16）二乙氨基二硫代甲酸银（Ag-DDTC）-三乙胺-三氯甲烷吸收溶液（2.5g/L）：称取 2.5g（精确到 0.0001g）AgDDTC 于干燥的烧杯中，加适量三氯甲烷待完全溶解后，转入 1000mL 容量瓶中，加入 20mL 三乙胺，用三氯甲烷定容，于棕色瓶中存放在冷暗处。若有沉淀应过滤后使用。

17）乙酸铅棉花：将医用脱脂棉在乙酸铅溶液（100g/L）中浸泡约 1h，压除多余溶液，自然晾干，或在 90～100℃烘干，保存于密闭瓶中。

18）砷标准储备溶液（1.0mg/mL）：精确称取 0.660g 三氧化二砷（110℃，干燥 2h），加 200g/L 氢氧化钠溶液 5mL 使之溶解，然后加入 60mL/L 硫酸溶液 25mL 中和，定容至 500mL。此溶液每毫升含 1.00mg 砷，于塑料瓶中冷贮。

19）砷标准工作溶液（1.0μg/mL）：准确吸取 5.00mL 砷标准储备溶液于 100mL 容量瓶中，加水定容，此溶液含砷 50μg/mL。准确吸取 50μg/mL 砷标准溶液 2.00mL，于 100mL 容量瓶中，加 1mL 盐酸，加水定容，摇匀，此溶液每毫升相当于 1.0μg 砷。

20）硫酸溶液（60mL/L）：吸取 6.0mL 硫酸，缓慢加到约 80mL 水中，冷却后用水稀释至 100mL。

21）氢氧化钠溶液：200g/L。

（三）仪器和设备

1）砷化氢发生及吸收装置（图 15-1）。

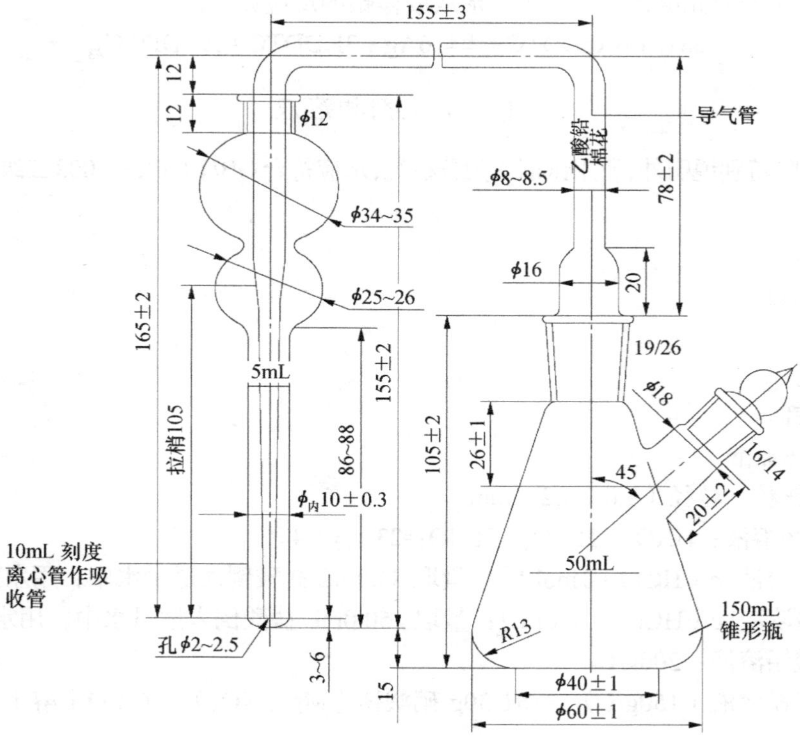

图 15-1　砷化氢发生及吸收装置（单位：mm）

A. 砷化氢发生器：100mL 带 30mL、40mL、50mL 刻度线和侧管的锥形瓶。

B. 导气管：管径为 8.0～8.5mm；尖端孔径为 2.5～3.0mm。

C. 吸收瓶：下部带 5mL 刻度线。

2）分光光度计：波长 360～800nm。

3）分析天平：感量 0.0001g。

4）可调式电炉。

5）瓷坩埚：30mL。

6）高温炉：可控温 0～950℃。

（四）测定步骤

1. 样品消化

1）混合酸消解法：配合饲料及单一饲料宜采用硝酸-硫酸-高氯酸消解法。称取试料 3～4g（精确到 0.001g），置于 250mL 凯氏瓶中，加水少许湿润试样，加 30mL 混合酸，放置 4h 以上或过夜，置电炉上从室温开始消解。待棕色气体消失后，提高消解温度，至冒白烟（SO_3）数分钟（务必赶尽硝酸），此时溶液应清亮无色或淡黄色，瓶内溶液体积近似硫酸用量，残渣为白色。若瓶内溶液呈棕色，冷却后添加适量硝酸和高氯酸，直到消解完全。冷却，加 1mol/L 盐酸溶液 10mL，煮沸，稍冷，转移到 50mL 容量瓶中，用水洗涤凯氏瓶 3～5 次，洗液并入容量瓶中，然后定容，摇匀，待测。

试样消解液含砷小于 10μg 时，可直接转移到砷化氢发生器中，补加 7mL 盐酸，加水使瓶内溶液体积为 40mL，从加 2mL 碘化钾起以下按测定步骤 3. 进行。

同时于相同条件下，做试剂空白试验。

2）盐酸溶样法：矿物元素饲料添加剂不宜加硫酸，应用盐酸溶样。称取试样 1～3g（精确到 0.0001g）于 100mL 高型烧杯中，加水少许湿润试样，慢慢滴加 3mol/L 盐酸溶液 10mL，待激烈反应过后，再缓慢加入 8mL 盐酸，用水稀释至约 30mL 煮沸。转移到 50mL 容量瓶中，洗涤烧杯 3～4 次，洗液并入容量瓶中，定容，摇匀，待测。

试样消解液含砷小于 10μg 时，可直接转移到发生器中，用水稀释到 40mL 并煮沸，从加 2mL 碘化钾起以下按测定步骤 3. 进行。

另外，少数矿物质饲料富含硫，严重干扰砷的测定，可用盐酸溶解样品后，往高型杯中加入 5mL 乙酸铅溶液并煮沸，静置 20min，形成的硫化铅沉淀过滤除之，滤液定容至 50mL，以下按测定步骤 3. 进行。

同时于相同条件下，做试剂空白实验。

3）干灰化法：添加剂预混合饲料、浓缩饲料、配合饲料、单一饲料及饲料添加剂可选择干灰化法。

称取试样 2～3g（精确至 0.0001g）于 30mL 瓷坩埚中，加入 5mL 硝酸镁溶液，混匀，于低温或沸水浴中蒸干，低温炭化至无烟后，然后转入高温炉 550℃恒温灰化 3.5～4h。取出冷却，缓慢加 3mol/L 盐酸溶液 10mL，待激烈反应过后，煮沸并转移到 50mL 容量瓶中，洗涤瓷坩埚 3～5 次，洗液并入容量瓶中，定容，摇匀，待测。

所称试样含砷小于 10μg 时，可直接转移到发生器中，补加 8mL 盐酸，加水至 40mL 左右，加入 1g 抗坏血酸溶解后，按测定步骤 3. 进行。

同时于相同条件下，做试剂空白试验。

2. 标准曲线绘制　准确吸取砷标准工作溶液（1.0μg/mL）0.00mL、1.00mL、2.00mL、4.00mL、6.00mL、8.00mL、10.00mL 于砷化氢发生瓶中，加 10mL 盐酸，加水稀释至 40mL，从加入 2mL 碘化钾起，以下按测定步骤 3. 操作，测其吸光度，求出回归方程各参数或绘制出标准曲线。当更换锌粒批号或者新配制 AgDDTC 吸收液、碘化钾溶液和氯化亚锡溶液时，均应重新绘制标准曲线。

3. 还原反应与比色测定　从消化处理好的待测液中准确吸取适量溶液（含砷量应≥1.0μg）于砷化氢发生瓶中，补加盐酸至总量为 10mL，并用水稀释到 40mL，使溶液盐酸浓度为 3mol/L，然后向试样溶液、试剂空白溶液、标准系列溶液各发生器中，加入 2mL 碘化钾溶液，摇匀，加入 1mL 氯化亚锡溶液，摇匀，静置 15min。

准确吸取 5.00mL AgDDTC 吸收液于吸收瓶中（注：吸收瓶应干燥无水），连接好发生吸收装置（勿漏气，导管塞有蓬松的乙酸铅棉花）。从发生器侧管迅速加入 4g 无砷锌粒，反应 45min，当室温低于 15℃时，反应延长至 1h。反应中轻摇发生瓶 2 次，反应结束后，取下吸收瓶，用三氯甲烷定容至 5mL，摇匀，测定。以原吸收液为参比，在 520nm 处，用 1cm 比色池测定。

（五）结果计算

1. 计算公式　样品中总砷含量（X）以质量分数（mg/kg）表示，按式（15-1）计算。

$$X=\frac{(A_1-A_2)\times V_1\times 1000}{m\times V_2\times 1000} \tag{15-1}$$

式中，V_1 为试样消解液定容总体积，mL；V_2 为分取试液体积，mL；A_1 为测试液中含砷量，μg；A_2 为试剂空白液中含砷量，μg；m 为试样质量，g。

若样品中砷含量很高，可用式（15-2）计算。

$$X=\frac{(A_2-A_3)\times V_1\times V_3\times 1000}{m\times V_2\times V_4\times 1000} \tag{15-2}$$

式中，V_1 为试样消解液定容总体积，mL；V_2 为分取试液体积，mL；V_3 为分取液再定容体积，mL；V_4 为测定时分取 V_3 的体积，mL；A_2 为测定用试液中含砷量，μg；A_3 为试剂空白溶液中含砷量，μg；m 为试样质量，g。

2. 结果表示　每个样品应做平行样，以其算术平均值为分析结果，结果表示到 0.01mg/kg。当每千克试样中含砷量≥1.0mg 时，结果取三位有效数字。

3. 允许差　分析结果的相对偏差，应不大于表 15-1 所列允许相对偏差。

表 15-1　砷含量测定分析结果允许相对偏差

饲料中含砷量/（mg/kg）	允许相对偏差/%	饲料中含砷量/（mg/kg）	允许相对偏差/%
<1.00	≤20	5.00～10.00	≤5
1.00～5.00	≤10	>10.00	≤3

二、砷 斑 法

（一）测 定 原 理

样品经消化后，在酸性条件下，以碘化钾、氯化亚锡将五价砷还原为三价砷，然后与锌粒和酸产生的新生态氢反应生成砷化氢气体，再与溴化汞试纸生成黄色至橙色的色斑，与标准砷斑比较定量。硫化氢气体有类似的反应，可用乙酸铅棉花除去干扰。

砷斑法虽然为半定量法，但其灵敏度较高，溴化汞试纸呈色反应所需最低砷量为 0.5μg，如果称样量为 10g，检出限可达 0.05μg/g，同时，所用器材简单，检测费用低，特别适合企业用于产品质量控制。

（二）试剂和溶液

除特殊规定外，本方法所用试剂均为分析纯，水为蒸馏水或相应纯度的水。

1）5%溴化汞-乙醇溶液。

2）6mol/L 盐酸。

3）硝酸。

4）10%乙酸铅溶液。

5）硫酸。

6）硝酸-高氯酸混合液（4+1）。

7）氧化镁。

8）盐酸。

9）20%氢氧化钠溶液。

10）无砷锌粒。

11）硝酸镁及硝酸镁溶液：称取 15g 硝酸镁[$Mg(NO_3)_2 \cdot 6H_2O$]溶于 1000mL 水中。

12）15%碘化钾溶液：称取 75g 碘化钾溶于水中，定容至 500mL。贮存于棕色瓶中。

13）氯化亚锡溶液：称取 40g 氯化亚锡（$SnCl_2 \cdot 2H_2O$），加盐酸溶解并稀释至 100mL，加入数颗金属锡粒。

14）溴化汞试纸：将剪成直径 2cm 的圆形滤纸片在 5%溴化汞-乙醇溶液中浸渍 1h，保存于冰箱中，临用前置暗处阴干备用。

15）乙酸铅棉花：用 10%乙酸铅溶液浸透脱脂棉后，压除多余溶液，并使疏松，在 100℃以下干燥后，贮存于玻璃瓶中。

16）砷标准溶液：精确称取 0.1320g 已在 105℃干燥 2h 的三氧化二砷于 250mL 烧杯中，加 5mL 20%氢氧化钠溶液，溶解后加 25mL 10%硫酸，移入 1000mL 容量瓶中，加刚煮沸并冷却的水至刻度，贮于棕色瓶中。此溶液相当于 0.1mg/mL。

17）砷标准工作液：吸取 1.0mL 砷标准溶液于 100mL 容量瓶中，加 1mL 10%硫酸，加水稀释至刻度。此溶液相当于 1μg/mL。

18）10%硫酸溶液：量取 5.7mL 硫酸于 80mL 水中，冷却后加水至 100mL。

（三）仪器和器皿

1）测砷装置，见图 15-2。

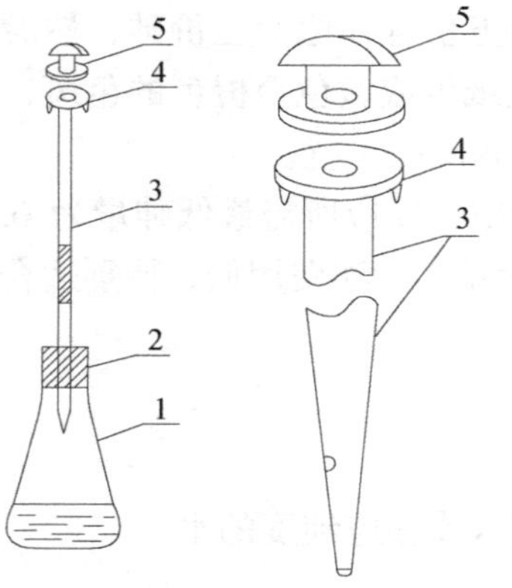

图 15-2　砷斑法测定装置

1.锥形瓶；2.橡皮塞；3.测砷管；4.管口；5.玻璃帽

A. 100mL 锥形瓶。

B. 橡皮塞：中间有一孔。

C. 玻璃测砷管：全长 18cm，上粗下细。自管口向下至 14cm 一段的内径为 6.5mm，自此以下逐渐狭细，末端内径为 1～3mm，近末端 1cm 处有一孔，直径 2mm，狭细部分紧密插入橡皮塞中，使下部伸出至小孔恰在橡皮塞下面。上部较粗部分装乙酸铅棉花，长 5～6cm，上端至管口处至少 3cm，测砷管顶端为圆形扁平的管口，上面磨平，下面两侧各有一钩，为固定玻璃帽用。

D. 玻璃帽：下面磨平，上面有弯月形凹槽，中央有圆孔，直径 6.5mm。使用时将玻璃帽盖在测砷管的管口，使圆孔互相吻合，中间夹一溴化汞试纸，光面向下，用橡皮圈或其他适宜的方法将玻璃帽与测砷管固定。

2）分析天平：感量 0.0001g。

3）可调式电炉。

4）瓷坩埚：30mL。

5）高温炉：可控温 0～950℃。

（四）测 定 步 骤

1. 样品消化　同银量法。

2. 测定　吸取 20mL 消化后样品液（2g）及同量试剂空白溶液于测砷瓶中，加 5mL 15% 碘化钾溶液、5 滴酸性氯化亚锡溶液和 5mL 盐酸（样品如用湿法消化液，则应减去硫酸的毫升数，如用干法消化液，则应减去盐酸毫升数），各加水至 35mL。

另吸取 0mL、0.5mL、1.0mL、2.0mL 砷标准工作液（相当于 0μg、0.5μg、1.0μg、2.0μg 砷）分别置于测砷瓶中，其余手续同样品液。

于上述样品、空白、标准溶液的测砷瓶中各加 3g 锌粒。立即塞上预先装有乙酸铅棉花及溴化汞试纸的测砷管，于 25℃放置 1h，取出试样及空白试剂的溴化汞试纸与标准砷斑比较。

（五）结 果 计 算

1. 计算公式　样品中总砷含量（X）以质量分数（mg/kg）表示，按式（15-3）计算。

$$X = \frac{A_1 - A_2}{m \times \frac{V_2}{V_1}} \tag{15-3}$$

式中，A_1 为测试样品消化液中砷的量，μg；A_2 为测试空白消化液中砷的量，μg；m 为样品质量，g；V_2为测定样品消化液的体积，mL；V_1为样品消化液的总体积，mL。

2. 结果表示　计算结果保留两位有效数字。

3. 精密度　在重复性条件下获得的两次独立测定结果的绝对差值不得超过算术平均值的15%。

第二节　饲料中铅含量的检测

饲料中铅含量的测定可采用原子吸收光谱法和双硫腙比色法等。双硫腙比色法操作复杂，干扰因素多，且检出限较高。原子吸收光谱法快速、准确、干扰因素少，是饲料中铅测定广泛应用的方法。因此本节主要介绍原子吸收光谱法。

一、适 用 范 围

本方法适用于配合饲料、浓缩饲料、单一饲料、添加剂预混合饲料中铅的测定。原子吸收光谱法可分为干灰法和湿消化法。

干灰法适用于含有有机物较多的饲料原料、配合饲料、浓缩饲料中铅的测定。

湿消化法分盐酸消化法和高氯酸消化法。盐酸消化法适用于不含有机物质的添加剂预混合饲料和矿物质饲料中铅的测定。高氯酸消化法适用于含有有机物质的添加剂预混合饲料中铅的测定。

二、测 定 原 理

1. 干灰化法　将试料在马弗炉（550±15）℃温度下灰化之后，在酸性条件下溶解残渣，沉淀和过滤，定容制成试样溶液，用火焰原子吸收光谱法测量其在283.3nm处的吸光度，与标准系列比较定量。

2. 湿消化法　试料中的铅在酸的作用下变成铅离子，沉淀和过滤去除沉淀物，稀释定容，用原子吸收光谱法测定。

三、试剂和材料

除特殊规定外，本方法所用试剂均为分析纯，实验用水符合GB/T 6682—2008中二级用水的规定。

1）稀盐酸溶液（0.6mol/L）。

2）盐酸溶液（6mol/L）。

3）硝酸溶液（6mol/L）：吸取43mL硝酸，用水定容至100mL。

4）铅标准储备液：准确称取1.598g硝酸铅[$Pb(NO_3)_2$]，加硝酸溶液3）10mL，全部溶解后，转入1000mL容量瓶中，加水至刻度，该溶液含铅为1mg/mL。标准储备液储存在聚乙烯瓶中，4℃保存。

5）铅标准工作液：吸取1.0mL铅标准储备液，加入100mL容量瓶中，加水至刻度，此溶液含铅为10μg/mL。工作液当天使用当天配制。

6）乙炔：符合GB 6819—2004的规定。

四、仪器和设备

注：所用的容器在使用前用稀盐酸煮。如果使用专用的灰化皿和玻璃器皿，每次使用前不需要用盐酸煮。

1）马弗炉：温度能控制在（550±15）℃。

2）分析天平：称量到 0.0001g 精度。

3）实验室用样品粉碎机。

4）原子吸收分光光度计附测定铅的空心阴极灯。

5）无灰（不释放矿物质的）滤纸。

6）瓷坩埚：内层光滑没有被腐蚀，使用前用稀盐酸煮。

7）可调电炉。

8）平底柱型聚四氟乙烯坩埚（$60cm^2$）。

五、试样的制备

选取有代表性的样品至少 500g，用四分法缩分至 100g，粉碎，过 1mm 尼龙筛，混匀装入密闭容器中，低温保存备用。

六、分 析 步 骤

1. 试样消化

（1）干灰化法　　称取约 5g 制备好的试样，精确到 0.001g，置于瓷坩埚中。将瓷坩埚置于可调电炉上，100～300℃缓慢加热炭化至无烟，要避免试料燃烧。然后放入已在 550℃条件下预热 15min 的马弗炉，灰化 2～4h，冷却后用 2mL 水将炭化物润湿。如果仍有少量炭粒，可滴入硝酸使残渣润湿，将坩埚放在水浴上干燥，然后再放到马弗炉中灰化 2h，冷却后加 2mL 水。

取 5mL 盐酸，开始慢慢滴加到坩埚中，边加边转动坩埚，直到不冒泡，然后再快速放入坩埚中，再加入 5mL 硝酸，转动坩埚并用水浴加热直到消化液 2～3mL 时取下（注意防止溅出），分次用 5mL 左右的水转移到 50mL 容量瓶。冷却后，用水定容至刻度，用无灰滤纸过滤，摇匀，待用。同时制备试样空白溶液。

（2）湿消化法

1）盐酸消化法：依据预期含量，称取 1～5g 制备好的试样，精确到 0.001g，置于瓷坩埚中。用 2mL 水将试样润湿，取 5mL 6mol/L 盐酸，开始慢慢一滴一滴加入坩埚中，边加边转动坩埚，直到不冒泡，然后再快速放入坩埚中，再加入 5mL 6mol/L 硝酸，转动坩埚并用水浴加热直到消化液 2～3mL 时取下（注意防止溅出），分次用 5mL 左右的水转移到 50mL 容量瓶。冷却后，用水定容至刻度，用无灰滤纸过滤，摇匀，待用。同时制备试样空白溶液。

2）高氯酸消化法：称取 1g 试样（精确至 0.001g），置于聚四氟乙烯坩埚中，加水湿润样品，加入 10mL 硝酸（含硅酸盐较多的样品需再加入 5mL 氢氟酸），放在通风橱里静置 2h 后，加入 5mL 高氯酸，在可调电炉上垫瓷砖小火加热，温度低于 250℃，待消化液冒白烟为止。冷却后，用无灰滤纸过滤到 50mL 的容量瓶中，用水冲洗坩埚和滤纸多次，加水定容至刻度，摇匀，待用。同时制备试样空白溶液。

2. 标准曲线绘制　分别吸取 0mL、1.0mL、2.0mL、4.0mL、8.0mL 铅标准工作液，置于 50mL 容量瓶中，加入盐酸溶液 1mL，加水定容至刻度，摇匀，导入原子吸收分光光度计，用水调零，在 283.3nm 波长处测定吸光度，以吸光度为纵坐标、浓度为横坐标，绘制标准曲线。

3. 测定　试样溶液和试剂空白溶液按绘制标准曲线步骤进行测定，测出相应吸光值与标准曲线比较定量。

七、结果计算

1. 计算公式　试料中铅的含量（X）以质量分数（mg/kg）表示，按式（15-4）计算。

$$X = \frac{(\rho_1 - \rho_2) \times V_1 \times 1000}{m \times 1000} = \frac{(\rho_1 - \rho_2) \times V_1}{m} \tag{15-4}$$

式中，m 为试料的质量，g；V_1 为试料消化液总体积，mL；ρ_1 为测定用试料消化液铅含量，μg/mL；ρ_2 为空白试液中铅含量，μg/mL。

2. 结果表示　每个试样取两个平行样进行测定，以其算术平均值作为结果，结果表示到 0.01mg/kg。

3. 重复性　同一分析者对同一试样同时或快速连续地进行两次测定，所得结果与允许相对偏差见表 15-2。

表 15-2　铅含量测定分析结果允许相对偏差

铅含量范围/（mg/kg）	分析允许相对偏差/%	铅含量范围/（mg/kg）	分析允许相对偏差/%
<5	≤20	15～30	≤10
5～15	≤15	>30	≤5

第三节　饲料中镉含量的检测

饲料中镉的测定方法有比色法、原子吸收光谱法、原子荧光法等。比色法干扰因素多，灵敏度较低，目前已较少使用；原子吸收光谱法和原子荧光法灵敏度均较高，是目前普遍采用的分析方法，原子吸收光谱法样品前处理较麻烦，原子荧光法样品前处理相对较简单，但需要原子荧光光谱仪。此处介绍原子吸收光谱法。

一、适用范围

本方法适用于检测饲料原料及饲料产品中镉的含量。

二、测定原理

以干灰化法分解样品，在酸性条件下，有碘化钾存在时，镉离子与碘离子形成络合物，被甲基异丁酮萃取分离，将有机相喷入空气-乙炔火焰，使镉原子化，测定其对特征共振线 228.8nm 的吸光度，与标准系列比较而求得镉的含量。

三、试剂和溶液

除特殊规定外，本标准所用试剂均为分析纯，水为重蒸馏水。

1）硝酸（GB 626—2006）（优级纯）。

2）盐酸（GB 622—2006）（优级纯）。

3）2mol/L 碘化钾溶液：称取 332g 碘化钾，溶于水，加水稀释至 1000mL。

4）5%抗坏血酸溶液：称取 5g 抗坏血酸（$C_6H_8O_6$），溶于水，加水稀释至 100mL（临用时配制）。

5）1mol/L 盐酸溶液：量取 10mL 盐酸，加入 110mL 水，摇匀。

6）甲基异丁酮[$CH_3COCH_2CH(CH_3)_2$]。

7）镉标准储备液：称取高纯金属镉（Cd，99.99%）0.1000g 于 250mL 三角烧瓶中，加入 10mL 1∶1 硝酸，在电热板上加热溶解完全后，蒸干，取下冷却，加入 20mL 1∶1 盐酸及 20mL 水，继续加热溶解，取下冷却后，移入 1000mL 容量瓶中，用水稀释至刻度，摇匀，此溶液每毫升相当于 100μg 镉。

8）镉标准中间液：吸取 10mL 镉标准储备液于 100mL 容量瓶中，以 1mol/L 盐酸稀释至刻度，摇匀，此溶液每毫升相当于 10μg 镉。

9）镉标准工作液：吸取 10mL 镉标准中间液于 100mL 容量瓶中，以 1mol/L 盐酸稀释至刻度，摇匀，此溶液每毫升相当于 1μg 镉。

四、仪器和设备

1）分析天平：感量 0.0001g。

2）马弗炉。

3）原子吸收分光光度计。

4）硬质烧杯：100mL。

5）容量瓶：50mL。

6）具塞比色管：25mL。

7）吸量管：1mL、2mL、5mL、10mL。

8）移液管：5mL、10mL、15mL、20mL。

五、试样制备

采集具有代表性的饲料样品至少 2kg，用四分法缩分至约 250g，磨碎，过 1mm 筛，混匀，装入密闭广口试样瓶中，防止试样变质，低温保存备用。

六、测定步骤

1. 试样处理　准确称取 5～10g 试样于 100mL 硬质烧杯中，置于马弗炉内，微开炉门，由低温开始，先升至 200℃保持 1h，再升至 300℃保持 1h，最后升温至 500℃灼烧 16h，直至试样成白色或灰白色，无碳粒为止。

取出冷却，加水润湿，加 10mL 硝酸，在电热板或砂浴上加热分解试样至近干，冷后加 10mL 1mol/L 盐酸溶液，将盐类加热溶解，内容物移入 50mL 容量瓶中，再以 1mol/L 盐酸溶液反复洗涤烧杯，洗液并入容量瓶中，以 1mol/L 盐酸溶液稀释至刻度，摇匀备用。

若为石粉、磷酸盐等矿物试样，可不用干灰化法，称样后，加 10～15mL 硝酸（或盐酸），在电热板或砂浴上加热分解试样至近干，其余同上处理。

2. 标准曲线绘制　精确分取镉标准工作液 0mL、1.25mL、2.50mL、5.00mL、7.50mL、10.00mL，分别置于 25mL 具塞比色管中，以 1mol/L 盐酸溶液稀释至 15mL，依次加入 2mL 碘化钾溶液，摇匀，加 1mL 抗坏血酸溶液，摇匀，准确加入 5mL 甲基异丁酮，振动萃取 3～5min，静置分层后，有机相导入原子吸收分光光度计，在波长 228.8nm 处测其吸光度，以吸光度为纵坐标、浓度为横坐标，绘制标准曲线。

3. 测定　准确分取 15～20mL 待测试样溶液及同量试剂空白溶液于 25mL 具塞比色管中，依次加入 2mL 碘化钾溶液等，其余同标准曲线绘制测定步骤。

七、结果计算

1. 计算公式　试样中镉的含量（X）以质量分数（mg/kg）表示，按式（15-5）计算。

$$X = \frac{A_1 - A_2}{mV_2 / V_1} = \frac{V_1(A_1 - A_2)}{mV_2} \tag{15-5}$$

式中，A_1 为待测试样溶液中镉的质量，μg；A_2 为试剂空白溶液中镉的质量，μg；m 为试样的质量，g；V_2 为待测试样溶液的体积，mL；V_1 为试样处理液总体积，mL。

2. 结果表示　每个试样取 2 个平行样进行测定，以其算术平均值作为结果，表示到 0.01mg/kg。

3. 重复性　同一分析者对同一试样同时或快速连续地进行两次测定，所得结果之间的差值：镉的含量<0.5mg/kg 时，不得超过平均值的 50%；镉的含量为 0.5～1mg/kg 时，不得超过平均值的 30%；在镉的含量>1mg/kg 时，不得超过平均值的 20%。

第四节　饲料中硒含量的检测

饲料中硒含量的检测方法有比色法、荧光法和原子荧光光谱法，其中原子荧光光谱法和荧光法灵敏度较高。原子荧光光谱法定量限为 0.01mg/kg；荧光法定量限为 0.02mg/kg。两种方法应用均较为广泛。

一、原子荧光光谱法

（一）测定原理

试样经酸加热消化后，在 6mol/L 盐酸（HCl）介质中，将试样中的六价硒还原成四价硒，用硼氢化钠（$NaBH_4$）或硼氢化钾（KBH_4）作还原剂，将四价硒在盐酸介质中还原成硒化氢

（SeH_2），由载气（氩气）带入原子化器中进行原子化，在硒特制空心阴极灯照射下，基态硒原子被激发至高能态，在去活化回到基态时，发射出特征波长的荧光，其荧光强度与硒含量成正比，与标准系列比较定量。

（二）试剂和溶液

1）硝酸（优级纯）。

2）高氯酸（优级纯）。

3）盐酸（优级纯）。

4）混合酸：硝酸+高氯酸（4+1，*V*+*V*）混合酸。

5）氢氧化钠（优级纯）。

6）硼酸化钠溶液（8g/L）：称取 8.0g 硼氢化钠（$NaBH_4$），溶于氢氧化钠溶液（5g/L）中，然后定容至 1000mL。

7）铁氰化钾（100g/L）：称取 10.0g 铁氰化钾［$K_3Fe(CN)_6$］，溶于 100mL 水中，混匀。

8）硒标准储备液：精确称取 100.0mg 硒（光谱纯），溶于少量硝酸中，加 2mL 高氯酸，置沸水浴中加热 3～4h，冷却后再加 8.4mL 盐酸，再置沸水浴中煮 2min，准确稀释至 1000mL，其盐酸浓度为 0.1mol/L，此储备液每毫升相当于 100μg 硒。

9）硒标准工作液：取 100μg/mL 硒标准储备液 1.0mL，定容至 100mL，此工作液浓度为 1μg/mL。

（三）仪器和设备

1）分析天平：感量 0.0001g。

2）原子荧光光度计。

3）电热板。

4）自动控温消化炉。

5）实验室用样品粉碎机。

6）容量瓶：50mL。

（四）测定步骤

1. 试样处理

1）饲料样品：称取 0.5～2.0g 试样，精确到 0.0001g，置于 150mL 高型烧杯内，加 10.0mL 混合酸及几粒玻璃珠，盖上表面皿冷消化过夜。次日于电热板上加热，并及时补加混合酸。当溶液变为清亮无色并伴有白烟时，再继续加热至剩余体积 2mL 左右，切不可蒸干。冷却，再加 5mL 6mol/L 盐酸，继续加热至溶液变为清亮无色并伴有白烟出现，以完全将六价硒还原成四价硒。冷却，转移定容至 50mL 容量瓶中。同时做空白试验。

2）吸取 10mL 试样消化液于 15mL 离心管中，加浓盐酸 2mL、铁氰化钾溶液 1mL，混匀待测。

2. 标准曲线的配制　分别取 0.0mL、0.2mL、0.3mL、0.4mL、0.5mL 标准工作液于 15mL 离心管中，用去离子水定容至 10mL，再分别加浓盐酸 2mL、铁氰化钾溶液 1mL，混匀，制成标准工作曲线。

3. 测定

1）仪器参考条件。光电倍增管负高压，340V；硒空心阴极灯电流，60mA；原子化温度，800℃；炉高，8mm；载气流速，500mL/min；屏蔽气流速，1000mL/min；测量方式，标准曲线法；读数方式，峰面积；延迟时间，1s；读数时间，15s；加液时间，8s；进样体积，2mL。

2）测定方式。根据实际情况任选以下一种方法。

A. 浓度测定方式测量。设定好仪器最佳条件，逐步将炉温升至所需温度后，稳定 10～20min 后开始测量。连续用标准系列的零管进样，待读数稳定之后，转入标准系列测量，绘制标准曲线。转入试样测量，分别测定试样空白和试样消化液，每测不同的试样前都应清洗进样器。计算试样测定结果。

B. 仪器自动计算结果方式测量。设定好仪器最佳条件，在试样参数画面，输入以下参数：试样质量（g 或 mL）、稀释体积（mL），并选择结果的浓度单位，逐步将炉温升至所需温度后，稳定 10～20min 后开始测量。连续用标准系列的零管进样，待读数稳定之后，转入标准系列测量，绘制标准曲线。在转入试样测定之前，再进入空白值测量状态，用试样空白消化液进样，让仪器取其均值作为扣底的空白值。随后即可依次测定试样。测定完毕后，选择“打印报告”即可将测定结果自动打印。

（五）结果计算

1. 计算公式　试样中硒的质量分数（ω）（mg/kg）按式（15-6）进行计算。

$$\omega=\frac{(c-c_0)\times V\times 1000}{m\times 1000\times 1000} \tag{15-6}$$

式中，c 为试样消化液中硒的质量分数，ng/mL；c_0 为试剂空白液中硒的质量分数，ng/mL；m 为试样质量，g；V 为试样消化液总体积，mL。

2. 结果表示　每个试样平行测定 2 次，以其算术平均值作为结果，结果表示到 0.001mg/kg。

3. 重复性　同一分析者对同一试样同时或快速连续地进行两次测定，所得结果之间的差值：当硒的质量分数<0.100mg/kg 时，不得超过平均值的 40%；当硒的质量分数为 0.100～0.400mg/kg 时，不得超过平均值的 20%；当硒的质量分数>0.400mg/kg 时，不得超过平均值的 15%。

二、荧 光 法

（一）测 定 原 理

将试样用混合酸消化，使硒游离出来，在微酸性溶液中硒（S_e^{4+}）和 2,3-二氨基萘（DAN）生成 4,5-苯基苯并硒二唑，用环己烷直接在生成络合物的同一酸度溶液中萃取。用荧光光度计在激发光波长为 376nm、发射光波长为 520nm 条件下测定荧光强度，从而计算出试样中硒的含量。

（二）试剂和溶液

除特殊规定外，本标准所用试剂均为分析纯，实验室用水应符合 GB 6682—2008 中二级用水的规定。

1）高氯酸（优级纯）（ρ=1.67g/mL）。

2）硝酸（优级纯）（ρ=1.42g/mL）。

3）环己烷（ρ=0.778～0.800g/mL）。

4）盐酸溶液（1+3）。

5）盐酸溶液[0.1mol/L]。

6）氨水（ρ=0.90g/mL）。

7）盐酸羟胺-乙二胺四乙酸二钠（EDTA）溶液：称取 10g EDTA 溶于 500mL 水中，加入 25g 盐酸羟胺使其溶解，用水稀释至 1000mL。

8）2,3-二氨基萘溶液：称取 DAN 0.1g 于 150mL 烧杯中，加入 100mL 0.1mol/L 盐酸使其溶解，转移到 250mL 分液漏斗，加入 20mL 环己烷振荡 1min，待分层后弃去环己烷，水相用环己烷重复处理 2～3 次。水相放入棕色瓶中，上面加盖 3mm 厚的环己烷，于暗处保存，此液可使用数周。

9）硒标准储备液：称取硒粉（纯度 99%以上）25mg（精确至 0.01mg），放入 100mL 烧杯中，加入 10mL 硝酸加热溶解，冷至室温，用水转移至 1000mL 容量瓶中并稀释至刻度，摇匀，此液 1mL 含 25.00μg 的硒。

10）硒标准工作液：吸取硒标准储备液 1.00mL 于 50mL 高型烧杯中按“（五）分析步骤”消化至高氯酸冒烟 5min，取下稍冷，加 1mL 水和 1mL 浓盐酸摇匀，放置 10min 用 0.1mol/L 盐酸转移至 250mL 容量瓶中并稀释至刻度，摇匀，此液 1.00mL 含硒 0.1μg。

11）甲酚红 0.4g/L 水溶液：称取 0.1g 甲酚红放入 400mL 烧杯中，加少许氨水使其溶解，用水稀释至 250mL，摇匀。

（三）仪器和设备

1）荧光光度计：激发波长 365～385nm，荧光发射波长 520～525nm，1cm 石英比色杯。

2）实验室用样品粉碎机：标准分析筛（孔径 0.42mm、0.25mm）。

3）分析天平：感量 0.0001g。

4）可调温电炉（600W）或电热板（3000W）。

5）高型烧杯 50mL 和相应大小的表面皿。

6）具塞比色管：50mL。

7）刻度吸量管：2mL、10mL。

（四）试样的制备

取已粉碎至 0.42mm 的试样 40～50g 放入 250mL 烧杯中，加水至能搅动的糊状，在搅拌器上搅 10～15min，倒在小搪瓷盘中铺平，放入烘箱 70℃烘干，粉碎机上磨至 0.25mm，混匀装入密封容器中备用，防止试样成分发生变化。

（五）分析步骤

1. 试样的测定（配合饲料、浓缩饲料、单一饲料） 称取已制备好的试样约 1g，精确至 0.0001g（≤0.4μg Se），放入 50mL 高型烧杯中，用少量水润湿试样，加硝酸 10mL，轻摇烧杯使试样散开，加盖表面皿放到电热板上低温加热至见反应开始（泡沫开始上冒）时，切断电源或取下，待剧烈反应缓解后再放到电热板上煮沸至硝酸体积减少到 5mL 左右，取下稍冷，加入 5mL 高氯酸继续加热至剧烈小气泡冒完，高氯酸冒烟；取下稍冷，用水吹洗表面皿和杯壁，去掉表面皿，将烧杯置电热板上先低温蒸发水分，再升温至高氯酸冒烟并保持 5～10min，取下稍冷，加入 1mL 水和 1mL 浓盐酸，摇匀，放置 10min，用水稀释至 30mL 左右，加两滴甲酚红，用氨水中和至黄色，再用盐酸中和至橙色（pH1.5～2），加入 3mL 盐酸羟胺溶液摇匀，用 0.1mol/mL 盐酸转移到 50mL 比色管中，加 2mL DAN 溶液,盖好塞子，摇匀，松动塞子，置于 100℃水中保持 5min。取出放入冷水中迅速冷却至室温，用 0.1mol/mL 盐酸稀释至 50mL，加 5mL 环己烷振荡 1min，静置分层后，用吸管小心吸取上部环己烷放入 1cm 石英杯中，置入荧光光度计内于激发波长 375～380nm、发射波长 520～525nm 测其荧光强度，在标准曲线上查得试料中硒的含量。同时做空白试验（消化时应戴防护眼镜）。

2. 高含量硒试样(预混合饲料)的测定　对于每千克含硒在 1mg 以上含有机物的试样，按分析步骤 1. 进行至加入 1mL 水和 1mL 浓盐酸摇匀，放置 10min 后将消化液稀释至足够体积，然后取部分溶液（Se≤0.4μg）进行测定。对于以石粉为载体的预混合饲料，称取 1～5g 试样（精确到 0.0001g），于 250mL 烧杯中，加入 20mL 水和 25mL 硝酸（逐滴加入硝酸至气泡不发生后再全部加入），盖上表面皿，置电热板上煮沸，低温沸腾 30min，取下冷却，用水转移到 100～500mL 容量瓶中稀释至刻度，摇匀，取部分澄清液（Se≤0.4μg）放入 50mL 高型烧杯中，加入 5mL 高氯酸，以下按分析步骤 1. 加高氯酸后的程序进行。

3. 工作曲线的绘制　取 0.00mL、0.50mL、1.00mL、1.50mL、2.00mL、3.00mL 硒标准溶液，分别加入 50mL 具塞比色管中，加入 3mL 盐酸羟胺溶液、2 滴甲酚红指示剂，以下按分析步骤 1. 用氨水中和起操作进行，以硒量为横坐标、荧光强度为纵坐标，绘制工作曲线。

（六）结 果 计 算

1. 计算公式　硒的含量（X）以质量分数（mg/kg）表示，按式（15-7）计算。

$$X = \frac{m_1 V_0}{m_0 V_1} \tag{15-7}$$

式中，m_1 为自工作曲线上查得的硒质量，μg；V_0 为试液的总体积，mL；V_1 为分取试液的体积，mL；m_0 为试料的质量，g。

2. 结果表示　所得结果应表示至三位小数，即精确到 0.001mg/kg。

3. 重复性　同原子荧光光谱法。

第五节　饲料中汞含量的检测

饲料中汞的测定一般是将样品用湿法消化，使饲料中的有机汞转变为无机汞，然后采用原子荧光光谱法或冷原子吸收法测定。其中原子荧光光谱法为仲裁法。原子荧光光谱法的检出限为 0.15μg/kg，标准曲线最佳线性范围为 0～60μg/L。冷原子吸收的检出限：压力消解法为 0.4μg/kg，其他消解法为 10μg/kg。本节介绍原子荧光光谱法。

一、测 定 原 理

试样经酸加热消解后，在酸性介质中，试样中汞被硼氰化钾（KBH_4）或硼氰化钠（$NaBH_4$）还原成原子态汞，由载气（氩气）带入原子化器中。在特制汞空心阴极灯照射下，基态汞原子被激发至高能态，在去活化回到基态时，发射出特征波长的荧光，其荧光强度与汞含量成正比，与标准系列比较定量。

二、试剂与溶液

除非另有说明，在分析中仅使用确认为分析纯的试剂，水为去离子水或相当纯度的水，应符合 GB/T 6682—2008 二级用水的规定。

1）硝酸（优级纯）。

2）30%过氧化氢。

3）硫酸（优级纯）。

4）混合酸液——硫酸+硝酸+水（1+1+8）：量取 10mL 硝酸和 10mL 硫酸，缓缓倒入 80mL 水中，冷却后小心混匀。

5）硝酸溶液：量取 50mL 硝酸，缓缓倒入 450mL 水中，混匀。

6）氢氧化钾溶液（5g/L）：称取 5.0g 氢氧化钾，溶于水中，并稀释至 1000mL，混匀。

7）硼氰化钾溶液（5g/L）：称取 5.0g 硼氰化钾，溶于 5.0g/L 的氢氧化钾溶液中，并稀释至 1000mL，混匀，现用现配。

8）汞标准储备液：选用国家标准物质——汞标准溶液（GBW 08617），此溶液每毫升相当于 1000μg 汞。

9）汞标准工作液：吸取汞标准储备液 1mL 于 100mL 容量瓶中，用硝酸溶液稀释至刻度，混匀，此溶液浓度为 10μg/L。再分别吸取 10μg/L 汞标准溶液 1mL 和 5mL 于两个 100mL 容量瓶中，用硝酸溶液稀释至刻度，混匀，溶液浓度分别为 100ng/mL 和 500ng/mL，分别用于测定低浓度试样和高浓度试样，制作标准曲线，现用现配。

三、仪器和设备

1）分析天平：感量 0.0001g。

2）高压消解罐：100mL。

3）微波消解炉。

4）实验室用试样粉碎机或研钵。

5）消化装置。

6）原子荧光光度计。

7）容量瓶：50mL。

四、分 析 步 骤

1. 试样消解

1）高压消解法：称取 0.5～2.00g 试样，精确到 0.0001g，置于聚四氟乙烯塑料罐中，加 10mL 硝酸，混匀后放置过夜，再加 15mL 过氧化氢，盖上内盖放入不锈钢外套中，旋紧密封。

然后将消解罐放入普通箱（烘箱）中加热，升温至 120℃后保持恒温 2～3h，至消解完全，冷至室温，将消解液用硝酸溶液洗涤消解罐并定容至 50mL 容量瓶中，摇匀。同时做试剂空白试验。待测。

2）微波消解法：称取 0.20～1.0g 试样，精确到 0.0001g，置于消解罐中，加入 2～10mL 硝酸、2～4mL 过氧化氢，盖好安全阀后，将消解罐放入微波炉消解系统中，根据不同种类的试样设置微波炉消解系统的最佳分析条件（表 15-3 和表 15-4），至消解完全。冷却后用硝酸溶液洗涤消解罐并定容至 50mL 容量瓶中（低含量试样可定容至 25mL 容量瓶）混匀待测。同时做试剂空白试验。

表 15-3　汞测定饲料试样微波消解条件

项目	步骤		
	1	2	3
功率/%	50	75	90
压力/kPa	343	686	1096
升压时间/min	30	30	30
保压时间/min	5	7	5
排风量/%	100	100	100

表 15-4　汞测定鱼油、鱼粉试样微波消解条件

项目	步骤				
	1	2	3	4	5
功率/%	50	70	80	100	100
压力/kPa	343	514	686	959	1234
升压时间/min	30	30	30	30	30
保压时间/min	5	5	5	7	5
排风量/%	100	100	100	100	100

2. 标准系列的配制

1）低浓度标准系列：分别吸取 100ng/mL 汞标准工作液 0.50mL、1.00mL、2.00mL、4.00mL、5.00mL 于 50mL 容量瓶中。用硝酸溶液稀释至刻度，混匀。各自相当于汞浓度 1.0ng/mL、2.0ng/mL、4.0ng/mL、8.0ng/mL、10.0ng/mL。此标准系列适用于一般试样测定。

2）高浓度标准系列：分别吸取 500ng/mL 汞标准工作液 0.50mL、1.00mL、2.00mL、3.00mL、4.00mL 于 500mL 容量瓶中，用硝酸溶液稀释至刻度，混匀。各自相当于汞浓度 5.0ng/mL、10.0ng/mL、20.0ng/mL、30.0ng/mL、40.0ng/mL。此标准系列适用于鱼粉及含汞量偏高的试样测定。

3. 测定步骤

1）仪器参考条件。光电倍增管负高压，260V；汞空心阴极灯电流，30mA；原子化器，温度 300℃，高度 8.0mm；氩气流速，载气 500mL/min，屏蔽气 1000mL/min；测量方式，标准曲线法；读数方式，峰面积；读数延迟时间，1.0s；读数时间，10.0s；硼氰化钾溶液加液时间，8.0s；标准或样液加液体积，2mL。仪器稳定后，测标准系列，至标准曲线的相关系数 r>0.999 后测样。

2）测定方式。①浓度测定方式：设定好仪器最佳条件，逐步将炉温升至所需温度后，稳定 10～20min 后开始测量。连续用硝酸溶液进样，待读数稳定之后，转入标准系列测量，绘制标准曲线。转入试样测量，先用硝酸溶液进样，使读数基本回零，再分别测定试样空白和试样消化液，每测不同的试样前都应清洗进样器。②仪器自动计算结果方式：设定好仪器最佳条件，在试样参数画面输入参数试样质量（g）和稀释体积（mL），并选择结果的浓度单位，逐步将炉温升至所需温度，稳定后测量。连续用硝酸溶液进样，待读数稳定之后，转入标准系列测量，绘制标准曲线。在转入试样测定之前，再进入空白值测量状态，用试样空白消化液进样，让仪器取其均值作为扣底的空白值。随后即可依法测定试样。测定完毕后，选择“打印报告”即可将测定结果自动打印。

五、结 果 计 算

1. 计算公式 试样中汞的质量分数（ω）（mg/kg）按式（15-8）计算。

$$\omega=\frac{(c-c_0)\times V\times 1000}{m\times 1000\times 1000} \tag{15-8}$$

式中，c 为试样消化液中汞的含量，ng/mL；c_0 为试剂空白液中汞的含量，ng/mL；V 为试样消化液总体积，mL；m 为试样质量，g。

2. 结果表示 每个试样平行测定 2 次，以其算术平均值作为结果。结果表示到 0.001mg/kg。

3. 重复性 同一分析者对同一试样同时或快速连续地进行两次测定，所得结果之间的差值：在汞含量<0.020mg/kg 时，不得超过平均值的 100%；在汞含量 0.020～0.100mg/kg 时，不得超过平均值的 50%；在汞含量>0.100mg/kg 时，不得超过平均值的 20%。

第六节 饲料中铬含量的检测

测定铬的方法有比色法和原子吸收光谱法。比色法常采用二苯卡巴肼作显色剂，该方法灵敏，专一性较强，但易受一些因素的干扰，超过一定量时，需分离或萃取后测定，适用于饲料原料及配合饲料中铬的测定。原子吸收光谱法简便、快速，具有较高的灵敏度，应用也较广泛，适用于饲料原料、微量元素预混合饲料、复合预混合饲料、浓缩饲料和配合饲料。其中石墨炉原子吸收光谱法最低检出限为 0.005μg/kg；火焰原子吸收光谱法最低检出限为 150μg/kg。本节介绍比色法。

一、测 定 原 理

以干灰化法分解试样，在碱性高锰酸钾溶液下将其中的铬离子氧化为六价铬离子，再将溶液调至酸性，使六价铬离子（Cr^{6+}）与二苯卡巴肼[（C_6H_5）（NH）$_4$CO]反应生成玫瑰红色络合物，进行比色测定，求得铬的含量。

二、试剂和溶液

除非另有说明，本方法所用试剂均为分析纯，水为蒸馏水或相应纯度的水，符合 GB/T 6682—2008 三级用水的规定。

1）硫酸溶液（0.5mol/L）：量取 28mL 浓硫酸，徐徐加入水中，再加水稀释至 1000mL。

2）高锰酸钾溶液（20g/L）：称取 2g 高锰酸钾，溶于水中，加水稀释至 100mL。

3）硫酸溶液[V（浓硫酸）+V（蒸馏水）=1+6]：量取 100mL 浓硫酸，徐徐加入 600mL 水中，并加入 1 滴 20g/L 高锰酸钾溶液，使溶液呈粉红色。

4）氢氧化钠溶液（4mol/L）：称取 32g 氢氧化钠，溶于水中，加水稀释至 200mL。

5）二苯卡巴肼溶液（5g/L）：称取 0.5g 二苯卡巴肼，溶解于 100mL 丙酮中。

6）95%乙醇。

7）铬标准储备液（100mg/L）：称取 0.2830g 经 100～110℃烘至恒重的重铬酸钾，用水溶解，移入 1000mL 容量瓶中，稀释至刻度，此溶液每毫升含 0.1mg 铬。

8）铬标准溶液（2mg/L）：量取 1.0mL 铬标准储备液于 50mL 容量瓶中，加硝酸溶液稀释至刻度，此溶液每毫升含 2μg 铬。

三、仪器和设备

1）分析天平：感量为 0.0001g。

2）高温电炉（马弗炉）。

3）实验用样品粉碎机或研钵。

4）可控温电炉：600W。

5）容量瓶：20mL、50mL、100mL、1000mL。

6）吸量管：0.5mL、1.0mL、5.0mL、10.0mL。

7）移液管：5mL、10mL、25mL。

8）三角烧瓶：150mL。

9）短颈漏斗：直径 6cm。

10）瓷坩埚：60mL。

11）滤纸：11cm，定量、快速。

12）分光光度计：有 10mm 比色皿，可在 540nm 处测量吸光度。

四、试样制备

采集具有代表性的饲料样品约 2kg，用四分法缩分至 250g 左右，磨碎过 1mm 孔筛，混匀，装入密闭容器。为防止试样变质，应低温保存备用。

五、测定步骤

1. 试样处理　称取 1.0～1.5g 试样（精确到 0.0001g），置于 60mL 瓷坩埚中，在可控温电炉炭化完全后，置于马弗炉内，由室温开始，徐徐升温，至 600℃灼烧 5h，直至试样呈白色或灰白色、无炭粒为止。

冷却后取出，加入 5mL 硫酸溶液，在普通可控温电炉上微沸，内容物全部移入 150mL 锥形瓶中，并用热水反复洗涤坩埚 3～4 次，洗涤液并入锥形瓶中，加入氢氧化钠 1.5mL，再加入 2 滴高锰酸钾溶液，加水使瓶内总体积为 60～70mL，摇匀，溶液呈紫红色，在高温电炉上加热煮沸 20min（在煮沸过程中，如紫红色消退，应及时补加高锰酸钾溶液，使溶液保持紫红色），然后沿壁加入乙醇 3mL，摇匀，趁热过滤，滤液置于 100mL 容量瓶中，并用少量热水洗涤具塞锥形瓶和滤纸 3～4 次，洗涤液并入容量瓶中，此滤液即试样溶液，留作备用。

2. 标准曲线绘制　吸取铬标准溶液 0.0mL、5.0mL、10.0mL、15.0mL、20.0mL、25.0mL、30.0mL，分别置于 100mL 容量瓶中，加入适量水稀释，依次加入 4mL 硫酸溶液和 2.0mL 二苯卡巴肼溶液，用水稀释至刻度，摇匀，静置 30min，以空白溶液作为参比，用 10mm 比色皿、在波长 540nm 处用分光光度计测量吸光度，以吸光度为纵坐标、铬标准溶液浓度为横坐标，绘制标准曲线。

3. 试样测定　在装有试样溶液的 100mL 容量瓶中依次加入 4mL 硫酸溶液和 2.0mL 二苯卡巴肼溶液，用水稀释至刻度，摇匀，静置 30min，按测定步骤 2. 测定其吸光度，求得试样溶液铬的含量。

六、结 果 计 算

1. 计算公式　饲料中铬的含量（X）以质量分数（mg/kg）表示，按式（15-9）计算。

$$X = \frac{c \times 100}{m} \tag{15-9}$$

式中，c 为试样溶液中铬的含量，μg/mL；m 为试样质量，g；100 为试样溶液的体积。

2. 结果表示　计算结果为同一试样两个平行样的算术平均值，精确到小数点后两位。

3. 重复性　同一分析者对同一试样同时或快速连续地进行两次测定，所得结果之间的差值：在铬含量<1mg/kg 时，不得超过平均值的 50%；在铬含量≥1mg/kg 时，不得超过平均值的 20%。

第十六章　饲料中有害微生物和霉菌毒素的检测

饲料中有害微生物及霉菌毒素的检测技术，除了常规的微生物培养方法及薄层色谱法外，随着物理、微电子、计算机及分子生物学技术向微生物学的渗透和多学科的交叉，越来越多的快速检测技术开始在微生物及霉菌毒素检测领域开展，如聚合酶链反应（PCR）、酶联免疫吸附法（ELISA）、荧光免疫测定技术、免疫传感器等技术都已经开始应用。这些生物技术的引入虽然可以快速地对微生物进行鉴定及对霉菌毒素进行高通量筛选，但由于不同的饲料及饲料产品基质差异较大，对生物测定干扰大，甚至会出现假阳性的结果。本章中霉菌总数及大肠杆菌的检测方法主要介绍传统培养法，沙门菌的检测主要介绍酶联免疫吸附法，饲料中霉菌毒素的检测以薄层色谱法为主。

第一节　霉 菌 总 数

霉菌的检测技术主要采用平皿培养法，但由于霉菌种类很多，不同种类霉菌的生长速度不同，所需的培养基、培养温度也有差别，因此霉菌的检测方法目前还存在很多问题，有待进一步研究。本节内容主要参照 GB/T 13092—2006。

一、测 定 原 理

根据霉菌生长的生理特性，选择适宜霉菌生长的选择性培养基，采用平皿计数方法，测定霉菌总数。

二、主要试剂和溶液

本实验所用试剂除特别注明外，均使用分析纯试剂，水为蒸馏水，符合 GB/T 6682—2008 的三级用水规定，溶液按照 GB/T 603—2002 配制。

高盐察氏培养基：称取硝酸钠 2g、磷酸二氢钾 1g、硫酸镁（$MgSO_4 \cdot 7H_2O$）0.5g、氯化钾 0.5g、硫酸亚铁 0.01g、氯化钠 60g、蔗糖 30g 和琼脂 20g 溶于 1000mL 蒸馏水，加热溶解后分装，121℃高压灭菌 30min。

三、主要仪器和设备

分析天平、往复式振荡器、高压灭菌器、恒温培养箱、微型混合器、水浴锅等其他实验室常用设备。其中锥形瓶、移液管、试管、培养皿、金属勺等直接与样品接触的仪器材料需灭菌使用。

四、分 析 步 骤

1. 试样的稀释　以无菌操作称取试样 25g（或 10g）于含有 225mL（或 90mL）的稀释

液或生理盐水的灭菌锥形瓶中，至振荡器上振荡 30min。经充分振荡后制成 1∶10 的均匀稀释液。用 1mL 灭菌吸管吸取 1∶10 稀释液 1mL，沿管壁缓慢注入含有 9mL 灭菌稀释液或生理盐水的试管中，放微型混合器上振摇试管 30s，混合均匀，保证孢子分散充分，制成 1∶100 的稀释液。另取一只 1mL 灭菌吸管，按上述方法操作，作 10 倍递增稀释，直至达到合适的稀释度。一般以 2～4 个稀释度为宜。

2. 培养 在做 10 倍递增稀释的同时，用同一稀释度的吸管取 1mL 稀释液于灭菌培养皿内，每个稀释度做两个平皿。将晾至（46±1）℃的培养基注入含稀释液的培养皿约 15mL，小心转动培养皿使试样与培养基充分混匀。待培养基凝固后，倒置平皿于 25～28℃恒温培养箱中，培养 3～7 天进行观察。

3. 霉菌总数的计算 计算培养后的平板内霉菌的数目，乘以稀释倍数，即每克试样中所含霉菌总数。计算出各平板霉菌总数后，求出同稀释度的两个平板菌落的平均值。

五、霉菌总数计数报告

选择霉菌总数在 10～100 的平板作为霉菌总数测定标准。稀释度的选择和霉菌总数报告方式按表 16-1 表示。

表 16-1 稀释度的选择及霉菌总数报告方式

例次	稀释液及霉菌数			稀释度选择	两稀释液之比	霉菌总数/（cfu/g）	报告方式/（cfu/g）
	10^{-1}	10^{-2}	10^{-3}				
1	多不可计	80	8	选 10～100	—	8 000	8.0×10^3
2	多不可计	87	12	均在 10～100，比值≤2 取平均数	1.4	10 350	1.0×10^4
3	多不可计	95	20	均在 10～100，比值>2 取较小数	2.1	9 500	9.5×10^3
4	多不可计	多不可计	110	均>100，取稀释度最高的数	—	110 000	1.1×10^5
5	9	2	0	均<10，取稀释度最低的数	—	90	90
6	0	0	0	均无菌落生长则以<1 乘以最低稀释度	—	<10	<10
7	多不可计	102	3	均不在 10～100，取最接近 10 或 100 的数	—	10 200	1.0×10^4

第二节 大 肠 杆 菌

大肠菌群是指在 37℃培养 24h 后能发酵乳糖、产酸、产气、需氧和兼性厌氧的革兰氏阴性无芽孢杆菌。国际标准化组织制定有两种大肠菌群检测方法：一种是最大可能数法（most probable number, MPN）[ISO 7251：1993（E）]，另一种是选择性培养基菌落计数法。其中应用最广泛的是 MPN，我国饲料中大肠菌群检测标准也采用 MPN，但具体操作步骤与 ISO 方法略有不同。

一、测 定 原 理

将试样稀释至适当浓度，用乳糖胆盐发酵培养基，在（36±1）℃条件下培养（24±2）h，根据确证试验查出大肠菌群阳性的管数，查出 100 g 试样中大肠菌群的最大可能数（MPN）。

二、主要试剂和溶液

本实验所用试剂除特别注明外，均使用分析纯试剂，水为蒸馏水，符合 GB/T 6682—2008 的三级用水的规定。

1）乳糖胆盐发酵培养基：称取蛋白胨 20g、猪胆盐（或牛、羊胆盐）5g、乳糖 10g 溶于 1000mL 水中，调整 pH 至 7.4，加入 0.04%溴甲酚紫水溶液 25mL，分装每管 10mL，并放入一个小导管，115℃高压灭菌 15min。

2）伊红-亚甲蓝琼脂（EMB）：称取蛋白胨 10g、磷酸二氢钾 2g 和琼脂 17g 溶于 1000mL 水中，校正 pH 至 7.1，121℃高压灭菌 15min 备用。临用时加入乳糖并加热溶化琼脂，冷至 50～55℃，加入 2%伊红 Y 溶液 20mL 和 0.65%亚甲蓝溶液 10mL，摇匀，倾注平板。

3）乳糖发酵培养基：称取蛋白胨 20g、乳糖 10g 溶于 1000mL 水，校正 pH 至 7.4，加入 25mL 0.04%溴甲酚紫水溶液。按要求分装 30mL、10mL 或 3mL，并放入一个小导管，115℃高压灭菌 15min。

4）磷酸盐缓冲储备液：称取 34g 磷酸二氢钾溶于 500mL 蒸馏水中，用 1mol/L 氢氧化钠调节 pH 至 7.2~7.4，用蒸馏水定容至 1000mL。

5）磷酸盐缓冲稀释液：取 1.25mL 磷酸盐缓冲储备液用水稀释至 1000mL，分装每管 9mL，121℃高压灭菌 15min。

6）结晶紫染色液：称取 1g 结晶紫溶于 20mL 95%乙醇中，与 80mL 草酸铵溶液（10g/L）混合。

7）革兰氏碘液：称取碘 1g、碘化钾 2g，溶于 300mL 水中。

8）沙黄复染液：称取 0.25g 沙黄溶于 10mL 95%乙醇中，用水稀释至 100mL。

9）革兰氏染色程序：将涂片在火焰上固定，滴加结晶紫染色液，染 1min，水洗；滴加革兰氏碘液，作用 1min，水洗；滴加 95%乙醇脱色，约 30s，水洗；滴加复染液，复染 1min，水洗；干燥后在显微镜下观察，呈紫色为革兰氏阳性菌，呈红色为革兰氏阴性菌。

三、主要仪器和设备

分析天平、往复式振荡器、高压灭菌器、恒温培养箱、显微镜、酒精灯、微型混合器、水浴锅等其他实验室常用设备。其中锥形瓶、移液管、试管、培养皿、载玻片、金属勺等直接与样品接触的仪器、材料需灭菌处理。

四、分 析 步 骤

1）试样的稀释：以无菌操作称取试样 25g 于含有 225mL 稀释液或生理盐水的灭菌锥形瓶中，至振荡器上振荡 30min。经充分振荡后制成 1：10 的均匀稀释液。用 1mL 灭菌吸管吸取 1：10 稀释液 1mL，沿管壁慢慢注入含有 9mL 灭菌稀释液或生理盐水的试管中，放微型混合器上振摇试管 30s，混合均匀，制成 1：100 的稀释液。另取一只 1mL 灭菌吸管，按上述方法操作，作 10 倍递增稀释。根据对试样污染情况的估计，选择 3 个稀释度，每个稀释度接种 3 管。

2）乳糖发酵试验：将待检试样接种于乳糖胆盐发酵管内，每一稀释度接种 3 管，置

（36±1）℃培养箱内培养（24±2）h。如所有乳糖胆盐管均不产气，则可报告大肠菌群为阴性。如有产气者，继续按下列程序试验。

3）分离培养：将产气的发酵管分别接种在伊红-亚甲蓝琼脂平板上，置（36±1）℃培养箱内培养 18~24h，然后取出，观察菌落形态，并做确证试验。

4）确证试验：在上述平板上挑取可疑大肠菌群菌落 1~2 个进行革兰氏染色，同时接种乳糖发酵管，置（36±1）℃培养箱内培养（24±2）h，观察产气情况。凡乳糖管产气、革兰氏染色为阴性的无芽孢杆菌，即可报告为大肠菌群阳性。

五、结 果 报 告

根据确证试验查出大肠菌群阳性的管数，查 MPN 检索表（表 16-2），报告每 100g 试样中大肠菌群的最大可能数，以“个/100g”表示。

表 16-2　大肠菌群最大可能数检索表

阳性管数[a]			MPN[b] 100g 试样	95%可信限	
1g×3	0.1g×3	0.01g×3		上线	下线
0	0	0	<30	<5	90
0	0	1	30		
0	0	2	60		
0	0	3	90		
0	1	0	30	<5	130
0	1	1	60		
0	1	2	90		
0	1	3	120		
0	2	0	40		
0	2	1	70		
0	2	2	110		
0	2	3	150		
0	3	0	70		
0	3	1	110		
0	3	2	150		
0	3	3	190		
1	0	0	40	<5	200
1	0	1	70	10	210
1	0	2	110		
1	0	3	150		
1	1	0	70	10	230
1	1	1	110	30	360
1	1	2	150		
1	1	3	190		
1	2	0	110	30	360
1	2	1	150		
1	2	2	200		
1	2	3	240		

续表

阳性管数 [a]			MPN[b] 100g 试样	95%可信限	
1g×3	0.1g×3	0.01g×3		上线	下线
1	3	0	160		
1	3	1	200		
1	3	2	240		
1	3	3	290	10	360
2	0	0	90	30	370
2	0	1	140		
2	0	2	200		
2	0	3	260		
2	1	0	150	30	440
2	1	1	200	70	890
2	1	2	270		
2	1	3	340		
2	2	0	210	40	470
2	2	1	280	100	1 500
2	2	2	350		
2	2	3	420		
2	3	0	290		
2	3	1	360		
2	3	2	440		
2	3	3	530		
3	0	0	230	40	1 200
3	0	1	390	70	1 300
3	0	2	640	150	3 800
3	0	3	950		
3	1	0	430	70	2 100
3	1	1	750	140	2 300
3	1	2	1 200	300	3 800
3	1	3	1 600		
3	2	0	930	150	3 800
3	2	1	1 500	300	4 400
3	2	2	2 100	350	4 700
3	2	3	2 900		
3	3	0	2 400	360	13 000
3	3	1	4 600	710	24 000
3	3	2	11 000	1 500	48 000
3	3	3	≥24 000		

注：a. 本表采用三个稀释度（1g、0.1g 和 0.01g），每稀释度 3 管

b. 表内所列试样量如改用 10g、1g 和 0.1g 时，表内 MPN 数字相应降低 10 倍；如改用 0.1g、0.01g 和 0.001g 时，则表内 MPN 数字相应增加 10 倍。其余可类推

第三节　沙　门　菌

沙门菌是较为常见的食源性病原体，常存在于动物特别是禽类和猪中，污染源主要是畜禽粪便。对饲料中沙门菌的检测有传统的培养方法（GB/T 13091—2002）和聚合酶链反应（PCR）法（GB/T 28642—2012）等。传统的培养方法步骤较烦琐，需经分步增菌，以增加病原的可检出率。PCR 法为快速方法。

培养方法的技术原理主要包括：①预增菌。饲料样品在含有营养的非选择性培养基中增菌，使受损伤的沙门菌细胞恢复到稳定的生理状态。通常选用缓冲蛋白胨水，pH 保持相对稳定。②选择性增菌。样品在含选择性抑制剂的促生长培养基中进一步增菌，该培养基允许沙门菌持续增殖，同时阻止大多数其他细菌的增殖。目前应用的主要有连四硫酸盐肉汤、亚硒酸盐胱氨酸肉汤及 RV 培养基 3 种类型。③选择性平板分离。采用固体选择性培养基划线及识别，抑制非沙门菌的生长，提供肉眼可见的疑似沙门菌纯菌落进行识别。④生物化学筛选。挑出可疑沙门菌菌落，再次培养，并进行生化和血清学鉴定。

传统的培养方法虽然可靠，但却费力耗时，全过程需要至少 4～7 天才能得出明确的检测结果。随着 DNA 和抗体技术的发展，沙门菌的检测方法得到很大改进，其中很多可以在 48h 内检出。本节重点介绍以酶标抗体为基础的沙门菌免疫学检测方法。

一、测 定 原 理

利用固相酶联免疫吸附原理，将沙门菌特异性抗体（通常包含了 A～E 群的沙门菌单克隆抗体）包被到聚苯乙烯材质的微孔板内。被检测的样品增菌液中如果含有沙门菌，即可与抗体结合。酶标记的二抗与板孔中包被的一抗结合，加入酶底物进行显色，颜色的深浅与样品中沙门菌的含量有关。同时做阳性和阴性对照，在两个对照都成立的前提下，进行综合判定。

二、酶联免疫试剂盒的组成

1）抗体包被的酶标板。

2）阳性对照。

3）阴性对照。

4）辣根过氧化物酶标记的二抗。

5）二抗稀释液。

6）浓缩洗涤母液。

7）终止液。

8）底物液［主要成分为四甲基联苯胺（TMB）］。

三、其他主要试剂及设备

除特殊注明外，本实验所用的试剂均为分析纯，水符合 GB/T 6682—2008 中一级用水的规定，溶液按照 GB/T 603—2002 进行配制。

1）增菌培养基：按照 GB/T 13091—2002 附录 B 中增菌培养基进行配制，或根据试剂盒说明书进行配制。

2）仪器及设备：分析天平（感量0.01g）、振荡器、连续可调移液器（20～200μL）、恒温培养箱（可调节温度至37℃）、冰箱（4～8℃）、酶标仪（配备450nm波长滤光片）、高压灭菌锅、500mL培养瓶，其他实验室常用仪器和设备。

四、实验前准备

工作洗涤液配制：根据试剂盒说明书要求，对洗涤浓缩母液按照规定比例进行稀释，配制洗涤工作液。

配制增菌培养基，并灭菌备用。

五、分析步骤

分析步骤按照试剂盒说明书进行，通常分为以下5个步骤。

1）样品前增菌18～24h。

2）加样：加增菌后的待检样品溶液100μL于反应孔中，置于37℃孵育1h，洗涤3次（同时做空白孔、阴性对照孔及阳性对照孔）。

3）于各反应孔中加入新鲜稀释的酶标抗体100μL，37℃孵育0.5～1h，洗涤3次。

4）加底物液显色：于各反应孔中加入临时配制的TMB底物溶液100μL，37℃孵育10～30min。

5）终止反应：于各反应孔中加入终止液50μL。

六、结果判定

沙门菌的ELISA检测结果判定应根据所使用试剂盒说明书的规定进行判定，不同试剂盒的判定标准略有不同。

通常反应孔内颜色越深，阳性程度越强；阴性反应为无色或极浅，依据所呈颜色的深浅，以“+”“–”号表示。

也可根据OD值判定：于450nm处，以空白对照孔调零后测各孔OD值，若大于规定的阴性对照OD值或大于一定的倍数即判定为阳性。

第四节　其他致病菌

饲料中致病菌的检测通常采用预增菌培养，挑取可疑菌落通过生化反应、溶血试验和动物实验等进行鉴定。本节主要介绍李斯特菌、金黄色葡萄球菌和志贺菌的检测。

一、李斯特菌

1. 增菌　以无菌操作取一定数量的饲料样品，按照1∶10的比例在无选择性增菌肉汤（EB）的均质杯中进行均质，然后转入锥形瓶中30℃培养24h，加入选择性试剂丫啶黄素、萘啶酮酸和放线菌酮，继续培养24h。

2. 分离　取二次增菌液划线接种于选择性培养基[李氏菌选择性培养基（MMA）或牛津琼脂（OXA）]平板上，于35℃培养24～48h，观察各个平板上生长的菌落。典型的菌落为蓝色或蓝灰色，扁平圆润，稍有凸起，边缘整齐，菌落较小，约 0.5mm。

3. 初筛　挑取可疑菌落，分别接种在木糖、鼠李糖发酵管中，于 36℃培养 24h。同时在胰酪胨大豆酵母浸膏平板上划线纯化，于 30℃培养 24～28h。选择木糖阴性、鼠李糖阳性的纯培养物继续进行鉴定。

4. 鉴定　李斯特菌的鉴定包括染色镜检、动力试验、生化鉴定、溶血试验和协同溶血试验等多种方法。李斯特菌为短棒状杆菌，在显微镜下可见轻微的旋转及翻滚；生化鉴定可以进行过氧化氢酶、尿素酶试验等，并对照李斯特菌的主要生化特征表进行判断。

二、金黄色葡萄球菌

1. 样品处理　以无菌操作取 25g 或 25mL 样品，放入 225mL 灭菌生理盐水中均质，制成 10：1 稀释液。

2. 增菌培养　将 10：1 稀释液接入 7.5% NaCl 肉汤或胰酪胨大豆肉汤中，37℃培养 24h。

3. 分离培养　将上述稀释液或培养液分别划线血平板和 Baird-Parker 平板，置 37℃培养 24～48h。金黄色葡萄球菌在血平板上呈金黄或白色菌落，大而凸起，表面光滑，周围有溶血圈。在 Baird-Parker 平板上菌落为圆形，直径 2～3mm，颜色灰或黑色，周围有一浑浊带。

4. 染色观察　从平板上挑取可疑菌落进行革兰氏染色，金黄色葡萄球菌为革兰氏阳性，显微镜下呈葡萄状排列，无芽孢、荚膜，直径 0.5～1μm。

5. 血浆凝固酶试验　吸取 0.5mL 兔血浆与 0.5mL 金黄色葡萄球菌肉浸液肉汤 24h 培养物充分混匀，置（36±1）℃培养，每隔半小时观察一次，连续观察 6h，出现凝固（将小试管倾斜或倒置时，内容物不流动），判为阳性。同时用已知阳性和阴性葡萄球菌株及肉汤作为对照。

6. 耐热核酸酶试验　将 24h 肉汤培养物沸水浴处理 15min，用接种环划线刺种于甲苯胺蓝-DNA 平板，（36±1）℃培养 24h，在刺种线周围出现淡粉色者为阳性。

三、志　贺　菌

1. 增菌　以无菌操作取一定数量的饲料样品，按照 1：10 的比例在 GN 增菌液中进行培养，在（41.5±1）℃条件下厌氧培养 16～20h。

2. 分离　取增菌后的志贺增菌液分别划线接种于木糖赖氨酸脱氧胆盐（XLD）琼脂平板和麦康凯（MAC）琼脂平板上，于（36 ± 1）℃培养 20～24h，观察各个平板上生长的菌落形态。在 XLD 琼脂平板上菌落特征为粉红色至无色，半透明、光滑、湿润、圆形、边缘整齐或不齐；在 MAC 琼脂平板上菌落特征呈无色至浅粉色，半透明、光滑、湿润、圆形、边缘整齐或不齐。

3. 初步生化试验　分别挑取 2 个以上典型或可疑菌落，分别接种三糖铁琼脂（TSI）、葡萄糖半固体发酵管和营养琼脂斜面各一管，置（36 ± 1）℃条件下培养 20～24h，分别观察结果。凡是乳糖和蔗糖不发酵、葡萄糖产酸不产气（福氏志贺菌 6 型可产生少量气体）、无动力的菌株，可进行生化试验和血清学分型。

4. 生化试验及血清学鉴定　用已培养的营养琼脂斜面上生长的菌苔进行生化试验，即β-半乳糖苷酶、尿素、赖氨酸脱羧酶、鸟氨酸脱羧酶及水杨苷和七叶苷的分解试验。如果有必要，再进一步进行血清学鉴定及分型。

第五节　黄曲霉毒素 B_1 的检测

饲料中常见的黄曲霉毒素污染的种类为 B_1、B_2、G_1、G_2，其中以黄曲霉毒素 B_1 含量最高，毒性最大，因此我国以黄曲霉毒素 B_1 作为饲料黄曲霉毒素污染的卫生指标。目前饲料中黄曲霉毒素 B_1 的检测方法主要有薄层色谱法、酶联免疫吸附法、液相色谱法和快速筛选法等。薄层色谱法为半定量方法，最低检出量为5μg/kg；酶联免疫吸附法的最低检出量可达0.1μg/kg，但有时会有假阳性结果；液相色谱法需要有大型仪器和设备。本节主要介绍薄层色谱法，适用于各种单一饲料和配合饲料。

一、测 定 原 理

样品中的黄曲霉毒素 B_1 经提取、柱层析、洗脱、浓缩、薄层分离后，在 365nm 波长处产生蓝紫色荧光，根据其在薄层板上显示荧光的最低检出量来测定含量。

二、试　　剂

本实验所用试剂除特别注明外，均使用分析纯试剂，水为蒸馏水，符合 GB/T 6682—2008 三级用水的规定。

1）有机试剂：三氯甲烷、甲醇、正己烷或石油醚（沸程 30～60℃）、苯、乙腈、无水乙醚或乙醚（经无水硫酸钠脱水）、丙酮。

以上试剂在做试验时先进行试剂空白试验，如不干扰测定即可使用，否则需逐一检测进行重蒸。

2）苯-乙腈混合液：量取 98mL 苯，加 2mL 乙腈混匀。

3）三氯甲烷-甲醇混合液：量取 97mL 三氯甲烷，加 3mL 甲醇混匀。

4）硅胶：柱层析用，80～200 目。

5）薄层色谱用硅胶（GF254），硅胶 G 薄层层析板。

6）三氟乙酸。

7）无水硫酸钠。

8）硅藻土。

9）黄曲霉毒素标准溶液（10μg/mL）：准确称取 1～1.2mg 黄曲霉毒素 B_1 标准品，先加入 2mL 乙腈溶解，再用苯稀释至 100mL，置于 4℃冰箱中保存。用紫外分光光度计测此标准溶液的最大吸收峰的波长及该波长的吸光度，并按式（16-1）计算该标准溶液的浓度。

$$X_1=\frac{A\times M\times 1000}{E_2} \tag{16-1}$$

式中，X_1 为黄曲霉毒素 B_1 标准溶液的浓度，μg/mL；A 为测得的吸光值；M 为黄曲霉毒素 B_1 的相对分子质量，312；E_2 为黄曲霉毒素 B_1 在苯-乙腈混合液中的摩尔消光系数，19 800。

根据计算，用苯-乙腈混合液调整标准溶液浓度为10μg/mL，并用分光光度计核对其浓度。

10）黄曲霉毒素标准工作液（0.04μg/mL）：准确吸取 10μg/mL 黄曲霉毒素标准溶液 0.40mL 于 100mL 容量瓶中，加苯-乙腈混合液稀释至刻度，混匀。此溶液相当于黄曲霉毒素 B_1 0.04μg/mL，置于 4℃冰箱中保存。

11）次氯酸钠溶液：取 100g 漂白粉，加入 500mL 水，搅拌均匀，另将 80g 工业用碳酸钠（$Na_2CO_3 \cdot 10H_2O$）溶于 500mL 温水中，再将两液混合、搅拌，澄清后过滤。此滤液次氯酸钠浓度为 2.5%。若用漂粉精制备，则碳酸钠的量可以加倍，所得溶液的浓度约为 5%。

注意：凡接触黄曲霉毒素的容器，需用 4%次氯酸钠溶液浸泡半天后或用 5%次氯酸钠溶液浸泡片刻后清洗备用，分析人员操作时要带上医用乳胶手套。

三、仪　器

1）薄层板涂布器。

2）展开槽：内长 25cm、宽 6cm、高 4cm。

3）紫外线灯：100～125W，带有波长 365nm 的滤光片。

4）玻璃板：5cm×20cm。

5）旋转蒸发器或蒸发皿。

6）电动振荡器。

7）天平。

8）具塞刻度试管：10.0mL、2.0mL。

9）微量注射器或血色素吸管。

10）层析管：内径 2.2cm、长 30cm，下带活塞，上有贮液器。

四、操 作 方 法

1. 取样及样品的制备

1）根据规定检取有代表性的样品。饲料中黄曲霉毒素的污染分布不均匀，应尽量扩大采样量，并将样品粉碎混合均匀，以保证检测结果相对可靠。

2）对局部发霉变质的样品要检验时，应单独取样检验。

3）分析测定用的样品应全部粉碎过 20 目筛，连续多次用四分法缩分至 0.5～1kg，混匀。

4）如果样品脂肪含量超过 5%，粉碎前应脱脂，分析结果应以未脱脂样品计。

2. 提取　取 20g 制备样品，置于磨口锥形瓶中，加 10g 硅藻土、10mL 水和 100mL 三氯甲烷，加塞，在振荡器上振荡 30min，用滤纸过滤，滤液不少于 50mL。

3. 柱层析纯化

1）柱的制备：柱中加三氯甲烷约 2/3，加 5g 无水硫酸钠，使表面平整，小量慢加 10g 柱层析硅胶，小心排出气泡，静止 15min，再慢慢加入 10g 无水硫酸钠，打开活塞，让液体留下，直至液体到达硫酸钠层上表面，关闭活塞。

2）纯化：用移液管取 50mL 滤液，放入烧杯中，加 100mL 正己烷，混合均匀后定量转移至层析柱中，用正己烷洗涤烧杯倒入柱中。打开活塞，使液体以 8～12mL/min 的速度流下，直至达到硫酸钠层上面，再把 100mL 乙醚倒入柱子，使液体再流至硫酸钠层上层表面，弃去以上收集液体，整个过程保证柱不干。

用 150mL 三氯甲烷-甲醇液洗脱柱子，用旋转蒸发器烧瓶收集全部洗脱液。在 50℃以下减压蒸馏，用苯-乙腈混合液定量转移残留物到刻度试管中，经 50℃以下水浴挥发，使液体体积到 2.0mL 为止。洗脱液也可在蒸发皿中经 50℃以下水浴挥发干，再用苯-乙腈混合液转移至具塞刻度试管中。

4. 薄层板的制备　称取约 3g 硅胶 G，加相当于硅胶量 2～3 倍的水，用力研磨 1～2min 至成糊状后立即倒入涂布器内，推成 5cm×20cm、厚度约 0.25mm 的薄层板三块。在空气中干燥约 15min 后，在 100℃活化 2h，取出，放干燥器中保存。一般可保存 2～3 天，若放置时间较长，可再活化后使用。或直接使用商品硅胶 G 薄层层析板。

5. 样品的测定

（1）点样　将薄层板边缘附着的吸附剂刮净，在距薄层板下端 3cm 的基线上用微量注射器或血色素吸管滴加样液。一块板可滴加 4 个点，点距边缘和间距约为 1cm，点直径约为 3mm。在同一板上滴加点的大小应一致，滴加时可用吹风机用冷风边吹边加。滴加样式如下。

第一点：10μL 黄曲霉毒素 B_1 标准工作液（0.04μg/mL）。

第二点：20μL 样液。

第三点：20μL 样液+10μL 0.04μg/mL 黄曲霉毒素 B_1 标准工作液。

第四点：20μL 样液+10μL 0.2μg/mL 黄曲霉毒素 B_1 标准工作液。

（2）展开与观察　在展开槽内加 10mL 无水乙醚，预展 12cm，取出挥干。再于另一展开槽内加 10mL 丙酮-三氯甲烷混合液（8+92），展开 10～12cm，取出。在紫外线下观察结果，方法如下。

由于样液点上加滴黄曲霉毒素 B_1 标准工作液，可使黄曲霉毒素 B_1 标准点与样液中的黄曲霉毒素 B_1 荧光点重叠。如样液为阴性，薄层板上的第三点中黄曲霉毒素 B_1 为 0.0004μg，可用作检查在样液内黄曲霉毒素 B_1 最低检出量是否正常出现；如为阳性，则起定性作用。薄层板上的第四点中黄曲霉毒素 B_1 为 0.002μg，主要起定位作用。

若第二点在与黄曲霉毒素 B_1 标准点的相应位置上无蓝紫色荧光点，表示样品中黄曲霉毒素 B_1 含量在 5μg/kg 以下；如在相应位置上有蓝紫色荧光点，则需进行确证试验。

（3）确证试验　为了证实薄层板上样液荧光是由黄曲霉毒素 B_1 产生的，加滴三氟乙酸，产生黄曲霉毒素 B_1 的衍生物，展开后此衍生物的比移值在 0.1 左右。于薄层板左边依次滴加两个点。

第一点：10μL 0.04μg/mL 黄曲霉毒素 B_1 标准工作液。

第二点：20μL 样液。

于以上两点各加一小滴三氟乙酸盖于其上，反应 5min 后，用低于 40℃热风吹 2min 后，再依次于薄层板上滴加以下两个点。

第三点：10μL 0.04μg/mL 黄曲霉毒素 B_1 标准工作液。

第四点：20μL 样液。

再按（2）展开，在紫外线灯下观察样液是否产生与黄曲霉毒素 B_1 标准点相同的衍生物。未加三氟乙酸的第三、四两点，可依次作为样液与标准的衍生物空白对照。

（4）稀释定量　样液中的黄曲霉毒素 B_1 荧光点的荧光强度如与黄曲霉毒素 B_1 标准点的最低检出量（0.0004μg）的荧光强度一致，则样品中黄曲霉毒素 B_1 含量即 5μg/kg。如样液中荧光强度比最低检出量强，则根据其强度估计减少滴加微升数或将样液稀释后再滴加不同微升数，直至样液点的荧光强度与最低检出量的荧光强度一致为止。滴加式样如下。

第一点：10μL 0.04μg/mL 黄曲霉毒素 B_1 标准工作液。

第二点：根据情况滴加 10μL 样液。

第三点：根据情况滴加 15μL 样液。

第四点：根据情况滴加 20μL 样液。

6. 结果计算 样品中黄曲霉毒素 B_1 的含量(X_2)以质量分数(μg/kg)表示，按式(16-2)计算。

$$X_2 = 0.0004 \times \frac{V_1 D \times 1000}{m \times V_2} \quad (16\text{-}2)$$

式中，V_1 为加入苯-乙腈混合液的体积，mL；V_2 为与标准点最低检出量（0.0004μg）荧光强度一致时滴加样液的体积，mL；m 为浓缩液中所相当的样品质量，g；D 为浓缩样液的总稀释倍数；0.0004 为黄曲霉毒素 B_1 的最低检出量，μg；1000 为 g 转换为 kg 的系数。

第六节 玉米赤霉烯酮的检测

饲料玉米赤霉烯酮（ZEN）的检测主要有薄层色谱法、酶联免疫吸附法、免疫亲和柱-荧光光度法、液相色谱方法和气相色谱-质谱联用技术检测方法等。薄层色谱方法的最低检测量是 20ng，也是我国饲料卫生标准检测玉米赤霉烯酮的仲裁方法；酶联免疫吸附法的最低检测量为 0.25ng，属于快速筛选；免疫亲和柱-荧光光度法的最低检测浓度是 0.1mg/kg；液相色谱方法的最低检出量是 50ng/g，检测灵敏度高，结果也比较稳定；气相色谱-质谱联用技术检测方法具有更高的灵敏度，可达到 1ng/g。本节主要介绍薄层色谱法，适用于配合饲料和饲用谷物原料中 ZEN 的检测，主要内容参照 GB/T 19540—2004。

一、测 定 原 理

样品中的玉米赤霉烯酮用三氯甲烷提取，提取液经液-液萃取、浓缩，然后进行薄层色谱分离，限量定量，或用薄层扫描仪测定荧光斑点的吸收值，外标法定量。

二、试 剂

本实验所用试剂除特别注明外，均使用分析纯试剂，水为蒸馏水，符合 GB/T 6682—2008 一级用水的规定。

1）三氯甲烷。

2）40g/L 氢氧化钠溶液：称取 4g 氢氧化钠，加水适量溶解，用水稀释至 100mL。

3）磷酸溶液：体积比分别为 1∶10 和 1∶19（*V*/*V*）。

4）无水硫酸钠：650℃灼烧 4h，冷却后贮于干燥器中备用。

5）展开剂：三氯甲烷∶丙酮∶苯∶乙酸=18∶2∶8∶1（*V*/*V*）。

6）显色剂：20g 氯化铝（$AlCl_3 \cdot 6H_2O$）溶于 100mL 乙醇中。

7）薄层板：称取 4g 硅胶 G 置于研钵中，加 10mL 0.5%羧甲基纤维素钠水溶液研磨至糊状。立即倒入薄层板涂布器内制备成 10cm×20cm×0.3mm 的薄层板，在空气中干燥后，用甲醇预展薄层板至前沿，吹干，标记方向，在 105～110℃活化 1h，置于干燥器内保存备用。

8）ZEN 标准储备液：称取适量的 ZEN 标准品，用甲醇配制成约 100μg/mL ZEN 标准储备液。避光，于−5℃以下储存。以甲醇为参比，用紫外分光光度计测定此标准溶液在 314nm 处的吸光度，按式（16-3）计算该标准溶液的浓度。

$$X_1 = \frac{A \times M \times 100}{\varepsilon \times \delta} \quad (16\text{-}3)$$

式中，X_1为 ZEN 标准溶液的浓度，μg/mL；A 为测得的吸光度；M 为 ZEN 的相对分子质量，318；ε为 ZEN 在甲醇中的分子吸收系数，600；δ为比色杯的光径长度，cm；100 为 cm 转换为 m 的系数。

9）ZEN 标准工作液（20μg/mL）：根据计算的标准储备液的浓度，精密吸取标准储备液适量，用三氯甲烷稀释成浓度为 20μg/mL 的标准工作液。

注意：凡接触 ZEN 的容器，需用 4%次氯酸钠溶液浸泡半天或用 5%次氯酸钠溶液浸泡片刻后清洗备用；分析人员操作时要带上医用乳胶手套。

三、仪　器

1）薄层板涂布器。

2）展开槽：25cm×15cm×5cm（立式，磨口）。

3）紫外线灯：100～125W，带有波长 254nm、365nm 的滤光片。

4）玻璃板：10cm×20cm。

5）旋转蒸发器或蒸发皿。

6）电动振荡器。

7）天平。

8）玻璃器皿：分液漏斗、漏斗。所有玻璃器皿均需用稀盐酸浸泡后清洗干净。

9）微量注射器。

10）薄层色谱扫描仪：配有汞灯光源。

四、操 作 方 法

1. 样品的前处理　称取约 20g 制备好的样品（精确至 0.01g）于具塞锥形瓶中，加入 8mL 水和 100mL 三氯甲烷，盖紧瓶塞后在振荡器上振荡 1h，加入 10g 无水硫酸钠，混匀，用滤纸过滤，滤液不少于 50mL。

量取 50mL 滤液于分液漏斗中，沿管壁慢慢地加入氢氧化钠溶液 10mL，并轻轻转动 1min，静置使其分层，将三氯甲烷相转移至第二个分液漏斗中；用氢氧化钠溶液 10mL 重复提取 1 次，弃去三氯甲烷层，氢氧化钠溶液层并入原分液漏斗中；用少量蒸馏水淋洗第二个分液漏斗，洗液倒入原分液漏斗中；再用 5mL 三氯甲烷重复洗 2 次，弃去三氯甲烷层。向氢氧化钠溶液层中加入 6mL 磷酸溶液（1∶10）后，再用磷酸溶液（1∶19）调节 pH 至 9.5 左右，于分液漏斗中加入 15mL 三氯甲烷，振摇，将三氯甲烷层经盛有约 5g 无水硫酸钠的慢速滤纸的漏斗，滤于浓缩瓶中，再用 15mL 三氯甲烷重复提取 2 次，三氯甲烷层一并滤于浓缩瓶中，最后用少量三氯甲烷淋洗滤器，洗液全部并于浓缩瓶中。减压浓缩至小体积，将其全量转移至具塞试管中，在氮气流下蒸发至干，用 2mL 三氯甲烷溶解残渣。摇匀，供薄层色谱点样用。

2. 点样　在距薄层板下端 1.5～2cm 的基线上，以 1cm 的间距，依次点标准工作溶液 2.5μL、5μL、10μL、20μL（相当于 50ng、100ng、200ng、400ng）和试样液 20μL。

3. 展开　在展开槽内加展开剂，将薄层板放入其中，展至离原点 13～15cm 处，取出挥干。

4. 观察与确证　将展开后的薄层板置于波长 254nm 紫外线灯下，观察与 ZEN（50ng）标准点比移值相同处的试样的蓝绿色荧光点。若相同位置上未出现荧光点，则试样中的 ZEN 含量在本测定方法的最低检测量 500μg/kg 以下。如果相同位置上出现荧光点，用显色剂对准各荧光点进行喷雾，130℃加热 5min 后在 365nm 紫外线灯下，观察荧光点由蓝绿色变为蓝紫色，且荧光强度明显加强，可确证试样中含有 ZEN。于荧光点下方用铅笔标记，待扫描定量测定。

5. 定量

1）薄层扫描工作参数：高压汞灯光源；激发波长为 313nm，发射波长为 400nm；检测方式为反射；狭缝可根据斑点大小进行调节；扫描方式为距齿扫描。

2）标准曲线的绘制：以 ZEN 标准工作液质量为横坐标、峰面积为纵坐标，绘制标准曲线。

6. 结果计算　根据试样液荧光斑点峰面积积分值从标准曲线上查出相对应的 ZEN 质量，按式（16-4）计算样品中 ZEN 的含量。

$$X = \frac{m_1 \times V_1}{m_0 \times V_2} \tag{16-4}$$

式中，X 为样品中 ZEN 的含量，μg/kg；V_1 为试样液最后定容的体积，μL；V_2 为试样液点样体积，μL；m_1 为从标准曲线上查得的试样液点对应的 ZEN 质量，ng；m_0 为最后提取液相当试样的质量，g。

第七节　杂色曲霉毒素的检测

杂色曲霉毒素主要污染小麦、玉米、大麦等植物性饲料原料及配合饲料，检测方法有薄层色谱法、高效液相色谱法（HPLC）、气相色谱-质谱联用技术和酶联免疫吸附法等。

本节主要介绍薄层色谱法，该法适用于各种单一饲料和配合饲料，主要内容参照 GB/T 5009.25—2016。

一、测 定 原 理

样品中的杂色曲霉毒素用甲醇或乙腈提取后，经净化、浓缩、薄层展开，用三氯化铝显色，再经加热产生一种在紫外线下显示黄色荧光的物质，根据其在薄层板上显示的荧光最低检出量来测定试样中杂色曲霉毒素的含量。

二、试　　剂

本实验所用试剂除特别注明外，均使用分析纯试剂，水为蒸馏水，符合 GB/T 6682—2008 三级用水的规定。

1）有机试剂：三氯甲烷、甲醇、乙腈、正己烷或石油醚（沸程 30～60℃）、苯、无水乙醚或乙醚（经无水硫酸钠脱水）。

2）冰醋酸。

3）甲酸。

4）乙醇：95%。

5）氯化钠溶液（40g/L）：称取 40g 氯化钠溶于 1000mL 水中。

6）三氯化铝-乙醇溶液（200g/L）：称取 20g 三氯化铝（$AlCl_3 \cdot 6H_2O$）溶于 100mL 乙醇中，过滤，室温保存。

7）杂色曲霉毒素标准溶液：用杂色曲霉毒素标准品配制成每毫升相当于 10μg 的苯溶液。避光，放置于 4℃冰箱中保存。用紫外分光光度计（采用 1cm 比色杯）测此标准溶液的最大吸收峰的波长（325nm）及该波长的吸光度，按式（16-5）计算浓度。

$$X_1 = \frac{A \times M \times 1000}{E_2} \tag{16-5}$$

式中，X_1 为杂色曲霉毒素标准溶液的浓度，μg/mL；A 为测得的吸光度；M 为杂色曲霉毒素的相对分子质量，324；E_2 为杂色曲霉毒素在苯中的摩尔消光系数，15 200；1000 为 g 换算为 mg 的系数。

8）杂色曲霉毒素标准工作液：用苯将 10μg/mL 的杂色曲霉毒素标准溶液稀释成每毫升相当于 1.0μg 和 0.40μg 的杂色曲霉毒素标准溶液。避光，置于 4℃冰箱中保存。

9）次氯酸钠溶液：取 100g 漂白粉，加入 500mL 水，搅拌均匀，另将 80g 工业用碳酸钠（$Na_2CO_3 \cdot 10H_2O$）溶于 500mL 温水中，再将两液混合、搅拌，澄清后过滤。此滤液的次氯酸钠浓度为 2.5%。若用漂粉精制备，则碳酸钠的量可以加倍，所得溶液的浓度约为 5%。

注意：凡接触杂色曲霉毒素的容器，需用 4%次氯酸钠溶液浸泡半天后或用 5%次氯酸钠溶液浸泡片刻后清洗备用，分析人员操作时要带上医用乳胶手套。

三、仪　器

1）薄层板涂布器。

2）展开槽：内长 10cm、宽 4.5cm、高 17cm（立式，磨口）。

3）紫外线灯：100～125W，带有波长 365nm 的滤光片。

4）玻璃板：10cm×10cm、10cm × 18.5cm。

5）旋转蒸发器或蒸发皿。

6）电动振荡器。

7）天平。

8）具塞刻度试管：10.0mL、2.0mL。

9）微量注射器或血色素吸管。

10）玻璃器皿：分液漏斗、漏斗。所有玻璃器皿均需用稀盐酸浸泡后清洗干净。

四、操 作 方 法

1. 取样及样品的制备　参照本章第五节饲料中黄曲霉毒素 B_1 的检测内容。

2. 提取　称取 20g 制备样品，置于磨口锥形瓶中，加 72mL 甲醇和 8mL 氯化钠溶液，振荡 30min，过滤。移取 40mL 滤液于 250mL 分液漏斗中，再加入 25mL 氯化钠溶液和 25mL 石油醚，振摇 2min 后静置分层。上层石油醚溶液置锥形瓶中，下层溶液仍移入原分液漏斗中，再用 25mL 石油醚提取 1 次。将两次上层的石油醚溶液合并，加入 25mL 甲醇-氯化钠溶液（55+45），振摇 30s 后将下层并于原甲醇水层中，重复用甲醇-氯化钠溶液（55+45）提取 2 次。下层溶液合并后加 30mL 三氯甲烷，振摇 2min，静置。待上层混浊液有部分澄清时，即可将下层溶液经放有约 10g 无水硫酸钠的定量慢速滤纸过滤于蒸发皿或烧瓶中。于分液漏斗中再加 10mL 三氯甲烷重复提取 1 次，将该下层溶液和用少量三氯甲烷洗滤器的洗液一并放入蒸发皿中。将蒸发皿置于 65℃水浴上挥干或减压浓缩至干，然后在冰浴上放置 2～3min，加 1.0mL 苯将残留物充分混匀，置入小试管中，此 1mL 样液相当于 10g 样品。

3. 薄层板的制备　称取约 5g 硅胶 G，加相当于硅胶量 2～3 倍的水，用力研磨 1～2min 至糊状后立即倒入涂布器内，推成 10cm×10cm×0.3mm 的薄层板三块。在空气中干燥约 15min 后，在 100℃活化 2h，取出，放干燥器中保存。一般可保存 2～3 天，若放置时间较长，可再活化后使用。或直接使用商品硅胶 G 薄层层析板。

4. 样品的测定

1）点样：取两块薄层板，将板边缘附着的吸附剂刮净，在距薄层板下端各 0.8～1cm 的基线上用微量注射器或血色素吸管滴加标准液与样液：距左边缘 0.8～1cm 处各添加 10μL 标准工作液（0.4μg/mL），在左边缘 4cm 处各添加 80μL 样液，然后再在第二块板的样液点上加滴 10μL 标准工作液（1.0μg/mL），在滴加样液时可用吹风机冷风边吹边加。

2）展开。横向展开：在展开槽内倒入 15.6mL 现配并且充分摇匀的横向展开剂（乙醚：正己烷：苯：三氯甲烷：甲酸＝3：9：1.5：1.5：0.6），将靠近标准点的一边放入槽内展至 9cm 左右，取出通风挥干。

纵向展开：在另一展开槽内倒入 15mL 纵向展开剂（苯：甲醇：冰醋酸＝90：8：2 或 92.5+6+1.5），将靠近标准点与样液点的一边放入槽内，展开 9cm 左右，取出通风挥干。

3）显荧光：在薄层板上喷三氯化铝-乙醇溶液，置 80℃加热 10min，立即在紫外线灯（波长 365nm）下观察结果，待薄层板冷却后再喷薄薄的第二层（不需加热），可直接观察结果。

4）观察与结果评定：在紫外线灯下观察，若第二板的第二点在标准点的相应处出现最低检出量，而在第一板的相同位置上未出现嫩黄色荧光点，则试样中杂色曲霉毒素含量在 5μg/kg 以下；若出现荧光点的强度与标准点的最低检出量的荧光强度相等，而且此荧光点又同第二板样液的标准点相重叠，则试样中杂色曲霉毒素含量为 5μg/kg；若出现荧光强度比标准点的最低检出量强，则根据其荧光强度估计减少滴加微升数，或将样液稀释后再滴加不同微升数，直至样液点的荧光强度与最低检出量的荧光强度一致为止。在喷三氯化铝第一、二次后分别进行观察评定，两次结果应一致。若结果为阳性，则将薄层板放暗处 10min，再观察一次，如试样仍为阳性，进一步做确证试验，即在距薄层板（10cm × 18.5cm）下端 3cm 的基线上滴加一个点的 10μL 标准工作液（0.4μg/mL）与 3 个点的样液，每点 16μL。在样液的一个点上再加滴 10μL 标准工作液（0.4μg/mL），另一点上再加滴 10μL 标准工作液（1μg/mL）。于各点上再加一小滴三氟乙酸，放暗处反应 10min，热风吹 5min，使薄层板上的温度不高于 40℃，用冰醋酸-苯（10+90）展开 1~2 次，直至杂色曲霉毒素衍生物与杂质分开为止。展开时要避光，显荧光后将板在紫外线灯下观察，如样液为阳性应产生与杂色曲霉毒素标准重叠的衍生物。

5. 结果计算　样品中杂色曲霉毒素的含量（X_2）以质量分数（μg/kg）表示，按式（16-6）计算。

$$X_2 = 0.004 \times \frac{V_1 \times D \times 1000}{m \times V_2} \tag{16-6}$$

式中，V_1 为提取液浓缩后加入苯的体积，mL；V_2 为与标准点最低检出量（0.004μg）荧光强度一致时滴加样液的体积，mL；m 为浓缩样液中所相当的样品质量，g；D 为浓缩样液的总稀释倍数；0.004 为杂色曲霉毒素的最低检出量，μg；1000 为 g 转化为 kg 时的系数。

第八节　赭曲霉毒素 A 的检测

饲料中赭曲霉毒素 A（OA）的检测主要有薄层色谱法、酶联免疫吸附法、液相色谱法等。薄层色谱法的最低检测量是 2ng，是我国的仲裁方法；酶联免疫吸附法的最低检测量为 0.05ng，属于快速筛选；液相色谱法的最低检出浓度是 2.0μg/kg，检测灵敏度高，结果也比较稳定。本节主要介绍薄层色谱方法，适用于配合饲料和饲用谷物原料中赭曲霉毒素 A 的检测，主要内容参照 GB/T 19539—2004。

一、测定原理

样品中的赭曲霉毒素 A 经提取、液-液分配萃取、浓缩，然后进行薄层色谱分离，限量定量，或用薄层扫描仪测定荧光斑点的吸收值，外标法定量。

二、试　　剂

本实验所用试剂除特别注明外，均使用分析纯试剂，水为蒸馏水，符合 GB/T 6682—2008 一级用水的规定。

1）有机溶剂：三氯甲烷、石油醚、甲醇溶液（55+45）。

2）40g/L 氯化钠溶液：称取 4g 氯化钠，加水适量溶解，用水稀释至 100mL。

3）苯-冰醋酸：体积比为 99∶1。

4）无水硫酸钠：650℃灼烧 4h，冷却后贮于干燥器中备用。

5）展开剂：①甲苯-乙酸乙酯-甲酸-水（6+3+1.2+0.06）；②甲苯-乙酸乙酯-甲酸（6+3+1.4）；③苯-冰醋酸（9+1）。

6）显色剂：碳酸氢钠-乙醇溶液（100mL 水中溶解 6.0g 碳酸氢钠，加 20mL 乙醇）。

7）薄层板：称取 4g 硅胶 G 置于研钵中，加 10mL 0.5%羧甲基纤维素钠水溶液研磨至糊状。立即倒入薄层板涂布器内制备成 10cm×20cm×0.3mm 的薄层板，在空气中干燥后，用甲醇预展薄层板至前沿，吹干，在 105～110℃条件下活化 1h，置于干燥器内保存备用。

8）赭曲霉毒素 A 标准储备液：称取适量的 OA 标准品，用苯-冰醋酸配制成约 10μg/mL 的 OA 标准储备液。避光，于 4℃冰箱中保存。以苯-冰醋酸为参比，用紫外分光光度计测定此标准溶液在 333nm 处的吸光度，按式（16-7）计算该标准溶液的浓度。

$$X_1 = \frac{A \times M \times 100}{\varepsilon \times \delta} \tag{16-7}$$

式中，X_1 为 OA 标准溶液的浓度，μg/mL；A 为测得的吸光度；M 为 OA 的相对分子质量，403；ε为 OA 在苯-冰醋酸中的摩尔吸收系数，555；δ为比色杯的光径长度，cm；100 为 cm 换算为 m 的系数。

9）OA 标准工作液：根据计算的标准储备液的浓度，精密吸取标准储备液适量，用苯稀释成浓度为 1.0μg/mL 的标准工作液。

注意：凡接触 OA 的容器，需用 4%次氯酸钠溶液浸泡半天或用 5%次氯酸钠溶液浸泡片刻后清洗备用；分析人员操作时要带上医用乳胶手套。

三、仪　　器

1）薄层板涂布器。

2）展开槽：25cm×15cm×5cm（立式，磨口）。

3）紫外线灯：100～125W，波长 365nm。

4）玻璃板：10cm×20cm。

5）旋转蒸发器或蒸发皿。

6）电动振荡器。

7）天平。

8）玻璃器皿：分液漏斗、漏斗。所有玻璃器皿均需用稀盐酸浸泡后清洗干净。

9）微量注射器。

10）薄层色谱扫描仪：配有汞灯光源。

四、操 作 方 法

1. 取样及样品的制备　参照本章第五节饲料中黄曲霉毒素 B_1 的检测内容。

2. 样品的前处理　称取约 20g 制备好的样品（精确至 0.01g）于具塞锥形瓶中，加入 30mL 石油醚和 100mL 甲醇溶液，盖紧瓶塞后在振荡器上振荡 30min，通过快速定性滤纸滤入分液漏斗中，待分层后，放出甲醇水层 20mL，置于 100mL 分液漏斗中，用 pH 试纸测试，一般为 5～6。加入 25mL 三氯甲烷，振摇 2min，静置分层后，放出三氯甲烷层于另一个分液漏斗中，再用 10mL 三氯甲烷重复振摇提取甲醇水层（在用三氯甲烷振摇提取时，如发生乳化现象，可滴加甲醇促使其分层），将三氯甲烷层合并于同一分液漏斗中，加入 50～100mL 氯化钠溶液，振摇，放置分层后，将三氯甲烷层放出，经装有约 20g 无水硫酸钠的玻璃漏斗流入蒸发皿或浓缩瓶中，将蒸发皿置蒸汽浴上通风挥干或置 60℃水浴减压浓缩至干，加入 2mL 苯-冰醋酸溶解残渣，摇匀，供薄层色谱点样用。

3. 点样　在距薄层板下端 1.5～2cm 的基线上，以 1cm 的间距，依次点标准工作液 2μL、4μL、7μL、10μL（相当于 2ng、4ng、7ng、10ng）和试样液 20μL。

4. 展开　在展开槽内加展开剂，将薄层板放入其中，展至离原点 13～15cm 处，取出挥干。

5. 观察与确证　将展开后的薄层板置于波长 365nm 紫外线灯下，观察与 OA（4ng）标准点比移值相同处试样的蓝绿色荧光点。若相同位置上未出现荧光点，则试样中的 OA 含量在本测定方法的最低检测量 100μg/kg 以下。如果相同位置上出现荧光点，用显色剂对准各荧光点进行喷雾吹干，观察荧光点由蓝绿色变为蓝紫色且荧光强度明显加强可确证试样中含有 OA。于荧光点下方用铅笔标记，待扫描定量测定。

6. 定量

1）薄层扫描工作参数：高压汞灯光源；激发波长为 365nm，发射波长为 450nm；检测方式为反射；狭缝可根据斑点大小进行调节；扫描方式为距齿扫描。

2）标准曲线的绘制：以 OA 标准工作液质量为横坐标、峰面积为纵坐标，绘制标准曲线。

7. 结果计算　根据试样液荧光斑点峰面积积分值从标准曲线上查出相对应的 OA 质量，按式（16-8）计算样品中 OA 的含量。

$$X=\frac{m_1\times V_1}{m_0\times V_2} \tag{16-8}$$

式中，X 为样品中 OA 的含量，μg/kg；V_1 为试样液最后定容的体积，μL；V_2 为试样液点样体积，μL；m_1 为从标准曲线上查得的试样液点对应的 OA 质量，ng；m_0 为最后提取液相当试样的质量，g。

第九节　脱氧雪腐镰刀菌烯醇的检测

饲料中脱氧雪腐镰刀菌烯醇的检测主要有薄层色谱法、酶联免疫吸附法、气相色谱、高效液相色谱、超临界流体色谱法和毛细管电泳色谱等。薄层色谱法是最早建立的一种方法，实验过程简便、经济，对设备和检验人员等要求不高，方法的检出限是 1mg/kg；酶联免疫吸附法是快速筛选的方法，但有时会产生假阳性的结果，最低检出量是 5ng/mL。气相色谱、液相色谱等仪器分析方法虽然具有较高的灵敏度和较低的检出限，但由于对检验人员、仪器、设备要求较高，在实际应用中受到一定限制。

本节主要介绍薄层色谱法，主要内容参照 GB/T 8381.6—2005。

一、测 定 原 理

配合饲料中的脱氧雪腐镰刀菌烯醇经提取、柱层析净化、洗脱、浓缩，经含有三氯化铝的硅胶 G 薄层分离后，加热薄层板，在 365nm 波长下产生蓝色荧光，根据其在薄层板上显示荧光的最低检出量来测定含量。

二、试　　剂

本实验所用试剂除特别注明外，均使用分析纯试剂，水为蒸馏水，符合 GB/T 6682—2008 三级用水的规定。

1）有机试剂：三氯甲烷、甲醇、石油醚（沸程 60～90℃，30～60℃）、乙酸乙酯、无水乙醇、甲苯、乙腈、无水乙醚或乙醚（经无水硫酸钠脱水）、丙酮。

2）乙酸乙酯-甲醇混合液：量取 95mL 乙酸乙酯，加 5mL 甲醇混匀。

3）三氯甲烷-无水乙醇混合液：量取 80mL 三氯甲烷，加 20mL 无水乙醇混匀。

4）甲醇-水混合液：量取 80mL 甲醇，加 20mL 水混匀。

5）薄层色谱用硅胶 G，或者硅胶 G 薄层层析板。

6）甲醇-丙酮混合液：量取 10mL 甲醇，加 20mL 丙酮混匀。

7）三氯甲烷-乙腈混合液：量取 80mL 三氯甲烷，加 20mL 乙腈混匀。

8）甲苯-乙酸乙酯-甲酸混合液：量取 60mL 甲苯，加 30mL 乙酸乙酯和 10mL 甲酸混匀。

9）中性氧化铝：层析用，经 300℃活化 4h，置干燥器中备用。

10）活性炭：取 20g 活性炭用 27%（体积分数）盐酸浸泡过夜，抽滤后用蒸馏水洗至无氯离子，在 120℃烘干备用。

11）DON 标准溶液：称取 5.0mg DON 标准品，准确到 0.1mg，用乙酸乙酯-甲醇溶液溶解，转入 10mL 容量瓶中，再用乙酸乙酯-甲醇溶液稀释至刻度，此溶液含 DON 0.5mg/mL。吸取此标准溶液 0.5mL，用乙酸乙酯-甲醇溶液稀释至 10mL，此溶液含 DON 25μg/mL。

三、仪　　器

1）薄层板涂布器。

2）展开槽：卧式内长 25cm、宽 6cm、高 4cm；立式内长 10cm、宽 6cm、高 25cm。

3）紫外线灯：波长 365nm。

4）玻璃板：5cm×20cm。

5）旋转蒸发器或蒸发皿。

6）电动振荡器。

7）天平。

8）具塞浓缩瓶：容量 10mL，底部具 0.2mL 刻度尾管。

9）微量注射器或血色素吸管。

10）层析柱：内径 2cm，长 10cm。

四、操 作 方 法

1. 取样及样品的制备　参照本章第五节饲料中黄曲霉毒素 B_1 的检测内容。

2. 提取　称取 20g 制备样品，置于磨口锥形瓶中，加 8mL 水和 100mL 三氯甲烷-无水乙醇溶液，加塞，在振荡器上振荡 1h，用滤纸过滤。取滤液 25mL 于蒸发皿或蒸发瓶中，在水浴上挥干或 45℃减压蒸发至干。

3. 净化

1）萃取：用 100mL 石油醚分次溶解蒸发瓶中的残渣，洗入 250mL 分液漏斗中，再用 30mL 甲醇-水溶液分次洗涤蒸发瓶，转入同一分液漏斗。振摇分液漏斗 1.5min，静置约 15min，使分层后，将下层甲醇-水提取液过净化柱。

2）净化：在层析柱下端塞约 0.1g 脱脂棉，尽量塞紧，先装入 0.5g 中性氧化铝，敲平表面后再加入 0.5g 活性炭，敲紧。将层析柱下端插入胶塞，塞在抽滤瓶上，抽滤瓶中放入一平底管接收流出液。打开真空泵，使活性炭压紧，将分液漏斗中的甲醇-水提取液小心地沿管壁加入柱内，控制流速不超过 3mL/min，提取液过柱快完毕时，加入 10mL 甲醇-水淋洗柱，继续抽滤，直至不再有液体流出。

3）试液制备：过柱后的流出液转入 100mL 蒸发瓶中，45℃减压蒸发至干。取下蒸发瓶置沸水浴上至完全干燥，趁热加入 3mL 乙酸乙酯，加热至沸腾，在水浴上轻轻地反复摇动蒸发瓶，使残渣中的 DON 溶出，放冷至室温后转入浓缩瓶中。加约 0.5mL 甲醇-丙酮溶液于蒸发瓶中，超声破碎残渣，将蒸发瓶置水浴上挥干溶剂后，加入 3mL 乙酸乙酯，加热至沸，转动蒸发瓶，使充分沸腾，放冷至室温后转入同一浓缩瓶中，再用 0.5mL 甲醇-丙酮溶液和 3mL 乙酸乙酯同样处理一次，乙酸乙酯并入浓缩瓶中。将浓缩瓶置约 95℃水浴上，蒸汽加热浓缩至干，放冷至室温后，准确加入 0.2mL 三氯甲烷-乙腈溶液溶解残渣留作薄层层析用。

4. 薄层板的制备　称取约 4g 硅胶 G，加 15%三氯化铝溶液约 9mL，用力研磨 1～2min 至糊状后立即倒入涂布器内，推成 5cm×20cm 的薄层板三块。在空气中干燥约 15min 后，在 105℃活化 2h，取出，放干燥器中保存。

5. 样品的测定

1）点样：将薄层板边缘附着的吸附剂刮净，在距薄层板下端 2.5cm 的基线上用微量注射器或血色素吸管滴加样液。在距左边缘 0.8～1cm 处点试样溶液 1μL，在左边缘 2cm 处点 1μL 标准品溶液，在距右边缘 1.2cm 处点 2μL 标准品液。再在距板上端 1.5cm 处点三个标准品溶液各 2μL，使之与基线上三个点的位置相对应。在滴加样液时可用吹风机冷风边吹边加。

2）展开。横展：以乙醚为横展剂，在卧式展开槽内倒入 10mL 展开剂，将点好样的薄层板靠试样溶液点的长边斜浸入展开剂，展至板端后再经 1～2min，使试样中的 DON 偏离原点 0.7～1cm，取出通风挥干 3min。再用 10mL 石油醚（30～60℃）横展一次，展至板端后再经 1min，取出通风挥干 5min。

纵展：以甲苯-乙酸乙酯-甲酸为纵展剂。将横展挥干后的薄层板置立式展开槽内纵展 15cm。取出通风挥干约 10min。

6. 观察与评定　将薄层分离后的薄层板置 130℃烘箱中加热 7～10min，取出冷却后在紫外线灯下观察。薄层板上端未经纵展的三个标准品点可分别作为横展后试样中 DON 点和两个标准品点的定位点。试样溶液中的 DON 点又可与纵展后的标准品点比较 R_f 值而定位。

如果在薄层板上与标准荧光斑点对应处未见试样中的被测物斑点，则需按上述方法重新点第二块板。只是在点完试样溶液后，在滴加试样溶液处再滴加 1μL 标准品溶液，与第一块板同样展开、显荧光。如果第二块板上试样溶液加 1μL 标准品溶液所显荧光强度与 1μL 标准溶液相同，则试样中 DON 为阴性或含量在 1mg/kg 以下。

阳性试样可通过稀释试样溶液或调整点样量直至所产生斑点的荧光强度与 1μL 标准品溶液所显荧光强度相同，再进行定量。

第十节　T-2 毒素的检测

饲料中 T-2 毒素的检测主要有薄层色谱法、酶联免疫吸附法和免疫亲和柱-液相色谱法。本节主要介绍薄层色谱法，主要内容参照 GB/T 8381.4—2005。

一、测 定 原 理

配合饲料中的 T-2 毒素经提取、柱层析净化、浓缩、硅胶 G 薄层板分离后，用 20%硫酸乙醇喷雾，加热薄层板后使 T-2 毒素在 365nm 波长紫外线下产生蓝色荧光，根据其在薄层板上显示荧光的最低检出量来测定含量。

二、试　　剂

本实验所用试剂除特别注明外，均使用分析纯试剂，水为蒸馏水，符合 GB/T 6682—2008 三级用水的规定。

1）有机试剂：三氯甲烷、甲醇、石油醚（沸程 60～90℃，30～60℃）、乙酸乙酯、无水乙醇、甲苯、无水乙醚或乙醚（经无水硫酸钠脱水）、丙酮。

2）三氯甲烷-无水乙醇混合液：量取 80mL 三氯甲烷，加 20mL 无水乙醇混匀。

3）甲醇-水混合液：量取 80mL 甲醇，加 20mL 水混匀。

4）薄层色谱用硅胶 G，或者硅胶 G 薄层层析板。

5）甲醇-丙酮混合液：量取 10mL 甲醇，加 20mL 丙酮混匀。

6）苯-乙醚混合液：量取 50mL 乙醚，加 50mL 苯混匀。

7）甲苯-乙酸乙酯-甲酸混合液：量取 60mL 甲苯，加 30mL 乙酸乙酯和 10mL 甲酸混匀。

8）硫酸乙醇溶液：取市售硫酸 20mL，用乙醇稀释至 100mL。

9）羧甲基纤维素钠溶液：称取 0.5g 羧甲基纤维素钠，溶于 100mL 去离子水中。

10）中性氧化铝：层析用，经 300℃活化 4h，置干燥器中备用。

11）活性炭：取 20g 活性炭用 27%（体积分数）盐酸浸泡过夜，抽滤后用蒸馏水洗至无氯离子，在 120℃烘干备用。

12）T-2 毒素标准品溶液：称取 25.0mg T-2 毒素标准品，精确到 0.1mg，用无水乙醇溶解，转入 50mL 容量瓶中，再用无水乙醇稀释至刻度，此溶液含 T-2 毒素 0.5mg/mL。吸取此标准溶液 1mL，用无水乙醇稀释至 10mL，此溶液含 T-2 毒素 50μg/mL。

三、仪　器

1）薄层板涂布器。

2）展开槽：卧式内长 25cm、宽 6cm、高 4cm；立式内长 10cm、宽 6cm、高 25cm。

3）紫外线灯：波长 365nm。

4）玻璃板：5cm×20cm。

5）旋转蒸发器或蒸发皿。

6）电动振荡器。

7）天平。

8）具塞浓缩瓶：容量 10mL，底部具 0.2mL 刻度尾管。

9）微量注射器或血色素吸管。

10）层析柱：内径 2cm，长 10cm。

四、操 作 方 法

1. 取样及样品的制备　参照本章第五节饲料中黄曲霉毒素 B_1 的检测内容。

2. 提取　称取 20g 制备样品，置于磨口锥形瓶中，加 8mL 水和 100mL 三氯甲烷-无水乙醇溶液，加塞，在振荡器上振荡 1h，用滤纸过滤。取滤液 25mL 于蒸发皿或蒸发瓶中，在水浴上挥干或 45℃减压蒸发至干。

3. 净化

1）萃取：用 100mL 石油醚分次溶解蒸发瓶中的残渣，洗入 250mL 分液漏斗中，再用 30mL 甲醇-水溶液分次洗涤蒸发瓶，转入同一分液漏斗。振摇分液漏斗 1.5min，静置约 15min，使分层后，将下层甲醇-水提取液过净化柱。

2）净化：在层析柱下端塞约 0.1g 脱脂棉，尽量塞紧，先装入 0.5g 中性氧化铝，敲平表面后再加入 0.5g 活性炭，敲紧。将层析柱下端插入胶塞，塞在抽滤瓶上，抽滤瓶中放入一平底管接收流出液。打开真空泵，使活性炭压紧，将分液漏斗中的甲醇-水提取液小心地沿管壁加入柱内，控制流速不超过 3mL/min，提取液过柱快完毕时，加入 10mL 甲醇-水淋洗柱，继续抽滤，直至不再有液体流出。

3）试液制备：过柱后的流出液转入 100mL 蒸发瓶中，45℃减压蒸发至干。取下蒸发瓶置沸水浴上至完全干燥，趁热加入 3mL 乙酸乙酯，加热至沸腾，在水浴上轻轻地反复摇动蒸发瓶，使残渣中的 T-2 毒素溶出，放冷至室温后转入浓缩瓶中。加约 0.5mL 甲醇-丙酮溶液于蒸发瓶中，超声破碎残渣，将蒸发瓶置水浴上挥干溶剂后，加入 3mL 乙酸乙酯，加热至沸，转动蒸发瓶，使充分沸腾，放冷至室温后转入同一浓缩瓶中，再用 0.5mL 甲醇-丙酮溶液和 3mL 乙酸乙酯同样处理一次，乙酸乙酯并入浓缩瓶中。将浓缩瓶置约 95℃水浴上，蒸汽加热浓缩至干，放冷至室温后，准确加入 0.2mL 三氯甲烷-乙腈溶液溶解残渣留作薄层层析用。

4. 薄层板的制备　称取约 4g 硅胶 G，加羧甲基纤维素钠溶液约 11mL，用力研磨 1～2min 至糊状后立即倒入涂布器内，推成 5cm×20cm 的薄层板三块。在空气中干燥约 15min 后，在 105℃活化 2h，取出，放干燥器中保存。

5. 样品的测定

1）点样：将薄层板边缘附着的吸附剂刮净，在距薄层板下端 2.5cm 的基线上用微量注射器或血色素吸管滴加样液。在距左边缘 0.8～1cm 处点试样溶液 2μL，在左边缘 2cm 处点 1μL 标准品溶液，在距右边缘 1.2cm 处点 2μL 标准品液。再在距板上端 1.5cm 处点三个标准品溶液各 2μL，使之与基线上三个点的位置相对应。在滴加样液时可用吹风机冷风边吹边加。

2）展开。横展：以苯-乙醚溶液为横展剂，在卧式展开槽内倒入 10mL 展开剂，将点好样的薄层板靠试样溶液点的长边斜浸入展开剂，展至板端后再经过 1～2min，使试样中的 T-2 毒素偏离原点 0.7～1cm，取出通风挥干 3min。再用 10mL 石油醚（30～60℃）横展一次，展至板端后再经过 1min，取出通风挥干 5min。

纵展：以甲苯-乙酸乙酯-甲酸为纵展剂。将横展挥干后的薄层板置立式展开槽内纵展 15cm。取出通风挥干约 10min。

6. 观察与评定　用硫酸乙醇溶液均匀喷布已展毕的薄层板使恰好湿润，置 110℃烘箱中加热 3～5min（薄层板略着色立即取出），取出冷却后在紫外线灯下观察。薄层板上端未经纵展的三个标准品点可分别作为横展后试样中 T-2 毒素点和两个标准品点的定位点。试样溶液中的 T-2 毒素点又可与纵展后的标准品点比较 R_f 值而定位。

如果在薄层板上与标准荧光斑点对应处未见试样中的被测物斑点，则需按上述方法重新点第二块板。只是在点完试样溶液后，在滴加试样溶液处再滴加 1μL 标准品溶液，与第一块板同样展开、显荧光。如果第二块板上试样溶液加 1μL 标准品溶液所显荧光强度与 1μL 标准溶液相同，则试样中 T-2 毒素为阴性或含量在 1mg/kg 以下。

阳性试样可通过稀释试样溶液或调整点样量直至所产生斑点的荧光强度与 1μL 标准品溶液所显荧光强度相同，再进行定量。

第十一节　伏马毒素的检测

伏马毒素的检测方法主要有液相色谱法、气相色谱及气相色谱-质谱联用技术和酶联免疫吸附法等研究方法。本节主要介绍液相色谱法，主要内容参照 SN/T 1572—2005。

一、测定原理

样品用甲醇水溶液提取，经 Fumoni Test 免疫亲和柱净化，经衍生化，用反相液相色谱柱分离，荧光检测器检测，外标法定量。

二、试　　剂

本实验所用试剂除特别注明外，均使用分析纯试剂，水为蒸馏水，符合 GB/T 6682—2008 一级用水的规定。

1）主要试剂：甲醇、乙腈（均为色谱纯）；乙酸、磷酸、盐酸、四硼酸钠、巯基乙醇和邻苯二甲醛（均为优级纯）；磷酸氢二钠、磷酸二氢钠、磷酸二氢钾、氯化钠、氯化钾、氢氧化钠等。

2）甲醇-水混合液：体积比分别为 1∶1 和 4∶1。

3）伏马毒素标准储备液：称取伏马毒素 B_1、B_2 各 10.0mg，分别用乙腈水溶液（1+1）定容，伏马毒素 B_1、B_2 的浓度均为 100μg/mL。

4）混合标准储备液：取标准储备液伏马毒素 B_1、B_2 以 1∶1 比例混合，得混合标准储备液，伏马毒素 B_1、B_2 的浓度均为 50μg/mL。

5）混合标准工作液：取适量混合标准储备液于 10mL 容量瓶中，用乙腈水溶液（1+1）定容，配制伏马毒素 B_1、B_2 的浓度分别为 0.2μg/mL、1.0μg/mL、5μg/mL、25μg/mL 和 50μg/mL 的混合标准工作液，4℃条件下可保存 6 个月。

6）磷酸盐缓冲液：称取磷酸氢二钠 1.2g、磷酸二氢钾 0.2g、氯化钠 8g、氯化钾 0.2g，溶于 990mL 水中，用盐酸调节 pH 为 7.0，用水定容至 1L。

7）衍生剂：称取 5mg 邻苯二甲醛，溶于 1mL 甲醇，用 0.05mol/L 四硼酸钠溶液定容到 50mL，加入 25μL 巯基乙醇，混匀，备用（0～4℃可保存一周）。

8）液相色谱流动相：甲醇+磷酸氢二钠（0.1mol/L）（77+23），用磷酸调节 pH 为 3.3，过 0.45μm 滤膜。

三、主要仪器和设备

高效液相色谱仪（配有荧光检测器）、FumoniTest 免疫亲和柱、泵流控制台、涡旋振荡器、电子天平、组织均质器、滤膜等。

四、操 作 方 法

1. 提取　称取 25g 过 40 目筛的样品于均质杯中，加 4g 氯化钠和 50mL 甲醇水溶液（4+1）溶液，高速均质 3min，静置 10min。用滤纸过滤，收集滤液备用。

2. 净化　准确移取上述滤液 10mL 于 100mL 具塞锥形瓶中，加 40mL 磷酸盐缓冲液，置于涡旋振荡器上混匀，经玻璃纤维滤纸过滤，收集滤液备用。

将 FumoniTest 免疫亲和柱的盖帽取下，剪掉帽盖的封口端，再把帽盖盖上。将 10mL 玻璃注射器筒与亲和柱相连，准确移取 10mL 上步得到的滤液于玻璃注射器针筒中，接上泵流控制器，拔掉亲和柱底帽。控制压力使样液以 1 滴/s 的流速全部通过 FumoniTest 免疫亲和柱，直至空气进入亲和柱中。从玻璃注射器上取下 FumoniTest 免疫亲和柱，将柱上部用磷酸盐缓冲液注满，再把亲和柱连接到玻璃注射器上，用 10mL 磷酸盐缓冲液重复淋洗亲和柱一次，直至空气全部进入亲和柱中，弃去全部流出液，再用 10mL 磷酸盐缓冲液重复淋洗亲和柱一次。准确加入 1.0mL 甲醇以 1 滴/s 的流速洗脱，收集全部洗脱液，氮气吹干，残留物加 200μL

甲醇水溶液（1+1）溶解，待衍生化。

3. 衍生化　取净化后的样品溶液和标准溶液各 50μL，各加 150μL 衍生剂，混匀，在 2min 内过 0.45μm 滤膜并进行 HPLC 分析。

4. 液相色谱条件　色谱柱：Spherisorb C_{18} 柱（250mm × 4.6mm，粒径 10μm 或相当者）。流速：0.8mL/min。荧光检测器波长：激发波长为 335nm，发射波长为 440nm。柱温：室温。进样体积：20μL。

5. 色谱测定　分别取经衍生化的样液和标准溶液进行 HPLC 分析，以其标准溶液峰的保留时间为依据进行定性，根据峰面积计算样液中伏马毒素的含量。在上述色谱条件下，伏马毒素 B_1、B_2 的保留时间分别为 5.5min 和 12.6min 左右。

6. 空白试验　除不加试样外，按上述测定步骤进行。

7. 结果计算　根据试样液峰面积积分值从标准曲线上查出相对应的伏马毒素浓度，按式（16-9）计算样品中伏马毒素的含量。

$$X = \frac{A \times c \times V_3 \times D}{A_0 \times m \times (V_2 / V_1)} \qquad (16\text{-}9)$$

式中，X 为样品中伏马毒素 B_1、B_2 的含量，mg/kg；A 为样液中伏马毒素 B_1、B_2 的峰面积；A_0 为标准溶液中伏马毒素 B_1、B_2 的峰面积；V_1 为试样提取液总体积，mL；V_2 为净化用提取液体积，mL；V_3 为净化液最后定容体积，mL；c 为标准溶液中伏马毒素 B_1、B_2 的浓度，μg/mL；m 为试样的质量，g；D 为净化时稀释倍数。

第十二节　青霉毒素类的检测

饲料中常见的青霉毒素类污染主要有展青霉素、橘青霉素、黄绿青霉素和红色青霉素等。目前，我国对饲料中的青霉菌类毒素的检测技术相对薄弱，检测方法主要有仪器分析法、免疫学分析法和分子生物学检测方法。

一、测 定 原 理

用乙腈-水（4∶1）提取饲料中的展青霉素，经 C_{18} 反相色谱柱分离，紫外检测器进行检测定量。

二、试　　剂

本实验所用试剂除特别注明外，均使用分析纯试剂，水为蒸馏水，符合 GB/T 6682—2008 一级用水的规定。

1）有机试剂：乙腈（色谱纯，分析纯）。

2）标准储备液：称取 5mg 的展青霉素标准品于 50mL 棕色容量瓶中，用乙腈溶解并定容，摇匀，其浓度为 100μg/mL。贮于 4℃冰箱中避光保存。

3）标准工作液：移取适量标准储备液于 50mL 容量瓶中，用流动相溶液定容，配制 0.1μg/mL、0.5μg/mL、1μg/mL、2μg/mL 和 4μg/mL 的系列标准工作液。

4）提取液：乙腈-水（4∶1，V/V）。

三、主要仪器和设备

高效液相色谱仪（配有紫外检测器）、离心机、涡旋振荡器、浓缩器、分析天平、水浴锅等实验室常用仪器和设备。

四、操 作 方 法

1. 提取　称取 4g 制备好的样品于 50mL 离心管中，准确加入 25mL 提取液，室温下涡旋振荡 4min，2000r/min 离心 5min。取上清液 5mL 于离心管中，40℃条件下浓缩近干；加入 0.5mL 流动相，涡旋混匀，过 0.45μm 滤膜上机测定。

2. 液相色谱条件　色谱柱：反相 C_{18} 柱。紫外检测器波长：276nm。柱温：30℃。流动相：乙腈-水（9∶1）。流速：1.0mL/min。

3. 色谱测定　分别取经净化的样液和标准溶液进行 HPLC 分析，以其标准溶液峰的保留时间为依据进行定性，根据峰面积计算样液中展青霉素的含量。

4. 结果计算　根据试样液峰面积积分值从标准曲线上查出相对应的展青霉素浓度，按式（16-10）计算样品中的含量。

$$X=\frac{A\times c\times V_3}{A_0\times m\times (V_2/V_1)} \qquad (16\text{-}10)$$

式中，X 为样品中展青霉素的含量，mg/kg；A 为样液中展青霉素的峰面积；A_0 为标准溶液中展青霉素的峰面积；V_1 为试样提取液总体积，mL；V_2 为浓缩用提取液体积，mL；V_3 为净化液最后定容体积，mL；c 为标准溶液中展青霉素的浓度，μg/mL；m 为试样的质量，g。

第十三节　麦角类毒素的检测

麦角中毒（ergotism）是最早发现的由霉菌毒素引起的食物中毒之一。麦角菌主要侵染麦类作物，在麦穗上形成比麦粒稍大的麦角。目前已经发现麦角能够产生有毒的生物碱和胺类，麦角的毒性程度与麦角中生物碱含量有关，因此检测饲料中麦角生物碱的含量，对保证饲料安全具有重要意义。本节简单介绍高效液相色谱法。

一、测 定 原 理

用 20%乙酸溶液提取饲料样品中的麦角生物碱，经 C_{18} 固相萃取小柱净化后，利用 HPLC 将麦角碱分离，用荧光检测器进行检测定量。

二、试　　剂

本实验所用试剂除特别注明外，均使用分析纯试剂，水为蒸馏水，符合 GB/T 6682—2008 一级用水的规定。

1）有机试剂：乙腈（色谱纯）、甲醇。

2）提取液：20%乙酸。

3）氢氧化铵-甲醇溶液：0.04%。

4）C_{18} SepPak 的固相萃取小柱，使用前进行活化。

5）标准储备液：准确称取 50.0mg 的麦角胺、麦角酰胺或麦角生物碱标准品，置于 100mL 容量瓶中，用 20%乙酸溶液溶解并定容，摇匀，其浓度为 0.5mg/mL。贮于 4～6℃冰箱中，有效期 1 个月。

6）标准工作液：准确吸取 10.0mL 上述标准储备液，置于 50mL 容量瓶中，用 20%乙酸溶液定容，摇匀，其浓度为 100μg/mL。再以此溶液稀释配制 5μg/mL、10μg/mL、50μg/mL 的系列标准工作液。

三、主要仪器和设备

高效液相色谱仪（配有荧光检测器）、离心机、分析天平、水浴锅等实验室常用仪器和设备。

四、操 作 方 法

1. 提取　称取 5g 制备好的样品于 50mL 离心管中，准确加入 50mL 提取液，室温下轻摇 1h；用滤纸过滤，收集滤液备用。

2. 净化　用经过甲醇和蒸馏水活化的 C_{18} SepPak 固相萃取小柱，准确移取上述滤液 10mL 过柱，分别用 4mL 20%乙酸溶液和 4mL 水淋洗，然后用 1mL 0.04%氢氧化铵-甲醇溶液洗脱，上机测定。

3. 液相色谱条件　色谱柱：3 × 3CR C_{18} 柱。荧光检测器波长：激发波长为 250nm，发射波长为 425nm。柱温：室温。梯度洗脱程序见表 16-3。

表 16-3　麦角类毒素 HPLC 梯度洗脱表

时间/min	流速/（mL/min）	洗脱液/%		
		乙腈	2.5mmol/L 碳酸铵	甲醇
0.0	1.0	20	70	10
5.0	1.0	50	40	10
10.0	1.0	20	55	25
16.0	1.0	20	70	10
16.1	0.3		终止	

4. 色谱测定　分别取经净化的样液和标准溶液进行 HPLC 分析，以其标准溶液峰的保留时间为依据进行定性，根据峰面积计算样液中麦角毒素的含量。

5. 结果计算　根据试样液峰面积积分值从标准曲线上查出相对应的麦角胺、麦角酰胺或麦角生物碱浓度，按式（16-11）计算样品中的含量。

$$X=\frac{A\times c\times V_3\times D}{A_0\times m\times(V_2/V_1)} \tag{16-11}$$

式中，X 为样品中麦角胺、麦角酰胺或麦角生物碱的含量，mg/kg；A 为样液中麦角胺、麦角酰胺或麦角生物碱的峰面积；A_0 为标准溶液中麦角胺、麦角酰胺或麦角生物碱的峰面积；V_1 为试样提取液总体积，mL；V_2 为净化用提取液体积，mL；V_3 为净化液最后定容体积，mL；c 为标准溶液中麦角胺、麦角酰胺或麦角生物碱的浓度，μg/mL；m 为试样的质量，g；D 为净化时稀释倍数。

第十七章　饲料中化学污染物的检测

第一节　氟含量的检测

饲料中氟的测定有比色法和氟离子选择电极法，比色法干扰因素较多，目前已较少使用，本节介绍氟离子选择电极法（GB/T 13083—2002）。氟离子选择电极法对氟测定的线性范围为10^{-6}～10^{-1}mol/L，实际测定时最好控制在10^{-5}～10^{-3}mol/L。

一、适 用 范 围

本法适用于饲料原料及产品中氟含量的测定。

二、测 定 原 理

氟离子选择电极的氟化镧单晶膜对氟离子产生选择性的对数响应，氟电极和饱和甘汞电极在被测试液中，电位差可随溶液中氟离子活度的变化而改变，电位变化规律符合能斯特方程式。

$$E=E^{\circ}-\frac{2.303RT}{F}\lg c_F$$

E与$\lg c_F$呈线性关系，$2.303RT/F$为该直线的斜率（25℃时为59.16）。

在水溶液中，易与氟离子形成络合物的三价铁（Fe^{3+}）、三价铝（Al^{3+}）及硅酸根（SiO_3^{2-}）等离子干扰氟离子测定，其他常见离子对氟离子测定无影响。在待测量溶液的酸度为pH5～6时，用总离子强度缓冲液消除干扰离子及酸度的影响。

三、试剂与材料

实验室用水应符合GB/T 6682—2008中三级用水的规定。全部溶液贮于聚乙烯塑料瓶中。

1）乙酸钠溶液（3mol/L）：称取204g乙酸钠（$CH_3OOONa\cdot 3H_2O$），溶于约300mL水中，待溶液温度恢复到室温后，以1mol/L乙酸调节至pH7.0，移入500mL容量瓶，加水至刻度。

2）柠檬酸钠溶液（0.75mol/L）：称取110g柠檬酸钠（$Na_3C_6H_5O_7\cdot 2H_2O$），溶于约300mL水中，加高氯酸（$HClO_4$）14mL，移入500mL容量瓶，加水至刻度。

3）总离子强度缓冲液：乙酸钠溶液与柠檬酸钠溶液等量混合，临用时配制。

4）盐酸溶液（1mol/L）：量取10mL盐酸，加水稀释至120mL。

5）氟溶液。

A. 氟标准储备液：称取经100℃干燥4h冷却的氟化钠（分析纯）0.2210g溶于水，移入100mL容量瓶中，加水至刻度，混匀，储备于塑料瓶中，置冰箱内保存。此液每毫升相当于1.0mg氟。

B. 氟标准溶液：临用时准确吸取氟标准储备液10.0mL于100mL容量瓶中，加水至刻度，混匀。此液每毫升相当于 100.0μg 氟。

C. 氟标准稀溶液：准确吸取氟标准溶液 10.0mL 于 100mL 容量瓶中，加水至刻度，混匀。此液每毫升相当于 10.0μg 氟，即配即用。

四、仪　器

1）氟离子选择电极：可测量 5×10^{-7}～1×10^{-1}mol/L 氟离子，pF-1 型或与之相当的电极。

2）甘汞电极：232 型或与之相当的电极。

3）磁力搅拌器。

4）酸度计：可测量 0.0～1400mV，pHS-3 型或与之相当的酸度计或电位计。

5）分析天平：感量 0.0001g。

6）纳氏比色管：50mL。

7）容量瓶：50mL、100mL。

8）超声波提取器。

五、步　骤

1. 氟标准工作液的制备　吸取氟标准稀溶液 0.50mL、1.00mL、2.00mL、5.00mL、10.00mL，氟标准溶液 2.00mL、5.00mL 分别置于 50mL 容量瓶中，于各容量瓶中分别加入盐酸溶液 5.00mL、总离子强度缓冲液 25mL，加水至刻度，混匀。上述标准工作液的浓度分别为 0.1μg/mL、0.2μg/mL、0.4μg/mL、1.0μg/mL、2.0μg/mL、4.0μg/mL、10.0μg/mL。

2. 试液制备

1）饲料试液制备（除饲料级磷酸盐外）：精确称取 0.5～1g 试样（精确至 0.0002g），置于 50mL 纳氏比色管中，加入盐酸溶液 5.0mL，密闭提取 1h（不时轻轻摇动比色管），应尽量避免样品粘于管壁上，或置于超声波提取器中密闭提取 20min。提取后加总离子强度缓冲液 25mL，加水至刻度，混匀，干过滤。滤液供测定用。

2）磷酸盐试液制备：准确称取约含 2000μg 氟的试样（精确至 0.0002g）置于 100mL 容量瓶中，用盐酸溶液溶解并定容至刻度，混匀。取 5.00mL 溶解液至 50mL 容量瓶中，加入 25mL 总离子强度缓冲液，加水至刻度，混匀，供测定用。

3. 测定　将氟电极和甘汞电极与测定仪器的负端和正端连接，将电极插入盛有水的 50mL 聚乙烯塑料烧杯中，并预热仪器，在磁力搅拌器上以恒速搅拌，读取平衡电位值，更换 2～3 次水，待电位值平衡后，即可进行标准液和试样液的电位测定。

由低到高浓度分别测定氟标准工作液的平衡电位。同法测定试液的平衡电位，以平衡电位为纵坐标、氟标准工作液中氟离子浓度的对数为横坐标，用回归方程计算绘制标准曲线。每次测定均应同时绘制标准曲线，从标准曲线上计算出试液的氟离子浓度。

六、结果计算

饲料中氟含量计算如下。

1）饲料（除饲料添加剂级磷酸盐外）按式（17-1）计算出试样中氟的含量。

$$X=\frac{\rho\times50\times1000}{m\times1000}=\frac{\rho}{m}\times50 \tag{17-1}$$

式中，X 为试样中氟的含量，mg/kg；ρ 为试液中氟的浓度，μg/mL；m 为试样质量，g；50 为测试液体积，mL。

2）磷酸盐按式（17-2）计算出试样中氟的含量。

$$X = \frac{\rho \times 50 \times 1000}{m \times 1000} \times \frac{100}{5} = \frac{\rho}{m} \times 1000 \qquad (17\text{-}2)$$

每个试样取两个平行样进行测定，以其算术平均值作为结果，结果表示到 0.1mg/kg。

七、允　许　差

同一分析者对同一饲料同时或快速连续地进行两次测定，所得结果之间的相对偏差在试样中氟含量≤50mg/kg 时，不超过 10%；在试样中氟含量>50mg/kg 时，不超过 5%。

第二节　苯并（a）芘含量的检测

苯并（a）芘的测定有薄层层析法、荧光法、气相色谱法、高效液相色谱法等。薄层层析法不需要昂贵的仪器和设备，在基层实验室比较常用，但只能半定量，如结合薄层扫描，灵敏度可达 0.1ppb。高效液相色谱法分离效率高，分离速度快，灵敏度可达 0.003ng。本方法摘自 NY/T 919—2004。

一、适 用 范 围

本方法适用于配合饲料、浓缩饲料和添加剂预混合饲料中苯并（a）芘的测定，检测限为 2.5μg/kg。

二、测 定 原 理

试样中的苯并（a）芘经环己烷提取，再经二甲基亚砜萃取。试样溶液过 C_{18} 小柱，用环己烷洗脱。洗脱液于旋转蒸发器上蒸干，残渣用乙腈溶解，于高效液相色谱仪测定。

三、试剂与材料

除另有规定外，仅使用分析纯试剂。水符合 GB/T 6682—2008 二级用水的规定。

1）乙腈：色谱纯。

2）环己烷：加活性炭重蒸馏。

3）二甲基亚砜。

4）甲醇：色谱纯。

5）标准溶液。

A. 标准储备液：准确称取苯并（a）芘标准品（纯度≥97%、HPLC 级）10mg，置于 100mL 容量瓶中，加乙腈溶解并稀释至刻度。该储备液浓度为 100μg/mL，置 4℃冰箱中保存（可保存 2 个月）。

B. 标准工作液：准确吸取 1mL 标准储备液，置于 100mL 容量瓶中，用乙腈稀释至刻度。分别准确吸取一定体积的该溶液，加乙腈制成浓度为 25ng/mL、50ng/mL、75ng/mL、100ng/mL、150ng/mL、200ng/mL 的标准工作液。

四、仪器和设备

1）实验室常用仪器和设备。

2）高效液相色谱仪：配紫外检测器。

3）离心机：3000r/min。

4）超声波振荡器。

5）旋转蒸发器：65℃。

6）C_{18}净化富集柱：250mg。

7）分析天平：感量0.0001g。

8）天平：感量0.001g。

五、步　骤

1. 试样溶液的制备　称取10g经粉碎全部过1mm孔径筛的试样，准确至0.002g，置于250mL具塞锥形瓶中。加入环己烷30mL，超声振荡25min，倾出上清液。残渣2次分别加入环己烷20mL，超声振荡20min提取。合并3次提取液，离心（3000r/min）5min。上清液于旋转蒸发器上（65℃）浓缩至约5mL。用吸管将浓缩液转移至100mL分液漏斗中，用5mL环己烷分数次洗涤蒸馏瓶，洗液合并于分液漏斗中。依次用10mL、5mL二甲基亚砜缓慢振摇提取2次，静置10min后，分离二甲基亚砜层（下层）于具塞锥形瓶中，加入25mL水，摇匀。过C_{18}净化富集柱（使用前，用20mL甲醇、20mL水过柱活化），用10mL水淋洗，抽干。用30mL环己烷洗脱（洗脱速度为2mL/min）。洗脱液于旋转蒸发器上（65℃）蒸干，用2mL乙腈溶解残渣，过0.45μm微孔滤膜，待测。

2. 测定

1）高效液相色谱条件如下。色谱柱：C_{18}柱，柱长200mm，内径4mm，粒度5μm。流动相：乙腈-水，75+25。波长：296nm。流速：2.0mL/min。进样量：10μL。

2）定量测定：按仪器操作规程操作,取待测液和标准工作液，作单点或多点校准，以色谱峰面积积分值定量。

六、结 果 计 算

1）试样中苯并（a）芘的含量（X）以质量分数（μg/kg）表示，按式（17-3）计算。

$$X=\frac{c\times V}{m} \tag{17-3}$$

式中，c为试样中苯并（a）芘的响应值在标准曲线上对应的浓度，ng/mL；m为试样质量，g；V为试样稀释的体积，mL。

2）测定结果用平行测定的算数平均值表示，保留至小数点后1位。

七、重 复 性

同一操作者对同一试样2次平行测定所得结果的相对偏差不大于15%。

第三节 挥发性盐基氮、三甲胺和组胺含量的检测

一、挥发性盐基氮

挥发性盐基氮的测定有半微量定氮法和微量扩散法。半微量定氮法采用常用的定氮装置，一般企业实验室都能进行，比较常用。本方法参考了 GB 5009.228—2016。

1. 适用范围 适用于动物性饲料原料中挥发性盐基氮的测定。

2. 测定原理 挥发性盐基氮是指动物性饲料由于酶和细菌的作用，在腐败过程中，使蛋白质分解而产生氨及胺类等碱性含氮物质。此类物质具有挥发性，在碱性溶液中蒸出后，利用硼酸溶液吸收，用标准酸溶液滴定计算含量。

3. 试剂与材料

1）氧化镁混悬液（10g/L）：称取 1.0g 氧化镁，加 100mL 水，振荡成混悬液。

2）硼酸吸收液（20g/L）：称取 20g 硼酸，加水溶解并稀释至 1000mL。

3）盐酸（0.010mol/L）或硫酸（0.005mol/L）的标准滴定溶液。

4）甲基红-乙醇指示剂(2g/L)：称取 0.2g 甲基红，溶于 95%乙醇，用 95%乙醇稀释至 100mL。

5）次甲基蓝指示剂(1g/L)：称取 0.1g 亚甲基蓝，溶于 95%乙醇，用 95%乙醇稀释至 100mL。临用时将上述两种指示剂等量混合为混合指示液。

6）三氯乙酸溶液（20g/L）：称取 20g 三氯乙酸，加水溶解并稀释至 1000mL。

7）消泡硅油。

4. 仪器

1）半微量定氮器。

2）微量滴定管：最小分度 0.01mL。

5. 步骤

1）试样处理：称取约 10.0g 过 1mm 孔径筛的试样，置于锥形瓶中（含 100mL 水），不时振摇，浸渍 30min 后过滤。滤液应及时使用，不能及时使用时应置冰箱备用。对于蛋白质胶质多、黏性大、不容易过滤的特殊样品，可使用三氯乙酸溶液替代水进行处理。

2）蒸馏滴定：将盛有 10mL 硼酸吸收液及 5～6 滴混合指示液的锥形瓶置于冷凝管下端，并使其下端插入吸收液的液面下，准确吸取 5.0mL 上述试样滤液于蒸馏器反应室内，加 5mL 氧化镁混悬液（10g/L），迅速盖塞，并加水以防漏气，通入蒸汽，进行蒸馏，蒸馏 5min 即停，吸收液用盐酸标准滴定溶液（0.010mol/L）或硫酸标准滴定溶液滴定，以至蓝紫色为终点，同时做试剂空白试验。

蒸馏过程泡沫较多的样品可滴加 1～2 滴消泡硅油。

6. 结果计算 试样中挥发性盐基氮的含量（X）以质量分数（mg/100g）表示，按式（17-4）计算。

$$X=\frac{(V_1-V_2)\times c\times 14}{m\times 5/100}\times 100 \tag{17-4}$$

式中，V_1 为测定用样液消耗盐酸或硫酸标准溶液的体积，mL；V_2 为试剂空白消耗盐酸或硫酸标准溶液的体积，mL；c 为盐酸或硫酸标准溶液的实际浓度，mol/L；14 为与 1.00mL 盐酸标准滴定溶液[c（HCl）=1.000mol/L]或硫酸标准滴定溶液[c（$1/2H_2SO_4$）=1.000mol/L]相当的

氮的质量，mg；*m* 为试样质量，g。

计算结果保留三位有效数字。

7. 重复性　在重复性条件下获得的两次独立测定结果的绝对差值不得超过算术平均值的 10%。

二、三甲胺（摘自 GB/T 5009.179—2016）

1. 适用范围　本方法适用于动物源性饲料中三甲胺的测定。

2. 测定原理　动物源性产品由于细菌的作用，在腐败过程中将氧化三甲胺[$(CH_3)_3NO$]还原产生三甲胺[$(CH_3)_3N$]，三甲胺是挥发性碱性含氮物质，将此物质抽提于无水甲苯中，与苦味酸作用，形成黄色的苦味酸三甲胺盐，然后与标准管同时比色，即可测得试样中三甲胺氮含量。

3. 试剂与材料

1）20%三氯乙酸溶液。

2）甲苯：试剂级，用无水硫酸钠脱水，再用 0.5mL 硫酸振摇，蒸馏，除去干扰物质，最后再用无水硫酸钠脱水使其干燥。

3）苦味酸-甲苯溶液。

A. 储备液：将 2g 干燥的苦味酸（试剂级）溶于 100mL 无水甲苯中，使其成为 2%苦味酸-甲苯溶液。

B. 工作液：将储备液稀释成为 0.02%苦味酸-甲苯溶液即可应用。

4）碳酸钾溶液（1+1）。

5）10%甲醛溶液：先将甲醛（试剂级，含量为 36%～38%）用碳酸镁振摇处理并过滤，然后稀释成 10%浓度。

6）无水硫酸钠。

7）三甲胺氮标准溶液配制：称取盐酸三甲胺（试剂级）约 0.5g，稀释至 100mL，取其 5mL，再稀释至 100mL，取最后稀释液 5mL 用微量或半微量凯氏蒸馏法准确测定三甲胺氮量，并计算出每毫升的含量，然后稀释使每毫升含有 100μg 的三甲胺氮，作为储备液用。测定时将上述储备液 10 倍稀释，使每毫升含有 10μg 三甲胺氮量。准确吸取最后稀释标准液 1.0mL、2.0mL、3.0mL、4.0mL、5.0mL（相当于 10μg、20μg、30μg、40μg、50μg）于 25mL Maijel Gerson 反应瓶中，加蒸馏水至 5.0mL，并同时做一空白试验，以下处理按试样操作方法，以光密度数制备成标准曲线。

4. 仪器

1）25mL Maijel Gerson 反应瓶（图 17-1）或 25mL 尖底带塞磨口离心管。

2）100mL 或 150mL 玻塞锥形瓶。

3）100mL 量筒。

4）试管。

5）吸管。

6）微量或半微量凯氏蒸馏器。

7）分光光度计。

图 17-1　Maijel Gerson 反应瓶

5. 步骤

1）试样处理：取被检样 20g 研匀，加水 70mL 移入玻塞锥形瓶中，并加 20%三氯乙酸 10mL，振摇，沉淀蛋白质后过滤，滤液即可供测定用。

2）测定方法：取上述滤液 5mL 于 Maijel Gerson 反应瓶中，加 10%甲醛溶液 1mL、甲苯 10mL 及 1+1 碳酸钾溶液 3mL，立即盖塞，上下剧烈振摇 60 次，静置 20min，吸去下面水层，加入无水硫酸钠约 0.5g 进行脱水，吸出 5mL 于预先已置有 0.02%苦味酸-甲苯溶液 5mL 的试管中，在410nm处测得吸光度，并做一空白试验，同时将上述三甲胺氮标准溶液（相当于10μg、20μg、30μg、40μg、50μg）按上法同样测定，制备标准曲线，按式（17-5）计算即得试样中的三甲胺氮含量。

6. 结果计算 样品中三甲胺氮含量（X）以质量分数（mg/100g）表示，按式（17-5）计算。

$$X=\frac{\frac{OD_1}{OD_2}\times m}{m_1\times\frac{V_1}{V_2}}\times 100 \tag{17-5}$$

式中，OD_1 为试样光密度；OD_2 为标准光密度；m 为标准管三甲胺氮质量，mg；m_1 为试样质量，g；V_1 为测定时体积，mL；V_2 为稀释后体积，mL；100 为 g 换算为 100g 的系数。

三、组胺（参考 GB 5009.45—2003）

1. 适用范围 本方法适用于水产动物源性饲料原料中组胺的测定。

2. 测定原理 样品中的组胺用正戊醇提取，与偶氮试剂反应显橙色，与标准比较定量。

3. 试剂

1）正戊醇。

2）三氯乙酸溶液（100g/L）。

3）碳酸钠溶液（50g/L）。

4）氢氧化钠溶液（250g/L）。

5）盐酸溶液（1+11）。

6）组胺标准储备液（1.0mg/mL）：准确称取 0.2767g 于（100±5）℃烘干 2h 的磷酸组胺溶于水，移入 100mL 容量瓶中，加水稀释至刻度。

7）组胺标准使用溶液（20μg/mL）：取 1.0mL 组胺标准储备液于 50mL 容量瓶中，加水至刻度。

8）偶氮试剂。

A. 甲液：取 0.5g 对硝基苯胺，用 5mL 盐酸溶液溶解，加水稀释至 200mL。冰箱内保存备用。

B. 乙液：亚硝酸钠溶液（5g/L），现用现配。

取甲液 5mL、乙液 40mL，混合后立即使用。

4. 分析步骤

1）样液制备：称取混合均匀的样品 5.00～10.00g，于 250mL 具塞锥形瓶中，加入 40～50mL 三氯乙酸溶液，浸泡 2～3h，过滤，取滤液 2.0mL，置于 125mL 分液漏斗中，加入氢氧化钠溶液使成碱性，每次加入 3mL 正戊醇，振摇 5min，提取 3 次，合并正戊醇提取液，并定容至 10.0mL，吸取此液 2.0mL 于分液漏斗中，每次加入 3mL 盐酸溶液，振摇 5min，提取 3 次，合并盐酸提取液，并定容至 10.0mL 备用。

2）测定：吸取 2.0mL 盐酸提取液于 10mL 比色管中。另分别吸取 0mL、0.20mL、0.40mL、0.60mL、0.80mL、1.0mL 组胺标准使用溶液（分别相当于 0μg、4μg、8μg、12μg、16μg、20μg 组胺）分别置于 10mL 比色管中，加水至 1.0mL，再各加 1.0mL 盐酸溶液。试液和标准管各加入 3mL 碳酸钠溶液、3mL 偶氮试剂，加水至刻度，混匀，放置 10min 后用 1cm 比色杯于 480nm 下以零管调零，测定吸光度，绘制标准曲线。

5. 计算 样品中组胺的含量（X）以质量分数（mg/kg）表示，按式（17-6）计算。

$$X = \frac{m_1}{m_2 \times \frac{2}{V_1} \times \frac{2}{10} \times \frac{2}{10}} \tag{17-6}$$

式中，V_1 为加入三氯乙酸溶液的体积，mL；m_1 为试液管中组胺的质量，μg；m_2 为称样的质量，g。

以两次平行测定结果的平均值表示，结果表示到小数点后 1 位。

6. 精密度 两次平行测定结果的相对偏差不超过 10%。

第四节 过氧化值、酸价和丙二醛的检测

一、过氧化值（参考 GB 5009.227—2016）

1. 适用范围 本方法适用于饲料中过氧化值的测定。

2. 测定原理 制备的油脂试样在三氯甲烷和冰醋酸中溶解，其中的过氧化物与碘化钾反应生成碘，用硫代硫酸钠标准溶液滴定析出的碘。用过氧化物相当于碘的质量分数或 1kg 样品中活性氧的毫摩尔数表示过氧化值的量。

3. 试剂与材料 所用试剂为分析纯试剂。所有的试剂和水中不得含有溶解氧。

1）三氯甲烷-冰醋酸混合液（体积比 40∶60）：量取 40mL 三氯甲烷，加 60mL 冰醋酸，混匀。

2）碘化钾饱和溶液：称取 20g 碘化钾，加入 10mL 新煮沸冷却的水，摇匀后贮于棕色瓶中，存放于避光处备用。要确保溶液中有饱和碘化钾结晶存在。使用前检查：在 30mL 三氯甲烷-冰醋酸混合液中添加 1.00mL 碘化钾饱和溶液和 2 滴 1%淀粉指示剂，若出现蓝色，并需用 1 滴以上的 0.01mo1/L 硫代硫酸钠溶液才能消除，此碘化钾溶液不能使用，应重新配制。

3）淀粉指示剂（1%）：称取 0.5g 可溶性淀粉，加少量水调成糊状。边搅拌边倒入 50mL 沸水，再煮沸搅匀后，放冷备用。临用前配制。

4）石油醚（沸程为 30～60℃）的处理：取 100mL 石油醚于蒸馏瓶中，在低于 40℃的水浴中，用旋转蒸发仪减压蒸干。用 30mL 三氯甲烷-冰醋酸混合液分次洗涤蒸馏瓶，合并洗涤液于 250mL 碘量瓶中。准确加入 1.00mL 饱和碘化钾溶液，塞紧瓶盖，并轻轻振摇 0.5min，在暗处放置 3min，加 1.0mL 淀粉指示剂后混匀，若无蓝色出现，此石油醚用于试样制备；如加 1.0mL 淀粉指示剂混匀后有蓝色出现，则需更换试剂。

5）硫代硫酸钠标准溶液（0.1mo1/L）：称取 26g 硫代硫酸钠（$Na_2S_2O_3 \cdot 5H_2O$），加 0.2g 无水碳酸钠，溶于 1000mL 水中，缓缓煮沸 10min，冷却。放置两周后过滤、标定。

6）硫代硫酸钠标准溶液（0.01mo1/L）：由 5）以新煮沸冷却的水稀释而成。临用前配制。

7）硫代硫酸钠标准溶液（0.002mo1/L）：由 5）以新煮沸冷却的水稀释而成。临用前配制。

4. 仪器　使用的所有器皿不得含有还原性或氧化性物质，磨砂玻璃表面不得涂油。锥形瓶（250mL，带磨口玻璃塞）、旋转蒸发仪和实验室常用仪器。

5. 步骤

（1）试样制备

1）油脂类样品：经溶化混匀，直接取样用于测定。

2）其他饲料样品：取有代表性样品，粉碎并充分混匀后，取适量检样置于广口瓶中，加入 2～3 倍样品体积的石油醚，摇匀，充分混合后静置浸提 12h 以上，经装有无水硫酸钠的漏斗过滤，取滤液，在低于 40℃的水浴中，用旋转蒸发仪减压蒸干石油醚，残留物即待测试样。

（2）测定　应避免在阳光直射下进行试样测定。称取上述制备好的试样 2～3g（精确至 0.001g），置于 250mL 碘量瓶中，加入 30mL 三氯甲烷-冰醋酸混合液，轻轻振摇使试样完全溶解。准确加入 1.00mL 饱和碘化钾溶液，塞紧瓶盖，并轻轻振摇 0.5min，在暗处放置 3min。取出加 100mL 水，摇匀后立即用硫代硫酸钠标准溶液（过氧化值估计值在 0.15g/100g 及以下时，用 0.002mol/L 标准溶液；过氧化值估计值大于 0.15g/100g 时，用 0.01mol/L 标准溶液）滴定析出的碘，滴定至淡黄色时，加 1mL 淀粉指示剂，继续滴定并强烈振摇至溶液蓝色消失为终点。同时进行空白试验。空白试验所消耗 0.01mo1/L 硫代硫酸钠溶液体积 V_0 不得超过 0.1mL。

6. 结果计算　过氧化值（P'）用 1kg 样品中活性氧的毫摩尔数（mmol/kg）表示，按式（17-7）计算。

$$P' = \frac{1000(V - V_0)c}{2m} \tag{17-7}$$

式中，V 为用于测定的硫代硫酸钠溶液的体积，mL；V_0 为用于空白的硫代硫酸钠溶液的体积，mL；c 为硫代硫酸钠溶液的浓度，mol/L；m 为试样的质量，g；1000 为换算系数。

计算结果以重复性条件下获得的两次独立测定结果的算术平均值表示,结果保留两位有效数字。

7. 重复性　在重复性条件下获得的两次独立测定结果的绝对差值不得超过算术平均值的 10%。

二、酸　　价

（一）动植物油脂酸价的测定——热乙醇测定法
（参考GB/T 5530—2005及GB 5009.229—2016）

1. 测定原理　试样溶解在热乙醇中，用氢氧化钠或氢氧化钾水溶液滴定。

2. 试剂与材料　除非另有说明，使用试剂均为分析纯。

1）乙醇：最低浓度为 95%乙醇。

2）氢氧化钠或氢氧化钾标准溶液：浓度为 0.1mol/L。

3）氢氧化钠或氢氧化钾标准溶液：浓度为 0.5mol/L。

4）酚酞指示剂（10g/L）：10g 的酚酞溶解于 1L 的 95%乙醇溶液中。

注：在测定颜色较深的样品时，每 100mL 酚酞指示剂溶液，可加入 1mL 的 0.1%次甲基蓝溶液观察滴定终点。

5）碱性蓝 6B 或百里酚酞（适用于深色油脂）（20g/L）：20g 碱性蓝 6B 或百里酚酞溶解于 1L 95%乙醇溶液中。

3. 仪器

1）微量滴定管：10mL，最小刻度 0.02mL。

2）分析天平。

4. 步骤

1）称样：根据样品的颜色和估计的酸值按表 17-1 所示称样，装入锥形瓶中。

表 17-1　试样称样表

估计的酸值	试样量/g	试样称重的精确度/g
<1	20	0.05
1～4	10	0.02
4～15	2.5	0.01
15～75	0.5	0.001
>75	0.1	0.0002

注：试样的量和滴定液的浓度应使得滴定液的用量不超过 10mL

2）测定：将含有 0.5mL 酚酞指示剂的 50mL 乙醇溶液置入锥形瓶中，加热至沸腾，当乙醇的温度高于 70℃时，用 0.1mol/L 的氢氧化钠或氢氧化钾溶液滴定至溶液变色，并保持溶液 15s 不褪色，即终点。

注：当油脂颜色深时，需加入更多量的乙醇和指示剂。

将中和后的乙醇转移至装有测试样品的锥形瓶中，充分混合，煮沸，用氢氧化钠或氢氧化钾标准溶液滴定，滴定过程中要充分摇动。至溶液颜色发生变化，并且保持 15s 不褪色，即滴定终点。

5. 结果计算　样品的酸价（X）按式（17-8）计算。

$$X=\frac{56.1\times V\times c}{m} \tag{17-8}$$

式中，X 为样品酸价，以每克样品消耗氢氧化钾的毫克数表示，mg/g；V 为所用氢氧化钾标准溶液的体积，mL；c 为所用氢氧化钾标准溶液的浓度，mol/L；56.1 为氢氧化钾的摩尔质量，g/mol；m 为样品质量，g。

（二）鱼粉酸价的测定（参考GB/T 19164—2003）nE

1. 测定原理　鱼粉中游离脂肪酸用氢氧化钾标准溶液滴定，每克鱼粉消耗氢氧化钾的毫克数称为酸价。

2. 试剂

1）酚酞指示液：1%乙醇溶液。oV^k

2）乙醚-乙醇混合液：按乙醚∶乙醇 2∶1 混合，用 0.1mol/L 氢氧化钾溶液中和至对酚酞指示液呈中性。

3）氢氧化钾标准液（0.1mol/L）。^.

3. 操作步骤　称取 5g 试样，精确至 0.001g，置于锥形瓶中，加入 50mL 中性乙醚-乙醇混合液摇匀，静置 30min，过滤。滤渣用 20mL 中性乙醚-乙醇混合液清洗，并重复洗一次，滤液合并后加入酚酞指示液 2～3 滴，以 0.1mol/L 氢氧化钾标准溶液滴定，至初显微红色且 0.5min 内不褪色为终点。

4. 结果计算　样品的酸价（X）按式（17-9）计算。

$$X = \frac{56.1 \times V \times c}{m} \tag{17-9}$$

式中，X 为样品酸价，以每克样品消耗氢氧化钾的毫克数表示，mg/g；V 为所用氢氧化钾标准溶液的体积，mL；c 为所用氢氧化钾标准溶液的浓度，mol/L；56.1 为氢氧化钾的摩尔质量，g/mol；m 为试样质量，g。vKv

5. 重复性　每个样品做两个平行样，结果以算术平均值计。酸价在 2.0mg/g 及以下时，两个平行试样的相对偏差不得超过 8%；在 2.0mg/g 以上时，两个平行试样的相对偏差不得超过 5%。否则重做。0

三、丙二醛的测定（参考 GB/T 5009.181—2003 及 GB 5009.181—2016）

1. 测定原理　油脂受到光、热、空气中氧的作用，发生酸败反应，分解出醛、酸之类的化合物。丙二醛经三氯乙酸溶液提取后，与硫代巴比妥酸（TBA）作用生成粉红色化合物，测定其在 532nm 波长处的吸光度值，与标准系列比较定量，从而推导出油脂酸败的程度。

2. 试剂与材料

1）硫代巴比妥酸（TBA）水溶液：准确称取硫代巴比妥酸 0.288g 溶于水中，并稀释至 100mL，相当于 0.02mol/L。

2）三氯乙酸混合液：准确称取三氯乙酸 7.5g 及 0.1g EDTA（乙二胺四乙酸二钠）用水溶解，稀释至 100mL。

3）丙二醛标准储备液：准确称取 1,1,3,3-四乙氧基丙烷（丙二醛乙缩醛，纯度≥97%）0.315g，溶解后稀释至 1 000mL（相当于每升含丙二醛 100μg），置冰箱保存。

4）丙二醛标准工作液：精确移取上述储备液 10mL 稀释至 100mL（相当于每毫升含丙二醛 10μg），置冰箱备用。

5）三氯甲烷。

3. 仪器

1）恒温水浴箱。

2）离心机：2000r/min。

3）分光光度计。

4）有盖锥形瓶：100mL。

5）纳氏比色管：25mL。

6）试管：100mm × 13mm。

7）定性滤纸。

4. 步骤

1）试样处理：准确称取混合均匀的油脂 10g，置于 100mL 有盖锥形瓶内，加入 50mL 三氯乙酸混合液，振摇 0.5h，移入 100mL 量筒中，并用三氯乙酸混合液定容至刻度。用双层滤纸过滤，除去油脂、滤渣，重复用双层滤纸过滤一次。对固态样品的分析应先用索氏提取器将脂肪提取出来再测定。

2）测定：准确移取上述滤液 5mL 置于 25mL 纳氏比色管内，加入 5mL TBA 溶液，混匀，加塞，置于 90℃水浴内保温 40min，取出，冷却 1h，移入小试管内，离心 5min，上清液倾入 25mL 纳氏比色管内，加入 5mL 三氯甲烷，摇匀，静止，分层，吸出上清液于 532nm 波长处比色（同时做空白试验）。

3）标准曲线制备：分别取相当于 1μg、2μg、3μg、4 μg、5μg 的丙二醛标准溶液于 25mL 纳氏比色管中，按步骤 2）处理，根据浓度与吸光度关系作标准曲线。

5. 结果计算 油脂中丙二醛的含量按式（17-10）计算。

$$X=\frac{C}{\frac{5}{100}\times m} \tag{17-10}$$

式中，X 为丙二醛含量，mg/kg；C 为从标准曲线查得丙二醛的量，μg；m 为油脂质量，g。

主要参考文献

柏凡．2012．新饲料和饲料添加剂管理条例的特点．四川畜牧兽医,（1）: 14-16
陈代文．2010．饲料安全学．北京: 中国农业出版社
杜冰, 姜龙波, 刘长海, 等．2009．香蕉皮发酵饲料的研究．中国酿造, 3（204）: 167-169
高春起, 张海军, 武书庚, 等．2011．三聚氰胺的毒性及其在畜产品中残留规律的研究进展．动物营养学报, 23（2）: 187-195
高美云, 张通, 刘宾, 等．2010．豆粕抗营养因子及其生物改性的研究．中国饲料, （3）: 37-41
郭志勇, 刘小琴, 王铜, 等．2009．海南橡胶籽主要成分及氰化物变迁分析．食品科学, 30（20）: 359-362
黄选洋, 王建萍, 丁雪梅, 等．2015．钒对鸡健康的影响及其作用机理．动物营养学报, 27（8）: 2335-2341
计成．2007．霉菌毒素与饲料食品安全．北京: 化学工业出版社
江用文．2011．中国茶产品加工．上海: 上海科学技术出版社
黎俊, 顾丽群, 王明进, 等．2015．动物源性食品中β-肾上腺素受体兴奋剂残留研究．动物营养学报, 27（12）: 3663-3670
李芳蓉, 韩黎明, 王英, 等．2015．马铃薯渣综合利用研究现状及发展趋势．中国马铃薯, 29（3）: 175-181
李树成, 黄晓辉, 王静, 等．2014．白花草木樨与玉米秸秆混合青贮的发酵品质及有毒成分分析．草业科学, 31（2）: 321-327
李希铭, 许庆方, 玉柱, 等．2011．含水量和添加剂对沙打旺青贮质量的影响．畜牧与饲料科学, 32（2）: 75-77
李笑春．2011．不同脱毒方法对木薯氢氰酸含量的影响．饲料研究, （5）: 34-35
李燕, 周龙, 王允祥, 等．2014．甘薯渣综合利用研究进展．粮食与饲料工业, （4）: 41-44
李义海．2011．苹果渣的营养成分及在饲料中的应用．饲料与畜牧, （2）: 35-37
练杰, 金青哲, 王兴国．2012．油茶籽粕微生物发酵研究进展．油脂蛋白, 37（7）: 24-26
林金科．2012．茶叶深加工学．北京: 中国农业出版社
刘建勇, 高月娥, 黄必志, 等．2012．香蕉茎叶营养价值评定及贮存技术研究．中国牛业科学, 38（2）: 18-22
刘志诚．1987．营养与食品卫生学．北京: 人民出版社
刘宗平．2005．环境铅镉污染对动物健康影响的研究．中国农业科学, 38（1）: 185-190
柳洪良, 具红光, 全炳武, 等．2011．乳酸菌对不同起始糖浓度甘蔗渣发酵品质的影响．中国农业大学学报, 16（2）: 89-96
龙淼, 何润霞, 刘敏跃, 等．2014．饲料中草酸盐对反刍动物的危害及其预防．饲料工业, 35（12）: 48-50
彭娅, 彭荣, 殷钟意, 等．2015．柑橘皮渣在奶牛日粮中的应用研究进展．重庆工商大学学报（自然科学版）, （2）: 83-86
邱东茹, 吴振斌．2000．二噁英对人体和动物的毒性作用和内分泌干扰．生物学通报, 35（6）: 19-21
任琼琼, 张宇昊．2011．马铃薯渣的综合利用研究．食品与发酵科技, 47（4）: 10-12, 15
沈建忠．2002．动物毒理学．北京: 中国农业出版社
孙朋朋, 宋春阳．2014．未来饲料新成分——茶渣的应用进展．饲料与畜牧: 新饲料, （3）: 18-21
孙鹏, 秦贵信．2006．蒸汽处理对纯化大豆抗原含量及免疫原性的影响．中国兽医学报, 26（5）: 551-554
佟建明．2007．饲料添加剂手册．北京: 中国农业大学出版社
王成章．2014．饲料学．2 版．北京: 中国农业出版社
王典, 王加启, 张养东, 等．2011．马铃薯淀粉渣的开发与综合利用．中国畜牧兽医, 38（10）: 27-30
王卓, 顾正彪, 洪雁．2007．马铃薯渣的开发与利用．中国粮油学报, 2（2）: 133-136
魏秀莲．2010．饲料安全及生产应用手册．北京: 中国农业科学技术出版社
吴永宁．2003．现代食品安全科学．北京: 化学工业出版社
吴永宁．2007．兽药残留检测与监控技术．北京: 化学工业出版社

许加超．2014．海藻化学与工艺学．青岛：中国海洋大学出版社
杨光，刘光磊．2012．土豆渣作为新饲料原料的开发与利用．中国奶牛，（20）：51-52
杨晓刚，余东游，许梓荣．2006．动物铅毒性研究进展．中国畜牧杂志，42（19）：57-59
姚焰础，杨飞云，刘作华，等．2012．柑橘渣青贮过程中营养物质和苦味物质含量的动态变化规律研究．中国饲料，（7）：14-15
尹佩辉，贺建华．2005．去毒桐粕及其在畜牧生产上的应用．饲料工业，26（15）：54-56
于炎湖．1992．饲料毒物学附毒物分析．北京：农业出版社
余刚，黄俊，张彭义．2001．持久性有机污染物：倍受关注的全球性环境问题．环境保护，（4）：37-39
袁飞，张峰．2013．解读我国饲料中违禁药物添加管理法规．饲料工业，34（15）：61-64
张峰，李莉，储晓刚，等．2013．饲料中典型非法添加物检测技术．北京：科学出版社
赵华，王雪涛，汤加勇，等．2015．复合益生菌固态发酵改善甘薯渣营养价值的研究．动物营养学报，27（4）：1191-1198
郑秋锋．2003．饲料中龙葵素的测定方法和阈量研究．杭州：浙江大学硕士学位论文
钟良琴，刘作华，王永才，等．2010．柑橘渣的饲用价值研究．饲料研究，（1）：74-77
周志俊．2008．基础毒理学．上海：复旦大学出版社
GB 13078—2001 饲料卫生标准
GB 15193.1—2014 食品安全国家标准食品安全性毒理评价程序
GB 26418—2010 饲料中硒的允许量
GB 2761—2011 食品安全国家标准食品中真菌毒素限量
GB 2762—2012 食品安全国家标准食品中污染限量标准
GB 5009.181—2016 食品安全国家标准食品中丙二醛的测定
GB 5009.227—2016 食品安全国家标准食品中过氧化值的测定
GB 5009.228—2016 食品安全国家标准食品中挥发性盐基氮的测定
GB 5009.229—2016 食品安全国家标准食品中酸价的测定
GB/T 18823—2010 饲料检测结果判定的允许误差
GB/T 28642—2012 饲料中沙门氏菌的快速检测方法聚合酶链式反应（PCR）法
GB/T 5530—2005 动植物油脂酸值和酸度测定
GB/T 23179—2008 饲料毒理学评价亚急性毒性试验
Richmond A．2014．微藻培养指南：生物技术与应用藻类学．黄和，高振，宋萍译．北京：科学出版社
Bradbury J H, Denton I C．2010. Simple method to reduce the cyanogen content of gari made from cassava. Food Chemistry, 123: 840-845
Birk Y. 1996. Protein proteinase inhibitors in legume seeds-overview. Archivos Latinoamericanos de Nutricion, 44（1）: 26S
Cobbina S J, Yao C, Zhou Z, et al. 2015.Toxicity assessment due to sub-chronic exposure to individual and mixtures of four toxic heavy metals. Journal of Hazardous Materials, 294: 109-120
Eaton D L, Gallagher E D. 1994. Mechanism of aflatoxin carcinogenesis. Annu Rev Pharmacol Toxicol, 34（1）:135-172
Fetaih H A, Dessouki A A, Hassanin A A, et al. 2014. Toxopathological and cytogenetic effects of aflatoxin B_1（AFB_1） on pregnant rats. Pathology Research & Practice, 210（12）: 1079-1089
Islam M R, Roh Y S, Kim J, et al. 2013.Differential immune modulation by deoxynivalenol （vomitoxin） in mice. Toxicology Letters, 221（2）: 152-163
Kumar V, Makkar H P S, Becker K. 2008. Detoxification of *Jatropha curcas* seed meal and its utilization as a protein source in fish diet. Comparative Biochemistry and Physiology Part A: Molecular & Integrative Physiology, 151（1）: 7-11
Kumari I, Ahmed M, Akhter Y. 2016. Multifaceted impact of trichothecene metabolites on plant-microbe interactions and human health. Applied Microbiology and Biotechnology, 100（13）: 5759-5771
Makkar H P S, Martinez Herrera J, Becker K. 2008. Variations in seed number per fruit, seed physical parameters

and contents of oil, protein and phorbol ester in toxic and nontoxic genotypes of *Jatropha curcas*. Journal of Plant Science, 3（3）: 260-265

Palacios M F, Easter R A, Soltwedel K T, et al. 2004. Effect of soybean variety and processing on growth performance of young chicks and pigs. J Anim Sci, 82（4）: 1108-1114

Pusztai A. 1989. Lectins. *In*: Cheeke P R. Toxicant of Plant Origin, Vol. III, Proteins and Amino Acids. New York: CRC Press: 321

Palacios M F, Easter R A, Soltwedel K T, et al. 2004. Effect of soybean variety and processing on growth performance of young chicks and pigs. J Anim Sci, 82（4）: 1108-1114

Rawal S, Coulombe R J. 2010. Aflatoxins B_1 in poultry: toxicology, metabolism and prevention. Res Vet Sci, 89（3）:325-331

Sornyotha S, Kyu K L, Ratanakhanokchai K. 2010. An efficient treatment for detoxification process of cassava starch by plant cell wall-degrading enzymes. Journal of Bioscience and Bioengineering, 109（1）: 9-14

Viegas S, Veiga L, Malta-Vacas J, et al. 2012. Occupational exposure to aflatoxin （AFB1） in poultry production. Journal of Toxicology & Environmental Health: Part A, 75（22-23）: 1330-1340

Zinedine A, Soriano J M, Moltó J C, et al. 2007. Review on the toxicity, occurrence, metabolism, detoxification, regulations and intake of zearalenone: An oestrogenic mycotoxin. Food & Chemical Toxicology, 45（1）: 1-18